高等院校"十三五"经济管理类课程规划教材

会计学(第二版)

主　编　傅贵勤　孙再凌　杨艳艳
副主编　高志辉　范云霞

accountancy

经济管理出版社
ECONOMY & MANAGEMENT PUBLISHING HOUSE

图书在版编目（CIP）数据

会计学（第二版）/傅贵勤，孙再凌，杨艳艳主编. —北京：经济管理出版社，2017.5
ISBN 978-7-5096-5241-1

Ⅰ.①会… Ⅱ.①傅… ②孙… ③杨… Ⅲ.①会计学 Ⅳ.①F230

中国版本图书馆 CIP 数据核字（2017）第 168370 号

组稿编辑：王光艳
责任编辑：许　兵
责任印制：黄章平
责任校对：张晓燕

出版发行：经济管理出版社
　　　　　（北京市海淀区北蜂窝 8 号中雅大厦 A 座 11 层　100038）
网　　址：www.E-mp.com.cn
电　　话：(010) 51915602
印　　刷：玉田县昊达印刷有限公司
经　　销：新华书店
开　　本：787mm×1092mm/16
印　　张：24.75
字　　数：541 千字
版　　次：2018 年 1 月第 1 版　2018 年 1 月第 1 次印刷
书　　号：ISBN 978-7-5096-5241-1
定　　价：49.80 元

·版权所有　翻印必究·

凡购本社图书，如有印装错误，由本社读者服务部负责调换。
联系地址：北京阜外月坛北小街 2 号
电话：(010) 68022974　　邮编：100836

前言

会计是一个以提供财务信息为主的企业经济管理活动,是国际通用的商业语言。我国自2006年发布1项基本会计准则和38项具体会计准则、企业会计准则应用指南以及企业会计准则解释公告,构建了与国际财务报告准则趋同的企业会计准则体系。财政部在2014年初又对会计准则进行大规模修订,相继修订了《企业会计准则第30号——财务报表列报》《企业会计准则第9号——职工薪酬》《企业会计准则第33号——合并财务报表》《企业会计准则第2号——长期股权投资》《企业会计准则第37号——金融工具列报》5项具体会计准则;并发布了《企业会计准则第39号——公允价值计量》《企业会计准则第40号——合营安排》《企业会计准则第41号——在其他主体中权益的披露》3项具体会计准则,并修改了《企业会计准则——基本准则》中关于公允价值计量的表述。又于2017年先后修订了《企业会计准则第22号——金融工具确认和计量》《企业会计准则第23号——金融资产转移》《企业会计准则第24号——套期会计》《企业会计准则第37号——金融工具列报》《企业会计准则第16号——政府补助》《企业会计准则第14号——收入》6项具体会计准则。加之,随着税收制度改革的持续推进,我国自2016年5月1日起,全面推开营改增试点,将建筑业、房地产业、金融业、生活服务业纳入试点范围,与其同时,我国其他相关法律、法规和制度也发生了一些变化,这些都对会计处理产生新的影响。为此,本教材及时跟进,适时组织了本次《会计学》教材的修订工作,以满足非会计专业《会计学》课程的教学之用,亦满足广大读者及时了解和学习新知识的需要。

本书是高等学校"专业综合改革试点"项目和国家级特色专业配套教材,也是校级精品课"会计学"建设教材。新版《会计学》教材是为满足非会计专业学生学习会计知识的需要,在借鉴其他院校优秀会计学教材的基础上,结合了我们自己多年的教学经验编写而成的。本次教材修订在层次上由浅入深、循序渐进,在内容上理论与运用并重,既注重会计学的基本理论,又强化基础训练,并且依据最新的会计准则和相关法律法规,有利于学生学习和掌握会计学原理和会计核算实务。通过对本书的学习,使学生首先掌握现代会计的基本理论、基本方法和基本操作技能,在此基础上进一步把握资产、负债、所有者权益、收入、费用和利润等会计要素的确认、计量，最后能够达到掌握财务会计报告的生成程序和方法体系，熟悉财务会计报告的内容和编制。

《会计学》第一版于2009年12月出版后，得到了很多高等院校的老师和同学们的厚爱和支持，为我们本次修订提出了许多宝贵的意见。在此，我们向选用本书以及为本书提出修改意见的同人们表示衷心的感谢！

本书共十四章。第一章至第三章主要讲述了会计学的基本理论和基本方法。第四章至第十二章主要讲述了六大会计要素的确认、计量及主要的会计处理。第十三章和第十四章全面介绍了财务报告的主要内容、财务报表的编制及其解读和分析技巧。

本书编写组由内蒙古财经大学会计学院八位老师组成，傅贵勤教授、孙再凌教授和杨艳艳副教授担任主编，高志辉副教授和范云霞讲师担任副主编，由他们负责设计教材体系、编写提纲、章节总撰和全书定稿。参加编写的老师：傅贵勤教授（第一章、第七章），孙再凌教授、博士（第六章），杨艳艳副教授（第十章、第十三章），高志辉副教授（第二章、第十一章），王晓玲副教授（第十四章），孙鹏云副教授（第四章、第八章），范云霞讲师（第三章、第九章），邱鹏云讲师（第五章、第十二章）。出版社的有关同志也为本书的编写提供了许多指导和支持。

由于受作者水平限制，书中可能有不妥之处，甚至在内容及参考用书等方面还可能存在错误和疏漏，恳请读者批评指正。

目 录

第一章 总 论 … 1
- 第一节 会计的产生和发展 … 1
- 第二节 会计假设与会计基础 … 9
- 第三节 会计信息质量要求 … 13
- 第四节 会计要素及其确认与计量原则 … 17
- 第五节 财务报告概述 … 27

第二章 会计循环（上） … 31
- 第一节 会计恒等式 … 31
- 第二节 会计科目与账户 … 36
- 第三节 借贷记账法 … 41
- 第四节 总分类账户与明细分类账户 … 55

第三章 会计循环（下） … 63
- 第一节 会计循环概述 … 63
- 第二节 会计凭证 … 65
- 第三节 会计账簿 … 84
- 第四节 账务处理程序 … 99

第四章 货币资金 … 105
- 第一节 货币资金概述 … 105
- 第二节 库存现金 … 107
- 第三节 银行存款 … 112
- 第四节 其他货币资金 … 118

第五章 应收款项 ... 123

第一节 应收款项概述 ... 123
第二节 应收账款 ... 124
第三节 应收票据 ... 127
第四节 预付账款 ... 131
第五节 其他应收款项 ... 132
第六节 应收款项减值 ... 133

第六章 存 货 ... 137

第一节 存货概述 ... 137
第二节 存货的初始计量 ... 140
第三节 存货业务的核算 ... 142
第四节 存货的期末清查与期末计量 ... 156

第七章 对外投资 ... 165

第一节 投资概述 ... 165
第二节 交易性金融资产 ... 168
第三节 持有至到期投资 ... 174
第四节 可供出售金融资产 ... 180
第五节 长期股权投资 ... 185

第八章 固定资产 ... 203

第一节 固定资产概述 ... 203
第二节 固定资产的初始计量 ... 206
第三节 固定资产折旧 ... 210
第四节 固定资产的后续支出 ... 216
第五节 固定资产的处置、清查与减值 ... 218

第九章 无形资产 ... 223

第一节 无形资产概述 ... 223
第二节 无形资产的初始计量 ... 228
第三节 无形资产的后续计量 ... 232
第四节 无形资产的处置与减值 ... 235

目 录

第十章 负债 ... 241
第一节 负债概述 ... 241
第二节 流动负债 ... 244
第三节 非流动负债 ... 270

第十一章 所有者权益 ... 277
第一节 所有者权益概述 ... 277
第二节 实收资本 ... 278
第三节 资本公积 ... 284
第四节 其他综合收益 ... 286
第五节 留存收益 ... 288

第十二章 收入、费用和利润 ... 293
第一节 收入 ... 293
第二节 费用 ... 301
第三节 利润 ... 309

第十三章 财务报表 ... 323
第一节 财务报表概述 ... 323
第二节 资产负债表 ... 326
第三节 利润表 ... 337
第四节 现金流量表 ... 341
第五节 所有者权益变动表 ... 356
第六节 附注 ... 359

第十四章 财务报表分析 ... 361
第一节 财务报表分析概述 ... 361
第二节 财务报表分析中常用的财务指标 ... 364
第三节 企业财务状况的综合指标分析 ... 377

附录 会计科目表 ... 381

参考文献 ... 387

第一章 总 论

 内容提要

会计是随着生产力的发展而逐步发展起来的。作为国际商业语言，会计是以货币作为主要计量单位，运用一系列专门方法和程序，对企事业单位经济活动进行连续、系统、全面的反映和监督的一种经济管理活动。会计基本假设包括会计主体、持续经营、会计分期和货币计量。企业会计的确认、计量和报告应当以权责发生制为基础。会计信息质量要求主要包括可靠性、相关性、可理解性、可比性、实质重于形式、重要性、谨慎性和及时性等。会计要素按照其性质分为资产、负债、所有者权益、收入、费用和利润。会计计量属性主要包括历史成本、重置成本、可变现净值、现值和公允价值等。财务会计报告的目标是向报告使用者提供与企业财务状况、经营成果和现金流量等有关的会计信息，反映企业管理层受托责任的履行情况，有助于报告使用者做出经济决策。

第一节 会计的产生和发展

会计是社会生产发展到一定阶段的产物。旧石器时代中期、晚期，人类最初的会计行为——原始计量、记录行为就已经开始发生了（郭道扬，1984）。然而现代会计仅仅是在 20 世纪 50 年代以后才在市场经济发达的国家发展起来。在会计发展的历史长河中，大致经历了古代簿记、近代簿记和现代会计三个主要阶段。

一、古代簿记阶段

古代簿记阶段，一般是指从旧石器时代的中期、晚期到 15 世纪以前的这段漫长时间。据考证，人类的原始计量、记录行为产生于旧石器时代中期、晚期，人们通过在骨片上刻画条痕和在鹿角棒上纹道来记录生产、分配和储备产品。进入新石器时代后，生产力的发展带来了大量的剩余物品，迫使人们进行管理。世界各地陆续出现绘图记事（计数）、刻契记事（计数）和结绳记事（计数）等原始记录方法。这些原始计量、记录行为基本反映出人类最初的会计行为，是簿记的雏形。

物质资料的生产是人类社会赖以生存和发展的基础。由于资源的稀缺性和人的欲望的无限性，使人们对于投入与产出问题，总是试图以尽可能少的耗费取得尽可能多的劳动成果。因此，在采用先进技术提高劳动生产率的同时，必须加强对生产活动的管理，需要对劳动耗费和成果进行记录、计算并加以分析，以利于指导和管理生产，促进生产的发展，提高投入和产出的比例。因此，会计也就随着社会生产的发展和经济管理的需要而产生并逐步发展起来了。古代会计阶段的主要标志是以实物计量为主逐渐过渡到以货币计量为主的表现形式，同时单式记录法应运而生并得到了广泛的运用。

在我国，最早发展起来的是官厅会计。西周时期，已经出现"司书""司会"等官职。"司会"是《周礼》所记载的西周中央政权中负责财计管理工作的行政长官。"司书"是《周礼》所记载的西周中央政权中负责财计核算及文书档案管理工作的行政官员。司会对所属司书、职内、职岁和职币等职能部门进行全面考核，"以参互考日成，以月要考月成，以岁会考岁成"。西汉时期，出现"计簿"或"簿书"账册，以登记会计事项，并产生了收付记账法。到了唐宋时期，负责会计工作的高级官吏——户部尚书，已位列中央政权机构的重要成员；由"月记账"和"总清账"相结合的账簿体系已经形成；已经建立了每年一次编制"计册"，即会计报表的制度。宋朝初期产生了"四柱清册"的会计方法，即旧管（期初余额）+新收（本期增加额）=开除（本期减少额）+实在（期末余额）。

在国外，公元前4000年左右，巴比伦出现了一种"受托责任账户"，并由此逐步形成了世界上别具一格的"神殿簿记"。公元前3000年左右，埃及人成功地创造了纸草簿记记录。公元前256年，希腊有一位叫芝诺的行政长官，他一度为财政大臣管理私财，他所记录的账目不仅系统、完整，而且以原始单据作为确定账目真伪的档案。史学家们认为，类似芝诺所做的会计记录已为后来复式簿记的产生创造了基本条件。

中国、巴比伦、埃及等文明古国的会计曾处于世界会计的先进行列，是因为它们的政治、经济、文化教育发展一直处当时世界先进水平。后来，随着经济发展水平的落后，文明古国的会计又都逐渐落后于西方国家。

二、近代簿记阶段

近代簿记阶段，一般是指从15世纪中后期到20世纪40年代末期这段时间。这一阶段的主要标志是复式记账法的不断完善、推广及公共会计师职业的出现。1494年，意大利数学家卢卡·帕乔利出版了《算术、几何及比例概要》一书，在理论上对复式记账做了系统的阐述和总结，使复式记账法在意大利迅速得到普及并不断发展和完善。世界会计史学家认为这是会计发展史上的第一个里程碑，这本著作的出版也标志着近代会计的开始。在意大利本土，继帕乔利之后的又一部典范著作是1534年由多梅科·曼佐尼发表的《威尼斯总账和分录账》。这两本著作先后被翻译成英文、法文、荷兰文、西班牙文和德文，到16世纪意大利的复式簿记已遍及全欧。但从15~19世纪，近代簿记的发展是比较缓慢的。一直到20世纪初，英国人才将簿记学向会计学逐渐推进。1854年在苏格兰成立了世界上第一家特许会计师协会——爱丁堡会计师协会，它的成立说明会计人员开始执行一种为社会服务的公正业务，同时出现了公共会计师职业。会计师协会的成立引起了会计在服务对象、内容等方面的重大变化，这是会计发展史上的又一个里程碑。

在我国，最早的复式记账法——龙门账，产生于明末清初（公元1640年），为山西帮商人富山所创。"龙门账"是以"四柱清册"原理创设的民间商业流行的复式记账方法，其特点是把全部账目划分为"进""缴""存""该"四大类。设"总清账"分类进行记录，所谓"进"指全部收入；"缴"指全部支出；"存"指全部资产；"该"指全部负债（包括业主权益）。"进""缴""存""该"之间的关系为"进－缴＝存－该"。每年终结账时，一方面可以根据有关"进"与"缴"两类账目的记录编制"进缴表"计算差额，确定盈亏；另一方面还应根据有关"存"与"该"两类账目的记录编制"存该表"，计算差额；两者计算确定的差额应该相等。清末，随着西式会计的引入，中式会计趋于衰落。1897年，中国通商银行首先采用了借贷复式簿记。1918年，谢霖成为我国第一个由国家承认的注册会计师。1905年，我国出版了蔡锡勇编著的最早介绍借贷复式簿记的著作《连环账谱》；1925年，在上海成立了我国历史上第一个会计师公会——上海会计师公会。

三、现代会计阶段

现代会计阶段，一般认为是从20世纪40年代末期开始至今。主要标志是实现了会计簿记到会计的转变。这一期间，由于会计环境的巨变使会计经历了如下转变：由簿记向会计的转变，由传统会计分化为财务会计和管理会计的转变，由工业经济时代会计向信息和知识经济时代会计的转变。

20世纪初，随着西方社会生产力的进一步提高和科技的迅猛发展，企业规模不断扩大，跨国公司不断涌现，对经济管理提出了许多新问题，会计界在参与解决新问题的同时，在会计理论、方法和手段方面也相应地发生了很大变化。从而把簿记学逐渐向会计学推进，完成了由簿记到会计的转变。

20世纪50年代以后，公司制企业下"两权"分离与所有者与经营者的不同信息需求，传统会计被分化为财务会计和管理会计两大分支，实现了向现代会计学的转变。财务会计着重通过提供财务报表来满足各外部利益关系人的需要，是以"财务报表为中心的外部会计"。管理会计主要为企业内部经营管理服务，即为企业管理部门正确进行管理决策和有效经营提供相关信息，是以"经营管理为中心的内部会计"。财务会计与管理会计的联系主要表现在：财务会计与管理会计是会计信息系统的"同源"，它们之间存在密切的联系，它们都是会计信息系统的重要组成部分，也都是企业经营管理的基本组成部分。财务会计与管理会计都依赖于"受托责任"（Accountability）。当今社会"受托责任"无处不在，只要存在委托—代理关系，就存在"受托责任"。财务会计侧重于企业外部"受托责任"，管理会计侧重于企业内部"受托责任"。从本质上说，它们都是一种"受托责任"会计。财务会计与管理会计的区别主要在于它们提供信息的侧重点不同。由此，财务会计与管理会计又存在明显的差异，这种差异表现如下：第一，财务会计侧重于对企业外部利益相关者提供有助于决策的信息，而管理会计则侧重于为企业内部经营管理提供相关信息。第二，财务会计强调过去，而管理会计则强调未来。第三，财务会计受公认会计原则的制约，而管理会计则不受公认会计原则的制约。管理会计主要考虑经营管理决策的成本效益与行为问题。第四，财务会计注重可证实性和货币性信息，而管理会计则较少强调可证实性，并强调货币性信息与非货币性信息、数量信息与质量信息并重，计数与决策人的综合判断相结合。第五，财务会计以会计主体为核心，而管理会计则强调多位的主体观念。管理会计根据需要可将一个部门或一条生产线作为主体，甚至可将一个人作为主体。第六，财务会计是一种强制性的会计信息系统，必须按有关规定定期提供财务报表，而管理会计则是非强制性会计信息系统，根据决策的需要而提供相关信息。第七，管理会计是一门综合性交叉学科，与财务会计相比，它更多地涉及其他相关学科，如管理学、统计学、决策科学、行为科学等。

随着经济和资本市场全球化的发展，财务会计信息成为国际通用的商业语言。经济越发展，会计越重要。国际市场上的投资者要求来源于任何国家、任何公司的会计信息都应该具有可比性，会计国际化应运而生，会计国际化在很大程度上表现为会计准则或制度的国际化。1973年，由澳大利亚、加拿大、法国、德国、日本、墨西哥、荷兰、英国、爱尔兰和美国的职业会计团体发起成立了国际会计准则委员会（IASC），旨在通过制定和发布国际会计准则，促进各国会计实务的国际协调一致。我国也于1998年5月正式加入IASC和国际会计师联合会。2001年，根据会计国际协调工作的需要，国际会计准则委员会（IASC）正式改组为国际会计准则理事会（IASB），其发布的国际会计准则命名为国际财务报告准则。

20世纪50年代，随着电子计算机的出现和其在会计信息处理中的运用使会计在计算和记录技术方面实现了重大革命。特别是20世纪70年代以后，互联网的普及和软件方面数据库的应用，使很多企业实现了管理信息系统的综合化和系统化，建立起了电子计算机化的全面管理系统。会计信息系统作为子系统，共享总系统中的所有信息。会计信息化在现有市场条件下，最大限度地提高了会计信息的有用性。

在我国，自1949年中华人民共和国成立至改革开放前，我国会计明显具有苏联会计模式的特点。在这一期间，为了适应在生产资料公有制基础上高度集中统一的计划经济体制的需要，我国在会计上引进了苏联的统一会计制度模式，即实行了一套按部门和行业特点来制定的会计制度。改革开放后，为了实现我国企业会计核算模式从适应传统的计划经济模式向适应社会主义市场经济模式的转换，1985年1月21日经第六届全国人民代表大会常务委员会第九次会议通过制定了《中华人民共和国会计法》（以下简称《会计法》），经过1993年和1999年两次修订，修订后的《会计法》于2000年7月1日起执行。1992~1993年颁布了《企业会计准则》和《企业财务通则》，以及13个行业的会计制度和10个行业的财务制度（以下简称两则两制）。之后，我国从1997年开始陆续共发布了包括《关联方关系及其交易的披露》《现金流量表》等16项具体会计准则。为了进一步适应我国经济的快速发展，财政部于2000年、2001年和2004年分别颁布了《企业会计制度》《金融企业会计制度》和《小企业会计制度》，取消了过去长期采用的分行业的会计制度。至此，我国制度与准则并存的会计制度体系基本建立。随着会计的国际化，我国会计改革思路也由建立企业会计制度体系为主转变为以建立企业会计准则体系为主。财政部于2006年2月15日，发布了包括《企业会计准则——基本准则》（以下简称基本准则）和38项具体准则在内的企业会计准则体系。并在2006年12月对《企业财务通则》进行修订，于2007年1月1日开始与新企业会计准则体系一起实施。2011年10月颁布了《小企业会计准则》，并指出《小企业会计准则》的执行范围仅限于小企业，同时废止《小企业会计制度》。之后，财政部在2014年初又对会计准则进行了大规模修订，相继修订了《企业会计准则第30号——财务报表列报》《企业会计准则第9号——职工薪酬》《企业会计准则第33号——合并财务报表》《企业会计准则第2号——长期股权投资》《企业会计准则第37号——金融工具列报》5项具体会计准则；并发布了《企业会计准则第39号——公允价值计量》《企业会计准则第40号——合营安排》《企业会计准则第41号——在其他主体中权益的披露》3项具体会计准则，发布了1项准则解释，并修改了《企业会计准则——基本准则》中关于公允价值计量的表述。又于2017年先后修订了《企业会计准则第22号——金融工具确认和计量》《企业会计准则第23号——金融资产转移》《企业会计准则第24号——套期会计》

《企业会计准则第 37 号——金融工具列报》《企业会计准则第 16 号——政府补助》《企业会计准则第 14 号——收入》6 项具体会计准则。

四、会计的定义及其对象

（一）会计的定义

什么是会计？或者说会计的本质是什么？尽管会计从产生到现在已有几千年的历史，人们对这一问题的认识仍相去甚远。目前关于会计本质的认识形成了两大主流学派，即会计信息系统论和管理活动论。

管理活动论认为会计是以货币作为主要计量单位，运用一系列专门方法和程序，对企事业单位经济活动进行反映和监督的一种经济管理活动。

会计信息系统论认为会计旨在提高企业和各单位活动的经济效益，加强经济管理而建立的一个以提供财务信息为主的经济信息系统。

（二）会计对象

所谓会计对象，是指会计所要核算和监督的内容。明确会计对象对于研究会计方法具有重要意义，只有明确了会计核算和监督的内容，才能有针对性地采取适当的方法加以核算和监督，从而充分发挥会计在经济管理中的作用。在市场经济条件下，任何企事业单位要进行生产经营或业务活动都必须首先取得一定的财产物资作为物质条件，这些财产物资的货币表现称为现金。可见，企事业单位进行生产经营或业务活动都是从取得并拥有一定数量的资金开始的。随着企事业单位生产经营或业务活动的进行，所取得的资金必然会不断地改变形态并发生数量上的变化，同时也体现着一定的经济关系，这个过程便是资金运动。

由此可知，会计对象可概括为社会再生产过程中的资金运动。由于各类型企事业单位的经济活动内容不同，其资金运动的形式也有所差异，企事业单位在再生产过程中发生的能以货币表现的经济活动各不相同。企业单位一般划分为产品制造企业和商品流通企业，产品制造企业的会计对象是制造业企业在供应过程、生产过程、销售过程等生产经营过程中发生的，能以货币表现的经济业务（具体资金运动过程如图 1–1 所示）。商品流通企业的会计对象是商品流通企业在商品购进和商品销售等生产经营过程中发生的能以货币表现的经济业务。行政事业单位会计对象是行政事业单位经济活动中发生的预算内（外）财务收支活动。

五、我国企业会计准则

随着企业公司制的建立以及资本市场的发展，企业会计逐步演化为两大分支：一是服务于企业内部管理信息及决策需要的管理会计，或者被称为对内报告会计；二是

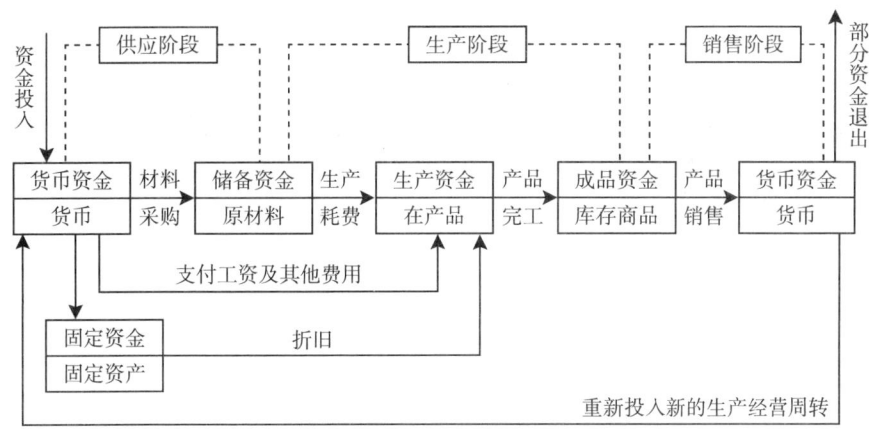

图 1-1 制造业企业资金运动流程

服务于企业外部信息使用者信息使用及决策需要的财务会计，或者称为对外报告会计。财务会计由于需要服务于外部信息使用者，在保护投资者及社会公众利益、维护市场经济秩序及其稳定方面扮演着越来越重要的角色。因此，迫切需要一套社会公认的统一的会计原则来规范其行为。在这种情况下，企业会计准则应运而生，其核心是通过规范企业财务会计确认、计量和报告内容，提高会计信息质量，降低资金成本，提高资源配置效率。

我国企业会计准则体系由基本准则、具体准则、会计准则应用指南和解释公告等组成。其中，基本准则在整个企业会计准则体系中扮演着概念框架的角色，起着统驭作用；具体准则是在基本准则的基础上，对具体交易或者事项会计处理的规范；应用指南是对具体准则的一些重点难点问题做出的可操作性规定；解释公告是随着企业会计准则的贯彻实施，就实务中遇到的实施问题而对准则做出的具体解释。

在我国现行企业会计准则体系中，基本准则类似于国际会计准则理事会的《编报财务报表的框架》和美国财务会计准则委员会的《财务会计概念公告》，它规范了包括财务报告目标、会计基本假设、会计信息质量要求、会计要素的定义及其确认、计量原则、财务报告等在内的基本问题，是会计准则制定的出发点，是制定具体准则的基础。其作用主要表现在两个方面：

一是统驭具体准则的制定。随着我国经济迅速发展，会计实务问题层出不穷，会计准则需要规范的内容日益增多，为了确保各项准则的制定建立在统一的理念基础之上，我国基本准则规范了会计确认、计量和报告等一般要求，是具体准则的"准则"，可以确保各具体准则的内在一致性。

二是为会计实务中出现的、具体准则尚未规范的新问题提供会计处理依据。在会计实务中，由于经济交易事项的不断发展、创新，具体准则的制定有时会出现滞后的情况，这时，企业不仅应当对这些新的交易或者事项及时进行会计处理，而且在处理时应当严格遵循基本准则的要求和规定。因此，基本准则不仅扮演着具体准则制定依据的角色，也为会计实务中出现的具体准则尚未做出规范的新问题提供了会计处理依据，从而确保了企业会计准则体系对所有会计实务问题的规范作用。

在我国现行企业会计准则体系中，具体准则包括存货、投资性房地产、固定资产等41项。各项准则规范的内容和有关国际财务报告准则的内容基本一致（具体对应关系如表1-1所示）。

表1-1　　　　　中国会计准则与国际财务报告准则具体项目比较表

中国企业会计准则	国际财务报告准则
CAS 1 存货	IAS 2 存货
CAS 2 长期股权投资	IAS 27 合并财务报表和单独财务报表
	IAS 28 联营中的投资
	IAS 31 合营中的权益
CAS 3 投资性房地产	IAS 40 投资性房地产
CAS 4 固定资产	IAS 16 不动产、厂场和设备
	IFRS 5 持有待售的非流动资产和终止经营
CAS 5 生物资产	IAS 41 农业
CAS 6 无形资产	IAS 38 无形资产
CAS 7 非货币性资产变换	IAS 16 不动产、厂场和设备
	IAS 38 无形资产
	IAS 40 投资性房地产
CAS 8 资产减值	IAS 36 资产减值
CAS 9 职工薪酬	IAS 19 雇员福利
CAS 10 企业年金	IAS 26 退休福利计划的会计和报告
CAS 11 股份支付	IFRS 2 以股份为基础的支付
CAS 12 债务重组	IAS 39 金融工具：确认和计量
CAS 13 或有事项	IAS 37 准备、或有负债和或有资产
CAS 14 收入	IAS 18 收入
CAS 15 建造合同	IAS 11 建造合同
CAS 16 政府补助	IAS 20 政府补助的会计和政府援助的披露
CAS 17 借款费用	IAS 33 借款费用
CAS 18 所得税	IAS 12 所得税
CAS 19 外币折算	IAS 21 汇率变动的影响
	IAS 29 恶性通货膨胀经济中的财务报告
CAS 20 企业合并	IFRS 3 企业合并
CAS 21 租赁	IAS 17 租赁

续表

中国企业会计准则	国际财务报告准则
CAS 22 金融工具确认和计量	IAS 39 金融工具：确认和计量
CAS 23 金融资产转移	
CAS 24 套期保值	
CAS 25 原保险合同	FRS 4 保险合同
CAS 26 再保险合同	
CAS 27 石油天然气开采	IFRS 6 矿产资源的勘探和评价
CAS 28 会计政策、会计估计变更和差错更正	IAS 8 会计政策、会计估计变更和差错
CAS 29 资产负债表日后事项	IAS 10 资产负债表日后事项
CAS 30 财务报表列报	IAS 1 财务报表的列报
	IFRS 5 持有待售的非流动资产和终止经营
CAS 31 现金流量表	IAS 7 现金流量表
CAS 32 中期财务报告	IAS 34 中期财务报告
CAS 33 合并财务报表	IAS 27 合并财务报表和单独财务报表
CAS 34 每股收益	IAS 33 每股收益
CAS 35 分部报告	IFRS 8 分部报告
CAS 36 关联方披露	IAS 24 关联方披露
CAS 37 金融工具列报	IFRS 7 金融工具：披露
	IAS 32 金融工具：列报
CAS 38 首次执行企业会计准则	IFRS 1 首次采用国际财务报告准则
CAS 39 公允价值计量	IFRS 13 公允价值计量
CAS 40 合营安排	IFRS 11 合营安排
CAS 41 在其他主体中权益的披露	IFRS 12 其他主体中权益的披露

第二节 会计假设与会计基础

一、会计假设

会计假设，又称会计核算的基本前提，是指对会计领域中存在某些尚未明确或无法论证的事物，根据客观、正常的情况或趋势做出合乎情理的逻辑性推断，所以称为假设。会计基本假设是会计确认、计量和报告的前提，是对会计核算所处时间、空间环境等所做的合理设定。离开了会计假设，会计活动就失去了会计确认、计量、记录和报告的基础，会计核算就会陷入混乱，甚至难以进行。会计基本假设包括会计主体、持续经营、会计分期和货币计量。

（一）会计主体

会计主体，是指企业会计确认、计量和报告的空间范围。为了向财务报告使用者反映企业财务状况、经营成果和现金流量，提供与其决策有用的信息，会计核算和财务报告的编制应当集中反映特定对象的活动，并将其与其他经济实体区别开来，才能实现财务报告的目标。

在会计主体假设下，企业应当对其本身发生的交易或者事项进行会计确认、计量和报告，反映企业本身所从事的各项生产经营活动。明确界定会计主体是开展会计确认、计量和报告工作的重要前提。

第一，明确会计主体，才能划定会计所要处理的各项交易或事项的范围。在会计工作中，只有那些影响企业本身经济利益的各项交易或事项才能加以确认、计量和报告，那些不影响企业本身经济利益的各项交易或事项则不能加以确认、计量和报告。会计工作中通常所讲的资产、负债的确认，收入的实现，费用的发生等，都是针对特定会计主体而言的。

第二，明确会计主体，才能将会计主体的交易或者事项与会计主体所有者的交易或者事项以及其他会计主体的交易或者事项区分开来。例如，企业所有者的经济交易或者事项是属于企业所有者主体所发生的，不应纳入企业会计核算的范围，但是企业所有者投入到企业的资本或者企业向所有者分配的利润，则属于企业主体所发生的交易或者事项，应当纳入企业会计核算的范围。

会计主体不同于法律主体。一般来说，法律主体必然是一个会计主体。例如，一个企业作为一个法律主体，应当建立财务会计系统，独立反映其财务状况、经营成果和现金流量。但是，会计主体不一定是法律主体。例如，在企业集团的情况下，一个母公司拥有若干子公司，母子公司虽然是不同的法律主体，但是母公司对于子公司拥有控制权，为了全面反映企业集团的财务状况、经营成果和现金流量，就有必要将企业集团作为一个会计主体，编制合并财务报表。再如，由企业管理的证券投资基金、企业年金基金等，尽管不属于法律主体，但属于会计主体，应当对每项基金进行会计确认、计量和报告。

（二）持续经营

持续经营，是指在可以预见的将来，企业将会按当前的规模和状态继续经营下去不会停业，也不会大规模削减业务。在持续经营前提下，会计确认、计量和报告应当以企业持续、正常的生产经营活动为前提。

企业是否持续经营，在会计原则、会计方法的选择上有很大差别。一般情况下，应当假定企业将会按照当前的规模和状态继续经营下去。明确这个基本假设，就意味着会计主体将按照既定用途使用资产，按照既定的合约条件清偿债务，会计人员就可以在此基础上选择会计原则和会计方法。如果判断企业会持续经营，就可以假定企业的固定资产会在持续经营的生产经营过程中长期发挥作用，并服务于生产经营过程，固定资产就可以根据历史成本进行记录，并采用折旧的方法，将历史成本分摊到各个会计期间或相关产品的成本中。

（三）会计分期

会计分期，是指将一个企业持续经营的生产经营活动划分为一个个连续的、长短相同的期间。会计分期的目的在于通过会计期间的划分，将持续经营的生产经营活动划分成连续、相等的期间，据以结算盈亏，按期编报财务报告，从而及时向财务报告使用者提供有关企业财务状况、经营成果和现金流量的信息。

在会计分期假设下，企业应当划分会计期间、分期结算账目和编制财务报告。会计期间通常分为年度和中期。中期，是指短于一个完整的会计年度的报告期间。

根据持续经营假设，一个企业将按当前的规模和状态持续经营下去。但是，无论是企业的生产经营决策还是投资者、债权人等的决策都需要及时的信息，都需要将企业持续的生产经营活动划分为一个个连续的、长短相同的期间，分期确认、计量和报告企业的财务状况、经营成果和现金流量。明确会计分期假设意义重大，由于会计分期，才产生了当期与以前期间、以后期间的差别，才使不同类型的会计主体有了记账的基准，进而出现了折旧、摊销等会计处理方法。

（四）货币计量

货币计量，是指会计主体在财务会计确认、计量和报告时以货币计量反映会计主体的生产经营活动。

在会计的确认、计量和报告过程中之所以选择货币为基础进行计量，是由货币的本身属性决定的。货币是商品的一般等价物，是衡量一般商品价值的共同尺度，具有价值尺度、流通手段、贮藏手段和支付手段等特点。其他计量单位，如重量、长度、容积、台、件等，只能从一个侧面反映企业的生产经营情况，无法在量上进行汇总和比较，不便于会计计量和经营管理，只有选择货币尺度进行计量才能充分反映企业的生产经营情况，所以，基本准则规定，会计确认、计量和报告选择货币作为计量单位。

在有些情况下，统一采用货币计量也有缺陷，某些影响企业财务状况和经营成果的因素，如企业经营战略、研发能力、市场竞争力等，往往难以用货币来计量，但这些信息对于使用者决策来讲也很重要，企业可以在财务报告中补充披露有关非财务信息来弥补上述缺陷。

二、会计基础

权责发生制与收付实现制是确定收入和费用的两种不同会计核算基础。我国企业会计准则规定，企业会计的确认、计量和报告应当以权责发生制为基础。权责发生制基础要求，凡是当期已经实现的收入和已经发生或应当负担的费用，无论款项是否收付，都应当作为当期的收入和费用，计入利润表；凡是不属于当期的收入和费用，即使款项已在当期收付，也不应当作为当期的收入和费用。

正确应用权责发生制是会计核算中非常重要的一项工作。在实际工作中，企业经济业务的发生时间与相关货币收支时间有时并不完全一致。例如，款项已经收到，但销售并未实现；或者款项已经支付，但并不是为本期生产经营活动而发生的。为了更加真实、公允地反映特定会计期间的财务状况和经营成果，基本准则明确规定企业在会计确认、计量和报告中应当以权责发生制为基础。

收付实现制是与权责发生制相对应的一种会计基础，它是以收到或支付的现金作为确认收入和费用的依据。由于收付实现制这种会计处理基础是以现金实际收付为标准确认本期收入和费用，所以也称现金制。按收付日期确定其归属期，凡是属本期收到的收入和支出的费用，不管其是否应归属本期，都作为本期的收入和费用；反之，凡本期未收到的收入和不支付的费用，即使应归属本期收入和费用，也不作为本期的收入和费用。目前，我国的行政单位会计采用收付实现制，事业单位会计除经营业务可以采用权责发生制外，其他大部分业务采用收付实现制。

【例1-1】 NMG股份有限公司（以下简称NMG公司）20×9年3月发生以下经济业务：

（1）支付上月份电费5000元。

（2）收回上月的应收账款10000元。

（3）收到本月的营业收入款8000元。

（4）支付本月应负担的办公费900元。

（5）支付下季度保险费1800元。

（6）应收营业收入25000元，款项尚未收到。

（7）预收客户货款5000元。

分别采用权责发生制和收付实现制计量20×9年3月NMG公司的收入和费用，并计算盈亏（如表1-2所示）。

由于权责发生制和收付实现制是两个截然不同的概念，当权力、责任发生的时间恰好与款项收付的时间一致时，根据它们确认的结果相同；如果不一致，根据它们所确定的结果会产生差异。

表 1-2　　　　　　　　　　　　　　　　　　　　　　　　　　　单位：元

项目	收入		费用		本期收益
权责发生制	收到本月营业收入	8000	本月应负担办公费	900	32100
	应收营业收入	25000			
	收入小计	33000	费用小计	900	
收付实现制	收到上月应收账款	10000	支付上月电费	5000	15300
	收到本月营业收入款	8000	支付本月办公费	900	
	预收客户款	5000	支付下季度保险费	1800	
	收入小计	23000	费用小计	7700	

权责发生制和收付实现制最主要的区别在于二者确定收入和费用的标准不同，在权责发生制下，本期的收入和费用是以应否归属为标准；在收付实现制下，本期的收入和费用是以款项实际收付为标准。在权责发生制下，本期收入和费用之间存在科学的配比关系，从而计算出来的账面盈亏比较准确，以此为基础编制的资产负债表和利润表可提供企业的财务状况、经营成果及企业的偿债能力、盈利能力等信息，但不能提供企业实际支付能力的信息。另外，在权责发生制下，期末必须对其产生的预收收入、预付费用、应计收入、应计费用进行必要的账项调整，工作量相对较大。在收付实现制下，本期收入和费用之间缺乏科学的配比关系，因而计算出来的盈亏不够合理，收付实现制适用于经济业务比较简单的行政单位。由于收付实现制是以现金实际收付为标准确认本期收入和费用，因此，在会计期末不需要进行账项调整，核算手续比较简单。收付实现制还可以作为权责发生制的有益补充，即通过以收付实现制为基础编制的现金流量表，为信息使用者提供现金流入、流出等现金流量的信息，从而使信息使用者了解企业的实际支付能力。

第三节　会计信息质量要求

会计要实现其目标，向企业各利益相关者提供反映经营者受托责任及供投资者决策的会计信息，就需要满足一定的质量要求。会计信息质量要求是对企业财务报告中所提供会计信息质量的基本要求，是使财务报告中所提供会计信息对报告使用者决策有用应具备的基本特征，它主要包括可靠性、相关性、可理解性、可比性、实质重于形式、重要性、谨慎性和及时性等。

一、可靠性

可靠性要求企业应当以实际发生的交易或者事项为依据进行确认、计量和报告，如实反映符合确认和计量要求的各项会计要素及其他相关信息，保证会计信息真实可靠、内容完整。

会计信息要有用，必须以可靠为基础，如果财务报告所提供的会计信息是不可靠的，就会给投资者等财务报告使用者的决策产生误导甚至损失。为了贯彻可靠性要求，企业应当做到以下事项：以实际发生的交易或者事项为依据进行确认、计量，将符合会计要素定义及其确认条件的资产、负债、所有者权益、收入、费用和利润等如实反映在财务报表中，不得根据虚构的、没有发生的或者尚未发生的交易或者事项进行确认、计量和报告；在符合重要性和成本效益原则的前提下，保证会计信息的完整性，其中包括应当编报的报表及其附注内容等应当保持完整，不能随意遗漏或者减少应予披露的信息，与使用者决策相关的有用信息都应当充分披露；包括在财务报告中的会计信息应当是中立的。如果企业在财务报告中为了达到事先设定的结果或效果，通过选择或列示有关会计信息以影响决策和判断的，这样的财务报告信息就不是中立的。

二、相关性

相关性要求企业提供的会计信息应当与投资者等财务报告使用者的经济决策需要相关，有助于投资者等财务报告使用者对企业过去、现在或者未来的情况作出评价或者预测。

会计信息是否有用，是否具有价值，关键是看其与使用者的决策需要是否相关，是否有助于决策或者提高决策水平。相关的会计信息应当能够有助于使用者评价企业过去的决策，证实或者修正过去的有关预测，因而具有反馈价值。相关的会计信息还应当具有预测价值，有助于使用者根据财务报告所提供的会计信息预测企业未来的财务状况、经营成果和现金流量。例如区分收入和利得、费用和损失，区分流动资产和非流动资产、流动负债和非流动负债以及适度引入公允价值等，都可以提高会计信息的预测价值，进而提升会计信息的相关性。

会计信息质量的相关性要求，需要企业在确认、计量和报告会计信息的过程中，充分考虑使用者的决策模式和信息需要。但是，相关性是以可靠性为基础的，两者之间并不矛盾，不应将两者对立起来。也就是说，会计信息在可靠性前提下，尽可能地做到相关性，以满足投资者等财务报告使用者的决策需要。

三、可理解性

可理解性要求企业提供的会计信息应当清晰明了,便于投资者等财务报告使用者理解和使用。

企业编制财务报告、提供会计信息的目的在于使用,而要让使用者有效使用会计信息,应当能让其了解会计信息的内涵,弄懂会计信息的内容,这就要求财务报告所提供的会计信息应当清晰明了,易于理解。只有这样,才能提高会计信息的有用性,实现财务报告的目标,满足向投资者等财务报告使用者提供决策有用信息的要求。

会计信息毕竟是一种专业性较强的信息产品,在强调会计信息的可理解性要求的同时,还应假定使用者具有一定的有关企业经营活动和会计方面的知识,并且愿意付出努力去研究这些信息。对于某些复杂的信息,如交易本身较为复杂或者会计处理较为复杂,但其对使用者的经济决策相关的,企业就应当在财务报告中予以充分披露。

四、可比性

可比性要求企业提供的会计信息应当相互可比。这主要包括两层含义:

(一)同一企业不同时期可比

为了便于投资者等财务报告使用者了解企业财务状况、经营成果和现金流量的变化趋势,比较企业在不同时期的财务报告信息,全面、客观地评价过去、预测未来,从而做出决策。会计信息质量的可比性要求,同一企业不同时期发生的相同或者相似的交易或者事项,应当采用一致的会计政策,不得随意变更。但是,满足会计信息可比性要求,并非表明企业不得变更会计政策,如果按照规定或者在会计政策变更后可以提供更可靠、更相关的会计信息,可以变更会计政策。有关会计政策变更的情况,应当在附注中予以说明。

(二)不同企业相同会计期间可比

为了便于投资者等财务报告使用者评价不同企业的财务状况、经营成果和现金流量及其变动情况,会计信息质量的可比性要求,不同企业同一会计期间发生的相同或者相似的交易或者事项,应当采用规定的会计政策,确保会计信息口径一致、相互可比,以使不同企业按照一致的确认、计量和报告要求提供有关会计信息。

五、实质重于形式

实质重于形式要求企业应当按照交易或者事项的经济实质进行会计确认、计量和报告,不仅仅以交易或者事项的法律形式为依据。

企业发生的交易或事项在多数情况下,其经济实质和法律形式是一致的。但在有些情况下，会出现不一致。例如，以融资租赁方式租入的资产虽然从法律形式来讲企业并不拥有其所有权，但是由于租赁合同中规定的租赁期相当长，接近于该资产的使用寿命；租赁期结束时承租企业有优先购买该资产的选择权；在租赁期内承租企业有权支配资产并从中受益等。因此，从其经济实质来看，企业能够控制融资租入资产所创造的未来经济利益，在会计确认、计量和报告上就应当将以融资租赁方式租入的资产视为企业自有的资产，列入企业的资产负债表。

又如，企业按照销售合同销售商品但又签订了售后回购协议，虽然从法律形式上实现了收入，但如果企业没有将商品所有权上的主要风险和报酬转移给购货方，没有满足收入确认的各项条件，即使签订了商品销售合同或者已将商品交付给购货方，也不应当确认销售收入。

六、重要性

重要性要求企业提供的会计信息应当反映与企业财务状况、经营成果和现金流量有关的所有重要交易或者事项。

在实务中，如果会计信息的省略或者错报会影响投资者等财务报告使用者据此做出决策的，该信息就具有重要性。重要性的应用需要依赖职业判断，企业应当根据其所处环境和实际情况，从项目的性质和金额大小两方面加以判断。例如，我国上市公司要求对外提供季度财务报告，考虑到季度财务报告披露的时间较短，从成本效益原则考虑，季度财务报告没有必要像年度财务报告那样披露详细的附注信息。

七、谨慎性

谨慎性要求企业对交易或者事项进行会计确认、计量和报告应当保持应有的谨慎，不应高估资产或者收益、低估负债或者费用。

在市场经济环境下，企业的生产经营活动面临着许多风险和不确定性，如应收款项的可收回性、固定资产的使用寿命、无形资产的使用寿命、售出存货可能发生的退货或者返修等。会计信息质量的谨慎性要求，企业在面临不确定性因素的情况下需要做出职业判断时，应当保持应有的谨慎，充分估计到各种风险和损失，既不高估资产或者收益，也不低估负债或者费用。例如，要求企业对可能发生的资产减值损失计提资产减值准备、对售出商品可能发生的保修义务等确认预计负债等，就体现了会计信息质量的谨慎性要求。

谨慎性的应用也不允许企业设置秘密准备，如果企业故意低估资产或者收益，或者故意高估负债或者费用，将不符合会计信息的可靠性和相关性要求，损害会计信息质量，扭曲企业实际的财务状况和经营成果，从而对使用者的决策产生误导，这是会计准则所不允许的。

八、及时性

及时性要求企业对于已经发生的交易或者事项，应当及时进行确认、计量和报告，不得提前或者延后。

会计信息的价值在于帮助所有者或者其他方面做出经济决策，具有时效性。即使是可靠、相关的会计信息，如果不及时提供，就失去了时效性，对于使用者的效用就大大降低甚至不再具有实际意义。在会计确认、计量和报告过程中要贯彻及时性：一是要求及时收集会计信息，即在经济交易或者事项发生后，及时收集整理各种原始单据或者凭证；二是要求及时处理会计信息，即按照会计准则的规定，及时对经济交易或者事项进行确认或者计量，并编制出财务报告；三是要求及时传递会计信息，即按照国家规定的有关时限，及时地将编制的财务报告传递给财务报告使用者，便于其及时使用和决策。

在实务中，为了及时提供会计信息，可能需要在有关交易或者事项的信息全部获得之前即进行会计处理，这样就满足了会计信息的及时性要求，但可能会影响会计信息的可靠性；反之，如果企业等到与交易或者事项有关的全部信息获得之后再进行会计处理，这样的信息披露可能会由于时效性问题，对于投资者等财务报告使用者决策的有用性将大大降低。这就需要在及时性和可靠性之间作相应权衡，以最好地满足投资者等财务报告使用者的经济决策需要为判断标准。

第四节 会计要素及其确认与计量原则

会计要素是根据交易或者事项的经济特征所确定的财务会计对象的基本分类，是对会计对象的进一步分类。会计要素按照其性质分为资产、负债、所有者权益、收入、费用和利润，其中，资产、负债和所有者权益要素侧重于反映企业的财务状况，收入、费用和利润要素侧重于反映企业的经营成果。会计要素的界定和分类可以使财务会计系统更加科学严密，为投资者等财务报告使用者提供更加有用的信息。

一、会计要素的定义及其主要内容

(一) 资产的定义及其主要内容

1. 资产的定义

资产是指企业过去的交易或者事项形成的,由企业拥有或者控制的,预期会给企业带来经济利益的资源。根据资产的定义,资产具有以下几个方面的特征:

(1) 资产预期会给企业带来经济利益。资产预期会给企业带来经济利益,是指资产直接或者间接导致现金和现金等价物流入企业的潜力。这种潜力可以来自企业日常的生产经营活动,也可以是非日常活动;带来的经济利益可以是现金或者现金等价物,或者是可以转化为现金或者现金等价物的形式,或者是可以减少现金或者现金等价物流出的形式。

资产预期能否为企业带来经济利益是资产的重要特征。例如,企业采购的原材料、购置的固定资产等可以用于生产经营过程,制造商品或者提供劳务,对外出售后收回货款,货款即为企业所获得的经济利益。如果某一项目预期不能给企业带来经济利益,那么就不能将其确认为企业的资产。前期已经确认为资产的项目,如果不能再为企业带来经济利益的,也不能再确认为企业的资产。

(2) 资产应是企业拥有或者控制的资源。资产作为一项资源,应当由企业拥有或者控制,具体是指企业享有某项资源的所有权,或者虽然不享有某项资源的所有权,但该资源能被企业所控制。

企业享有资产的所有权,通常表明企业能够排他性地从资产中获取经济利益。通常在判断资产是否存在时,所有权是考虑的首要因素。在有些情况下,资产虽然不为企业所拥有,即企业并不享有其所有权,但企业控制了这些资产,同样表明企业能够从资产中获取经济利益,符合会计上对资产的定义。如果企业既不拥有也不控制资产所能带来的经济利益,就不能将其作为企业的资产予以确认。

(3) 资产是由企业过去的交易或者事项形成的。资产应当由企业过去的交易或者事项所形成,过去的交易或者事项包括购买、生产、建造行为或者其他交易或事项。换句话说,只有过去的交易或者事项才能产生资产,企业预期在未来发生的交易或者事项不形成资产。例如,企业有购买某存货的意愿或者计划,但是购买行为尚未发生,就不符合资产的定义,不能因此而确认存货资产。

2. 资产的主要内容

按照流动性的不同,资产被分为流动资产和非流动资产两大类。其中,流动资产是指预计在一个正常营业周期内变现、出售或耗用,或者主要为交易目的而持有,或者预计在资产负债表日起 1 年内(含 1 年)变现的资产,以及自资产负债表日起 1 年内交换其他资产或清偿负债的能力不受限制的现金或现金等价物。主要包括货币资金、交易性金融资产、应收及预付的各种款项和存货等。非流动资产是指流动资产以外的资产，包括可供出售金融资产、持有至到期投资、长期股权投资、投资性房地产、固定资产、无形资产和长期待摊费用等。

（二）负债的定义及其主要内容

1. 负债的定义

负债是指企业过去的交易或者事项形成的，预期会导致经济利益流出企业的现时义务。根据负债的定义，负债具有以下几个方面的特征：

（1）负债是企业承担的现时义务。负债必须是企业承担的现时义务，这是负债的一个基本特征。其中，现时义务是指企业在现行条件下已承担的义务。未来发生的交易或者事项形成的义务，不属于现时义务，不应当确认为负债。

这里所指的义务可以是法定义务，也可以是推定义务。其中法定义务是指具有约束力的合同或者法律法规规定的义务，通常在法律意义上需要强制执行。例如，企业购买原材料形成应付账款，企业向银行贷入款项形成借款，企业按照税法规定应当交纳的税款等，均属于企业承担的法定义务，需要依法予以偿还。推定义务是指根据企业多年来的习惯做法、公开的承诺或者公开宣布的政策而导致企业将承担的责任，这些责任也使有关各方形成了企业将履行义务解脱责任的合理预期。例如，某企业多年来制定有一项销售政策，对于售出商品提供一定期限内的售后保修服务，预期将为售出商品提供的保修服务就属于推定义务，应当将其确认为一项负债。

（2）负债预期会导致经济利益流出企业。预期会导致经济利益流出企业也是负债的一个本质特征，只有企业在履行义务时会导致经济利益流出企业的，才符合负债的定义，如果不会导致企业经济利益流出的，就不符合负债的定义。在履行现时义务清偿负债时，导致经济利益流出企业的形式多种多样，例如，用现金偿还或以实物资产形式偿还；以提供劳务形式偿还；部分转移资产、部分提供劳务形式偿还；将负债转为资本等。

（3）负债是由企业过去的交易或者事项形成的。负债应当由企业过去的交易或者事项所形成。换句话说，只有过去的交易或者事项才形成负债，企业将在未来发生的承诺、签订的合同等交易或者事项，不形成负债。

2. 负债的主要内容

按照流动性的不同，负债被分为流动负债和非流动负债两大类。流动负债是指预计在一个正常营业周期中清偿，或者主要为交易目的而持有，或者自资产负债表日起1年内（含1年）到期予以清偿，或者企业无权自主地将清偿推迟至1年以上的负债。主要包括短期借款、交易性金融负债和应付及预收的各种款项。非流动负债是指除流动负债以外的各种负债,主要包括长期借款、应付债券和长期应付款等。

(三) 所有者权益的定义及其来源构成

1. 所有者权益的定义

所有者权益是指企业资产扣除负债后,由所有者享有的剩余权益。公司的所有者权益又称为股东权益。所有者权益是所有者对企业资产的剩余索取权,它是企业资产中扣除债权人权益后应由所有者享有的部分,既可反映所有者投入资本的保值增值情况,又体现了保护债权人权益的理念。

2. 所有者权益的来源构成

所有者权益的来源包括所有者投入的资本、直接计入所有者权益的利得和损失、留存收益等,通常由股本(或实收资本)、资本公积(含股本溢价或资本溢价、其他资本公积)、其他综合收益、盈余公积和未分配利润构成。

所有者投入的资本是指所有者所有投入企业的资本部分,它既包括构成企业注册资本或者股本部分的金额,也包括投入资本超过注册资本或者股本部分的金额,即资本溢价或者股本溢价,这部分投入资本(指资本溢价或者股本溢价)在我国企业会计准则体系中被计入了资本公积。直接计入所有者权益的利得和损失,是指不应计入当期损益、会导致所有者权益发生增减变动的、与所有者投入资本或者向所有者分配利润无关的利得或者损失。留存收益是企业历年实现的净利润留存于企业的部分,主要包括累计计提的盈余公积和未分配利润。

(四) 收入的定义及其主要内容

1. 收入的定义

收入是指企业在日常活动中形成的、会导致所有者权益增加的、与所有者投入资本无关的经济利益的总流入。根据收入的定义,收入具有以下几方面的特征:

(1) 收入是企业在日常活动中形成的。日常活动是指企业为完成其经营目标所从事的经常性活动以及与之相关的活动。例如,工业企业制造并销售产品、商业企业销售商品、保险公司签发保单、咨询公司提供咨询服务、软件企业为客户开发软件、安装公司提供安装服务、商业银行对外贷款、租赁公司出租资产等,均属于企业的日常活动。明确界定日常活动是为了将收入与利得相区分,因为企业非日常活动所形成的经济利益流入不能确认为收入,而应当计入利得。

(2) 收入是与所有者投入资本无关的经济利益的总流入。收入应当会导致经济利益的流入,从而导致资产的增加。例如,企业销售商品,应当收到现金或者在未来有权收到现金,才表明该交易符合收入的定义。但是在实务中,经济利益的流入有时是所有者投入资本的增加所导致的,所有者投入资本的增加不应当确认为收入,应当将其直接确认为所有者权益。

(3) 收入会导致所有者权益的增加。与收入相关的经济利益流入应当会导致所有者权益增加，不会导致所有者权益增加的经济利益流入不符合收入的定义，不应确认为收入。例如，企业向银行借入款项，尽管也导致了企业经济利益的流入，但该流入并不导致所有者权益的增加，反而使企业承担了一项现时义务。企业对于因借入款项所导致的经济利益的增加，不应将其确认为收入，应当确认一项负债。

2. 收入的主要内容

按照性质的不同，收入一般可以分为销售商品收入、提供劳务或服务（收入）。其中，来源于主要经营活动的收入被称为"主营业务收入"，来源于非主要经营活动但属于日常活动的收入被称为"其他业务收入"。此外，来源于投资活动的公允价值变动收益和投资收益也属于收入的范畴。

利得是指由企业非日常活动所形成的、会导致所有者权益增加的、与所有者投入资本无关的经济利益的流入。利得与收入的最大区别在于利得是企业非日常活动形成的经济利益的流入，而收入是企业日常活动形成的经济利益的流入。利得主要包括直接计入所有者权益的利得和计入当期利润的利得，计入当期损益的利得主要包括处置非流动资产的利得、非货币性资产交换利得、债务重组利得、政府补助、捐赠利得等营业外收入。

（五）费用的定义及其主要内容

1. 费用的定义

费用是指企业在日常活动中发生的、会导致所有者权益减少的、与向所有者分配利润无关的经济利益的总流出。根据费用的定义，费用具有以下几方面的特征：

（1）费用是企业在日常活动中形成的。费用必须是企业在其日常活动中所形成的，这些日常活动的界定与收入定义中涉及的日常活动的界定相一致。因日常活动所产生的费用通常包括销售成本（营业成本）、职工薪酬、折旧费、无形资产摊销费等。将费用界定为日常活动所形成的，目的是为了将其与损失相区分，企业非日常活动所形成的经济利益的流出不能确认为费用，而应当计入损失。

（2）费用是与向所有者分配利润无关的经济利益的总流出。费用的发生应当会导致经济利益的流出，从而导致资产的减少或者负债的增加（最终也会导致资产的减少）。其表现形式包括现金或者现金等价物的流出，存货、固定资产和无形资产等的流出或者消耗等。鉴于企业向所有者分配利润也会导致经济利益的流出，而该经济利益的流出显然属于所有者权益的抵减项目，不应确认为费用，应当将其排除在费用的定义之外。

（3）费用会导致所有者权益的减少。与费用相关的经济利益流出应当会导致所有者权益减少，不会导致所有者权益减少的经济利益的流出不符合费用定义，不应确认为费用。

2. 费用的主要内容

费用有广义和狭义之分。狭义的费用仅指与本期营业收入相配比的那部分耗费。而广义的费用泛指企业日常活动所发生的各种耗费，是指企业为销售商品、提供劳务等日常活动所发生的经济利益的流出。主要包括主营业务成本、其他业务成本、营业税金及附加、期间费用、资产减值损失、投资损失和公允价值变动损失等。对于期间费用，还需进一步划分为管理费用、销售费用和财务费用。管理费用是指企业为组织和管理生产经营所发生的各种费用。销售费用是指企业销售商品和材料、提供劳务的过程中发生的各种费用。财务费用是指企业为筹集生产经营所需资金等而发生的筹资费用。

损失是指由企业非日常活动所发生的、会导致所有者权益减少的、与向所有者分配利润无关的经济利益流出。损失与费用最大区别在于损失是企业非日常活动形成的经济利益流出，而费用是企业日常活动形成的经济利益流出。损失主要包括直接计入所有者权益的损失和计入当期利润的损失，计入当期损益的损失主要包括非流动资产处置损失、非货币性资产交换损失、债务重组损失、公益性捐赠支出、非常损失等营业外支出。

（六）利润的定义及其来源构成

1. 利润的定义

利润是指企业在一定会计期间的经营成果。通常情况下，如果企业实现了利润，表明企业的所有者权益将增加，业绩得到了提升；反之，如果企业发生了亏损（利润为负数），表明企业的所有者权益将减少，业绩下滑了。因此，利润往往是评价企业管理层业绩的一项重要指标，也是投资者等财务报告使用者进行决策时的重要参考。

2. 利润的来源构成

利润包括收入减去费用后的净额、直接计入当期利润的利得和损失等。其中，收入减去费用后的净额反映的是企业日常活动的业绩，直接计入当期利润的利得和损失反映的是企业非日常活动的业绩。直接计入当期利润的利得和损失，是指应当计入当期损益、最终会引起所有者权益发生增减变动的、与所有者投入资本或者向所有者分配利润无关的利得或者损失，主要指营业外收入和营业外支出。企业应当严格区分收入和利得、费用和损失，以更加全面地反映企业的经营业绩。

二、会计要素的确认

会计要素的确认，是指在经济业务发生时，确定将经济业务中的某一项目作为会计要素加以正式记录和列入财务报表的过程。

(一) 资产的确认条件

将一项资源确认为资产，需要符合资产的定义，还应同时满足以下两个条件：

1. 与该资源有关的经济利益很可能流入企业

从资产的定义可以看到，能否带来经济利益是资产的一个本质特征，但在现实生活中，由于经济环境瞬息万变，与资源有关的经济利益能否流入企业或者能够流入多少实际上带有不确定性。因此，资产的确认还应与经济利益流入的不确定性程度的判断结合起来，如果根据编制财务报表时所取得的证据，与资源有关的经济利益很可能流入企业，那么就应当将其作为资产予以确认；反之，不能确认为资产。例如，某企业赊销一批商品给某一客户，从而形成了对该客户的应收账款，由于企业最终收到款项与销售实现之间有时间差，而且收款又在未来期间，因此带有一定的不确定性，如果企业在销售时判断未来很可能收到款项或者能够确定收到款项，企业就应当将该应收账款确认为一项资产；如果企业判断在通常情况下很可能部分或者全部无法收回，表明该部分或者全部应收账款已经不符合资产的确认条件，应当计提坏账准备，减少资产的价值。

2. 该资源的成本或者价值能够可靠地计量

财务会计系统是一个确认、计量和报告的系统，其中计量起着枢纽作用，可计量性是所有会计要素确认的重要前提，资产的确认也是如此。只有当有关资源的成本或者价值能够可靠地计量时，资产才能予以确认。在实务中，企业取得的许多资产都是发生了实际成本的，例如，企业购买或者生产的存货，企业购置的厂房或者设备等，对于这些资产，只要实际发生的购买成本或者生产成本能够可靠计量，就视为符合了资产确认的可计量条件。在某些情况下，企业取得的资产没有发生实际成本或者发生的实际成本很小，例如，企业持有的某些衍生金融工具形成的资产，对于这些资产，尽管它们没有实际成本或者发生的实际成本很小，但是如果其公允价值能够可靠计量，也被认为符合了资产可计量性的确认条件。

(二) 负债的确认条件

将一项现时义务确认为负债，需要符合负债的定义，还需要同时满足以下两个条件：

1. 与该义务有关的经济利益很可能流出企业

从负债的定义可以看到，预期会导致经济利益流出企业是负债的一个本质特征。在实务中，履行义务所需流出的经济利益带有不确定性，尤其是与推定义务相关的经济利益通常需要依赖大量的估计。因此，负债的确认应当与经济利益流出不确定性程度的判断结合起来，如果有确凿证据表明，与现时义务有关的经济利益很可能流出企业，就应当将其作为负债予以确认；反之，如果企业承担了现时义务，但是会导致企业经济利益流出的可能性很小,就不符合负债的确认条件,不应将其作为负债予以确认。

2. 未来流出的经济利益的金额能够可靠地计量

负债的确认在考虑经济利益流出企业的同时,对于未来流出的经济利益金额应当能够可靠计量。对于与法定义务有关的经济利益流出金额,通常可以根据合同或者法律规定的金额予以确定,考虑到经济利益流出的金额通常在未来期间,有时未来期间较长,有关金额的计量需要考虑货币时间价值等因素的影响。对于与推定义务有关的经济利益流出金额,企业应当根据履行相关义务所需支出的最佳估计数进行估计,并综合考虑有关货币时间价值、风险等因素的影响。

(三) 所有者权益的确认条件

所有者权益体现的是所有者在企业中的剩余权益,因此,所有者权益的确认主要依赖于其他会计要素,尤其是资产和负债的确认;所有者权益金额的确定也主要取决于资产和负债的计量。例如,企业接受投资者投入的资产,在该资产符合企业资产确认条件时,就相应地符合了所有者权益的确认条件;当该资产的价值能够可靠计量时,所有者权益的金额也就可以确定。

(四) 收入的确认条件

一般而言,企业应当在履行了合同中的履约义务,即在客户取得相关商品控制权时确认收入。取得相关商品控制权,是指能够主导该商品的使用并从中获得几乎全部的经济利益。

(五) 费用的确认条件

费用的确认除了应当符合定义外,也应当满足严格的条件,即费用只有在经济利益很可能流出从而导致企业资产减少或者负债增加,且经济利益的流出额能够可靠计量时才能予以确认。因此,费用的确认至少应当符合以下条件:一是与费用相关的经济利益应当很可能流出企业;二是经济利益流出企业的结果会导致资产的减少或负债的增加;三是经济利益的流出额能够可靠计量。

(六) 利润的确认条件

利润反映的是收入减去费用、利得减去损失后的净额概念,因此,利润的确认主要依赖于收入和费用以及利得和损失的确认,其金额的确定也主要取决于收入、费用、利得和损失金额的计量。

三、会计要素计量属性及其应用原则

会计要素计量主要解决已经确认项目的货币计量问题,是为了将符合确认条件的会计要素登记入账并列报于财务报表而确定其金额的过程。会计计量包括两方面的内涵：选择计量尺度（已在会计假设中述及）和选择计量属性。

(一) 会计要素计量属性

企业应当按照规定的会计计量属性进行计量，确定相关金额。计量属性是指所予计量的某一要素的特性方面，如桌子的长度、铁矿的重量等。从会计角度，计量属性反映的是会计要素金额的确定基础，主要包括历史成本、重置成本、可变现净值、现值和公允价值等。

1. 历史成本

历史成本，又称为实际成本，就是取得或制造某项财产物资时所实际支付的现金或者其他等价物。在历史成本计量下，资产按照其购置时支付的现金或者现金等价物的金额，或者按照购置资产时所付出对价的公允价值计量。负债按照其因承担现时义务而实际收到款项或者资产金额，或者承担现时义务的合同金额，或者按照日常活动中为偿还负债预期需要支付的现金或者现金等价物的金额计量。

2. 重置成本

重置成本又称现行成本，是指按照当前市场条件，重新取得同样一项资产所需支付的现金或现金等价物金额。在重置成本计量下，资产按照现在购买相同或者相似资产所需支付的现金或者现金等价物的金额计量。负债按照现在偿付该项债务所需支付的现金或者现金等价物的金额计量。

3. 可变现净值

可变现净值，是指在正常生产经营过程中以预计售价减去进一步加工成本和销售所必需的预计税金、费用后的净值。在可变现净值计量下，资产按照其正常对外销售所能收到现金或者现金等价物的金额扣减该资产至完工时估计将要发生的成本、估计的销售费用以及相关税金后的金额计量。

4. 现值

货币的时间价值，是指货币经历一定时间的投资和再投资所增加的价值。也就是说，货币用于投资并经历一定时间后会增值，其增值部分就是时间价值。人们常常说，现在的1元钱和1年后的1元钱其潜在经济价值是不相等的，前者要大于后者，原因在于现在的1元钱在1年之后，可以变成1元以上。如果把1元钱称为本金，那么超出1元的部分就是投资1年的利润或利息。由于货币存在时间价值，不同时点上的等额货币价值不同，因此在比较不同时点上的货币金额时，需要把它们折算到同一时点上才能比较，由此引出了终值和现值的概念。终值是指现在一定金额的货币在未来某一时点上的价值，即本利和。现值是指未来某一时点上一定金额的货币在现在的价值，即本金。在期限大于1年的情况下，货币的时间价值计算就会出现单利和复利两种方法。目前，我们在实务工作中主要采用复利方法计算。复利，是指在每经过一个计息期后,都要将所生利息加入本金,以计算下期的利息。这样,在每一计息期,上一个计息期的利息都要成为生息的本金,即以利生利,也就是俗称的"利滚利"。

在财务会计中主要使用的是复利制下现值的计算。现值是指对未来现金流量以恰当的折现率进行折现后的价值,是考虑货币时间价值因素等的一种计量属性。复利现值的计算公式:

现值=∑(第 n 年现金净流量×$(1+i)^{-n}$)

如果未来每年的现金净流量都相同,上述公式也可以表示为普通年金的现值计算公式:

现值=每年的现金净流量×$[1-(1+i)^{-n}]/i$

上述公式中,i 为折现率,n 为年份。

【例 1-2】NMG 公司 20×7 年 1 月 1 日购入一台机器设备作为固定资产使用。购货合同约定,该机器设备的总价款为 3000 万元,分三年支付价款,20×7 年 12 月 31 日支付 1000 万元,20×8 年 12 月 31 日支付 1000 万元,20×9 年 12 月 31 日支付 1000 万元,按照有关规定该机器设备应该按照未来现金流量的现值进行初始计量,假定折现率为 5%。则该现值的计算如下:

现值=∑(第 n 年现金净流量×$(1+i)^{-n}$)

=1000×$(1+5\%)^{-1}$+1000×$(1+5\%)^{-2}$+1000×$(1+5\%)^{-3}$

=1000×0.9524+1000×0.9070+1000×0.8638

=2723.2(万元)

或者由于每年现金流量都相同,可以采用普通年金的现值计算公式,具体计算如下:

现值=每年的现金净流量×$[1-(1+i)^{-n}]/i$

=1000×$[1-(1+6\%)^{-3}]/6\%$

=1000×2.7232

=2723.2(万元)

在现值计量下,资产按照预计从其持续使用和最终处置中所产生的未来净现金流入量的折现金额计量。负债按照预计期限内需要偿还的未来净现金流出量的折现金额计量。

5. 公允价值

公允价值,是指市场参与者在计量日发生的有序交易中,出售一项资产所能收到或者转移一项负债所需支付的价格。在公允价值计量下,资产和负债按照市场参与者在计量日发生的有序交易中,出售资产所能收到或者转移负债所需支付的价格计量。

(二)各种计量属性之间的关系

在各种会计要素计量属性中,历史成本通常反映的是资产或者负债过去的价值,而重置成本、可变现净值、现值以及公允价值通常反映的是资产或者负债的现时成本或者现时价值，是与历史成本相对应的计量属性。当然这种关系也并不是绝对的。如资产或者负债的历史成本有时就是根据交易时有关资产或者负债的公允价值确定的，在非货币性资产交换中，如果交换具有商业实质，且换入、换出资产的公允价值能够可靠计量的，换入资产入账成本的确定应当以换出资产的公允价值为基础，除非有确凿证据表明换入资产的公允价值更加可靠；在非同一控制下的企业合并交易中，合并成本也是以购买方在购买日为取得对被购买方的控制权而付出的资产、发生或承担的负债等的公允价值确定。如果在应用公允价值时，当相关资产或者负债不存在活跃市场的报价或者不存在同类或者类似资产的活跃市场报价时，需要采用在当前情况下适用并且有足够可利用数据和其他信息支持的估值技术来确定相关资产或者负债的公允价值。而在采用估值技术估计相关资产或者负债的公允价值时，现值往往是采用比较普遍的一种估值方法，在这种情况下，公允价值就是以现值为基础确定的。另外，公允价值相对于历史成本而言，具有很强的时间概念，也就是说，当前环境下某项资产或负债的历史成本可能是过去环境下该项资产或负债的公允价值，而当前环境下某项资产或负债的公允价值也许就是未来环境下该项资产或负债的历史成本。

（三）计量属性的应用原则

企业在对会计要素进行计量时，一般应当采用历史成本。采用重置成本、可变现净值、现值、公允价值计量的，应当保证所确定的会计要素金额能够取得并可靠计量。

有学者认为，面向21世纪的公允价值计量模式的风靡是会计发展史上的第四个里程碑。随着我国资本市场的发展、股权分置改革的基本完成，越来越多的股票、债券、基金等金融产品在交易所挂牌上市，使这类金融资产的交易已经形成了较为活跃的市场，因此，我国也引入了公允价值计量属性，并于2014年1月26日发布了《企业会计准则第39号——公允价值计量》。

值得一提的是，我国引入公允价值是适度、谨慎和有条件的。原因是考虑到我国尚属新兴的市场经济国家，如果不加限制地引入公允价值，有可能出现公允价值计量不可靠，甚至借此人为操纵利润的现象。

第五节　财务报告概述

财务会计报告（又称财务报告，下同），是指企业对外提供的反映企业某一特定日期的财务状况和某一会计期间的经营成果、现金流量等会计信息的文件。财务报告是企业财务会计确认与计量的最终结果体现,是向投资者等财务报告使用者提供决策有用信息的媒介和渠道,是沟通投资者、债权人等使用者与企业管理层之间信息的桥梁和纽带。

一、财务报告的目标

财务报告目标在整个财务会计系统和企业会计准则体系中具有十分重要的地位,是构建会计要素确认、计量和报告原则并制定各项准则的基本出发点。《企业会计准则——基本准则》中规定:企业应当编制财务会计报告。财务会计报告的目标是向财务会计报告使用者提供与企业财务状况、经营成果和现金流量等有关的会计信息,反映企业管理层受托责任履行情况,有助于财务会计报告使用者做出经济决策。

财务会计报告使用者包括投资者、债权人、政府及其有关部门和社会公众等。满足投资者的信息需要是企业财务报告编制的首要出发点,将投资者作为企业财务报告的首要使用者,凸显了投资者的地位,体现了保护投资者利益的要求,是市场经济发展的必然。除投资者之外,企业财务报告的使用者还有债权人、政府及有关部门、社会公众等。例如,企业贷款人、供应商等债权人通常十分关心企业的偿债能力和财务风险,他们需要信息来评估企业能否如期支付贷款本金及其利息,能否如期支付所欠购货款等;政府及其有关部门作为经济管理和经济监管部门,通常关心经济资源分配的公平、合理,市场经济秩序的公正、有序,宏观决策所依据信息的真实可靠等,因此,他们需要信息来监管企业的有关活动(尤其是经济活动)、制定税收政策、进行税收征管和国民经济统计等;社会公众也关心企业的生产经营活动,包括对所在地经济做出的贡献,如增加就业、刺激消费、提供社区服务等。因此,在财务报告中提供有关企业发展前景及其能力、经营效益及其效率等方面的信息,可以满足社会公众的信息需要。应当讲,这些使用者的许多信息需求是共同的。由于投资者是企业资本的主要提供者,通常情况下,如果财务报告能够满足这一群体的会计信息需求,也可以满足其他使用者的大部分信息需求。

二、财务报告的构成

财务报告包括财务报表和其他应当在财务报告中披露的相关信息和资料。其中,财务报表由报表本身及其附注两部分构成,附注是财务报表的有机组成部分,而报表至少应当包括资产负债表、利润表和现金流量表、所有者权益(股东权益)变动表等报表。考虑到小企业规模较小,外部信息需求相对较低,因此,小企业编制的报表可以不包括现金流量表。

其一,资产负债表是反映企业在某一特定日期财务状况的会计报表。企业编制资产负债表的目的是通过如实反映企业的资产、负债和所有者权益金额及其结构情况，从而有助于使用者评价企业资产的质量以及短期偿债能力、长期偿债能力和利润分配能力等。

其二，利润表是反映企业在一定会计期间的经营成果的会计报表。企业编制利润表的目的是通过如实反映企业实现的收入、发生的费用以及应当计入当期利润的利得和损失等金额及其结构情况，从而有助于使用者分析评价企业的盈利能力及其构成与质量。

其三，现金流量表是反映企业在一定会计期间的现金和现金等价物流入和流出的会计报表。企业编制现金流量表的目的是通过如实反映企业各项活动的现金流入、流出情况，从而有助于使用者评价企业的现金流和资金周转情况。

其四，所有者权益（股东权益）变动表是反映所有者权益各组成部分当期增减变动情况的报表。

其五，附注是对在会计报表中列示项目所做的进一步说明，以及对未能在这些报表中列示项目的说明等。企业编制附注的目的是通过对财务报表本身作补充说明，以更加全面、系统地反映企业财务状况、经营成果和现金流量的全貌，从而有助于向使用者提供更为有用的信息，做出更加科学合理的决策。

财务报表是财务报告的核心内容，但是除财务报表之外，财务报告还应当包括其他相关信息，具体可以根据有关法律法规的规定和外部使用者的信息需求而定。如企业可以在财务报告中披露其承担的社会责任、对社区的贡献、可持续发展能力等信息，这些信息对于使用者的决策也是相关的，尽管属于非财务信息，无法包括在财务报表中，但是如果有规定或者使用者有需求的，企业应当在财务报告中予以披露，有时企业也可以自愿在财务报告中披露相关信息。

复习思考题

1. 什么是会计？会计的对象是什么？
2. 会计核算的基本前提包括哪些内容？
3. 权责发生制与收付实现制的主要区别有哪些？
4. 会计信息的质量特征有哪些？
5. 我国企业会计要素有哪些？每一要素的含义、内容和特征是什么？
6. 会计要素的计量属性有哪些？各种计量属性间存在何种关系？

第二章 会计循环（上）

 内容提要

静态会计恒等式——资产=负债+所有者权益，是会计等式中最通用和最一般的形式，也称为会计基本等式。经济业务的发生不会破坏会计等式的平衡关系。动态会计等式——收入−费用=利润，反映了经营主体在一定期间的经营成果。会计等式反映了会计六要素间的数量关系。会计科目，是对会计要素进行分类的项目，按其提供会计信息的详细程度分为总分类科目和明细分类科目。会计科目分为资产类、负债类、共同类、所有者权益类、成本类、损益类六大类。账户与会计科目两者之间既有联系，又有区别。通过账户记录的数额，可以提供期初余额、本期增加发生额、本期减少发生额和期末余额四个金额要素。借贷记账法是国际通用的记账方法，其记账规则是"有借必有贷，借贷必相等"。在借贷记账法下，期初按照各账户的结构开设并登记期初余额，本期发生的每一笔经济业务要编制会计分录并登记相关账户，期末结出每一账户本期的发生额和余额并编制试算平衡表检验记录的正确性，最后根据各账户的发生额和余额编制会计报表提供对外的会计信息。各会计主体日常使用的账户，按其提供资料详细程度的不同，可分为总分类账户和明细分类账户两种。总分类账户和明细分类账户须采用平行登记的方法。

第一节 会计恒等式

资产、负债、所有者权益、收入、费用、利润这六项会计要素反映了资金运动的静态和动态两个方面，具有紧密的相关性，它们在数量上存在着特定的平衡关系，这种平衡关系用公式来表示，就是通常所说的会计恒等式。会计恒等式是反映会计要素之间平衡关系的计算公式，它是各种会计核算方法的理论基础。

一、静态会计恒等式

企业从事生产经营活动,必须拥有一定数量的能够为企业带来经济利益的资源即资产,作为从事经济活动的基础,这些资产在经济活动中分布于各个方面,表现为不同的存在形态,如货币资金、存货、固定资产等。企业拥有的这些资产都有其特定的来源或称资产提供者,而资产的提供者对其所提供的资产存在一定的求偿权,资产的来源或称资产提供者的求偿权,在会计上被称为权益。从数量上看,有一定数额的资产必然有一定数额的权益,反之有一定数额的权益也必定有一定数额的资产。资产和权益的这种相互依存的关系,决定了资产总额必然等于权益总额,这种恒等关系用公式表示:

资产=权益

由于企业的资产来源于企业的债权人和投资者两个方面,所以权益是由债权人权益和所有者权益两部分构成。债权人权益在会计上被称为负债,所有者权益是企业投资人对企业的资产减去负债后的净资产的所有权。由于权益是由负债和所有者权益两部分组成,因此会计恒等式可进一步表示:

资产=负债+所有者权益

以上等式能直接反映出资金运动三个静态要素之间的内在联系和企业在某一时点的财务状况,因而也是构成资产负债表基本框架的三个基本要素。该等式也称为静态会计恒等式。由于该等式是会计等式中最通用和最一般的形式,所以通常也称为会计基本等式。

二、动态会计恒等式

企业的目标就是从生产经营活动中获取收入,实现盈利。企业在取得收入的同时,也必然要发生相应的费用。企业通过收入与费用的比较,才能计算一定期间的盈利水平,确定当期实现的利润总额。利润与收入和费用的关系用公式表示:

收入−费用=利润

这里的收入既包括日常活动中形成的收入,也包括非日常活动中形成的直接计入当期利润的利得,如营业外收入。费用既包括日常活动中形成的费用,也包括非日常活动中形成的直接计入当期利润的损失,如营业外支出。其实也可以理解为广义的收入和费用。这一等式反映了企业在一定会计期间内经营成果的形成过程,揭示了资金运动三个动态要素之间的内在联系,因而也是构成利润表基本框架的三个基本要素。该等式也称为动态会计恒等式。

企业利润的取得,表明企业资产总额和净资产的增加。由于利润只归属于所有者,利润的实现意味着企业所有者权益的增加；反之，若企业发生亏损，就意味着企业所有者权益的减少，用等式表示如下：

资产=负债+所有者权益+利润

或　资产=负债+所有者权益+(收入-费用)

或　资产+费用=负债+所有者权益+收入

这一等式动态地反映了企业财务状况和经营成果之间的关系。财务状况反映了企业某一特定日期资产的存量情况，而经营成果则反映了企业一定会计期间资产的增量或减量。企业的经营成果最终会影响到企业的财务状况，企业实现利润将使企业资产存量增加或负债减少，企业发生亏损将使企业资产存量减少或负债增加。待期末结账后，利润归于所有者权益项目，会计等式又恢复成基本形式，即"资产=负债+所有者权益"。

三、经济业务对会计恒等式的影响

所谓经济业务，也称会计事项，是指企业在生产经营过程中能引起会计要素增减变化的经济活动。这些经济业务可以分为两大类：一类为外部经济业务，即某一会计主体发生对外经济往来所产生的经济业务，如向外单位购买原材料、向银行借款、对外销售商品等；另一类为内部经济业务，即发生于某一会计主体内部的经济业务，如生产领用原材料等。虽然企业在生产经营过程中会发生各种各样的经济业务，但无论怎样，都不会破坏资产与权益的恒等关系。

【例2-1】假设A公司20×1年1月1日的资产、负债及所有者权益的构成如表2-1所示。

表 2-1　　　　　　　　　　资产负债表

20×1年1月1日　　　　　　　　　　　　　　　单位：元

资产	金额	负债及所有者权益	金额
		负债：	
库存现金	2000	短期借款	200000
银行存款	198000	应付账款	68000
应收账款	40000	负债合计	268000
原材料	100000	所有者权益：	
库存商品	200000	实收资本	500000
固定资产	320000	资本公积	92000
		所有者权益合计	592000
总计	860000	总计	860000

表 2-1 表明，该公司期初资产总额与权益总额相等，均为 860000 元。

假定该公司 1 月发生下列部分经济业务：

（1）企业向外单位购入原材料一批，金额 20000 元，材料已验收入库，但货款尚未支付。

该项经济业务的发生一方面使企业的资产项目原材料增加了 20000 元；另一方面又使企业的负债项目应付账款增加了 20000 元，引起资产与负债总额同时等额增加，会计恒等式依然成立。

（2）企业收到投资人投入资金 30000 元，已存入企业银行存款户。

该项经济业务的发生一方面使企业的资产项目银行存款增加了 30000 元；另一方面又使企业的所有者权益项目实收资本增加了 30000 元，引起资产与所有者权益总额同时等额增加，会计恒等式依然成立。

（3）企业通过银行存款户支付 40000 元，用以偿还之前欠的应付账款。

该项经济业务的发生一方面使企业的资产项目银行存款减少了 40000 元；另一方面又使企业的负债项目应付账款减少了 40000 元，引起资产与负债总额同时等额减少，会计恒等式依然成立。

（4）企业以银行存款 50000 元，退回投资者甲的投资。

该项经济业务的发生一方面使企业的资产项目银行存款减少了 50000 元；另一方面又使企业的所有者权益项目实收资本减少了 50000 元，引起资产与所有者权益总额同时等额减少，会计恒等式依然成立。

（5）企业向银行借入短期借款 10000 元，直接用于偿还应付账款。

该项经济业务的发生一方面使企业的负债项目短期借款增加了 10000 元；另一方面又使企业的负债项目应付账款减少了 10000 元，引起负债项目之间等额此增彼减，负债与所有者权益总额没有发生变化，而且资产项目未涉及，因此会计恒等式依然成立。

（6）企业以银行存款购买一台设备，价款共计 20000 元。

该项经济业务的发生一方面使企业的资产项目固定资产增加了 20000 元；另一方面又使企业的资产项目银行存款减少了 20000 元，引起资产项目之间等额此增彼减，资产总额没有发生变化，负债及所有者权益未涉及，会计恒等式依然成立。

（7）企业以资本公积 22000 元，转增资本。

该项经济业务的发生一方面使企业所有者权益项目实收资本增加了 22000 元；另一方面又使企业的所有者权益项目资本公积减少了 22000 元，引起所有者权益项目之间等额此增彼减，负债与所有者权益总额没有发生变化，而且资产项目未涉及，因此会计恒等式依然成立。

（8）投资人投资 40000 元，直接用来偿还企业的短期借款（此笔业务实际工作中不这样处理,这里只是为了说明业务的类型)。

该项经济业务的发生一方面使企业所有者权益项目实收资本增加了40000元;另一方面又使企业的负债项目短期借款减少了40000元,引起所有者权益与负债项目之间等额此增彼减,负债与所有者权益总额没有发生变化,而且资产项目未涉及,因此会计恒等式依然成立。

假设该公司本月仅发生以上8项经济业务,这些经济业务对会计恒等式中有关项目的增减变化的影响如表2-2所示。

表2-2   单位:元

资产					负债及所有者权益				
项目	期初数	增加	减少	期末数	项目	期初数	增加	减少	期末数
库存现金	2000			2000	短期借款	200000	10000	40000	170000
银行存款	198000	30000	110000	118000	应付账款	68000	20000	50000	38000
应收账款	40000	20000		40000	负债合计	268000			208000
原材料	100000			120000	实收资本	500000	92000	50000	542000
库存商品	200000	20000		200000	资本公积	92000		22000	70000
固定资产	320000			340000	所有者权益合计	592000			612000
总计	860000	70000	110000	820000	总计	860000	122000	162000	820000

通过上述分析可以看出,任何一笔经济业务的发生都会引起资产、负债和所有者权益项目发生增减变动,但无论怎样,都不会破坏会计等式的平衡关系。任何经济业务都可以归类为如下9类业务中的某一类:

其一,一项资产增加,一项负债增加。

其二,一项资产增加,一项所有者权益增加。

其三,一项资产增加,另一项资产减少。

其四,一项负债增加,一项所有者权益减少。

其五,一项负债增加,另一项负债减少。

其六,一项所有者权益增加,另一项所有者权益减少。

其七,一项所有者权益增加,一项负债减少。

其八,一项资产减少,一项所有者权益减少。

其九,一项资产减少,一项负债减少。

无论何种经济业务,都会使"资产=负债+所有者权益"等式两边同时增加或减少相同的金额,形成新的平衡关系。或者导致等式一边的资产内部或权益内部此增彼减,保持原有的平衡关系不变。这也是我们称"资产=负债+所有者权益"为会计恒等式的原因,即无论发生何种业务,会计等式关系一直存在。

第二节　会计科目与账户

一、会计科目

(一) 会计科目的概念及其分类

会计科目，是对会计要素进行分类的项目。设置会计科目是会计核算的一种专门方法。

如前所述，会计上为了记录经济业务，提供会计信息，将会计对象划分为六项会计要素。通过这六大会计要素，会计信息使用者可以获得有关资产、负债、所有者权益、收入、费用和利润等方面的概括性资料。然而，对于会计信息使用者，在决策过程中，除了需要这些概括性的资料外，往往还需要详细的资料。因此，会计科目就是在将会计对象划分为会计要素的基础上，按照会计要素的具体内容进一步分类，并以此为依据设置账户，分类地、连续地记录经济业务增减变动情况，再通过整理和汇总等方法，反映会计要素的增减变动及其结果，从而提供各种有用的会计信息。

会计科目按其提供会计信息的详细程度分为总分类科目和明细分类科目。总分类科目亦称一级科目或总账科目，它是对会计要素的具体内容进行总括分类的会计科目，是进行总分类核算的依据，所提供的是总括信息。明细分类科目亦称明细科目，它是对总分类科目所含内容再做详细分类的会计科目，它所提供的是更加详细具体的信息。为了适应管理工作的需要，有时还可在总分类科目与明细分类科目之间增设二级科目（也称子目）。二级科目提供的会计信息比总分类科目（一级科目）详细、具体，但又比明细分类科目（细目）概括。下面以"原材料"科目为例，来说明它们之间的关系，见表2-3。

(二) 会计科目的设置原则

会计科目作为反映会计要素的构成及其变化情况，为投资者、债权人、企业经营管理者等提供会计信息的重要手段，在其设置过程中应努力做到科学、合理、适用，遵循下列原则：

1. 合法性原则

为了保证会计信息的可比性，所设置的会计科目应当符合国家统一的会计制度的规定。

表 2-3

总分类科目	明细分类科目	
(一级科目)	二级科目（子目）	明细科目（细目）
原材料	原料及主要材料	圆钢
		生铁
		……
	辅助材料	润滑油
		防锈剂
		……
	燃料	汽油
		柴油
		……

2. 相关性原则

会计科目的设置，应为提供有关各方所需要的会计信息服务，满足对外报告与对内管理的要求。

3. 实用性原则

企业的组织形式、所处行业、经营内容及业务种类等不同，在会计科目的设置上亦应有所区别。在合法性的基础上，应根据企业自身特点，设置符合企业需要的会计科目。

具体会计科目的设置一般是从会计要素出发，将会计科目分为资产、负债、共同、所有者权益、成本、损益六大类。企业常用会计科目的设置如表 2-4 所示，全部会计科目表可参看本书后面的附录 3。

表 2-4　　　　　　　　　常用会计科目表

序号	编号	会计科目名称	序号	编号	会计科目名称
		一、资产类	9	1132	应收利息
1	1001	库存现金	10	1221	其他应收款
2	1002	银行存款	11	1231	坏账准备
3	1012	其他货币资金	12	1321	代理业务资产
4	1101	交易性金融资产	13	1401	材料采购
5	1121	应收票据	14	1402	在途物资
6	1122	应收账款	15	1403	原材料
7	1123	预付账款	16	1404	材料成本差异
8	1131	应收股利	17	1405	库存商品

续表

序号	编号	会计科目名称	序号	编号	会计科目名称
18	1406	发出商品	55	2401	递延收益
19	1407	商品进销差价	56	2501	长期借款
20	1408	委托加工物资	57	2502	应付债券
21	1411	周转材料	58	2701	长期应付款
22	1471	存货跌价准备	59	2702	未确认融资费用
23	1501	持有至到期投资	60	2711	专项应付款
24	1502	持有至到期投资减值准备	61	2801	预计负债
25	1503	可供出售金融资产	62	2901	递延所得税负债
26	1511	长期股权投资			三、共同类
27	1512	长期股权投资减值准备			四、所有者权益类
28	1521	投资性房地产	63	4001	实收资本
29	1531	长期应收款	64	4002	资本公积
30	1532	未实现融资收益	65	4005	其他综合收益
31	1601	固定资产	66	4101	盈余公积
32	1602	累计折旧	67	4103	本年利润
33	1603	固定资产减值准备	68	4104	利润分配
34	1604	在建工程	69	4201	库存股
35	1605	工程物资			五、成本类
36	1606	固定资产清理	70	5001	生产成本
37	1701	无形资产	71	5101	制造费用
38	1702	累计摊销	72	5201	劳务成本
39	1703	无形资产减值准备	73	5301	研发支出
40	1711	商誉			六、损益类
41	1801	长期待摊费用	74	6001	主营业务收入
42	1811	递延所得税资产	75	6051	其他业务收入
43	1901	待处理财产损溢	76	6101	公允价值变动损益
		二、负债类	77	6111	投资收益
44	2001	短期借款	78	6301	营业外收入
45	2101	交易性金融负债	79	6401	主营业务成本
46	2201	应付票据	80	6402	其他业务成本
47	2202	应付账款	81	6403	税金及附加
48	2203	预收账款	82	6601	销售费用
49	2211	应付职工薪酬	83	6602	管理费用
50	2221	应交税费	84	6603	财务费用
51	2231	应付利息	85	6701	资产减值损失
52	2232	应付股利	86	6711	营业外支出
53	2241	其他应付款	87	6801	所得税费用
54	2314	代理业务负债	88	6901	以前年度损益调整

二、账户

（一）账户的设置

所谓账户，是指根据会计科目开设的，具有一定的格式和结构，能够连续、系统地记录经济业务引起的各会计要素具体内容增减变动及其结果的记账实体。设置账户是会计核算的一种专门方法。

同会计科目的分类相对应，账户按其所提供信息的详细程度及其统驭关系不同分为总分类账户（以下简称总账账户或总账）和明细分类账户（以下简称明细账）；按其所反映的经济内容不同分为资产类账户、负债类账户、共同类账户、所有者权益类账户、成本类账户和损益类账户。

账户是依据会计科目开设的，账户的名称又叫会计科目。账户与会计科目两者之间既有联系，又有区别。它们的联系表现在，都是分门别类地反映某项经济内容，即两者所反映的经济内容是相同的。它们的区别是，会计科目只是个名称，它只表明某项经济内容，而账户既有名称，又有可以实际操作的结构，即有一定的格式，可以连续而系统地记录和反映某项经济内容的增减变化及其结果。但在实际工作中，会计科目和账户的两个名称往往互相通用，不加区别。

（二）账户的基本结构

1. 账户基本结构包括的内容

会计是从数量上反映经济活动的。各项会计要素，由于会计事项的发生所引起的变动，从数量上来看，归纳起来不外乎增加和减少两种情况。因而用来分类记录经济业务的账户在结构上也应相应地分为两个部分，左方和右方，一方登记增加额，另一方登记减少额。至于用哪一方登记增加，用哪一方登记减少，则取决于账户的性质、所采用的记账方法以及所记录的经济业务的内容。这就是账户的基本结构。具体来说，账户的基本结构主要包括以下内容：①账户名称即会计科目；②记录经济业务的日期和经济业务的内容摘要；③所依据的记账凭证的编号；④增减金额以及余额。

2. 手工记账的格式

在会计实际工作中，手工记账通常采用的账户格式如表2-5所示。

在会计教学中，为了说明问题的方便，账户的基本结构通常用简化的形式来表示，如图2-1所示。由于其形状像汉字的"丁"字和英文的大写字母"T"而被称为丁字账或T形账。

表 2–5
账户名称：

年		凭证号数	摘要	借方	贷方	借或贷	余额
月	日						

图 2–1

3. 账户的四个金额要素

上述账户左右两方分别用来记录增加金额和减少金额，增减金额相抵后的差额，称为账户的余额。余额按其表现的不同时间又分为期初余额和期末余额。因此，通过账户记录的数额，可以提供期初余额、本期增加发生额、本期减少发生额和期末余额四个金额要素。

（1）期初余额。是上期期末转入本期的数额，是期初的原有数。

（2）本期增加发生额。是指在一定时期（如月份、季度、年度）内该账户所登记的增加金额的合计数。

（3）本期减少发生额。是指在一定时期内该账户所登记的减少金额的合计数。本期发生额是一个动态指标，它说明在一定时期内资金的增减变动情况。

（4）期末余额。是指一定时期的期末结算出的该账户的余额。本期的期末余额转入下期，即为下期的期初余额。期末余额是一个静态指标，它说明在某一特定日期资金增减变动的结果。

上述四项金额要素之间的关系，可用下列等式表示：

期末余额＝期初余额＋本期增加发生额－本期减少发生额

第三节　借贷记账法

一、记账方法的分类

在按一定原则设置了会计科目，并按会计科目开设了账户之后，还需要采用一定的记账方法将会计对象具体内容的增减变动登记在账户中。所谓记账方法，是指按照一定的规则，使用一定的符号，在账户中登记各项经济业务的技术方法。记账方法有两类：一类是单式记账法；另一类是复式记账法。

单式记账法，是指对发生的每一项经济业务只在一个账户中进行单方面记录的一种记账方法。这种单方面的记录通常只限于货币收付和债权、债务的增减，对其他项目的变化则不做记录，除了对有关应收款、应付款的货币收付业务，需要在两个或两个以上的账户中各自进行记录外，其他业务则只在一个账户中予以记录。例如，企业用银行存款1000元购买原材料，在单式记账法下只在银行存款账户中作减少1000元的记录，至于原材料的增加则不予记录。所以，单式记账法下，账户设置是不完整的，账户之间的记录没有直接的联系，因而也无法建立起相互平衡的关系，显然不能全面、系统地反映经济业务的来龙去脉，更不便于检查账户记录的正确性和完整性。因此单式记账法是一种简单、不完整、不科学的记账方法，目前已很少使用。

复式记账法，是指对发生的每一项经济业务，都要以相等的金额，在相互联系的两个或两个以上的账户中进行记录的方法。与单式记账法相比较，复式记账法有两个明显的特点：一是对发生的每一笔经济业务都要在相互联系的两个或两个以上的账户中记录，根据账户记录的结果，不仅可以了解每一项经济业务的来龙去脉，而且可以通过会计对象具体内容的增减变动，全面、系统地了解经济活动的过程和结果。仍以前述以银行存款1000元购买原材料的经济业务为例，在复式记账法下，这项业务应在"原材料"和"银行存款"这两个相互联系的账户中以相等的金额进行登记，即一方面在"原材料"账户记增加1000元，另一方面在"银行存款"账户中记减少1000元。二是由于复式记账法要求每项经济业务应以相等金额在两个或两个以上的账户中同时记录，因此可以根据会计等式的平衡关系，以检查账户记录的正确性。

复式记账法包括许多具体方法，如增减记账法、收付记账法、借贷记账法等。借贷记账法是目前世界各国通用的一种复式记账法，我国《企业会计准则——基本准则》规定，企业应当采用借贷记账法记账。

二、借贷记账法

借贷记账法是以"借"(debit)和"贷"(credit)作为记账符号,以"有借必有贷,借贷必相等"作为记账规则的一种复式记账方法。

借贷记账法最早产生于意大利。最初,人们习惯于将债权记入"借方",而将债务记入"贷方"。随着社会的发展,经济业务的内容日趋复杂,"借""贷"也就逐渐失去其原有的含义,成为纯粹的记账符号,其意义视账户的性质而异。另外,我们还可以将借和贷分别简写为"Dr"和"Cr"。

(一)借贷记账法下的账户结构

借贷记账法以借、贷为记账符号来反映资金的增减变化。在借贷记账法下,任何账户都分为借方和贷方两个基本部分。通常是左方为借方,右方为贷方,其中一方用以记录数额的增加,另一方用以记录数额的减少。至于哪一方用来登记增加的金额,哪一方用来登记减少的金额,则需要根据各个账户所反映的经济内容也即性质来确定。

1. 资产类账户的结构

资产类账户的结构:账户的借方登记资产的增加额,贷方登记资产的减少额。在一个会计期间内(月、季、年)借方登记的金额合计称为借方本期发生额,贷方登记的金额合计称为贷方本期发生额,各项经济业务在记入账户之前,如果有期初余额,应将期初余额记入账户内。在每一个会计期间的期末,应将借贷方本期发生额相比较,其差额与期初余额的合计数即为期末余额。对于资产类账户来讲,由于它的减少额不可能大于它的期初余额与本期增加额之和,所以这类账户期末如有余额,必定在借方。其结构用丁字账表示,如图 2-2 所示。

借方	资产类账户	贷方
期初余额:×××		
增加额:××× ...	减少额:××× ...	
本期借方发生额:×××	本期贷方发生额:×××	
期末余额:×××		

图 2-2

资产类账户的期末余额可根据下列公式计算:

期末借方余额 = 期初借方余额 + 本期借方发生额 − 本期贷方发生额

【例 2-2】 企业将 10000 元现金存入银行。"银行存款"账户本期增加 10000 元,资产类账户增加记入该账户的借方(左方),"库存现金"账户本期减少 10000 元,资产类账户减少记入该账户的贷方（右方）。

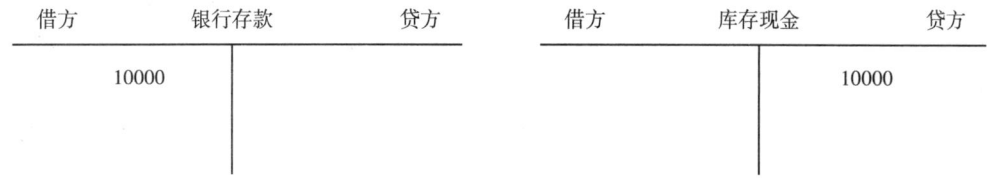

【例2-3】企业购买机器设备一台，价值20000元，用银行存款支付。"固定资产"账户本期增加20000元，资产类账户增加记入该账户的借方（左方），"银行存款"账户本期减少20000元，资产类账户减少记入该账户的贷方（右方）。

借方	固定资产	贷方		借方	银行存款	贷方
20000						20000

【例2-4】"原材料"账户期初余额为10000元，本期发生如下经济业务：
（1）购入原材料3000元。
（2）车间领用材料5000元。
（3）零星购料1000元。
（4）销售材料2000元。
按照资产类账户的账户结构，"原材料"账户本期登记如下：

借方	原材料		贷方
期初余额：	10000		
（1）	3000	（2）	5000
（3）	1000	（4）	2000
本期发生额：	4000	本期发生额：	7000
期末余额：	7000		

2. 负债及所有者权益类账户的结构

由资产=负债+所有者权益的会计等式所决定，负债及所有者权益类账户的结构与资产类账户的结构正好相反，其贷方登记负债及所有者权益的增加额，借方登记负债及所有者权益的减少额。同样负债及所有者权益若有余额，一般应为贷方余额。其结构用丁字账表示，如图2-3所示。

借方	负债及所有者权益类账户	贷方
		期初余额：×××
减少额：×××		增加额：×××
…		…
本期借方发生额：×××		本期贷方发生额：×××
		期末余额：×××

图 2–3

负债及所有者权益类账户的期末余额可根据下列公式计算：

期末贷方余额 = 期初贷方余额 + 本期贷方发生额 – 本期借方发生额

【例 2-5】企业经银行批准，将 100000 元短期借款改为长期借款。"长期借款"账户本期增加 100000 元，负债类账户增加记入该账户的贷方（右方），"短期借款"账户本期减少 100000 元，负债类账户减少记入该账户的借方（左方）。

借方	短期借款	贷方		借方	长期借款	贷方
100000						100000

【例 2-6】企业从银行取得 5000 元短期借款并存入银行存款账户中。"短期借款"账户本期增加 5000 元，负债类账户增加记入该账户的贷方（右方），"银行存款"账户本期增加 5000 元，资产类账户增加记入该账户的借方（左方）。

借方	银行存款	贷方		借方	长期借款	贷方
100000						100000

【例 2-7】"应付账款"账户期初余额为 10000 元，本期发生如下经济业务：

（1）购买材料 4000 元，款项尚未支付。

（2）用银行存款 5000 元归还材料款。

（3）购材料 1000 元，未付款。

按照负债类账户的账户结构，"应付账款"账户本期登记如下：

借方		应付账款	贷方
		期初余额：	10000
(2)	5000	(1)	4000
		(3)	1000
本期发生额：	5000	本期发生额：	5000
		期末余额：	10000

企业在生产经营过程中所发生的经济业务，除引起资产、负债和所有者权益的增减变动外，还会发生各种成本费用和取得各种收入等。为此还需要设置成本类和损益类账户。这里为了说明账户结构的方便，把成本类账户和损益类账户结合起来分为成本类账户、费用类账户和收入类账户，也就是把损益类账户分成收入和费用两类账户。企业取得收入和发生费用，最终会导致所有者权益发生变化。收入的增加是导致所有者权益增加的因素，费用的增加是导致所有者权益减少的因素。因而这就决定了收入账户的结构与所有者权益账户的结构基本相同，费用账户的结构与所有者权益账户的结构相反。下面分别予以介绍。

3. 成本、费用类账户的结构

成本、费用类账户的结构：账户的借方登记成本、费用的增加额；贷方登记成本、费用的减少额或转销额，由于借方登记的成本、费用的增加额一般都要通过贷方转出，所以成本、费用账户通常没有期末余额，如有余额也表现为借方余额。

从以上结构可以看出，成本类账户、费用类账户的结构与资产类账户的结构基本相同。其结构如图2-4所示。

借方	成本、费用类账户	贷方
增加额：×××		减少或转出额：×××
…		…
本期借方发生额：×××		本期贷方发生额：×××

图 2-4

【例 2-8】企业用银行存款支付广告费8000元。"销售费用"账户本期增加8000元，费用类账户增加记入该账户的借方（左方），"银行存款"账户本期减少8000元，资产类账户减少记入该账户的贷方（右方）。

借方	销售费用	贷方		借方	银行存款	贷方
8000						8000

4. 收入类账户的结构

收入类账户的结构：账户的贷方登记收入的增加额；借方登记收入的减少额和转销额，由于贷方登记的收入增加额一般都要通过借方转出，所以收入账户通常没有期末余额。其结构如图2-5所示。

借方	收入类账户	贷方
减少或转出额：××× …		增加额：××× …
本期借方发生额：×××		本期贷方发生额：×××

图 2-5

【例2-9】企业销售产品60000元，款项已收到并存入银行。"银行存款"账户本期增加60000元，资产类账户增加记入该账户的借方（左方），"主营业务收入"账户本期增加60000元，收入类账户增加记入该账户的贷方（右方）。

借方	银行存款	贷方		借方	主营业务收入	贷方
60000						60000

以上分别介绍了五类账户的结构，为了便于对账户结构的了解和运用，现将各类账户的结构用丁字账加以综合列示，如图2-6所示。

借方	账户名称（会计科目）	贷方
资产增加 成本、费用增加 负债及所有者权益减少 收入的减少或转销		资产减少 成本、费用减少或转销 负债及所有者权益增加 收入增加
期末余额：资产余额 （或成本费用余额）		期末余额：负债及所有者权益余额

图 2-6

（二）借贷记账法的记账规则

在借贷记账法下，根据复式记账的原理，对于任何一笔经济业务，都应按照其内容，一方面记入一个或几个有关账户的借方，另一方面记入一个或几个有关账户的贷方。记入借方的金额同记入贷方的金额相等。这就是借贷记账法的记账规则，即"有借必有贷，借贷必相等"。

为了说明借贷记账法的记账规则，现通过前述经济业务的实例，运用借贷记账法予以账务处理如下：

【例 2-10】 企业向外单位购入原材料一批，金额 20000 元，材料已验收入库，但货款尚未支付。

这项业务属于一项资产与一项负债同增的业务。它涉及"原材料"和"应付账款"这两个账户，"原材料"是资产类账户，"应付账款"是负债类账户。两者都增加了 20000 元。由于资产类账户借方登记增加，负债类账户贷方登记增加，因此，这笔业务应分别记入"原材料"账户的借方和"应付账款"账户的贷方，登账的结果如下图所示：

借方	原材料	贷方		借方	应付账款	贷方
(1) 20000						(1) 20000

【例 2-11】 企业收到投资人投入资金 30000 元，已存入企业银行存款户。

这项业务属于一项资产与一项所有者权益同增的业务。它涉及"银行存款"和"实收资本"这两个账户，"银行存款"是资产类账户，"实收资本"是所有者权益类账户。两者都增加了 30000 元。由于资产类账户借方登记增加，所有者权益类账户贷方登记增加，因此，这笔业务应分别记入"银行存款"账户的借方和"实收资本"账户的贷方，登账的结果如下图所示：

借方	银行存款	贷方		借方	实收资本	贷方
(2) 30000						(2) 30000

【例 2-12】 企业通过银行存款户支付 40000 元，用以偿还之前欠的应付账款。

这项业务属于一项资产与一项负债同减的业务。它涉及"银行存款"和"应付账款"这两个账户，"银行存款"是资产类账户，"应付账款"是负债类账户。两者都减少了 40000 元。由于资产类账户贷方登记减少，负债类账户借方登记减少，因此，这笔业务应分别记入"银行存款"账户的贷方和"应付账款"账户的借方，登账的结果如下图所示：

借方	银行存款	贷方		借方	应付账款	贷方
		(3) 40000		(3) 40000		

【例 2-13】企业以资本公积 50000 元转增实收资本。

这项业务属于所有者权益内部之间此增彼减的业务。它涉及"资本公积"和"实收资本"这两个所有者权益类账户,"资本公积"账户减少 50000 元,"实收资本"账户增加 50000 元。由于所有者权益类账户贷方登记增加,借方登记减少,因此,这笔业务应分别记入"资本公积"账户的借方和"实收资本"账户的贷方,登账的结果如下图所示:

借方	资本公积	贷方		借方	实收资本	贷方
(4) 50000						(4) 50000

通过以上实例,可以看出不论发生任何经济业务都严格遵循了"有借必有贷,借贷必相等"的记账规则。记账规则是记账的依据,也是核对账目的依据。

(三)账户的对应关系和会计分录

账户的对应关系,是指按照借贷记账法的记账规则记录经济业务时,在两个或两个以上有关账户之间形成的应借、应贷相互对照关系。在借贷记账法下,发生的每项经济业务,都要记录在一个或几个账户的借方与另一个或几个账户的贷方。对每项经济业务记录所形成的这种"借"记账户和"贷"记账户之间的联系,称为账户的对应关系,存在这种对应关系的账户称为对应账户,通过账户的对应关系,可以了解经济业务的内容和资金运动的来龙去脉。例如,用银行存款购进原材料这一经济业务,在会计核算时,应在"原材料"账户的借方和"银行存款"账户的贷方进行登记,由此,形成了"原材料"账户和"银行存款"账户之间的对应关系,这两个账户互称为对应账户。通过两个账户的对应关系,可以知道这笔经济业务是企业用银行存款购进原材料。

会计分录是指运用复式记账原理,确定每项经济业务应记账户的名称、方向(借或贷)和金额的记录。会计分录是经济业务登记入账的直接依据。

根据前面所列举的四项经济业务,编制如下会计分录:

(1) 借:原材料   20000
    贷:应付账款   20000
(2) 借:银行存款   30000
    贷:实收资本   30000
(3) 借:应付账款   40000
    贷:银行存款   40000

(4) 借：资本公积　　　　　　50000
　　　贷：实收资本　　　　　　　　　50000

【例2-14】管理部门人员××报销差旅费1000元，以现金支付。

这项经济业务，使企业库存现金减少了1000元。报销差旅费，企业的管理费用增加了1000元。它涉及资产类"库存现金"科目和费用类"管理费用"科目。管理费用的增加应登记在"管理费用"科目的借方，现金的减少应登记在"库存现金"科目的贷方。编制如下会计分录：

　　借：管理费用　　　　　　1000
　　　贷：库存现金　　　　　　　　　1000

【例2-15】车间生产产品领用原材料一批，价值7000元。

这项经济业务，使库存材料减少了7000元，材料投入生产加工，使直接用于产品生产的成本增加了7000元。它涉及资产类的"原材料"科目和成本类的"生产成本"科目。库存材料的减少是资产的减少，应登记在"原材料"科目的贷方；材料费用的增加是成本的增加，应记入"生产成本"科目的借方，编制如下会计分录：

　　借：生产成本　　　　　　7000
　　　贷：原材料　　　　　　　　　　7000

简单会计分录是指一笔经济业务分录只涉及两个对应账户，即"一借一贷"式的会计分录。如前面例子中的会计分录均为简单会计分录。复合会计分录是指一项经济业务涉及两个以上对应账户，即"一借多贷"或"一贷多借"的会计分录，必要时也可编制"多借多贷"的会计分录。复合会计分录的编制举例如下：

【例2-16】企业购入新设备一台，价款75000元，其中50000元已用银行存款支付，余额尚欠。

这项经济业务，使企业的设备增加75000元，记入"固定资产"账户借方；同时企业的银行存款减少50000元，记入"银行存款"账户"贷方"；应付账款增加25000元，记入"应付账款"账户贷方。其会计分录为：

　　借：固定资产　　　　　　75000
　　　贷：银行存款　　　　　　　　　50000
　　　　　应付账款　　　　　　　　　25000

【例2-17】企业向银行借入短期借款30000元。其中，20000元直接用于支付材料款，另10000元转存银行。这项经济业务，使企业短期借款增加30000元，记入"短期借款"账户的贷方；应付账款减少20000元，记入"应付账款"账户的借方；企业银行存款增加10000元，记入"银行存款"账户的借方。其会计分录为：

　　借：银行存款　　　　　　10000

应付账款　　　　　　　　20000
　　贷：短期借款　　　　　　　　　30000

上述经济业务登记入账后，可编制试算平衡表。

(四) 借贷记账法的试算平衡

1. 试算平衡的方法

试算平衡是指根据资产与权益的恒等关系以及借贷记账法的记账规则，检查所有账户记录是否正确的过程，包括发生额试算平衡法和余额试算平衡法两种方法。

(1) 发生额试算平衡法。是根据本期所有账户借方发生额合计与贷方发生额合计的恒等关系，检验本期发生额记录是否正确的方法。公式：

全部账户本期借方发生额合计 = 全部账户本期贷方发生额合计

(2) 余额试算平衡法。根据本期所有账户借方余额合计与贷方余额合计的恒等关系，检验本期账户记录是否正确的方法。根据余额时间不同，又分为期初余额平衡与期末余额平衡两类。期初余额平衡是期初所有账户借方余额合计与贷方余额合计相等，期末余额平衡是期末所有账户借方余额合计与贷方余额合计相等。公式：

全部账户的借方期初余额合计 = 全部账户的贷方期初余额合计

全部账户的借方期末余额合计 = 全部账户的贷方期末余额合计

在实际工作中，试算平衡工作是通过编制发生额和余额试算平衡表进行的。也可将发生额及余额试算平衡表合并编表，如表2-6至表2-8所示。

表 2-6　　　　　　　　　　总分类账户本期发生额试算平衡表

年　　月　　日　　　　　　　　　　　　　单位：元

账户名称	借方发生额	贷方发生额
合　计		

表 2-7　　　　　　　　　　总分类账户余额试算平衡表

年　　月　　日　　　　　　　　　　　　　单位：元

账户名称	借方余额	贷方余额
合　计		

表 2-8 总分类账户本期发生额及余额试算平衡表

年　月　日　　　　　　　　　　　　　　　　　　　　　　　　单位：元

账户名称	期初余额		本期发生额		期末余额	
	借方	贷方	借方	贷方	借方	贷方
合计						

2. 编制试算平衡表应注意的问题

试算平衡表只是通过借贷金额是否平衡来检查账户记录是否正确，而有些错误对于借贷双方的平衡并不发生影响。因此，在编制试算平衡表时对以下问题应引起注意：

（1）必须保证所有账户的余额均已记入试算平衡表。因为会计等式是对六项会计要素整体而言的，缺少任何一个账户的余额，都会造成期初或期末借方与贷方余额合计不相等。

（2）如果借贷不平衡，肯定是账户记录有错误，应认真查找，直到实现平衡为止。

（3）如果借贷平衡，则并不能说明账户记录绝对正确，因为有些错误对于借贷双方的平衡并不发生影响。例如某项经济业务的记录全部漏记或重记、记错有关账户、颠倒了记账方向等错误，借贷仍然平衡。

【例 2-18】NMG 公司总分类账户的月初余额如表 2-9 所示，举例说明采用借贷记账法如何编制会计分录，登记账户和进行试算平衡。

表 2-9　　　　　　　　　　　　　　　　　　　　　　　　　　　　　　单位：元

资产	金额	负债及所有者权益	金额
银行存款	46000	短期借款	20000
原材料	62000	应付账款	35000
应收账款	50000	实收资本	200000
生产成本	4000	盈余公积	80000
库存商品	3000		
固定资产	170000		
合计	335000	合计	335000

1. 该公司4月发生下列部分经济业务。

(1) 收到投资者作为投资投入的全新机器设备一台，价值80000元，已投入使用。

(2) 收回某企业的部分欠款30000元，存入银行。

(3) 从银行提取现金2000元备用。

(4) 购买材料5800元，其中3000元已用银行存款支付，其余货款尚未支付（不涉及相关税费）。

(5) 以现金1000元，暂付某职工出差借款。

(6) 生产车间领用材料12000元，用于产品生产。

(7) 用银行存款偿还短期借款10000元。

(8) 以银行存款偿还之前欠的部分货款20000元。

(9) 将盈余公积金50000元转增资本。

(10) 将已加工完成的产成品验收入库，其实际成本为6000元。

2. 根据上述经济业务编制会计分录。

(1) 借：固定资产　　　　　80000
　　　贷：实收资本　　　　　　　80000

(2) 借：银行存款　　　　　30000
　　　贷：应收账款　　　　　　　30000

(3) 借：库存现金　　　　　2000
　　　贷：银行存款　　　　　　　2000

(4) 借：原材料　　　　　　5800
　　　贷：银行存款　　　　　　　3000
　　　　　应付账款　　　　　　　2800

(5) 借：其他应收款　　　　1000
　　　贷：库存现金　　　　　　　1000

(6) 借：生产成本　　　　　12000
　　　贷：原材料　　　　　　　　12000

(7) 借：短期借款　　　　　10000
　　　贷：银行存款　　　　　　　10000

(8) 借：应付账款　　　　　20000
　　　贷：银行存款　　　　　　　20000

(9) 借：盈余公积　　　　　50000
　　　贷：实收资本　　　　　　　50000

(10) 借：库存商品　　　　　6000

贷：生产成本　　　　　　　　　　6000

3. 根据以上会计分录登记账户，期末结算出账户的本期发生额及期末余额。

库存现金

期初余额	0		
（3）	2000	（5）	1000
本期发生额	2000	本期发生额	1000
期末余额	1000		

银行存款

期初余额	46000		
（2）	30000	（3）	2000
		（4）	3000
		（7）	10000
		（8）	20000
本期发生额	30000	本期发生额	35000
期末余额	41000		

其他应收款

期初余额	0		
（5）	1000		
本期发生额	1000	本期发生额	—
期末余额	1000		

应收账款

期初余额	50000		
		（2）	30000
本期发生额	—	本期发生额	30000
期末余额	20000		

原材料

期初余额	62000		
（4）5800		（6）	12000
本期发生额	5800	本期发生额	12000
期末余额	55800		

生产成本

期初余额	4000		
(6)	12000	(10)	6000
本期发生额	12000	本期发生额	6000
期末余额	10000		

库存商品

期初余额	3000		
(10)	6000		
本期发生额	6000	本期发生额	—
期末余额	9000		

固定资产

期初余额	170000		
(1)	80000		
本期发生额	80000	本期发生额	—
期末余额	250000		

短期借款

		期初余额	20000
(7)	10000		
本期发生额	10000	本期发生额	—
		期末余额	10000

应付账款

		期初余额	35000
(8)	20000	(4)	2800
本期发生额	20000	本期发生额	2800
		期末余额	17800

实收资本

		期初余额	200000
		(1)	80000
		(9)	50000
本期发生额	—	本期发生额	130000
		期末余额	330000

盈余公积			
		期初余额	80000
（9）	50000		
本期发生额	50000	本期发生额	—
		期末余额	30000

4. 月末编制总分类账户本期发生额及余额试算平衡表，如表2-10所示。

表2-10　　　　　　　　总分类账户本期发生额及余额试算平衡表
20×1年4月30日　　　　　　　　　　　　　　　　　单位：元

账户名称	期初余额		本期发生额		期末余额	
	借方	贷方	借方	贷方	借方	贷方
库存现金			2000	1000	1000	
银行存款	46000		30000	35000	41000	
其他应收款			1000		1000	
应收账款	50000			30000	20000	
原材料	62000		5800	12000	55800	
生产成本	4000		12000	6000	10000	
库存商品	3000		6000		9000	
固定资产	170000		80000		250000	
短期借款		20000	10000			10000
应付账款		35000	20000	2800		17800
实收资本		200000		130000		330000
盈余公积		80000	50000			30000
合计	335000	335000	216800	216800	387800	387800

第四节　总分类账户与明细分类账户

一、总分类账户和明细分类账户的设置

在会计核算工作中，为了适应经济管理的需要，对于一切经济业务都要在有关账户中进行登记，既要提供总括的核算资料，又要提供详细的资料。各会计主体日常使用的账户，按其提供资料详细程度的不同，可分为总分类账户和明细分类账户两种。

总分类账户又称总账账户或一级账户，它是根据总分类科目开设的，对会计要素

的具体内容进行总括反映的账户,是提供各种总括分类核算资料的账户。如"原材料"总分类账户提供的是企业全部原材料的增减变化及结存情况。按照总分类账户进行的总括性的会计核算称为总分类核算。各会计主体均应按总分类科目开设总分类账户,进行总分类核算。总分类账户的核算采取货币形式进行金额核算,提供货币指标。

由于总分类账户没有实物指标,所以不可能对各种实物的动态变动进行核算和监督。为了保证每一种物资不仅在价值表现上而且在实物表现上都能通过账户得到反映,也为了保证每一种非实物的资产和权益在账户中得到充分反映,在设置和登记总分类账户的同时,还必须设置和登记明细分类账户。

明细分类账户是根据明细分类科目设置的,用来对会计要素的具体内容进行明细分类核算的账户,简称明细账。在通常情况下,企业会计业务发生后,如果我们只是对它按会计要素和涉及的科目记入总账账户,仍然不能详细反映企业要了解的具体内容,或记录后不能满足业务分析需要。此时,我们就要对该项业务进行再一次的具体细分,即将它通过明细分类账户记录该业务的详细情况。如应收账款,如果我们只记录"应收账款"总账科目,仍不能得知是应收甲企业的,还是应收乙企业的,那么我们在建立应收账款总分类账户的基础上,还要按客户的名称建立明细分类账户,以便于对应收账款进行管理。总分类核算与明细分类核算两者相互联系,缺一不可。

二、总分类账户与明细分类账户的平行登记

总分类账户是所属明细分类账户的统驭账户,对所属明细分类账户起控制作用;而明细分类账户则是某一总分类账户的从属账户,对其所隶属的总分类账户起辅助的作用。某一总分类账户及其所属明细分类账户的核算对象是相同的,它们所提供的核算资料互相补充,只有把二者结合起来,才能既总括又详细地反映同一核算内容。因此总分类账户和明细分类账户必须采用平行登记的方法。

总分类账户与明细分类账户平行登记的要点如下:

其一,凡在总分类账户下设有明细分类账户的,对于每一项经济业务,一方面要记入有关的总分类账户,另一方面要记入总分类账户所属的明细分类账户。

其二,在某一总分类账户及其所属的明细分类账户中登记经济业务时,方向必须相同。即在总分类账户中记入借方,在其所属的明细分类账户中也应记入借方;在总分类账户中记入贷方,在其所属的明细分类账户中也应记入贷方。

其三,记入某一总分类账户的金额必须与记入其所属的一个或几个明细分类账户的金额合计相等。

下面分别以"原材料"和"应付账款"两个账户为例,说明总分类账户和明细分类账户平行登记的方法。

【例 2-19】 假设 NMG 公司 20×1 年 4 月份"原材料""应付账款"账户的期初余额如下：

（1）"原材料" 42000 元。

　　其中：甲材料 60 吨每吨 200 元，共计 12000 元

　　　　　乙材料 300 件每件 100 元，共计 30000 元

（2）"应付账款" 60000 元。

　　其中：建华公司，40000 元

　　　　　中亚公司，20000 元

该企业 4 月份发生的有关"原材料"收发业务和"应付账款"增减业务如下：

（1）向中亚公司购入下列各项材料，货款尚未支付。

　　甲材料 100 吨每吨 200 元，共计 20000 元

　　乙材料 500 件每件 100 元，共计 50000 元

这笔经济业务应编制如下会计分录：

借：原材料——甲材料　　　20000
　　　　——乙材料　　　　50000
　　贷：应付账款——中亚公司　　　　70000

（2）向建华公司购进丙材料 50 箱每箱 500 元，共计 25000 元，货款尚未支付。

这笔经济业务应编制如下会计分录：

借：原材料——丙材料　　　25000
　　贷：应付账款——建华公司　　　　25000

（3）生产车间从原材料仓库领出下列材料，用于产品生产。

材料名称	单位	数量	单价（元）	金额（元）
甲材料	吨	80	200	16000
乙材料	件	300	100	30000
丙材料	箱	20	500	10000
合计				56000

这笔经济业务应编制会计分录如下：

借：生产成本　　　　　　　56000
　　贷：原材料——甲材料　　　　　16000
　　　　　　——乙材料　　　　　　30000
　　　　　　——丙材料　　　　　　10000

（4）公司以银行存款偿还之前欠建华公司货款 40000 元，中亚公司货款 30000 元。

借：应付账款——建华公司　　　　　　40000
　　　　　　——中亚公司　　　　　　30000
　　贷：银行存款　　　　　　　　　　　　　　70000

根据以上资料先将期初余额分别在"原材料"总分类账户及其所属的各明细分类账户中进行登记，然后将本期发生的与"原材料"账户有关的经济业务根据所编制的会计分录采用平行登记法分别记入"原材料"总分类账户及其所属的明细分类账户，并结出本期发生额和期末余额，其内容如表2-11至表2-14所示。

表2-11　　　　　　　　　　　　　　总分类账

账户名称：原材料　　　　　　　　　　　　　　　　　　　　　　　　　　单位：元

20×1年		凭证号数	摘要	借方	贷方	借或贷	余额
月	日						
4	1		期初余额			借	42000
		（略）(1)	购入材料	70000		借	112000
		(2)	购入材料	25000		借	137000
		(3)	发出材料		56000	借	81000
			本期发生额及期末余额	95000	56000	借	81000

表2-12　　　　　　　　　　　　　原材料明细分类账

账户名称：甲材料　　　　　　　　　　　　　　　　　　　　　　　　　金额单位：元

20×1年		凭证号数	摘要	计量单位	单价	收入		发出		结存	
月	日					数量	金额	数量	金额	数量	金额
4	1		期初余额	吨	200					60	12000
		（略）(1)	购入材料	吨	200	100	20000			160	32000
		(3)	发出材料	吨	200			80	16000	80	16000
			本期发生额及期末余额	吨	200	100	20000	80	16000	80	16000

表2-13　　　　　　　　　　　　　原材料明细分类账

账户名称：乙材料　　　　　　　　　　　　　　　　　　　　　　　　　金额单位：元

20×1年		凭证号数	摘要	计量单位	单价	收入		发出		结存	
月	日					数量	金额	数量	金额	数量	金额
4	1		期初余额	件	100					300	30000
		（略）(1)	购入材料	件	100	500	50000			800	80000
		(3)	发出材料	件	100			300	30000	500	50000
			本期发生额及期末余额	件	100	500	50000	300	30000	500	50000

表 2-14　　　　　　　　　　　原材料明细分类账

账户名称：丙材料　　　　　　　　　　　　　　　　　　　　　　　　　　金额单位：元

20×1年		凭证号数	摘要	计量单位	单价	收入		发出		结存	
月	日					数量	金额	数量	金额	数量	金额
	(略)	(2)	购入材料	箱	500	50	25000			50	25000
		(3)	发出材料	箱	500			20	10000	30	15000
			本期发生额及期末余额	箱	500	50	25000	20	10000	30	15000

从"原材料"总分类账户及其所属的明细分类账户平行登记的结果可以看出（具体见图 2-7），"原材料"总分类账户的期初余额 42000 元，借方本期发生额 95000 元，贷方本期发生额 56000 元，期末余额 81000 元，分别与其所属的三个明细分类账户的期初余额之和 42000 元（12000+30000+0），借方本期发生额之和 95000 元（20000+50000+25000），贷方本期发生额之和 56000 元（16000+30000+10000），以及期末余额之和 81000 元（16000+50000+15000）完全相等。

原材料　总账

期初余额	42000		
(1) 购买	70000	(3) 领用	56000
(2) 购买	25000		
本期发生额	95000	本期发生额	56000
期末余额	81000		

原材料——甲材料

期初余额	12000		
(1) 购买	20000	(3) 领用	16000
本期发生额	20000	本期发生额	16000
期末余额	16000		

原材料——乙材料

期初余额	30000		
(1) 购买	50000	(3) 领用	30000
本期发生额	50000	本期发生额	30000
期末余额	50000		

```
         原材料——丙材料
期初余额         0
(2)购买      25000    (3)领用        10000
本期发生额    25000    本期发生额     10000
期末余额     15000
```

图 2-7

同理，根据以上资料先将期初余额分别在"应付账款"总分类账户及其所属的各明细分类账户中进行登记，然后将本期发生的与"应付账款"账户有关的经济业务根据所编制的会计分录采用平行登记法分别记入"应付账款"总分类账户及其所属的明细分类账户，并结出本期发生额和期末余额，其内容如表 2-15 至表 2-17 所示。

表 2-15　　　　　　　　　　　总分类账
账户名称：应付账款　　　　　　　　　　　　　　　　　　　　单位：元

20×1年		凭证号数	摘要	借方	贷方	借或贷	余额
月	日						
4	1		期初余额			贷	60000
		（略）	(1)	欠购货款		70000	贷	130000
			(2)	欠购货款		25000	贷	155000
			(4)	归还欠款	70000		贷	85000
				本期发生额及期末余额	70000	95000	贷	85000

注：上表中(1)(2)(4)行"摘要"列与"借方/贷方"列对齐如下：

表 2-16　　　　　　　　　应付账款明细分类账
账户名称：建华公司　　　　　　　　　　　　　　　　　　　　单位：元

20×1年		凭证号数	摘　要	借方	贷方	借或贷	余额
月	日						
4	1		期初余额			贷	40000
		（略）	(2)	欠购货款		25000	贷	65000
			(4)	归还欠款	40000		贷	25000
				本期发生额及期末余额	40000	25000	贷	25000

表 2-17　　　　　　　　　应付账款明细分类账
账户名称：中亚公司　　　　　　　　　　　　　　　　　　　　单位：元

20×1年		凭证号数	摘要	借方	贷方	借或贷	余额
月	日						
4	1		期初余额			贷	20000
		（略）	(1)	欠购货款		70000	贷	90000
			(4)	归还欠款	30000		贷	60000
				本期发生额及期末余额	30000	70000	贷	60000

从"应付账款"总分类账户及其所属的明细分类账户平行登记的结果可以看出（具体见图 2-8），"应付账款"总分类账户的期初余额 60000 元，借方本期发生额 70000 元，贷方本期发生额 95000 元，期末余额 85000 元，分别与其所属的两个明细分类账户的期初余额之和 60000 元（40000＋20000），借方本期发生额之和 70000 元（40000＋30000），贷方本期发生额之和 95000 元（25000＋75000），以及期末余额之和 85000 元（25000＋60000）完全相等。

	应付账款　总账	
	期初余额	60000
	（1）赊购	70000
（4）归还　　70000	（2）赊购	25000
本期发生额　70000	本期发生额	95000
	期末余额	85000

	应付账款——建华公司	
	期初余额	40000
	（2）赊购	25000
（4）归还　　40000		
本期发生额　40000	本期发生额	25000
	期末余额	25000

	应付账款——中亚公司	
	期初余额	20000
	（1）赊购	70000
（4）归还　　30000		
本期发生额　30000	本期发生额	70000
	期末余额	60000

图 2-8

利用总分类账户与其所属的明细分类账户平行登记所形成的有关数字必然相等的关系，我们还可以通过定期核对双方有关数字，来检查账户的记录是否正确、完整。如果通过核对发现有关数字不相等，则表明账户的登记必有差错，应及时查明原因，予以更正。

复习思考题

1. 静态会计恒等式是什么？动态会计恒等式是什么？经济业务的发生对会计恒等式有什么影响？
2. 什么是会计科目？会计科目按其提供会计信息的详细程度分为哪几类？
3. 什么是账户？会计科目与账户有何关系？
4. 借贷记账法下各类型账户如何进行增减金额及余额的反映？
5. 什么叫试算平衡？包括哪些内容？
6. 什么叫总分类账户和明细分类账户？
7. 总分类账户和明细分类账户平行登记的方法包括什么？

第三章 会计循环（下）

 内容提要

会计凭证按其填制的程序和用途不同，可以分为原始凭证和记账凭证两大类。原始凭证是指在经济业务发生时取得或填制的，用以表明经济业务发生或完成情况的书面证明，它是进行会计核算的原始资料和重要依据。原始凭证可以按照来源的不同、填制手续及内容的不同有不同的分类。记账凭证是会计人员根据审核无误的原始凭证，按照经济业务的内容加以归类，并据以确定会计分录后所填制的会计凭证，它是登记账簿的直接依据。记账凭证按其所反映的经济内容不同，可以分为收款凭证、付款凭证和转账凭证。设置账簿是会计工作中的一个重要环节。会计账簿是由有一定格式、互有联系的账页组成，以会计凭证为依据，序时、分类地记录各项经济业务的会计簿籍。会计账簿可以按其用途、账页格式和外表形式等不同标准进行分类。对于账簿记录中所发生的错误，应采用专门的方法予以更正。常用的账务处理程序主要有记账凭证账务处理程序、汇总记账凭证账务处理程序和科目汇总表账务处理程序三种。

第一节 会计循环概述

一、会计循环的含义

会计循环是在经济业务事项发生时，从填制和审核会计凭证开始，到登记账簿，直至编制财务会计报告，即完成一个会计期间会计核算工作的过程。

企业将一定时期发生的所有经济业务，依据一定的步骤和方法加以记录、分类、汇总直至编制会计报表的会计处理全过程，在连续的会计期间，这些工作周而复始地不断循环进行。

基本内容包括：对于发生的经济业务进行初步的确认和记录，即填制和审核原始凭证；填制记账凭证，即在审核原始凭证的基础上，通过编制会计分录填制记账凭证；登记账簿，包括日记账、总分类账和明细分类账；编制调整分录，其目的是为了将收付实现制转换为权责发生制；结账，即将有关账户结算出本期总的发生额和期末余额；对账，包括账证核对、账账核对和账实核对；试算平衡，即根据借贷记账法的基本原理进行全部总分类账户的借方与贷方总额的试算平衡；编制会计报表和其他财务报告。

二、会计循环的主要流程

每一个会计循环的最终结果体现在财务报告中，因此会计报表的编制是会计循环中最重要的。在编制报表过程中，报表数据均为来自账簿，每个报表项目均对应一个或几个账簿，账簿数量依据业务的复杂程度而定。账簿的登记不能直接来源于经济业务，中间还有一个环节：会计凭证。也就是说，当经济业务发生时，是不能直接登记账簿的。总括上述，会计循环的主要流程包括以下内容：

第一，根据经济业务的实际发生和完成的真实情况编制必要的会计分录。

第二，根据每笔会计分录所确定的应借金额、应贷金额，分别记入有关总分类账户和明细分类账户之中。

第三，根据会计等式的平衡关系来检查、验证会计分录和过账工作有无错误，以确定账本记录的正确性。

第四，根据权责发生制和配比原则的要求，按照收入、费用的归属期，对账本记录进行必要的调整，从而正确地计算出当期损益和反映企业会计期末的财务状况。

第五，根据分类账户提供的会计数据和会计主体财产清查的结果，在每一个会计期末进行对账，以确保账簿所反映的会计资料的正确、真实和可靠。

第六，根据一定时期内全部入账的经济业务的内容，将各种账簿记录结算清楚，即结算出本期发生额和期末余额，以便为编制会计报表提供标准的资料。

第七，根据分类账户中有关账户的发生额和各账户的期末余额，编制资产负债表、利润表、现金流量表及其附表。从而使投资者、经营者、债权人及政府的财政、税务、审计等监督部门可以及时地了解报表单位的会计信息，以满足相关部门做出经济决策的需要。

会计循环的主要流程如图3-1所示。

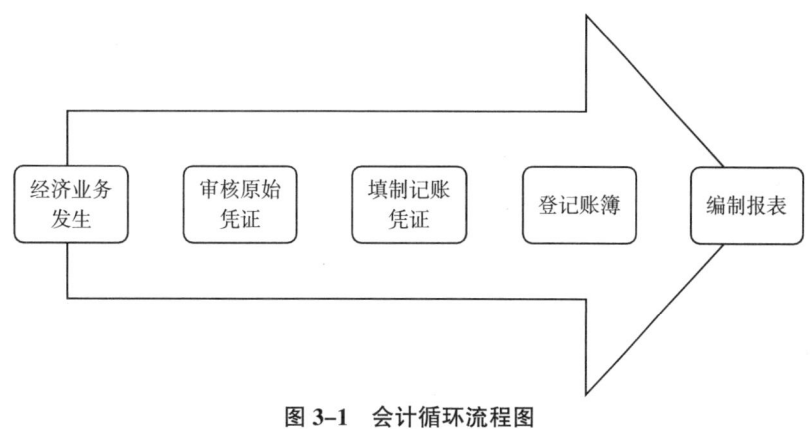

图 3-1　会计循环流程图

第二节　会计凭证

一、会计凭证的概念及种类

(一) 会计凭证的概念

会计凭证,简称凭证,是记录经济业务、明确经济责任,作为记账依据的书面证明。

填制和审核会计凭证,是会计核算的专门方法之一,也是会计核算工作的起点。任何单位在处理任何经济业务时,都必须由执行和完成该项经济业务的有关人员从外单位取得或自行填制有关凭证,以书面形式记录和证明所发生经济业务的性质、内容、数量、金额等,并在凭证上签名或盖章,以对经济业务的合法性和凭证的真实性、完整性负责。

(二) 会计凭证的作用

合法地取得、正确地填制和审核会计凭证,是会计核算的基本方法之一,也是会计核算工作的起点,在会计核算中具有以下重要的作用:

1. 可以反映经济业务的原貌

会计凭证是经济业务的载体,每项经济业务的发生都将在会计凭证中加以反映,所以经济业务执行、完成情况的原始面貌,都会在会计凭证中显示出来。这样,既满足了会计核算客观性原则的要求,又为会计核算的进一步进行提供了真实、可靠的原始依据。

2. 可以加强经济责任制

会计凭证的填制，包括经办人员签名或盖章这一内容。可以促使经办人员明确自己的职责，增强其责任感，严格按照有关政策和制度处理经济业务。一旦出现经济纠纷等有关问题，便于检查和分清责任，从而加强经济责任制。

3. 可以为登记账簿提供依据

会计凭证是账簿登记的依据。在会计凭证的基础上进行账簿登记，可以分类提供连续、系统的会计信息资料。正确无误的会计凭证既为登记账簿提供了依据，同时对于保证账簿记录的真实可靠和可验证性也发挥了不可替代的作用。

4. 可以检查经济业务的合法、合理性

通过会计凭证的审核，可以检查和监督各项经济业务的合法性、合理性。检查经济业务是否符合国家的有关法律、制度，是否符合企业目标和财务计划；检查经济业务有无违法乱纪、违反会计制度的现象，有无铺张、浪费、贪污、盗窃等损害公共财产的行为发生；可以及时发现经济管理工作中存在的问题和管理制度中存在的漏洞，及时加以制止和纠正，以改善经营管理，提高经济效益。

（三）会计凭证的种类

经济业务的纷繁复杂决定了会计凭证是多种多样的。为了正确地使用和填制会计凭证，必须对会计凭证进行分类。会计凭证按照编制的程序和用途不同，分为原始凭证和记账凭证。

二、原始凭证

（一）原始凭证的概念

原始凭证是在经济业务发生时取得或填制的，用以表明经济业务发生或完成情况的书面证明，它是进行会计核算的原始资料和重要依据。例如购买材料时取得的购货发票、领用材料的领料单等。一般而言，在会计核算过程中，凡是能够证明某项经济业务已经发生或完成情况的书面单据就可以作为原始凭证，如有关的发票、收据、银行结算凭证、收料单、发料单等；凡是不能证明该项经济业务已经发生或完成情况的书面文件就不能作为原始凭证，如生产计划、购销合同、银行对账单、材料请购单等。

（二）原始凭证的种类

原始凭证可按不同的标志加以分类：

1. 原始凭证按其来源不同

原始凭证可分为自制原始凭证和外来原始凭证。

（1）自制原始凭证是由本单位经办业务的部门或个人在办理某项业务时自行填制的凭证，各单位可根据本单位的业务特点及需要规定不同的格式。如收料单、领料单、工资结算单、成本计算单等。领料单的一般格式如表3-1所示。

表 3-1 （企业名称）

领料单位：　　　　　　　　　　领料单　　　　　　　　　　仓库：
用途：　　　　　　　　　　　　年　月　日　　　　　　　　编号：

材料类别	材料编号	材料名称及规格	计量单位	数量	
				请领	实发

审批：　　　　　　　　　领料：　　　　　　　　　库管：

（2）外来原始凭证是指由业务经办人员在业务发生或完成时从外单位取得的凭证。如购物时从供货单位取得的发票、付款时由收款方开出的收据、银行转来的收款通知等。增值税专用发票、普通发票和收据的格式如表3-2、表3-3、表3-4所示。

表 3-2　　　　　　　　　　　　　增值税专用发票

开票日期：　　年　月　日　发票联　　　　　　　　　　NO.

购货单位	名称		纳税人登记号			
	地址、电话		开户银行及账号			
商品或劳务名称	计量单位	数量	单价	金额	税率（%）	税额
合计						
价税合计（大写）	拾　万　仟　佰　拾　元　角　分　¥					
销货单位	名称		纳税人登记号			
	开户银行及账号		地址、电话			

销货单位（章）：　　收款人：　　复核：　　开票人：

表 3-3　　　　　　　　　　　　　　（单位名称）

年　月　日　　　　　　　　　　　　发票
购买单位：　　　　　　　　　　　　　　　　　　　　　　　NO.

品名及规格	单位	数量	单价	金额
合计	人民币壹万元整			

收款单位发票专用章开票人：　　　收款人：

表 3-4   收　据 No 0004015
                  年　　月　　日

交款单位收款方式			
人 民 币（大写）	￥		
收款事由			

收款单位（盖章）：　　审核：　　出纳：　　业务主管：

2. 原始凭证按填制手续和方法不同可分为一次凭证、累计凭证和汇总凭证

（1）一次凭证是指在经济业务发生或完成后一次填制完毕，用以记载一项或若干项同类经济业务的原始凭证。在原始凭证中，外来原始凭证都是一次凭证，自制原始凭证中，绝大多数也是一次凭证。如收料单和领料单等。一次凭证能反映一笔经济业务的内容，使用方便灵活，但数量较多，核算较麻烦。

（2）累计凭证是指连续记载一定时期许多同类又不断重复发生的经济业务，直到期末填制手续才完成，并以期末累计数作为记账依据的原始凭证。如限额领料单（格式如表 3-5 所示）就是一种累计凭证。累计凭证可以减少凭证张数。简化填制手续，便于控制管理。

表 3-5   限额领料单

领料单位：　　　　　　　　　　　　　　　　　　发料仓库：
用途：　　　　　　　　　年　月　日　　　　　　编号：

材料编号	材料名称	材料规格	计量单位	领用限额	实际领用			备注
					数量	单价	金额	

日期	领料				退　库			限额结余
	请领数量	实发数量	发料人签章	领料人签章	数量	收料人签章	退料人签章	
合计								

生产计划部门负责人：　　　供应部门负责人：　　　仓库负责人：

（3）汇总凭证亦称原始凭证汇总表。是根据若干反映同类经济业务的原始凭证，定期加以汇总编制而成的原始凭证。原始凭证汇总表又可分为两种：一种是将一定时期内若干张反映同类经济业务的原始凭证，按照一定的管理要求汇总编制而成的凭证。如差旅费报销单、收料凭证汇总表（格式如表 3-6 所示）、领料凭证汇总表等。另一种

是根据本企业有关账户一定期间的记录，对某些特定事项进行归类、汇总、整理编制而成的据以登记账簿的汇总原始凭证。如制造费用分配表（格式如表 3-7 所示）、工资分配汇总表等。原始凭证汇总表将相同经济业务的凭证汇总填制在一张凭证上，有利于简化编制记账凭证和登记账簿的手续，也有利于分析经济业务，使核算资料系统化，直接为管理提供某些综合指标。

表 3-6　　　　　　　　　　　　　收料凭证汇总表
　　　　　　　　　　　　　　　　　　年　　月

材料来源＼材料类别	材料采购	自制材料	委托加工	投资者投入	合计	凭证张数
原料及主要材料						
辅助材料						
修理备件						
包装材料						
燃料						
合计						

表 3-7　　　　　　　　　　　　　制造费用分配表
　　　　　　　　　　　　　　　　　　年　　月　　　　　　　　　　　　　　　　　单位：元

产品名称	分配标准（生产工人工时）	分配率	分配金额
甲产品			
乙产品			
合计			

（三）原始凭证的基本内容

原始凭证因其反映的经济业务不同而在名称、内容和格式上不尽相同，但是为了准确、全面地记录经济业务，明确有关部门和人员的经济责任，无论哪一种原始凭证，都应具备以下基本内容：

1. 原始凭证的名称及编号

原始凭证必须有明确的名称，以便于凭证的管理和业务处理。要求编号的原始凭证，应根据经济业务发生的先后顺序进行编号。

2. 填制原始凭证的日期

凭证填制的日期就是经济业务发生的日期，便于对经济业务的审查。

3. 接受原始凭证的单位或个人

证明经济业务是否确实是本单位发生的，以便于记账和查账。值得注意的是，单位的名称必须是全称，不得省略。

4. 经济业务内容

完整地填写经济业务的内容，便于了解经济业务的具体情况，检查其真实性、合理性和合法性。

5. 经济业务的数量、单价和金额

数量、单价和金额，这是经济业务发生的量化证明，是保证会计资料真实性的基础。特别是大写、小写金额必须按规定完整填写，防止出现舞弊行为。

6. 填制原始凭证的单位名称或者填制人姓名

填制凭证的单位或个人是经济业务发生的证明人，有利于了解经济业务的来龙去脉。

7. 经办人员或责任人的签名或者盖章

凭证上的签名、盖章人，是经济业务的直接经办人，签名、盖章可以明确经济责任。

(四) 原始凭证的填制要求

原始凭证反映的情况和数据是进行会计核算的最原始资料，同时也是具有法律效力的证明文件。为了保证会计核算资料的真实、正确和及时，原始凭证的填制，必须符合一定的规范。因此，应按以下要求填制原始凭证：

1. 记录要真实

原始凭证所填列的经济业务内容和数字，必须真实可靠，符合实际情况，不得歪曲经济业务真相，弄虚作假。对实物的数量和金额的计算，要准确无误，不得以匡算和估算填入。

2. 内容要完整

原始凭证所要求填列的项目必须逐项填列齐全，不得遗漏和省略。

3. 手续要完备

单位自制的原始凭证必须有经办单位领导人或者其他指定的人员签名盖章；对外开出的原始凭证必须加盖本单位公章；从外部取得的原始凭证，必须盖有填制单位的公章；从个人取得的原始凭证，必须有填制人员的签名盖章。

4. 书写要清楚、规范

原始凭证要按规定填写，文字要简要，字迹要清楚，易于辨认，不得使用未经国务院公布的简化汉字。如有差错，应按规定的办法更正，不得随意涂改、刮擦和挖补。同时应遵守以下技术要求：

小写金额用阿拉伯数字逐个书写，不得写连笔字。在金额前要填写人民币符号"￥"，人民币符号"￥"与阿拉伯数字之间不得留有空白。金额数字一律填写到角、分，无角、分的，写"00"或符号"—"；有角无分的，分位写"0"，不得用符号"—"。

汉字大写金额用汉字壹、贰、叁、肆、伍、陆、柒、捌、玖、拾、佰、仟、万、亿、元、角、分、零、整等,一律用正楷或行书字书写。大写金额前未印有"人民币"字样的,应加写"人民币"三个字,"人民币"字样和大写金额之间不得留有空白。大写金额到元或角为止的,后面要写"整"或"正"字;有分的,不写"整"或"正"字。如小写金额为¥1008.00,大写金额应写成"壹仟零捌元整"。

凡规定填写大写金额的各种凭证,如银行结算凭证、发票等,必须在填写小写金额的同时也填写大写金额。大写金额之前没有印货币名称的,应当加填写货币名称、货币名称与货币金额数字之间不得留有空白。阿拉伯数字金额之间有"0"时,汉字大写金额要写"零"字;阿拉伯数字金额中间连续有几个"0"时,汉字大写金额中可以只写一个"零"字;阿拉伯数字金额元位是"0",或者数字之间连续有几个"0"、元位也是"0"但角位不是"0"时,汉字大写金额可以只写一个"零"字,也可以不写"零"字。如"¥90005.65"可以写成"人民币玖万零伍元零陆角伍分"。

5. 编号要连续

如果原始凭证已预先印定编号,在写坏作废时,应加盖"作废"戳记,妥善保管,不得撕毁。

6. 不得涂改、刮擦、挖补

原始凭证有错误的,应当由出具单位重开或更正,更正处应当加盖出具单位印章。原始凭证金额有错误的,应当由出具单位重开,不得在原始凭证上更正。

7. 填制要及时

各种原始凭证一定要及时填写,并按规定的程序及时送交会计机构、会计人员进行审核。

(五) 原始凭证的审核

为了如实反映经济业务的发生和完成情况,充分发挥会计的监督职能,保证会计信息的真实性、可靠性和正确性,会计机构、会计人员必须对原始凭证进行严格审核。具体包括以下几个方面:

1. 审核原始凭证的真实性

原始凭证作为会计信息的基本信息源,其真实性对会计信息的质量具有至关重要的影响。其真实性的审核包括凭证日期是否真实、业务内容是否真实、数据是否真实等内容的审查。对外来原始凭证,必须有填制单位公章和填制人的签章;对自制原始凭证,必须有经办部门和经办人的签名或盖章。此外,对通用原始凭证,还应审核凭证本身的真实性,以防假冒。

2. 审核原始凭证的合法性

审核原始凭证所记录经济业务是否有违反国家法律法规的情况,是否履行了规定的凭证传递和审核程序，是否有贪污腐化等行为。

3. 审核原始凭证的合理性

审核原始凭证所记录经济业务是否符合企业生产经营活动的需要、是否符合有关的计划和预算等。

4. 审核原始凭证的完整性

审核原始凭证各项基本要素是否齐全，是否有漏项情况，日期是否完整，数字是否清晰，文字是否工整，有关人员签章是否齐全，凭证联次是否正确等。

5. 审核原始凭证的正确性

审核原始凭证各项金额的计算及填写是否正确：阿拉伯数字分位填写，不得连写；小写金额前要标明"￥"字样，中间不能留有空位；大写金额前要加"人民币"字样，大写金额与小写金额要相符；凭证中有书写错误的，应采用正确的方法更正，不能采用涂改、刮擦、挖补等不正确方法。

6. 审核原始凭证的及时性

原始凭证的及时性是保证会计信息及时性的基础。为此要求在经济业务发生或完成时及时填制有关原始凭证，及时进行凭证的传递。审核时应注意审查凭证的填制日期，尤其是支票等时效性较强的原始凭证，更应仔细验证其签发日期。

经审核的原始凭证应根据不同情况处理：

（1）对于完全符合要求的原始凭证，应及时据以编制记账凭证入账。

（2）对于真实、合法、合理但内容不够完整、填写有错误的原始凭证，应退回给有关经办人员，由其负责将有关凭证补充完整、更正错误或重开后，再办理正式会计手续。

（3）对于不真实、不合法的原始凭证，会计机构和会计人员有权不予接受，并向单位负责人报告。

三、记账凭证

（一）记账凭证的概念

记账凭证是会计人员根据审核后的原始凭证，按照经济业务内容加以归类，并据以确定会计分录，作为记账依据的会计凭证。单位在登记账簿之前，应根据实际发生经济业务的内容编制会计分录，然后据以登记账簿，在实际工作中，会计分录是通过填制记账凭证来完成的。通俗地讲，就是会计根据原始凭证去确定应借科目、应贷科目及金额，将原始凭证反映为会计语言。

（二）记账凭证的基本内容

记账凭证有不同种类和格式，但为了满足记账要求，各种记账凭证还必须具备下列基本内容：填制单位的名称；凭证的名称和编号；填制凭证的日期；经济业务的内容摘要；应记会计科目（包括一级、二级和明细科目）的方向和金额；所附原始凭证的张数；会计主管、记账人员、审核人员和制证人员有关人员的签章，收款凭证和付款凭证还应由出纳人员签名或盖章。

（三）记账凭证的种类

1.记账凭证按其用途不同，可分为专用记账凭证和通用记账凭证

（1）专用记账凭证，是专门用于反映某一类经济业务的凭证，按其所反映的经济业务内容不同又分为收款凭证、付款凭证和转账凭证三类。

1）收款凭证是指用于记录库存现金、银行存款和其他货币资金收款业务的会计凭证。收款凭证根据有关库存现金、银行存款及其他货币资金收入业务的原始凭证填制，是登记库存现金日记账、银行存款日记账以及有关明细账和总账等账簿的依据，也是出纳人员收讫款项的依据。收款凭证格式如表3-8所示。

表3-8　　　　　　　　　　　　收　款　凭　证

借方科目：　　　　　　　　　　年　　月　　日　　　　　　　字第　　号

摘要	贷方科目		记账√	金额										附件张
	总账科目	明细科目		亿	千	百	十	万	千	百	十	元	角	分	
合计金额															

会计主管：　　　　记账：　　　　稽核出纳：　　　　制单：

2）付款凭证是指用于记录库存现金、银行存款及其他货币资金付款业务的会计凭证。付款凭证是根据有关库存现金、银行存款及其他货币资金支付业务的原始凭证填制，是登记库存现金日记账、银行存款日记账以及有关明细账和总账等账簿的依据，也是出纳人员支付款项的依据。付款凭证格式如表3-9所示。

对于库存现金和银行存款之间相互划转的收款、付款业务，如从银行提取现金、将现金存入银行等，为避免重复记账，只填付款凭证不填收款凭证。

出纳员对于已经收讫或付讫的收款、付款凭证及其所读的各种原始凭证，都要加盖"收讫"和"付讫"戳记，以免重收重付。

3）转账凭证是指用于记录不涉及库存现金、银行存款及其他货币资金业务的会计凭证。它主要是根据有关转账业务的原始凭证填制的，还有的是根据账簿记录填制，

表 3-9　　　　　　　　　　　付　款　凭　证

贷方科目：　　　　　　　　　　　年　　月　　日　　　　　　　　　字第　　号

摘要	借方科目		记账√	金额									
	总账科目	明细科目		亿	千	百	十	万	千	百	十	元	角	分
合计金额														

会计主管：　　　　记账：　　　　稽核出纳：　　　　制单：

附件　张

如根据有关资产账户计提减值准备、根据损益类账户发生额转入"本年利润"、年末将"本年利润"账户余额转入"利润分配"、结转"利润分配"各明细账户等。转账凭证格式如表 3-10 所示。

表 3-10　　　　　　　　　　　转　账　凭　证

　　　　　　　　　　　　　　　　年　　月　　日　　　　　　　　　字第　　号

摘要	总账科目	明细科目	记账√	借方金额										贷方金额									
				千	百	十	万	千	百	十	元	角	分	千	百	十	万	千	百	十	元	角	分
合计金额																							

会计主管：　　　　记账：　　　　稽核出纳：　　　　制单：

附件　张

（2）通用记账凭证是指用来反映所有经济业务的记账凭证，其格式与转账凭证相同（格式如表 3-11 所示）。

2. 记账凭证按其填制方法不同可分为单式记账凭证和复式记账凭证

（1）单式记账凭证，就是把一项经济业务所涉及的每个会计科目分别填制的凭证。即每张凭证只填列一个会计科目，其对方科目只作参考，不据以记账，从而每笔分录至少要填制两张单式记账凭证，用编号将它们联系起来，以便查对。单式记账凭证，便于汇总每一账户的发生额，但填制工作量大，而且不能在一张凭证上反映经济业务的全貌，不便于查账。单式记账凭证的格式如表 3-12、表 3-13 所示。

表 3-11　　　　　　　　　　　记　账　凭　证
　　　　　　　　　　　　　　　年　　月　　日　　　　　　　　　　字第　　号

摘要	总账科目	明细科目	记账 √	借方金额 千百十万千百十元角分	贷方金额 千百十万千百十元角分
合计金额					

附件　　张

会计主管：　　　记账：　　　稽核出纳：　　　制单：

表 3-12　　　　　　　　　　借项记账凭证

对方科目：原材料　　　　　20×1 年 4 月 10 日　　　　　编号 $10\frac{1}{2}$

摘要	总账科目	明细科目	金　额	记　账
生产 A 产品领用甲材料	生产成本	A 产品	2000	

会计主管：　　　记账：　　　复核：　　　制证：

表 3-13　　　　　　　　　　贷项记账凭证

对方科目：生产成本　　　　20×1 年 4 月 10 日　　　　　编号 $10\frac{2}{2}$

摘要	总账科目	明细科目	金　额	记　账
生产 A 产品领用甲材料	原材料	甲材料	2000	

会计主管：　　　记账：　　　复核：　　　制证：

（2）复式记账凭证，是指将一项经济业务所涉及的会计科目集中填列在一张记账凭证中的凭证。也就是上述的收款凭证、付款凭证、转账凭证以及通用记账凭证。复式记账凭证可以集中反映账户对应关系，便于了解经济业务的全貌，同时也可以减少凭证的数量，但不便于凭证汇总。

3.记账凭证按其汇总方式不同，可分为汇总记账凭证和记账凭证汇总表

（1）汇总记账凭证是指根据许多同类的记账凭证定期加以汇总而重新编制的记账凭

证，目的是简化登记总分类账的手续。汇总记账凭证按其反映经济业务内容不同又可分为汇总收款凭证、汇总付款凭证和汇总转账凭证三类。其格式如表 3-14、表 3-15、表 3-16 所示。

表 3-14　　　　　　　　　　　　汇总收款凭证

借方科目：　　　　　　　　　　　　年　月　　　　　　　　　　　　第　号

贷方科目	金额				总账页数	
	(1)	(2)	(3)	合计	借方	贷方
合　计						

附注：(1)　　月　　日至　　日收款凭证第　　号共　　张
　　　(2)　　月　　日至　　日收款凭证第　　号共　　张
　　　(3)　　月　　日至　　日收款凭证第　　号共　　张

表 3-15　　　　　　　　　　　　汇总付款凭证

贷方科目：　　　　　　　　　　　　年　月　　　　　　　　　　　　第　号

借方科目	金额				总账页数	
	(1)	(2)	(3)	合计	借方	贷方
合　计						

附注：(1)　　月　　日至　　日收款凭证第　　号共　　张
　　　(2)　　月　　日至　　日收款凭证第　　号共　　张
　　　(3)　　月　　日至　　日收款凭证第　　号共　　张

表 3-16　　　　　　　　　　　　汇总转账凭证

　　　　　　　　　　　　　　　　年　月　　　　　　　　　　　　第　号

借方科目	金额				总账页数	
	(1)	(2)	(3)	合计	借方	贷方
合　计						

附注：(1)　　月　　日至　　日收款凭证第　　号共　　张
　　　(2)　　月　　日至　　日收款凭证第　　号共　　张
　　　(3)　　月　　日至　　日收款凭证第　　号共　　张

（2）记账凭证汇总表，亦称科目汇总表，也是根据许多同类记账凭证定期加以汇总而重新编制的记账凭证。它的性质同汇总记账凭证相同，都属于记账凭证，而且作用相同，都是为了简化登记总分类账的手续。但汇总的方法不同，汇总记账凭证可以反映各账户的对应关系，而记账凭证汇总表则不能；记账凭证汇总表能起到全部账户的试算平衡作用，而汇总记账凭证则不能。记账凭证汇总表的格式如表3-17所示。

表 3-17　　　　　　　　　　记账凭证汇总表（科目汇总表）

　　　　　　　　　　　　　　　年　　月　　日至　　日　　　　　　　　　　　字　　号

会计科目	本期发生额		记账 √	记账凭证起讫号数
	借方	贷方		
会计				

会计主管：　　　　记账：　　　　复核：　　　　制表：

（四）记账凭证的填制要求

1. 专用记账凭证的填制

会计人员编制收款凭证、付款凭证和转账凭证时，应根据审核无误的原始凭证或原始凭证汇总表，按照记录真实、内容完整、手续齐备、编制及时、书写规范的要求，正确填写凭证的各项内容。

（1）选用相应的记账凭证种类。

（2）填写摘要。"摘要"栏要简明扼要地说明经济业务的内容，文字说明要简练概括，以便于登记账簿。

（3）填写凭证的日期。该日期反映会计事项处理完毕时的日期。

（4）会计分录必须正确。总账科目、明细科目，账户的对应关系、金额都应正确无误。

（5）记账凭证必须连续编号，以便查找。记账凭证的编号，应根据不同情况采用不同的方法。如果单位的各种经济业务采用通用格式的记账凭证，则凭证的编号可采用顺序编号方法，即将所有的记账凭证按日期顺序编号；如果是将经济业务分类填制记账凭证时其编号可采用"字、号"编号法，即把不同类型的记账凭证用"字"加以区别，再把同类凭证按顺序号加以连续，每月从第一号编起。例如"收字第 1 号""付字第 1 号""转字第 1 号"。如果企业收款、付款业务比较多，需要按现金、银行存款业务予以分别反映时，则可采用现收字、现付字、银收字、银付字及转字五种编号法；如果一笔经济业务需要编制多张同类记账凭证时，可采用"分数编号法"，例如，某笔经济业务需编制两张转账凭证，凭证的顺序号为 6 号时，这两张凭证的编号应分别为"转字第 $6\frac{1}{2}$ 号""转字第 $6\frac{2}{2}$ 号"。每月末在最后一张记账凭证的编号旁加注"全"字，以免凭证散失。

（6）认真查对记账凭证所附原始凭证的种类、张数，并在记账凭证上注明原始凭证的张数。如果一张原始凭证同几张记账凭证有关，则应在未附原始凭证的记账凭证摘要栏注明："原始凭证第×张，附在第×号记账凭证后"，以便复核和日后查阅。

（7）凭证各栏填制齐全后，有关负责人员和经办人员应予以签字或盖章。

由于记账方法和凭证种类不同，专用记账凭证的填制方法也有所差异。

收款凭证是根据有关库存现金、银行存款及其他货币资金收入业务的原始凭证填制的，但必须是一借一贷或一借多贷的会计分录。左上角"借方科目"应填写"库存现金"或"银行存款"等；右上角应填写凭证的分类编号，如"收字第××号"等；"摘要"栏应填写经济业务的简要内容；"贷方科目"栏应填写与库存现金或银行存款收入相对应的总账科目和明细科目；"金额"栏填写与同一行科目相对应的发生额；"合计金额"栏则填写各发生额和合计数；凭证右边需填写所附原始凭证的张数；凭证下边各处分别由相关人员签章；在记账人员过账后，在"记账"或"账页"栏注明记入账簿的页次或打"√"。

【例 3-1】NMG 公司 20×1 年 2 月 10 日收到 A 公司所欠货款 30000 元，存入银行。原始凭证 1 张，为本月第 12 笔收款业务，则填制的收款凭证如表 3-18 所示。

表 3-18　　　　　　　　　　收　款　凭　证

借方科目：银行存款　　　　　　20×1 年 2 月 12 日　　　　　　收字第 12 号

摘要	贷方科目		记账 √	金额									
	总账科目	明细科目		亿	千	百	十	万	千	百	十	元	角	分
收到 A 公司货款	应收账款	A 公司						3	0	0	0	0	0	0
合计金额								¥ 3	0	0	0	0	0	0

会计主管：　　　　　记账：　　　　　稽核出纳：　　　　　制单：AAA

附件壹张

【例 3-2】 NMG 公司 20×1 年 12 月 2 日销售 A 产品,价款 370000 元,增值税 62900 元,货款已收到并存入银行。原始凭证 2 张,为本月第 5 笔收款业务,则填制的收款凭证如表 3-19 所示。

表 3-19　　　　　　　　　　　　收　款　凭　证
借方科目:银行存款　　　　　　　20×1 年 12 月 2 日　　　　　　　　收字第 5 号

摘要	贷方科目		记账 √	金额									
	总账科目	明细科目		亿	千	百	十	万	千	百	十	元	角	分
销售产品	主营业务收入	A 产品					3	7	0	0	0	0	0	0
	应交税费	应交增值税(销)						6	2	9	0	0	0	0
合计金额							¥	4	3	2	9	0	0	0

会计主管:　　　　记账:　　　　稽核出纳:　　　　制单:AAA

附件贰张

付款凭证是根据有关库存现金、银行存款及其他货币资金付款业务的原始凭证填制的,但必须是一借一贷或多借一贷。付款凭证的填制方法与收款凭证基本相同,不同的是在付款凭证左上角应填写相应的贷方科目,即"库存现金"或"银行存款"等,"借方科目"栏应填写与库存现金和银行存款相对应的总账科目和明细科目。

出纳人员对于已经收讫和已经付讫的收付款凭证及其所附的各种原始凭证,都要加盖"收讫"和"付讫"的戳记,以免重收重付。

对于涉及库存现金和银行存款之间相互划转业务时,例如,从银行提取现金或将现金存入银行,一般只填制付款凭证而不填制收款凭证,以避免重复记账。

【例 3-3】 某企业职工李四 20×1 年 2 月 8 日预借差旅费 900 元,财会部门以现金支付,借款单 1 张,为本月第 8 笔付款业务,则填制的付款凭证如表 3-20 所示。

表 3-20　　　　　　　　　　　　付　款　凭　证
贷方科目:库存现金　　　　　　　20×1 年 2 月 8 日　　　　　　　　付字第 8 号

摘要	借方科目		记账 √	金额									
	总账科目	明细科目		亿	千	百	十	万	千	百	十	元	角	分
预借差旅费	其他应收款	李四								9	0	0	0	0
合计金额									¥	9	0	0	0	0

会计主管:　　　　记账:　　　　稽核出纳:　　　　制单:AAA

附件壹张

【例3-4】NMG公司20×1年2月9日从上海红星工厂采购丙材料，价款4000元，增值税款680元，货款通过转账支付，材料尚未运达。原始凭证2张，为本月第10笔付款业务，则填制的付款凭证如表3-21所示。

表3-21　　　　　　　　　　　　付　款　凭　证

贷方科目：银行存款　　　　　　　20×1年2月9日　　　　　　　　　付字第10号

摘要	借方科目		记账√	金额									
	总账科目	明细科目		亿	千	百	十	万	千	百	十	元	角	分
采购丙材料	在途物资	丙材料						4	0	0	0	0	0
	应交税费	应交增值税（进）							6	8	0	0	0
合计金额								¥ 4	6	8	0	0	0

附件贰张

会计主管：　　　　　　记账：　　　　　　稽核出纳：　　　　　　制单：AAA

转账凭证一般是根据有关转账业务的原始凭证填制的，或者是根据账簿记录填制的。后者如结账和更正错误等这些业务没有原始凭证。与收款凭证、付款凭证不同的是不设主体科目栏，填制转账凭证时，某项业务涉及的会计科目全部登记在会计科目栏内，用借方金额和贷方金额来确定科目的借贷关系。转账凭证中"总账科目"和"明细科目"栏应填写应借、应贷的总账科目和明细科目，借方科目应记金额应在同一行的"借方金额"栏填列，贷方科目应记金额应在同一行的"贷方金额"栏填列，"借方金额"栏合计数与"贷方金额"栏合计数应相等。

【例3-5】NMG公司20×1年2月7日，从北方公司购入甲材料一批，价款18000元（不考虑增值税），材料已验收入库，货款尚未支付。入库单1张，为本月第10笔转账业务，则该笔业务填制的转账凭证如表3-22所示。

表3-22　　　　　　　　　　　　转　账　凭　证

　　　　　　　　　　　　　　　20×1年2月7日　　　　　　　　　转字第10号

摘要	总账科目	明细科目	记账√	借方金额										贷方金额									
				千	百	十	万	千	百	十	元	角	分	千	百	十	万	千	百	十	元	角	分
购入甲材料	原材料	甲材料				1	8	0	0	0	0	0											
	应付账款	北方公司														1	8	0	0	0	0	0
合计金额						¥ 1	8	0	0	0	0	0				¥ 1	8	0	0	0	0	0

附件壹张

会计主管：　　　　　　记账：　　　　　　稽核出纳：　　　　　　制单：AAA

由于单位的专用记账凭证数量多，若据以直接登记总账，记账工作量势必很大。在实际工作中，为了简化总账的登记工作，可定期把专用记账凭证汇总，编制成汇总记账凭证或记账凭证汇总表，然后再据以登记总账。

2. 汇总记账凭证的填制

（1）汇总收款凭证的填制。汇总收款凭证是根据库存现金或银行存款的收款凭证，按库存现金或银行存款科目的借方分别设置，并按贷方科目加以归类汇总，定期填制一次，每月填制一张。月份终了，计算出汇总收款凭证的合计数后，分别登记库存现金或银行存款总账账户的借方以及各个对方账户的贷方。

（2）汇总付款凭证的填制。汇总付款凭证是根据库存现金或银行存款的付款凭证，按照库存现金或银行存款科目的贷方分别设置，并按借方科目加以归类汇总，定期填制一次，每月填制一张。月份终了，计算出汇总付款凭证的合计数后，分别登记库存现金或银行存款总账账户的贷方以及各个对方账户的借方。

（3）汇总转账凭证的填制。汇总转账凭证是根据转账凭证按每个科目的贷方分别设置，并按对应的借方科目加以归类汇总，定期填制一次，每月填制一张。月份终了，计算出汇总转账凭证的合计数后，分别登记各个有关总账账户的借方或贷方。

汇总记账凭证既可以简化总账的登记工作，又可以反映账户的对应关系，但是汇总的工作量也比较繁重。

3. 记账凭证汇总表（科目汇总表）的填制

记账凭证汇总表是根据收款凭证、付款凭证和转账凭证，按相同的账户归类，定期汇总计算每一账户的借方本期发生额和贷方本期发生额，分别登记各有关总账账户的借方或贷方。记账凭证汇总表不仅可以简化总账的登记工作，而且可以起到入账前的试算平衡作用。

（五）记账凭证的审核

为了保证记账凭证和账簿记录的正确，在记账之前必须对记账凭证进行严格的审核。记账凭证的审核应由专人负责。审核的主要内容如下：

1. 记账凭证的内容是否真实

审核记账凭证是否附有原始凭证，所附原始凭证的内容是否与记账凭证记录的内容一致，记账凭证汇总表与记账凭证的内容是否一致。

2. 记账凭证的项目是否齐全

审核记账凭证各项目的填写是否齐全，如日期、凭证编号、摘要、会计科目、金额、所附原始凭证张数及有关人员签章等。

3. 记账凭证的科目是否正确

审核记账凭证的应借科目、应贷科目是否正确,是否有明确的账户对应关系等。

4. 记账凭证的金额是否正确

审核记账凭证所记录的金额与原始凭证的有关金额是否一致,记账凭证汇总表的金额与记账凭证的金额合计是否相符等。

5. 书写是否正确

审核记账凭证中的记录是否文字工整、数字清晰,是否按规定使用蓝黑墨水或碳素墨水等。

记账凭证经过审核,如有错误,予以更正,只有经过审核无误的记账凭证才能作为记账的依据。

四、会计凭证的传递和保管

(一)会计凭证的传递

会计凭证的传递是指从会计凭证的取得或填制时起至归档保管过程中,在单位内部有关部门和人员之间的传送程序。会计凭证的传递是会计核算得以正常、有效进行的前提。会计凭证的传递,要求能够满足内部控制制度的要求,使传递程序合理有效,同时尽量节约传递时间,减少传递的工作量。

企业生产组织特点不同、经济业务的内容和管理要求不同,会计凭证的传递也有所不同。为此,企业应根据具体情况制定每一种凭证的传递程序和方法。例如,收料单的传递中应规定:材料到达企业后多长时间内验收入库,收料单由谁填制,一式几联,各联次的用途是什么,何时传递到会计部门,会计部门由谁负责收料单的审核工作,由谁据以编制记账凭证、登记账簿、整理归档等。会计凭证的传递是否科学、严密、有效,对于加强企业的内部管理、提高会计信息的质量具有重要的影响。

(二)会计凭证的保管

会计凭证的保管是指会计凭证记账后的整理、装订、归档和存查工作。会计凭证作为记账的依据,是重要的会计档案和经济资料。本单位以及有关部门、单位,可能因各种需要查阅会计凭证,特别是发生贪污、盗窃、违法乱纪行为时,会计凭证还是依法处理的有效证据。因此,任何单位在完成经济业务手续和记账之后,必须将会计凭证按规定的立卷归档制度形成会计档案资料,妥善保管,防止丢失,不得任意销毁,以便日后随时查阅。

对会计凭证的保管,既要做到完整无缺,又要便于翻阅查找。其主要要求如下:

其一,会计凭证应定期装订成册,防止散失。会计部门在依据会计凭证记账以后,应定期(每天、每旬或每月)对各种会计凭证进行分类整理,将各种记账凭证按照编号顺序，连同所附的原始凭证一起加具封面、封底，装订成册，并在装订线上加贴封签，由装订人员在装订线封签处签名或盖章。

其二，会计凭证封面应注明单位名称、凭证种类、凭证张数、起止号数、年度、月份、会计主管人员、装订人员等有关事项，会计主管人员和保管人员应在封面上签章。会计凭证封面的一般格式如表 3-23 所示。

表 3-23

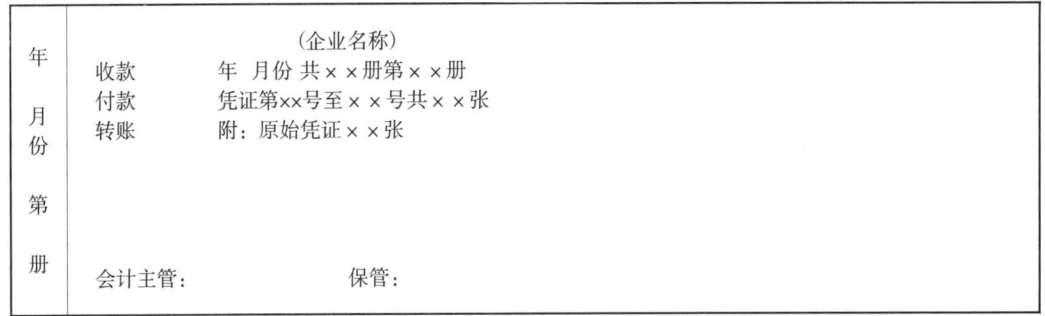

其三，会计凭证应加贴封条，防止抽换凭证。

其四，原始凭证较多时，可单独装订，但应在凭证封面注明所属记账凭证的日期、编号和种类，同时在所属的记账凭证上应注明"附件另订"及原始凭证的名称和编号，以便查阅。对各种重要的原始凭证，如押金收据、提货单等，以及各种需要随时查阅和退回的单据，应另编目录，单独保管，并在有关的记账凭证和原始凭证上分别注明日期和编号。

其五，每年装订成册的会计凭证，在年度终了时可暂由单位会计机构保管一年，期满后应当移交本单位档案机构统一保管；未设立档案机构的，应当在会计机构内部指定专人保管。出纳人员不得兼管会计档案。

其六，严格遵守会计凭证的保管期限要求，期满前不得任意销毁。一般会计凭证至少保存 30 年，对于已归档的，如需查阅、调用和复制，均应经过批准并办理一定的手续。保存期满的凭证需要销毁时，必须经单位领导审查，报请主管部门批准。

第三节 会计账簿

一、会计账簿的意义和种类

(一) 会计账簿的意义

会计账簿简称为账簿,它是由具有一定格式、互有联系的账页组成,以会计凭证为依据,序时、分类地记录各项经济业务的会计簿籍。设置账簿是会计工作中的一个重要环节。

任何会计主体,不论规模大小、业务繁简,都应根据其特点和经济管理上的需要设置和登记账簿。因为账簿的内容离不开账户这一特点的记录方法,设置账簿像设置账户一样,可以将会计凭证反映的经济业务在账簿中予以分类、登记;可以将分散的资料整理成系统的有用信息;可以为编制报表提供依据。设置账簿和登记账簿的正确性,也决定了会计报表的正确性。账簿在会计凭证和会计报表间起着承前启后的作用。另外,账簿又是会计部门的重要经济档案,是经济活动的历史资料,设置和登记账簿有利于保存会计资料,以备日后查考。

(二) 会计账簿的种类

会计账簿可以按其用途、账页格式和外表形式等不同标准进行分类。

1. 账簿按其用途的分类

账簿按其用途的不同,可以分为序时账簿、分类账簿和备查账簿三种。

(1) 序时账簿。序时账簿也称日记账,是按照经济业务发生或完成时间的先后顺序逐日逐笔登记经济业务的账簿。

日记账按其记录内容的不同又分为普通日记账和特种日记账。①普通日记账,是用来登记企业所发生的全部经济业务的日记账。在账中,按照每日所发生经济业务的先后顺序,逐笔编制会计分录,因而这种日记账也称分录日记账。设置普通日记账的单位,一般不再编制记账凭证,以免重复。②特种日记账,是用来专门记录某一特定类型的经济业务发生情况的日记账。在记账过程中,将该类经济业务,按其发生的先后顺序逐日逐笔登记。需要设置特种日记账的业务通常有现金收付业务、银行存款收付业务、购货业务和销货业务等。我国要求企业必须设置特种日记账的是现金日记账和银行存款日记账。

(2) 分类账簿。分类账簿是指对全部经济业务按照总分类账户和明细分类账户进行分类登记的账簿。按照总分类账户进行分类登记的账簿叫作总分类账，简称总账；按照明细分类账户进行分类登记的账簿叫作明细分类账，简称明细账。总账是用来反映经济业务总括内容的，而明细账则是用来反映经济业务详细内容的，总账中某账户金额与其有关的明细账金额之和相等。

（3）备查账簿。备查账簿是指对一些在序时账簿和分类账簿中不能记载或记载不全的经济业务进行补充登记的账簿，对序时账簿和分类账簿起补充作用。相对于序时账簿和分类账簿这两种主要账簿而言，备查账簿属于辅助性账簿，它可以为经营管理提供参考资料，如委托加工材料登记簿、租入固定资产登记簿等。

2. 账簿按账页格式的分类

账簿按账页格式的不同，可以分为两栏式账簿、三栏式账簿、多栏式账簿和数量金额式账簿等。

（1）两栏式账簿，即只有借方和贷方两个基本金额栏目的账簿。普通日记账和转账日记账一般采用两栏式账簿。

（2）三栏式账簿，是将账页中登记金额的部分分为三个栏目，即借方、贷方和余额三栏。这种格式适用于只提供价值核算信息，不需要提供数量核算信息的账簿，如总账、现金日记账、银行存款日记账、债权债务类明细账等。

（3）多栏式账簿，是在借方和贷方的某一方或两方下面分设若干栏目，详细反映借贷方金额的组成情况。这种格式适用于核算项目较多，且管理上要求提供各核算项目详细信息的账簿，如成本、费用等明细账。

（4）数量金额式账簿，是在借方、贷方和余额栏下分设三个栏目，用以登记财产物资的数量、单价和总金额。这种格式适用于既需要提供价值信息，又需要提供金额信息的账簿。如原材料明细账和产成品明细账等。

3. 账簿按其外表形式的分类

各种账簿都具有一定的外表形式，按其外表形式的不同可分为订本式账簿、活页式账簿和卡片式账簿。

（1）订本式账簿。订本式账簿是指在启用前就将许多张账页装订成册并连续编号的账簿。其优点是能够避免账页散失和人为抽换账页，保证账簿记录资料的安全性。缺点是必须事先估计每个账户所需要的账页张数，预留账页过多，会造成浪费，而预留太少又会影响账户的连续登记。因此，一般情况下，比较重要的、账户数量变化不大的账簿使用订本式，如总账、现金日记账和银行存款日记账。

（2）活页式账簿。活页式账簿是指平时使用零散账页记录经济业务，将已使用的账页用账夹夹起来，年末将本年所登记的账页装订成册并连续编号的账簿。其优点是便于记账分工，节省账页，且登记方便；缺点是账页容易散失和被人为抽换。

（3）卡片式账簿。卡片式账簿是指用印有记账格式的卡片登记经济业务的账簿。卡片账是一种特殊的活页式账簿，对某些可以跨年度使用，无须经常更换的明细账，如固定资产明细账等，可采用卡片式账簿。为了保证账簿安全完整，经久耐用，可以用有一定格式的硬纸卡片组成账簿，装置在卡片箱内保管和使用。卡片账使用比较灵活，保管比较方便，有利于详细记录经济业务的具体内容。

二、会计账簿的主要内容及登记要求

（一）账簿的主要内容

虽然会计账簿所记录的经济业务不同，账簿格式可以多种多样，但各种主要账簿都应具备以下基本内容：

1. 封面

主要标明账簿的名称，如总分类账、各种明细账、现金日记账、银行存款日记账等。

2. 扉页

主要列明科目索引、账簿启用和经管人员一览表（活页账、卡片账在装订成册后，填列账簿启用和经管人员一览表），格式如表3-24所示。

表3-24　　　　　　　　　　账簿启用登记表

单位名称				
账簿名称				
册次及起讫页		自　　页起至　　页止共　　页		
启用日期		年　月　日		
停用日期		年　月　日		
经管人员姓名	接管日期	交出日期	经管人员盖章	会计主管盖章
	年　月　日	年　月　日		
	年　月　日	年　月　日		
	年　月　日	年　月　日		
	年　月　日	年　月　日		
备注			单位公章	

3. 账页

账页是账簿用来记录具体经济业务的载体，其格式因记录经济业务内容的不同而有所不同，但应包括以下基本内容：①账户的名称（总分类账户、二级账户或明细账户);②登记账户的日期栏;③凭证种类和号数栏;④摘要栏(记录经济业务内容的简要说明);⑤金额栏(记录账户的增减变动情况);⑥总页次和分户页次。

不同的会计账簿由于反映的经济业务内容和详细程度不同,因而,其账页格式也有一定的区别。

(二)账簿的登记要求

为了保证账簿记录的正确性,必须根据审核无误的会计凭证登记会计账簿,并符合下列要求:

1. 准确完整

登记会计账簿时,应当将会计凭证日期、编号、业务内容摘要、金额和其他有关资料逐项记入账内,做到数字准确、摘要清楚、登记及时、字迹工整。每一项会计事项,一方面要记入有关的总账,另一方面要记入该总账所属的明细账。账簿记录中的日期,应该填写记账凭证上的日期;以自制的原始凭证,如收料单、领料单等作为记账依据的,账簿记录中的日期应按有关自制凭证上的日期填列。

2. 注明记账符号

账簿登记完毕,要在记账凭证上签名或者盖章,并在记账凭证的"过账"栏内注明账簿页数或画对钩,表示已经记账,以免发生重记或漏记。

3. 文字和数字必须整洁清晰,准确无误

在登记书写时,不要滥造简化字,不得使用同音异义字,不得写怪字体;摘要文字紧靠左线;数字要写在金额栏内,不得越格错位、参差不齐;文字、数字字体大小适中,紧靠下线书写,上面要留有适当空距,一般应占格宽的1/2,以备按规定的方法改错。记录金额时,如果没有角分的整数,应分别在角分栏内写上"0",不得省略不写,或以"—"号代替。阿拉伯数字一般可自左向右适当倾斜,以使账簿记录整齐、清晰。

4. 正常记账使用蓝黑墨水

登记账簿要用蓝黑墨水或者碳素墨水书写,不得使用圆珠笔(银行的复写账簿除外)或者铅笔书写。

5. 特殊记账使用红墨水

下列情况,可以用红色墨水记账:按照红字冲账的记账凭证,冲销错误记录;在不设借贷等栏的多栏式账页中,登记减少数;在三栏式账户的余额栏前,如未印明余额方向的,在余额栏内登记负数余额;根据国家统一会计制度的规定可以用红字登记的其他会计记录。

6. 顺序连续登记

各种账簿按页次顺序连续登记,不得跳行、隔页。如果发生跳行、隔页,更不得随便更换账页和撤出账页，作废的账页也要留在账簿中，如果发生跳行、隔页，应当将空行、空页划线注销，或者注明"此行空白""此页空白"字样，并由记账人员签名或者盖章。

7. 结出余额

凡需要结出余额的账户，结出余额后，应当在"借或贷"等栏内写明"借"或者"贷"字样。没有余额的账户，应当在"借或贷"等栏内写"平"字，并在余额栏内用"0"表示。现金日记账和银行存款日记账必须逐日结出余额。

8. 过次承前

每一账页登记完毕结转下页时，应当结出本页合计数及余额，写在本页最后一行和下页第一行有关栏内，并在摘要栏内注明"过次页"和"承前页"字样；也可以将本页合计数及金额只写在下页第一行有关栏内，并在摘要栏内注明"承前页"字样。

对需要结计本月发生额的账户，结计"过次页"的本页合计数应当为自本月初起至本页末止的发生额合计数；对需要结计本年累计发生额的账户，结计"过次页"的本页合计数应当为自年初起至本页末止的累计数；对既不需要结计本月发生额也不需要结计本年累计发生额的账户，可以只将每页末的余额结转次页。

9. 错误更改

登记发生错误时，必须按规定方法更正，严禁刮擦、挖补或使用化学药物清除字迹。发现差错必须根据差错的具体情况采用划线更正、红字更正、补充登记等方法更正。

10. 定期打印

实行会计电算化的单位，总账和明细账应当定期打印。发生收款和付款业务的，在输入收款凭证和付款凭证的当天必须打印出现金日记账和银行存款日记账，并与库存现金核对无误。

三、会计账簿的登记

1. 普通日记账

普通日记账是逐日序时登记特种日记账以外的经济业务的账簿。在不设特种日记账的企业，则要序时地逐笔登记企业的全部经济业务，因此普通日记账也称分录簿。

普通日记账一般分为"借方金额"和"贷方金额"两栏，登记每一分录的借方账户和贷方账户及金额，这种账簿不结余额。其格式如表3-25所示。

表 3-25　　　　　　　　　　普通日记账

第　　页

20×1年		凭证号数	摘　要	对应账户	借方金额	贷方金额	过账
月	日						
5	8	略	购入材料	原材料	30000		
				应交税费	5100		
				银行存款		35100	
	10		王五预借差旅费	其他应收款	2000		
				库存现金		2000	

普通日记账的优点在于可以全面、连续地记录一个单位的经济业务情况，为过入分类账做好准备。它的缺点是，只有一本日记账，不便于分工记录，而且不能将不同的经济业务分类地加以归集和反映；由于逐笔过账，在经济业务很多时，过账工作就会十分烦琐。

2. 特种日记账

常用的特种日记账是"库存现金日记账"和"银行存款日记账"。在企业、行政、事业单位中，库存现金日记账和银行存款日记账的登记，有利于加强货币资金的日常核算和监督，有利于贯彻执行国家规定的货币资金管理制度。

（1）库存现金日记账。库存现金日记账是用来核算和监督库存现金每日的收入、支出和结存状况的账簿。它由出纳人员根据现金收款凭证、现金付款凭证和银行存款付款凭证，按经济业务发生时间的先后顺序，逐日逐笔进行登记。

库存现金日记账的结构一般采用"收入""支出""结余"三栏式。库存现金日记账中的"年、月、日""凭证字号""摘要"和"对方科目"等栏，根据有关记账凭证登记；"收入"栏根据现金收款凭证和引起库存现金增加的银行存款付款凭证登记（从银行提取现金，只编制银行存款付款凭证）；"支出"栏根据现金付款凭证登记。每日终了应计算全日的库存现金收入、支出合计数，并逐日结出库存现金余额，与库存现金实存数核对，以检查每日现金收付是否有误。每月期末，应结出当期"收入"栏和"支出"栏的发生额和期末余额，并与"库存现金"总分类账户核对一致，做到日清月结，账实相符。如账实不符，应查明原因。库存现金日记账的格式如表 3-26 所示。

（2）银行存款日记账的格式及登记方法。银行存款日记账是用来核算和监督银行存款每日的收入、支出和结存情况的账簿。它是由出纳人员根据银行存款收款凭证、银行存款付款凭证和现金付款凭证按经济业务发生时间的先后顺序，逐日逐笔进行登记

表 3-26　　　　　　　　　　　　　　库存现金日记账

20×1年		凭证		摘要	对方科目	收入	支出	结余
月	日	种类	号码					
2	1			期初余额				300
	2	银付	1	提取现金	银行存款	700		1000
	8	现付	1	购买办公用品	管理费用		800	200
	15	现收	1	张三报销差旅费	其他应收款	120		320
				（以下内容略）				
	29			本月合计		14300	14100	500

的序时账簿。银行存款日记账应按企业在银行开立的账户和币种分别设置，每个银行存款账户设置一本银行存款日记账。

银行存款日记账的结构一般也采用"收入""支出"和"结余"三栏式，由出纳人员根据银行存款的收款凭证、付款凭证，逐日逐笔按顺序登记。对于将现金存入银行的业务，因习惯上只填制现金付款凭证，不填制银行存款收款凭证，所以此时的银行存款收入数，应根据相关的现金付款凭证登记。另外，因在办理银行存款收付业务时，均根据银行结算凭证办理，为便于和银行对账，银行存款日记账还设有"结算凭证种类和号数"栏，单独列出每项存款收付所依据的结算凭证种类和号数。银行存款日记账和现金日记账一样，每日终了时要结出余额，做到日清，以便检查监督各项收支款项，避免出现透支现象，同时也便于同银行对账单进行核对。银行存款日记账的格式如表 3-27 所示。

表 3-27　　　　　　　　　　　　　　银行存款日记账

20×1年		凭证		摘要	结算凭证		对方科目	收入	支出	结余
月	日	种类	号数		种类	号数				
1	1			上年转入						200000
	7	银付	1	付购入材料款	转账支票	5668	原材料		10000	190000
	8	银付	2	提取现金备发工资	现金支票	0125	库存现金		12000	178000
	10	银收	1	收回货款	转账支票	6889	应收账款	100000		278000
				（以下内容略）						
	31			本月合计				776590	216590	760000

3. 总类账的格式与登记方法

总分类账也称总账,是按总分类账户进行分类登记,全面、总括地反映和记录经济活动情况,并为编制会计报表提供资料的账簿。由于总分类账能全面地、总括地反映和记录经济业务引起的资金运动和财务收支情况,并为编制会计报表提供数据。因此,任何单位都必须设置总分类账。

总分类账一般采用订本式账,按照会计科目的编码顺序分别开设账户,并为每个账户预留若干账页。由于总分类账只进行货币度量的核算,因此最常用的格式是三栏式,在账页中设置借方、贷方和余额三个基本金额栏。总分类账中的对应科目栏,可以设置也可以不设置。"借或贷"栏是指账户的余额在借方还是在贷方。

总分类账的登记,可以根据记账凭证逐笔登记,也可以通过一定的方式分次或按月一次汇总成汇总记账凭证或科目汇总表,然后据以登记,还可以根据多栏式现金、银行存款日记账在月末时汇总登记。总分类账登记的依据和方法,取决于企业采用的账务处理程序。总分类账的格式如表3–28所示。

表 3–28　　　　　　　　　总分类账(三栏式)

会计科目:原材料　　　　　　　　　　　　　　　　　　　　　　第　　页

20×1年		凭证		摘要	借方	贷方	借或贷	余额
月	日	种类	号数					
6	1			月初余额			借	240000
	6	转	1	购入	40000		借	280000
	10	转	2	领用		100000	借	180000
				(略)				
	30			本月合计	80000	200000	借	120000
	0							

4. 明细分类账的格式和登记

明细分类账简称明细账,是按照明细分类账户设置和登记的一种账簿。由于明细分类账反映的经济业务多种多样,因此格式也各有不同。比较常用的有以下三种:

(1)三栏式明细账。三栏式明细账的格式和三栏式总账的格式相同,它主要适用于只进行金额核算的明细账,例如应收账款、应付账款和短期借款等的明细账。

(2)数量金额式明细账。数量金额式明细账适用于那些既要进行金额核算又要进行数量核算的各种财产物资的明细账。例如"原材料""库存商品"等明细账的核算。通过实物计量和货币计量,同时核算经济业务所引起的实物数量变化和价值变化。其格式如表3–29所示。

表 3-29　　　　　　　　　　　　　　　　原材料明细账

品名规格：M 材料　　　　　　　　　　　　　　　　　　　　　　　最高储量：
材料编号：0112　　　　　计量单位：元/千克　　储存地点：1 号仓库　　最低储量：

20×1年		凭证号数	摘要	收入			发出			结存		
月	日			数量	单价	金额	数量	单价	金额	数量	单价	金额
7	1		月初余额							400	2	800
	5	转1	购入	600	2	1200				1000	2	2000
	10	转2	领用				800	2	1600	200	2	400
	18	转3	购入	400	2	800				600	2	1200
	22	转4	领用				500	2	1000	100	2	200
	31		本月合计	1000		2000	1300		2600	100	2	200

（3）多栏式明细账。多栏式明细分类账是根据经济业务的特点和经营管理的需要，一张账页内按有关明细科目或项目分设若干专栏的账簿。按照登记经济业务内容的不同又分为"借方多栏式"，如"材料采购明细账""生产成本明细账""制造费用明细账"等；"贷方多栏式"，如"主营业务收入明细账"等；"借方、贷方多栏式"，如"本年利润明细账""应交增值税明细账"等。这里仅列举借方多栏式明细账（生产成本）的格式，如表 3-30 所示。

表 3-30　　　　　　　　　　　　　　　　生产成本明细账

20×1年		凭证号数	摘要	借方					合计
月	日			直接材料	直接人工	制造费用	……	……	
8	5	转8	分配材料费用	95000					95000
	5	转8	分配本月工资		13300				13300
	14	转30	分配制造费用			28000			28000
			生产费用合计	95000	13300	28000			136300
	31	转37	完工转出	76000	10640	23040			109680
			月末在产品成本	19000	2660	4960			26620

对于借方多栏式明细账，由于只在借方设多栏，平时在借方登记费用、成本的发生额，贷方登记月末将借方发生额一次转出的数额，所以平时如发生贷方发生额（无法在贷方登记），应该用红字在借方多栏中登记。贷方多栏式明细账也存在同样问题。

各种明细账的登记方法，应根据本单位业务量的大小和经营管理的需要，以及所记录的经济内容而定，可以根据原始凭证、原始凭证汇总表或记账凭证登记。

四、对账与结账

(一) 对账

为了保证账簿所提供的会计资料正确、真实、可靠，会计人员在登记账簿时，一定要有高度的责任心，切不可马虎。记完账后，还应定期做好对账工作，做到账证相符、账账相符、账实相符。会计对账工作主要包括以下内容：

1. 账证核对

账簿是根据经过审核之后的会计凭证登记的，但实际工作中仍然可能发生账证不符的情况。因此，记完账后，要将账簿记录与会计凭证进行核对，核对账簿记录与原始凭证、记账凭证的时间、凭证字号、内容、金额等是否一致，记账方向是否相符，做到账证相符。

会计期末，如果发现账证不符，还有必要重新进行账证核对，但这时的账证核对一般是通过试算平衡发现记账错误之后再按一定的线索进行。

2. 账账核对

各个会计账簿是一个有机的整体，既有分工，又有衔接，总的目的就是为了全面、系统、综合地反映企事业单位的经济活动与财务收支情况。各种账簿之间的这种衔接依存关系就是常说的勾稽关系。利用这种关系，可以通过账簿的相互核对发现记账工作是否有误。一旦发现错误，就应立即更正，做到账账相符。

账簿之间的核对包括以下内容：

(1) 核对总分类账簿的记录。按照"资产=负债+所有者权益"这一会计等式和"有借必有贷、借贷必相等"的记账规律，总分类账簿各账户的期初余额、本期发生额和期末余额之间存在对应的平衡关系，各账户的期末借方余额合计和贷方余额合计也存在平衡关系。通过这种等式和平衡关系，可以检查总账记录是否正确、完整。这项核对工作通常采用编制"总分类账户本期发生额和余额对照表"（简称"试算平衡表"）来完成，其格式见表3-31。

表3-31　　　　总分类账户本期发生额和余额对照表（试算平衡表）

年　　月

账户名称	期初余额		本期发生额		期末余额	
	借方	贷方	借方	贷方	借方	贷方
库存现金						
银行存款						
应收账款						
库存商品						
……						
合计						

（2）总分类账簿与所属明细分类账簿核对。总分类账各账户的期末余额应与其所属的各明细分类账的期末余额之和核对相符。

（3）总分类账簿与序时账簿核对。如前所述，我国企事业单位必须设置现金日记账和银行存款日记账。现金日记账必须每天与库存现金核对相符，银行存款日记账也必须定期与银行对账。在此基础上，还应检查库存现金总账和银行存款总账的期末余额，与现金日记账和银行存款日记账的期末余额是否相符。

（4）明细分类账簿之间的核对。例如，会计部门有关实物资产的明细账与财产物资保管部门或使用部门的明细账定期核对，以检查其余额是否相符。核对的方法一般是由财产物资保管部门或使用部门定期编制收发结存汇总表报会计部门核对。

3. 账实核对

账实核对是指各项财产物资，债权债务等账面余额与实有数额之间的核对。账实核对的主要内容如下：现金日记账账面余额与库存现金数额是否相符；银行存款日记账账面余额与银行对账单的余额是否相符；各项财产物资明细账账面余额与财产物资的实有数额是否相符；有关债权债务明细账账面余额与对方单位的账面记录是否相符等。

造成账实不符的原因是多方面的，如财产物资保管过程中发生的自然损耗；财产收发过程中由于计量或检验不准，造成多收或少收的差错；由于管理不善、制度不严造成的财产损坏、丢失、被盗；在账簿记录中发生的重记、漏记、错记；由于有关凭证未到，形成未达账项，造成结算双方账实不符以及发生意外灾害等。因此需要通过定期的财产清查来弥补漏洞，保证会计信息真实可靠，提高企业管理水平。

（二）结账

结账是一项将账簿记录定期结算清楚的账务工作。在一定时期结束时（如月末、季末或年末），为了编制会计报表，需要进行结账。结账的内容通常包括两个方面：一是结清各种损益类账户，并据以计算确定本期利润；二是结清各资产、负债和所有者权益账户，分别结出本期发生额合计和余额。

1. 结账的程序

将本期发生的经济业务全部登记入账，并保证其正确性。根据权责发生制的要求，调整有关账项，合理确定本期应计的收入和应计的费用。具体包括以下几类：

（1）应计收入和应计费用的调整。应计收入是指那些已在本期实现，因款项未收而未登记入账的收入。企业发生的应计收入，主要是本期已经发生且符合收入确认标准，但尚未收到相应款项的商品或劳务。对于这类调整事项，应确认为本期收入，借记"应收账款"等科目，贷记"主营业务收入"等科目；待以后收妥款项时，借记"库存现金""银行存款"等科目，贷记"应收账款"等科目。

应计费用是指那些已在本期发生、因款项未付而未登记入账的费用。企业发生的应计费用，本期已经受益，如应付未付的借款利息等。由于这些费用已经发生，应当在本期确认为费用，借记"管理费用""财务费用"等科目，贷记"应付利息"等科目；待以后支付款项时，借记"应付利息"等科目，贷记"库存现金""银行存款"等科目。

（2）收入分摊和成本分摊的调整。收入分摊是指企业已经收取有关款项，但未完成或未全部完成销售商品或提供劳务，需在期末按本期已完成的比例，分摊确认本期已实现收入的金额，并调整以前预收款项时形成的负债。如企业销售商品预收定金、提供劳务预收佣金。在收到预收收入时，应借记"银行存款"等科目，贷记"预收账款"等科目；在以后提供商品或劳务、确认本期收入时，进行期末账项调整，借记"预收账款"等科目，贷记"主营业务收入"等科目。

成本分摊是指企业的支出已经发生、能使若干个会计期间受益，为正确计算各个会计期间的盈亏，将这些支出在其受益的会计期间进行分配，如企业已经支出，但应由本期和以后各期负担的预付账款，应借记"预付账款"等科目，贷记"银行存款"等科目。在会计期末进行账项调整时，借记"制造费用"等科目，贷记"预付账款"等科目。

（3）将损益类科目转入"本年利润"科目，结平所有损益类科目。

（4）结算出资产、负债和所有者权益类科目的本期发生额和余额，并结转下期。

2. 结账的方法

（1）对不需按月结计本期发生额和账户，如各项应收应付款明细账和各项财产物资明细账等，每次记账以后，都要随时结出余额，每月最后一笔余额即为月末余额。也就是说，月末余额就是本月最后一笔经济业务记录的同一行内余额。月末结账时，只需要在最后一笔经济业务记录之下通栏划单红线，不需要再结计一次余额。

（2）库存现金、银行存款日记账和需要按月结计发生额收入、费用等明细账，每月结账时，要在最后一笔经济业务记录下面通栏划单红线，结出本月发生额和余额，在摘要栏内注明"本月合计"字样，在下面通栏划单红线。

（3）需要结计本年累计发生额和某些明细账户，每月结账时，应在"本月合计"行下结出自年初起至本月末止的累计发生额，登记在月份发生额下面，在摘要栏内注明"本年累计"字样，并在下面通栏划单红线。12月末的"本年累计"就是全年累计发生额，全年累计发生额下通栏划双红线。

（4）总账账户平时只需结出月末余额。年终结账时，为了总括地反映全年各项资金运动情况的全貌，核对账目，要将所有总账账户结出全年发生额和年末金额，在摘要栏目注明"本年合计"字样，并在合计数下通栏划双红线。

年度终了结账时，有余额的账户，要将其余额结转下年，并在摘要栏注明"结转下年"字样；在下一会计年度新建有关会计账户的第一行余额栏内填写上年结转的余额,并在摘要栏注明"上年结转"字样。即将有余额账户的余额直接记入新账余额栏内,不需要编制记账凭证,也不必将余额再记入本年账户的借方或贷方,使本年有余额账户的余额变为零。因为既然年末是有余额的账户,其余额应当如实地在账户中加以反映,否则容易混淆有余额账户和没有余额账户之间的区别。

五、错账查找与更正方法

(一) 错账查找的方法

在记账过程中,可能发生各种各样的差错,产生错账,如重记、漏记、数字颠倒、数字错位、数字记错、科目记错、借贷方向记反(反向)等,从而影响会计信息的准确性,应及时找出差错,并予以更正。错账查找的方法主要有:

1. 差数法

它是指按照错账的差数查找错账的方法。其表现形式:借方金额遗漏,会使该金额在贷方超出;贷方金额遗漏,会使该金额在借方超出。对于这样的差错,可由会计人员通过回忆和与相关金额的记账核对来查找。例如,试算平衡中借方发生额的合计数和贷方发生额的合计数两者不等,借方发生额的合计数减贷方发生额的合计数差额为 5000,回想本期的确发生过一笔 5000 元的经济业务,检查是否有可能只记在借方,没记在贷方,从而检查出漏记错误。

2. 尾数法

所有账户的借方发生额合计数和贷方发生额的合计数的差额,看其尾数,乃至小数点以后的角或分的数字。对于发生的角、分的差错可以只查找小数部分,以提高查错的效率。例如,某企业所有账户的借方发生额合计数和贷方发生额合计数,二者之间差额的尾数为 0.52,回忆本月发生的经济业务里,的确有一笔金额为 53865.52 元,前面的数字忽略不考虑,只着重考虑 0.52,因为一个相同的角分出现在一月中多笔经济业务里的概率比较小,如果确实有这么一笔经济业务,检查这笔经济业务是不是只记在了借方,没记在贷方,从而检查出错误。

3. 除 2 法

它是指以差数除以 2 来查找错账的方法。当某个借方金额错记入贷方(或相反)时,出现错账的差数表现为错误的 2 倍,将此差数用 2 去除,得出的商即是反向的金额。例如,某企业所有账户借方发生额合计数和所有账户贷方发生额合计数两者之间有差额,对差额进行回忆,如果没有这笔经济业务,则将这个数字除以 2,5000/2=2500,所得结果再进行回忆,假如的确在本期发生过金额为 2500 元的经济业务,那么 2500 可能是先记在了借方,然后把应该记在贷方的也记在了借方,借方多记了。查找这笔经济业务的账务记录,是否都在两个科目的借方登记了,没在相应的贷方登记,从而找出错误。实际上，这种除2法，并不是先知道2500只记在了借方没记在贷方，然后才用除2法进行查找。实际上是先有一个差额，用这个差额除以2试一试，在试的过程中，回忆起有这么一笔2500元的经济业务，所以才进一步查找它的记账凭证，查找它的账簿，甚至于查找它的原始凭证进行确认，是不是确实错在这里。

【例3-6】某会计人员记账时将应记入"库存商品——甲商品"科目借方的5000元误记入贷方。会计人员在查找该项错账时，在下列方法中，应采用的方法是（　　）。

A. 除2法　　　B. 除9法　　　C. 差数法　　　D. 尾数法

正确答案为A，将应记入"库存商品——甲商品"科目借方金额错记入贷方时，出现错账的差数表现为错误的2倍，因此，应采用除2法。

4. 除9法

它是指以差数除以9来查找错数的方法。雷同于除2法，先有所有账户借方发生额和所有账户贷方发生额，如果两者不相等，用差数来回忆，认为没有这么一笔经济业务，那么拿这个数除以2，如果还是没有想起一个相应的数字，那么再拿这个数除以9得出数字，正好想起有这么一笔经济业务。那么在这种情况下，是把数写小了或者写大了。除9法适用于以下三种情况：

（1）将数字写小，如400写成40，错误数字小于正确数字9倍。查找的方法：以差数除以9后得出的商即为写错的数字，商乘以10即为正确的数字。上例差数360（400-40）除以9，商40即为错数，扩大10倍后即可得出正确的数字400。

（2）将数字写大，如50写成500，错误数字大于正确数字9倍。查找的方法：以差数除以9后得出的商为正确的数字，商乘以10后所得的积为错误数字。上例差数450（500-50）除以9后，所得的商50即为正确数字，50乘以10（500）为错误数字。

（3）邻数颠倒。如78写成87，将96写为69，将36写为63等。两个数字颠倒后，个位数变成了十位数，十位数变成了个位数，这就造成了差额为9的倍数。查找的方法：将差数除以9，得出的商连续加11，直到找出颠倒的数字为止。如将78记为87，其差数为9。查找此错误的方法是，将差数除以9得1，连加11后可能的结果为12、23、34、45、56、67、78、89。当发现账簿记录中出现上述数字（本例为78）时，则有可能正是颠倒的数字。参见表3-32。

这种方法只限于月内错的笔数在一笔或最多两笔这种情况下，如果错了很多笔，通过这种方法，也是查不出来的。

（二）错账更正方法

对于账簿记录中所发生的错误，应采用正确的方法予以更正。

表 3-32

颠倒数字的差数	1		2		3		4		5		6		7		8	
颠倒的数字	12	21	13	31	14	41	15	51	16	61	17	71	18	81	19	91
	23	32	24	42	25	52	26	62	27	72	28	82	29	92		
	34	43	35	53	36	63	37	73	38	83	39	93				
	45	54	46	64	47	74	48	84	49	94						
	56	65	57	75	58	85	59	95								
	67	76	68	86	69	96										
	78	87	79	97												
	89	98														

1. 划线更正法

在结账前发现账簿记录有文字或数字错误，而记账凭证没有错误，可以采用划线更正法。更正时，可在错误的文字或数字上划一条红线，在红线的上方用蓝字（或黑字）填写正确的文字或数字，并由记账及相关人员在更正处盖章，以明确责任。但应注意：更正时不得只划销错误数字，应将全部数字划销，并保持原有数字清晰可辨，以便审查。如将 6528.00 元误记为 5628.00 元，应先在 5628.00 上划一条红线以示注销，然后在其上方空白处填写正确的数字，而不能只将前两位数字更正为"65"。

2. 红字更正法

红字更正法适用于两种情况：

（1）记账后发现记账凭证中的应借、应贷会计科目有错误，从而引起记账错误。更正的方法：用红字填写一张与原记账凭证完全相同的记账凭证，以示注销原记账凭证，然后用蓝字填写一张正确的记账凭证，并据以记账。

【例 3-7】某企业生产车间生产产品直接耗用材料一批，价值 5000 元。该企业会计分录误作：

借：制造费用　　　　　　5000
　　贷：原材料　　　　　　　　5000

该企业更正时，应当用红字编制一张与原记账凭证完全相同的记账凭证，以示注销原记账凭证（以下分录中，□内数字表示红字）：

借：制造费用　　　　　　|5000|
　　贷：原材料　　　　　　　　|5000|

然后用蓝字编制一张正确的记账凭证并记账，分录：

借：生产成本　　　　　　5000
　　贷：原材料　　　　　　　　5000

（2）记账后发现记账凭证和账簿记录中应借、应贷会计科目无误，只是所记金额大于应记金额。更正的方法：按多记的金额用红字编制一张与原记账凭证应借、应贷科目完全相同的记账凭证，以冲销多记的金额，并据以记账。

【例3-8】承【例3-7】，科目选用无误，但金额误记为50000元，则该企业的更正会计分录：

借：生产成本　　　　45000
　　贷：原材料　　　　　　　45000

3. 补充登记法（又称补充更正法）

记账后发现记账凭证和账簿记录中应借、应贷会计科目无误，只是所记金额小于应记金额。更正的方法：按少记的金额用蓝字编制一张与原记账凭证应借、应贷科目完全相同的记账凭证，以补充少记的金额，并据以记账。

【例3-9】承【例3-7】，科目选用无误，但金额误记为500元，则该企业的更正会计分录：

借：生产成本　　　　4500
　　贷：原材料　　　　　　　4500

第四节　账务处理程序

一、账务处理程序概述

账务处理程序也称会计核算组织程序或会计核算形式，是指会计凭证、会计账簿、财务报表相结合的方式。账务处理程序包括会计凭证和账簿的种类、格式，会计凭证与账簿之间的联系方法，由原始凭证到编制记账凭证、登记明细分类账和总分类账、编制财务报表的工作程序和方法等。

会计凭证、会计账簿、财务报表之间的结合方式不同，就形成了不同的账务处理程序，不同的账务处理程序又有不同的方法、特点和适用范围。科学、合理地选择适用于本单位的账务处理程序，对于有效地组织会计核算具有重要意义：第一，有利于会计工作程序的规范化，确定合理的凭证、账簿与报表之间的联系方式，保证会计信息加工过程的严密性，提高会计信息的质量；第二，有利于保证会计记录的完整性、正确性，通过凭证、账簿与报表之间的牵制作用，增强会计信息的可靠性；第三，有利于减少不必要的会计核算环节，通过井然有序的账务处理程序，提高会计工作效率，保证会计信息的及时性。

常用的账务处理程序主要有记账凭证账务处理程序、汇总记账凭证账务处理程序和科目汇总表账务处理程序三种。

二、记账凭证账务处理程序

记账凭证账务处理程序是指对发生的经济业务，都要根据原始凭证或汇总原始凭证编制记账凭证，然后根据记账凭证直接登记总分类账的一种账务处理程序。记账凭证账务处理程序的特点是直接根据记账凭证逐笔登记总分类账，是最基本的账务处理程序。

在记账凭证账务处理程序中，记账凭证可以是通用记账凭证，也可以分设收款凭证、付款凭证和转账凭证，需要设置现金日记账、银行存款日记账、明细分类账和总分类账，其中现金日记账、银行存款日记账和总分类账一般采用三栏式，明细分类账根据需要采用三栏式、多栏式和数量金额式。其一般程序：

第一，根据各种原始凭证或原始凭证汇总表编制收款凭证、付款凭证和转账凭证。

第二，根据收款凭证、付款凭证逐笔登记现金日记账、银行存款日记账。

第三，根据原始凭证或原始凭证汇总表和记账凭证登记各种明细账。

第四，根据记账凭证逐笔登记总分类账。

第五，月终，将现金日记账、银行存款日记账余额及各种明细分类账余额合计数与总分类账相应科目的余额核对相符。

第六，月终，根据核对无误的总分类账和各种明细分类账的记录，编制会计报表。

记账凭证账务处理程序如图 3-2 所示。

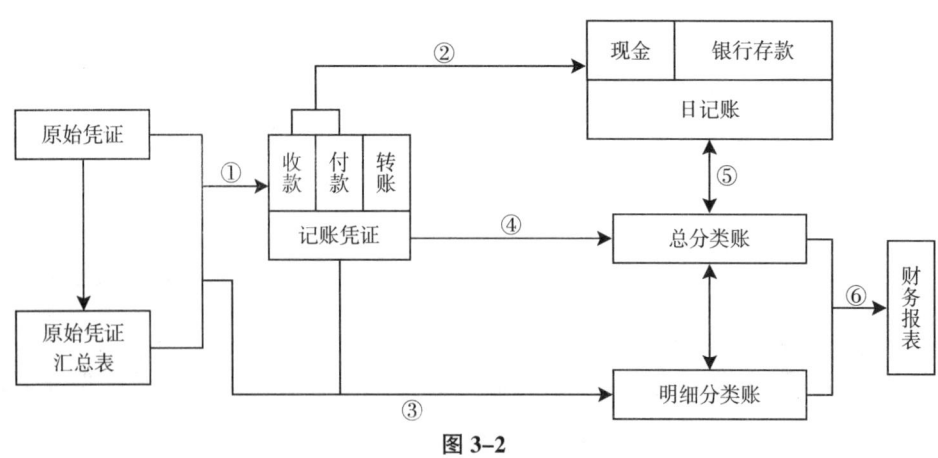

图 3-2

记账凭证账务处理程序比较简单明了，易于理解，总分类账较详细地记录和反映经济业务的发生情况，来龙去脉清楚，便于了解经济业务动态和查对账目。其不足之处是由于总分类账是直接根据记账凭证逐笔登记的，如果一个企业规模大，记账凭证多，登记总分类账的工作量就很大，所以这种账务处理程序一般适用于规模小及经济业务量较少的单位。

三、汇总记账凭证账务处理程序

汇总记账凭证账务处理程序是根据原始凭证或汇总原始凭证编制记账凭证，再根据记账凭证编制汇总记账凭证，然后据以登记总分类账的一种账务处理程序。汇总记账凭证账务处理程序的特点如下：定期根据记账凭证分类编制汇总收款凭证、汇总付款凭证和汇总转账凭证，再根据汇总记账凭证登记总分类账。

在汇总记账凭证账务处理程序中，除设置收款凭证、付款凭证和转账凭证外，还应设置汇总收款凭证、汇总付款凭证和汇总转账凭证，账簿的设置与记账凭证账务处理程序基本相同。其一般程序如下：

第一，根据各种原始凭证或原始凭证汇总表编制收款凭证、付款凭证和转账凭证。

第二，根据收款凭证、付款凭证逐笔登记现金日记账、银行存款日记账。

第三，根据原始凭证或原始凭证汇总表和记账凭证登记各种明细账。

第四，根据一定时期内的全部记账凭证，汇总编制汇总收款凭证、汇总付款凭证和汇总转账凭证。

第五，根据定期编制的汇总收款凭证、汇总付款凭证和汇总转账凭证登记总分类账。

第六，月终，将现金日记账、银行存款日记账余额及各种明细分类账余额合计数与总分类账相应科目的余额核对相符。

第七，月终，根据核对无误的总分类账和各种明细分类账的记录，编制会计报表。

汇总记账凭证账务处理程序如图3-3所示。

汇总记账凭证账务处理程序减轻了登记总分类账的工作量，由于按照账户对应关系汇总编制记账凭证，便于了解账户之间的对应关系。其缺点如下：按每一贷方科目编制汇总转账凭证，不利于会计核算的日常分工，并且当转账凭证较多时，编制汇总转账凭证的工作量较大。这一账务处理程序适用于规模较大、经济业务较多的单位。

四、科目汇总表账务处理程序

科目汇总表账务处理程序又称记账凭证汇总表账务处理程序，它是根据记账凭证定期编制科目汇总表，再根据科目汇总表登记总分类账的一种账务处理程序。其特点是编制科目汇总表并据以登记总分类账。

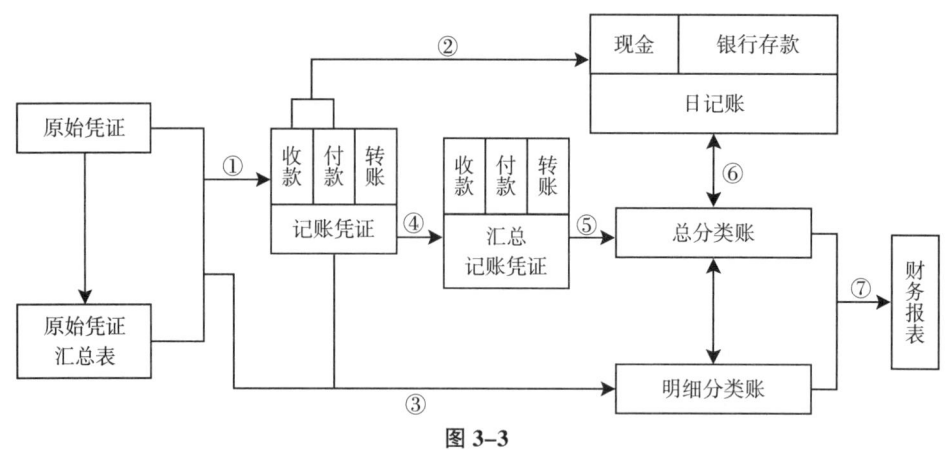

图 3-3

科目汇总表账务处理程序的记账凭证、账簿设置与记账凭证账务处理程序基本相同。其一般程序如下：

第一，根据各种原始凭证或原始凭证汇总表编制收款凭证、付款凭证和转账凭证。

第二，根据收款凭证、付款凭证逐笔登记现金日记账、银行存款日记账。

第三，根据原始凭证或原始凭证汇总表和记账凭证登记各种明细账。

第四，根据一定时期内的全部记账凭证，汇总编制成科目汇总表。

第五，根据定期编制的科目汇总表登记总分类账。

第六，月终，将现金日记账、银行存款日记账余额及各种明细分类账余额合计数与总分类账相应科目的余额核对相符。

第七，月终，根据核对无误的总分类账和各种明细分类账的记录，编制会计报表。

科目汇总表账务处理程序如图 3-4 所示。

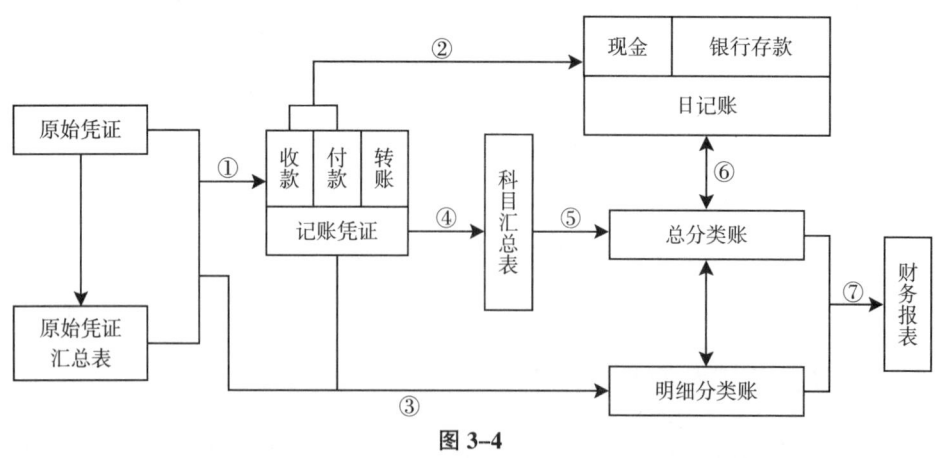

图 3-4

科目汇总表账务处理程序减轻了登记总分类账的工作量，并可做到试算平衡，简明易懂，方便易学。其缺点如下：科目汇总表不能反映账户对应关系，不便于查对账目。这一账务处理程序适用于经济业务较多的单位。

 复习思考题

1. 什么是会计凭证？会计凭证按其填制的程序和用途不同可以分为哪几类？
2. 原始凭证应具备哪些基本内容？原始凭证的填制要求有哪些？
3. 如何审核原始凭证？
4. 记账凭证应具备哪些基本内容？
5. 填制记账凭证应符合哪些具体要求？如何审核记账凭证？
6. 收款凭证、付款凭证和转账凭证各填制的是何种经济业务？涉及现金、银行存款之间的相互划转业务应填制哪种记账凭证？
7. 如何组织会计凭证的传递？会计凭证保管的一般要求是怎样的？
8. 会计账簿按其用途、账页格式和外表形式标准可以分为哪些类别？
9. 现金日记账和银行存款日记账如何进行登记？
10. 明细分类账有哪几种格式？各适用于哪些经济业务？
11. 什么是对账？对账包括哪些内容？
12. 什么是结账？结账包括哪些内容？
13. 错账的更正方法有哪些？分别适用什么条件？怎么使用？
14. 什么是账务处理程序？常用的账务处理程序主要有哪些？

第四章 货币资金

内容提要

货币资金是企业资产的重要组成部分，是企业资产中流动性最强的一种资产。根据国家现金管理制度和结算制度的规定，企业收支的各种款项必须在规定的范围内使用现金。库存现金要做到日清月结。银行存款账户分为基本存款账户、一般存款账户、专用存款账户和临时存款账户。银行结算方式有九种。银行存款日记账应定期与银行对账单核对，如发现未达账项，则应在查明原因后编制"银行存款余额调节表"检查双方的账目是否相符。其他货币资金包括外埠存款、银行汇票存款、银行本票存款、信用证保证金存款、信用卡存款等，这些资金都通过"其他货币资金"科目核算。

第一节 货币资金概述

一、货币资金的概念

货币资金是企业持有的以货币形态存在的资产，货币资金具有通用性和普遍可接受性的特征，是连接生产和流通环节的纽带。企业为了保证生产经营活动的正常进行，必须拥有一定数额的货币资金，一个企业货币拥有量的大小，标志着其偿债能力和支付能力的强弱。持有货币资金是进行生产经营活动的基本条件，因此，企业必须加强货币资金的管理和核算。根据货币资金的存放地点及其用途的不同，货币资金分为库存现金、银行存款及其他货币资金。

二、货币资金管理和控制的原则

(一) 严格职责分工

严格职责分工,是将涉及的货币资金不相容职责分别由不同的人员担任,形成严密的内部牵制制度,以减少和降低货币资金管理上舞弊的可能性。

(二) 实行交易分开

实行交易分开,是将现金支出业务和现金收入业务分开进行处理,防止将现金收入直接用于现金支出的坐支行为发生。

(三) 实施内部稽核

实施内部稽核,是要设置内部稽核单位和人员,建立内部稽核制度,以加强对货币资金管理的监督,及时发现货币资金管理中存在的问题,以便及时改进对货币资金的管理控制。

(四) 实施定期轮岗制度

实施定期轮岗制度,是对涉及货币资金管理和控制的业务人员实行定期轮换岗位。通过轮换岗位,减少货币资金管理和控制中产生舞弊的可能性,并及时发现有关人员的舞弊行为。

三、货币资金内部控制的规定

为了规范企业的内部会计控制,财政部于2001年6月22日发布了《内部会计控制规范——基本规范(试行)》和《内部会计控制规范——货币资金(试行)》,是解决一些单位内部管理松弛、控制弱化的重要举措。这两个规范的发布实施,对于深入贯彻《中华人民共和国会计法》,强化单位内部会计监督,整顿和规范社会主义市场经济秩序,发挥了重要的作用。

《内部会计控制规范——货币资金(试行)》(以下简称《规范》)共六章二十七条,适用于国家机关、社会团体、公司、企业、事业单位和其他经济组织。该《规范》规定,单位负责人对本单位货币资金内部控制的建立健全、有效实施以及货币资金的安全完整负责,该《规范》规定:

其一,单位应当建立货币资金业务的岗位责任制,明确相关部门和岗位的职责权限,确保办理货币资金业务的不相容岗位相互分离、制约和监督。出纳人员不得兼任稽核、会计档案保管和收入、支出、费用、债权债务账目的登记工作。单位不得由一人办理货币资金业务的全过程。

其二,办理货币资金业务,应当配备合格的人员,并根据单位具体情况进行岗位轮换。办理货币资金业务的人员应当具备良好的职业道德,忠于职守、廉洁奉公、遵纪守法、客观公正，并不断提高会计业务素质和职业道德水平。

其三，单位应当对货币资金业务建立严格的授权批准制度，明确审批人对货币资金业务的授权批准方式、权限、程序、责任和相关控制措施，规定经办人办理货币资金业务的职责范围和工作要求。审批人应当根据货币资金授权批准制度的规定，在授权范围内进行审批，不得超越审批权限。经办人应当在职责范围内，按照审批人的批准意见办理货币资金业务。对于审批人超越授权范围审批的货币资金业务，经办人员有权拒绝办理，并应及时向审批人的上级授权部门报告。单位对于重要货币资金支付业务，应当实行集体决策审批，并建立责任追究制度，防范贪污、侵占、挪用货币资金等行为。严禁未经授权的机构或人员办理货币资金业务或直接接触货币资金。

其四，单位应当加强与货币资金相关票据的管理，明确各种票据的购买、保管、领用、背书转让、注销等环节的职责权限和程序，并专设登记簿进行记录，防止空白票据的遗失和被盗用。

其五，单位应当加强银行预留印鉴的管理。财务专用章应由专人保管，个人名章必须由本人或其授权人员保管。严禁一人保管支付款项所需的全部印章。按规定需要有关负责人签字或盖章的经济业务，必须严格履行签字或盖章手续。

其六，单位应当建立对货币资金业务的监督检查制度，明确监督检查机构人员的职责权限，定期或不定期地进行检查。货币资金监督检查主要包括的内容如下：①货币资金业务相关岗位及人员设置情况。重点检查是否存在货币资金业务不相容职务混岗的现象。②货币资金授权批准制度的执行情况。重点检查货币资金支出的授权批准手续是否健全，是否存在越权审批行为。③支付款项印章的保管情况。重点检查是否存在办理付款业务所需的全部印章交由一人保管的现象。④票据的保管情况。重点检查票据的购买、领用、保管手续是否健全，票据保管是否存在漏洞。

对监督检查过程中发现的货币资金内部控制中的薄弱环节，应当及时采取措施，加以纠正和完善。

第二节 库存现金

库存现金是流动性最强的一种货币性资产，可以随时用其购买所需的物资，支付有关费用，偿还债务，也可以随时存入银行。现金有狭义和广义之分，狭义的现金是指企业的库存现金，包括人民币现金和外币现金；广义的现金除了库存现金外，还包括银行存款和其他符合现金定义的票证等。我国日常会计核算中所指的现金是狭义的现金，仅指库存现金，包括库存的人民币现金和外币现金。

一、库存现金的管理制度

（一）库存现金的使用范围

根据国家现金管理制度和结算制度的规定，企业收支的各种款项必须按照国务院颁发的《中华人民共和国现金管理暂行条例》（以下简称《条例》）规定办理，在规定的范围内使用现金。允许企业使用库存现金结算包括的范围如下：职工工资、津贴；个人劳务报酬；根据国家规定颁发给个人的科学技术、文化艺术、体育等各种奖金；各种劳保、福利费用以及国家规定的对个人的其他支出；向个人收购农副产品和其他物资的价款；出差人员必须随身携带的差旅费；结算起点（1000元人民币）以下的零星支出；中国人民银行确定需要支付现金的其他支出。

属于上述现金结算范围的支出，企业可以根据需要向银行提取现金支付，不属于上述现金结算范围的款项支付一律通过银行进行转账结算。因采购地点不固定，交通不便，生产或者市场急需，抢险救灾以及其他特殊情况必须使用现金的，开户单位应当向开户银行提出申请，由本单位财会部门负责人签字盖章，经开户银行审核后，予以支付现金。

（二）库存现金的限额

库存现金的限额，是指为保证各单位日常零星支出按规定允许留存的现金最高数额，由开户银行根据开户单位的实际需要和距离银行的远近等情况进行核定。其限额一般按照单位3~5天日常零星支出所需现金确定。距离银行较远或交通不便的企业，银行最多可以根据企业15天的正常开支需要量来核定库存现金限额。正常开支需要量不包括企业每月发放工资和不定期差旅费等大额现金支出。

库存现金的限额一经核定，要求企业必须严格遵守，不能任意超过，超过限额的库存现金应及时存入银行；库存现金低于限额时，可以签发现金支票从银行提取现金，补足限额。企业若因生产或业务变化，需要增加或减少库存现金限额的，需向开户银行提出申请，经批准后方可调整。

（三）库存现金收支的规定

企业应当按照中国人民银行规定的现金管理办法和财政部关于各单位货币资金管理和控制的规定，办理有关现金收支业务。办理有关现金收支业务时，应遵循下列规定：

其一，企业现金收入应于当日送存开户银行；当日送存困难的，由开户银行确定送存时间。

其二，企业支付现金，可以从企业库存现金限额中支付或者从开户银行提取，但不得从企业的现金收入中直接支付（坐支）。因特殊情况需要坐支现金的，应当事先报经开户银行审查批准，由开户银行核定坐支范围和限额，并定期向银行报送坐支金额和使用情况。

其三，企业从开户银行提取现金，应当写明用途，由本单位财会部门负责人签字盖章，经开户银行审核后，予以支付现金。

其四，企业因采购地点不固定、交通不便以及其他特殊情况必须使用现金的，应向开户银行提出申请，经开户银行审核后，予以支付现金。

其五，不准用不符合制度的凭证顶替库存现金，即不得"白条抵库"；不准谎报用途套取现金；不准用银行账户代其他单位和个人存入或支取现金；不准用单位收入的现金以个人名义存储；不准保留账外公款，不得设置"小金库"等。

《条例》规定，有下列情形开户银行应当依照中国人民银行的规定，予以警告、罚款、停止贷款或者停止现金支付：对现金结算给予比转账结算优惠待遇；拒收支票、银行汇票和银行本票；不采取转账结算方式购置国家规定专项控制商品的；用不符合财务会计制度规定的凭证顶替库存现金；用转账凭证套换现金；编造用途套取现金；互相借用现金；利用账户替其他单位和个人套取现金；将单位的现金收入按个人储蓄方式存入银行；保留账外公款；未经批准坐支或者未按开户银行核定的坐支范围和限额坐支现金。

二、库存现金收付的日常核算

为核算企业的库存现金，应设置"库存现金"科目。借方登记库存现金的增加额，贷方登记库存现金的减少额，"库存现金"科目的期末借方余额，反映企业持有的库存现金，期末余额在借方，反映库存现金余额。有外币现金收支业务的企业，应当按照人民币现金和外币现金的币种设置库存现金的明细账户进行核算。

为了加强对现金的管理，随时掌握现金收付的动态和库存余额，保证现金的安全，企业应当设置现金总账和现金日记账（订本账簿），现金日记账由出纳人员根据收款凭证、付款凭证，按照库存现金业务发生的先后顺序逐日逐笔序时登记。每日终了，应当在现金日记账上计算出当日现金收入合计额、现金支出合计额和结余额，并将现金日记账的账面结余额与实际库存现金额相核对，保证账实相符；月度终了，现金日记账的余额应当与"库存现金"总账的余额核对，做到账账相符。

【例4-1】NMG公司从开户银行提取库存现金3000元，以备零星开支。NMG公司应做如下会计分录：

借：库存现金　　　　　　3000
　　贷：银行存款　　　　　　　　3000

【例 4-2】 NMG 公司将现金 69000 元存入银行。NMG 公司应做如下会计分录：

借：银行存款　　　　　69000
　　贷：库存现金　　　　　　　69000

【例 4-3】 NMG 公司用库存现金 500 元支付管理部门购买的办公用品费。NMG 公司应做如下会计分录：

借：管理费用　　　　　500
　　贷：库存现金　　　　　　　500

【例 4-4】 NMG 公司财务部门职工张明因公出差，预借差旅费 2000 元。NMG 公司应做如下会计分录：

借：其他应收款——张明　2000
　　贷：库存现金　　　　　　　2000

【例 4-5】 张明出差归来，报销差旅费 1900 元，余款交回。NMG 公司应做如下会计分录：

借：管理费用　　　　　1900
　　库存现金　　　　　　100
　　贷：其他应收款——张明　　2000

【例 4-6】 接【例 4-4】，若张明出差归来，报销差旅费 2500 元，出纳支付张明 500 元现金。NMG 公司应做如下会计分录：

借：管理费用　　　　　2500
　　贷：其他应收款——张明　　2000
　　　　库存现金　　　　　　　500

三、库存现金的清查

库存现金要做到日清月结。即每日终了，应根据登记的"库存现金日记账"余额与实际库存数进行核对，做到账实相符。月份终了，"库存现金日记账"的余额必须与"库存现金"总账的余额核对相符。清查采用的方法是实地盘点法，要由清查人员和出纳共同负责。盘点之前，出纳应将现金收款及付款凭证全部登记入账，并结出余额。盘点时，由清查人员逐一清点，由出纳监督。如发生账实不符，应根据盘点结果编制"库存现金盘点报告表"（其格式如表 4-1 所示），由清查人员和出纳共同签章认可。

在库存现金清查中发现的账实不符为现金溢缺，有两种情况：一是实存数大于账存数，即盘盈；二是实存数小于账存数，即盘亏。对现金溢缺的会计处理应通过"待处理财产损溢"科目核算。对于短缺的现金，应按实际短缺的金额，借记"待处理财产损溢——待处理流动资产损溢"科目，贷记"库存现金"科目；对于溢余的现金，

表 4-1 库存现金盘点报告表

年　　月　　日　　　　　　　　　　　　　　　单位：

币种	实存金额	账存金额	对比结果		备注
			盘盈	盘亏	
合计					

盘点人：　　　　　　　　　　出纳员：

应按实际溢余的金额，借记"库存现金"科目，贷记"待处理财产损溢——待处理流动资产损溢"科目。

查明原因后，分情况进行处理：

其一，现金短缺。属于应由责任人赔偿的部分，借记"其他应收款"科目，贷记"待处理财产损溢——待处理流动资产损溢"科目；属于应由保险公司赔偿的部分，借记"其他应收款"科目，贷记"待处理财产损溢——待处理流动资产损溢"科目；属于无法查明的其他原因，根据管理权限，经批准后处理，借记"管理费用"科目，贷记"待处理财产损溢——待处理流动资产损溢"科目。

其二，现金溢余。属于应支付给有关人员或单位的，借记"待处理财产损溢——待处理流动资产损溢"科目，贷记"其他应付款"科目；属于无法查明原因的，经批准后，借记"待处理财产损溢——待处理流动资产损溢"科目，贷记"营业外收入"科目。

【例 4-7】NMG 公司盘点库存现金发现有 800 元的短缺，经查明，其中 500 元因出纳人员张三工作失职所致，其余 300 元无法查明原因，经批准予以核销。NMG 公司应做如下会计分录：

（1）发现账实不符时。

借：待处理财产损溢——待处理流动资产损溢　　　800
　　贷：库存现金　　　　　　　　　　　　　　　　　　800

（2）查明原因处理时。

借：其他应收款——张三　　　　　　　　　　　　500
　　管理费用　　　　　　　　　　　　　　　　　300
　　贷：待处理财产损溢——待处理流动资产损溢　　　　800

【例 4-8】NMG 公司盘点库存现金发现有 200 元的溢余，经查明，其中 100 元是少付给李四的奖金，其余 100 元无法查明原因，经批准予以核销。NMG 公司应做如下会计分录：

(1) 发现账实不符时。

借：库存现金　　　　　　　　　　　　　　　　　　200
　　贷：待处理财产损溢——待处理流动资产损溢　　　　200

(2) 查明原因处理时。

借：待处理财产损溢——待处理流动资产损溢　　　　200
　　贷：其他应付款——李四　　　　　　　　　　　　100
　　　　营业外收入　　　　　　　　　　　　　　　　100

第三节　银行存款

银行存款是企业存放在银行或其他金融机构的货币资金。按照国家有关规定，凡是独立核算的单位都必须在当地银行开设账户。企业在银行开设账户以后，除按核定的限额保留库存现金外，超过限额的库存现金必须存入银行；除了在规定的范围内可以用库存现金直接支付的款项外，在经营过程中所发生的一切货币收支业务，都必须通过银行存款账户进行结算。

一、银行存款的管理制度

按照国家《支付结算办法》的规定，企业应在银行开立账户，办理存款、取款和转账等结算。企业在银行开立人民币存款账户，必须遵循中国人民银行《人民币银行结算账户管理办法》的各项规定。

（一）银行存款开户的有关规定

银行存款账户分为基本存款账户、一般存款账户、专用存款账户和临时存款账户。存款人开立基本存款账户、临时存款账户和预算单位开立专用存款账户实行核准制度，经中国人民银行核准后由开户银行核发开户登记证。但存款人因注册验资需要开立的临时存款账户除外。

基本存款账户是存款人因办理日常转账结算和现金收付需要开立的银行结算账户。基本存款账户是存款人的主办账户，存款人日常经营活动的资金收付及其工资、奖金和现金的支取，应通过该账户办理。一个企业只能选择一家银行的一个营业机构开立一个基本存款账户，不得在多家银行机构开立基本存款账户。

一般存款账户是存款人因借款或其他结算需要，在基本存款账户开户银行以外的银行营业机构开立的银行结算账户。一般存款账户用于办理存款人借款转存、借款归还和其他结算的资金收付。该账户可以办理现金缴存，但不得办理现金支取。企业不得在同一家银行的几个分支机构开立一般存款账户。

专用存款账户是存款人按照法律、行政法规和规章，对其特定用途资金进行专项管理和使用而开立的银行结算账户。专用存款账户用于办理各项专用资金的收付。单位银行卡账户的资金必须由其基本存款账户转账存入，该户不得办理现金收付业务。

临时存款账户是存款人因临时需要并在规定期限内使用而开立的银行结算账户。临时存款账户用于办理临时机构以及存款人临时经营活动发生的资金收付。临时存款账户应根据有关开户证明文件确定的期限或存款人的需要确定其有效期限。存款人在账户的使用中需要延长期限的，应在有效期限内向开户银行提出申请，并由开户银行报中国人民银行当地分支行核准后办理展期。临时存款账户的有效期最长不得超过2年。

企业在银行开立账户后，可到开户银行购买各种银行往来使用的凭证（如送款簿、进账单、现金支票、转账支票等），用以办理银行存款的收付款项。企业除按规定留存库存现金外，所有货币资金都必须存入银行，企业与其他单位之间的一切收付款项，除制度规定可用现金支付的部分外，都必须通过银行办理转账结算，也就是银行按照事先规定的结算方式，将款项从付款单位划出，转入收款单位的账户。因此，企业不仅要在银行开立账户，而且账户内必须要有可供支付的款项。

(二) 银行结算纪律

企业通过银行办理支付结算时，应当认真执行国家各项管理办法和结算制度。中国人民银行颁布的《支付结算办法》规定：单位和个人办理支付结算，不准签发没有资金保证的票据或远期支票，套取银行信用；不准签发、取得和转让没有真实交易和债权债务的票据，套取银行和他人的资金；不准无理拒绝付款，任意占用他人资金；不准违反规定开立和使用账户。

二、银行结算方式

根据中国人民银行有关支付结算办法规定，目前企业发生的货币资金收付业务可以采用以下几种方式，通过银行办理转账结算。

(一) 支票

支票是出票人签发的，委托办理支票存款业务的银行或者其他金融机构在见票时无条件支付确定的金额给收款人或者持票人的票据。支票结算方式是同城结算中应用比较广泛的一种结算方式，单位和个人在同一票据交换区域的各种款项结算均可以使用支票。支票可以支取现金，也可以转账，用于转账时，应当在支票正面注明。支票上印有"现金"字样的为现金支票，只能用于支取现金；支票上印有"转账"字样的为转账支票，只能用于转账；未印有"现金"或"转账"字样的为普通支票，普通支票左上角划两条平行线的为划线支票，划线支票只能用于转账，不得支取现金。

支票必须记载下列事项：表明"支票"的字样；无条件支付的委托；确定的金额；付款人名称；出票日期；出票人签章。支票上未记载前款规定事项之一的，支票无效。支票上的金额可以由出票人授权补记，未补记前的支票，不得使用。支票的出票人所签发的支票金额不得超过其付款时在付款人处实有的存款金额。出票人签发的支票金额超过其付款时在付款人处实有的存款金额，为空头支票。禁止签发空头支票，企业财会部门在签发支票之前，出纳人员应该认真查明银行存款的账面结存数额，防止签发超过存款余额的空头支票。

支票限于见票即付，不得另行记载付款日期。另行记载付款日期的，该记载无效。支票的提示付款期为自出票日起10日内，中国人民银行另有规定的除外。超过提示付款期的，持票人开户银行不予受理，付款人不予付款。

（二）商业汇票

商业汇票是出票人签发的，委托付款人在指定日期无条件支付确定的金额给收款人或者持票人的票据。在银行开立存款账户的法人与其他组织之间须具有真实的交易关系或债权债务关系，才能使用商业汇票。商业汇票的付款期限由交易双方商定，但最长不得超过6个月。商业汇票的提示付款期自汇票到期日起10日内。商业汇票可以由付款人签发并承兑，也可以由收款人签发交由付款人承兑。商业汇票按承兑人不同，分为商业承兑汇票和银行承兑汇票两种。

1. 商业承兑汇票

商业承兑汇票是由银行以外的付款人承兑。商业承兑汇票按交易双方约定，由销货企业或购货企业签发，但由购货企业承兑。汇票到期时，如果购货企业的存款不足以支付票款，开户银行应将汇票退还销货企业，银行不负责付款，由购销双方自行处理。

2. 银行承兑汇票

银行承兑汇票由银行承兑，由在承兑银行开立存款账户的存款人签发。承兑银行按票面金额向出票人收取5‰的手续费。购货企业应于汇票到期前将票款足额交存其开户银行，以备由承兑银行在汇票到期日或到期日后的见票当日支付票款。销货企业应在汇票到期时将汇票连同进账单送交开户银行以便转账收款。承兑银行凭汇票将承兑款项无条件转给销货企业，如果购货企业于汇票到期日未能足额交存票款时，承兑银行除凭票向持票人无条件付款外，对出票人尚未支付的汇票金额计收罚息。可见，银行承兑汇票的风险要低于商业承兑汇票，当汇票到期企业不能及时支付购货款时，开户银行将代替企业付款，并保留对该项债务向企业追索的权利，而商业承兑汇票仅靠企业的信誉作为担保。

(三) 汇兑

汇兑是汇款人委托银行将其款项支付给收款人的结算方式。单位和个人的各种款项的结算，均可使用汇兑结算方式。

汇兑分为信汇、电汇两种。信汇是汇款人委托银行通过邮寄方式将款项划转给收款人。电汇是汇款人委托银行通过电报将款项划转给收款人。这两种汇兑方式由汇款人根据需要选择使用，汇兑结算方式适用于异地之间的各种款项结算，划拨款项简便、灵活。

(四) 银行汇票

银行汇票是汇款人将款项交存当地出票银行，由出票银行签发的，其在见票时，按实际结算金额无条件支付给收款人或持票人的票据。银行汇票具有使用灵活、票随人到、兑现性强的特点，适用于先收款后发货或钱货两清的商品交易。单位和个人各种款项结算，均可使用银行汇票。

(五) 银行本票

银行本票是银行签发的，承诺自己在见票时无条件支付确定的金额给收款人或持票人的票据。银行本票由银行签发并保证兑付，而且见票即付，具有信誉高、支付功能强等特点。用银行本票购买材料物资，销货方可以见票付货，购货方可以凭票提货；债权债务双方可以凭票清偿；收款人将本票交存银行，银行即可为其入账。无论单位或个人，在同一票据交换区域支付各种款项，均可以使用银行本票。

(六) 委托收款

委托收款是收款人委托银行向付款人收取款项的结算方式。单位和个人都可以凭已承兑商业汇票、债券、存单等付款人债务证明委托银行收取同城或异地款项。委托收款还适用于收取电费、电话费等付款人众多、分散的公用事业费等有关款项。委托收款结算款项划回的方式分为邮寄和电报两种。

(七) 托收承付

托收承付是根据购销合同由收款人发货后委托银行向异地付款人收取款项，由付款人向银行承认付款的结算方式。使用托收承付结算方式的收款单位和付款单位，必须是国有企业、供销合作社以及经营管理较好，并经开户银行审查同意的城乡集体所有制工业企业。办理托收承付结算的款项，必须是商品交易，以及因商品交易而产生的劳务供应的款项。代销、寄销、赊销商品的款项，不得办理托收承付结算。托收承付结算款项划回的方式分为邮寄和电报两种，由收款人根据需要选择使用。

(八) 信用卡

信用卡是商业银行向个人和单位发行的，凭以向特约单位购物、消费和向银行存取现金，且具有消费信用的特制载体卡片。信用卡在规定的限额和期限内允许善意透支，透支期限最长为60天。超过规定限额或规定期限，并且经发卡银行催收无效的透支行为称为恶意透支，持卡人使用信用卡不得发生恶意透支。严禁将单位的款项存入个人卡账户中。信用卡按使用对象分为单位卡和个人卡；按信誉等级分为金卡和普通卡。

（九）信用证

信用证结算方式是国际结算的一种主要方式。经中国人民银行批准经营结算业务的商业银行总行以及经商业银行总行批准开办信用证结算业务的分支机构，也可以办理国内企业之间商品交易的信用证结算业务。

三、银行存款的核算

企业应设置"银行存款"科目核算其银行存款的收付和结存情况。该科目借方登记银行存款的增加额，贷方登记银行存款的减少额，期末余额在借方，反映银行存款的余额。企业应使用银行存款日记账（订本账簿），按照银行存款业务发生顺序逐日逐笔登记。该科目可按银行名称和存款种类进行明细核算。有外币业务的企业，还应分别按人民币和外币进行明细核算。企业的外埠存款、银行汇票存款、银行本票存款、信用证保证金等，在"其他货币资金"科目核算，不通过"银行存款"科目核算。

企业在不同的结算方式下，应当根据有关的原始凭证编制银行存款的收付款凭证，并进行相应的账务处理。企业将款项存入银行等金融机构时，借记"银行存款"科目，贷记"库存现金"等科目；提取或支付在银行等金融机构中的存款时，借记"库存现金"等科目，贷记"银行存款"科目。

【例4-9】 NMG公司收到乙公司的前欠货款3000元，存入银行。NMG公司应做如下会计分录：

借：银行存款　　　　　　　　　　3000
　　贷：应收账款——乙公司　　　　　　　　　　3000

【例4-10】 NMG公司用银行存款支付购某设备款20000元。NMG公司应做如下会计分录：

借：固定资产　　　　　　　　　　20000
　　贷：银行存款　　　　　　　　　　　　　　　20000

四、银行存款的核对

企业应当设置"银行存款日记账"，按照银行存款收付业务发生的先后顺序逐笔序时登记，每日终了应结出余额。"银行存款日记账"应定期与"银行对账单"核对，至少每月核对一次。企业银行存款账面余额与银行对账单余额之间如有差额，必须逐笔查明原因，并按月编制"银行存款余额调节表"调节相符。月份终了，"银行存款日记账"的余额必须与"银行存款"总账的余额核对相符。

通过核对发现双方账目不符的主要有以下原因：

一种原因是企业或银行记账错误。

另一种原因是存在未达账项。所谓未达账项，即企业与银行之间，由于凭证传递上的时间差，一方已收到结算凭证登记入账，而另一方未收到结算凭证因而尚未登记入账的款项。具体有四种情况：

其一，企业已收款入账，银行尚未收到款项。例如，企业收到客户开出的支票时，将其银行存款记为增加，然而由于没有及时送存银行，开户银行在月末的对账单上并没有出现这笔存款。

其二，企业已付款入账，银行尚未支付款项。例如，企业开出支票给供应商，同时记为银行存款的减少，但持票人尚未到银行兑现，因而银行还未将该笔支出从企业存款账户中扣除。

其三，银行已收款入账，企业尚未收到款项。例如，银行已将企业银行存款利息记为存款账户的增加，而企业尚未知情，故未作处理。

其四，银行已付款入账，企业尚未支付款项。例如，银行代扣的各种水电费等，银行已在支付的同时扣减存款账户余额，而企业因未收到通知和相关票证未作减少处理。

以上任何一种情况的发生都会使双方账面的余额不一致。企业与银行在对账前，首先应检查本单位的"银行存款日记账"，争取做到准确无误。然后与银行对账单逐笔进行核对，如发现错账漏账，应及时查明原因并更正。如发现未达账项，则应在查明原因后编制"银行存款余额调节表"，检查双方的账目是否相符，如表 4-2 所示。

表 4-2 银行存款余额调节表

年　月　日　　　　　　　　　　　　　单位：

项目	金额	项目	金额
银行存款日记账余额 加：银行已收企业未收款项 减：银行已付企业未付款项		银行对账单余额 加：企业已收银行未收款项 减：企业已付银行未付款项	
调整后余额		调整后余额	

【例 4-11】NMG 公司 20×1 年 3 月 31 日银行存款日记账的账面余额 256000 元，银行对账单上的余额为 265000 元，经逐笔核对查明有下列未达账项：

（1）企业月末存入银行的转账支票 2000 元，银行未入账。

（2）委托银行代收的货款 12000 元，银行已收到，企业还未收到。

（3）银行代付的本月电话费 4000 元，企业未收到付款通知。

（4）企业月末开出转账支票3000元，持有人尚未到银行办理转账手续。

根据以上资料编制NMG公司20×1年3月31日的"银行存款余额调节表"，如表4-3所示。

表4-3　　　　　　　　　　　　银行存款余额调节表
　　　　　　　　　　　　　　　　20×1年3月31日　　　　　　　　　　　　　　　单位：元

项目	金额	项目	金额
银行存款日记账余额	256000	银行对账单余额	265000
加：银行已收，企业未收款项	12000	加：企业已收，银行未收款项	2000
减：银行已付，企业未付款项	4000	减：企业已付，银行未付款项	3000
调整后余额	264000	调整后余额	264000

在不存在记账差错的情况下，双方调节后的余额应核对相符。但是，经调整后重新求得的余额，既不等于本企业银行存款余额，也不等于银行账面余额，而是银行存款的真正实有数。对于由未达账项造成的差异，不需要进行账务处理，待有关方面实际收到相关凭证时再入账。

第四节　其他货币资金

在企业的经营资金中，有些货币资金的存款地点和用途与库存现金和银行存款不同，如外埠存款、银行汇票存款、银行本票存款、信用证保证金存款、信用卡存款、存出投资款等，这些资金在会计核算上统称为其他货币资金，企业设"其他货币资金"科目进行核算。该科目借方登记增加额，贷方登记减少额，期末余额在借方，反映企业持有的其他货币资金的余额。该科目可按外埠存款的开户银行、银行汇票或本票、信用证的收款单位，设"外埠存款""银行汇票""银行本票""银行卡"（"信用卡"）"信用证保证金""存出投资款"等明细科目进行明细核算。

一、外埠存款

外埠存款是指企业到外地进行临时或零星采购时，汇往采购地银行开立采购专户的款项。具体操作程序如下：

首先，企业汇出款项时，须填写汇款委托书，加盖"采购资金"字样，提交给开户银行，委托其将款项汇往采购地。同时根据汇款凭证编制付款凭证，进行账务处理，借记"其他货币资金——外埠存款"科目，贷记"银行存款"科目。

开户银行接受委托后将款项汇入采购地银行（即称汇入银行），汇入银行收到款项后，以企业的名义开立采购账户。采购账户存款不计利息，除了为支付采购人员差旅费可支取少量现金外，一律转账。采购账户只付不收，付完账户结束。在整个采购过程中，企业都是通过采购账户来进行结算货款的。当采购人员报销采购货款时，企业再根据供货单位的销售发票等编制付款凭证，进行账务处理，借记"在途物资""应交税费——应交增值税（进项税额）"等科目，贷记"其他货币资金——外埠存款"科目。

若采购结束后采购账户仍有余款的，汇入银行应将款项汇回企业开户银行。企业在收到开户银行的收款通知后，编制收款凭证，借记"银行存款"，贷记"其他货币资金——外埠存款"科目。

【例4-12】NMG公司将派采购员到异地采购一批材料，估计金额约40000元。3月20日NMG公司委托其开户银行办理了汇款手续，将40000元汇往异地银行设立采购账户，并收到开户银行的汇款凭证。4月15日，采购员提交了在异地采购的相关凭证，其中价款为30000元，增值税税额为5100元，NMG公司通过采购账户全额支付，材料已发出但尚未到达NMG公司，NMG公司材料采用实际成本核算。4月20日，NMG公司收到开户银行的收款通知，采购账户中的剩余款项已转回开户银行。NMG公司应做如下会计分录：

(1) 3月20日。

借：其他货币资金——外埠存款　　　　40000
　　贷：银行存款　　　　　　　　　　　　　　　　40000

(2) 4月15日。

借：在途物资　　　　　　　　　　　　30000
　　应交税费——应交增值税（进项税额）　5100
　　贷：其他货币资金——外埠存款　　　　　　　　35100

(3) 4月20日。

借：银行存款　　　　　　　　　　　　4900
　　贷：其他货币资金——外埠存款　　　　　　　　4900

二、银行汇票存款

银行汇票存款是指企业为取得银行汇票，按照规定存入银行的款项。具体操作程序如下：

企业先向银行提交"银行汇票委托书"，并将一定金额的款项交存开户银行，取得银行汇票后，根据银行盖章的委托书存根联，编制付款凭证，借记"其他货币资金——银行汇票"科目，贷记"银行存款"科目。

此后，企业可持银行汇票到异地办理转账结算或支取现金业务。根据对方开出的销售发票等，借记"在途物资""应交税费——应交增值税（进项税额）"等科目，贷记"其他货币资金——银行汇票"科目。

银行汇票使用完毕，应转销"其他货币资金——银行汇票"账户。如果实际采购支付后银行汇票有余额，应将多余部分借记"银行存款"科目，贷记"其他货币资金——银行汇票"科目。汇票因超过付款期或其他原因未曾使用而退还款项时，应借记"银行存款"科目，贷记"其他货币资金——银行汇票"科目。

【例4-13】NMG公司欲向异地供应商乙公司采购一批商品，故向开户银行申请办理银行汇票，并将40000元存入银行。4月10日，NMG公司收到出票银行签发的银行汇票、解讫通知和申请书的回单。NMG公司采购员前往乙公司所在地采购商品，并持银行汇票办理转账结算。4月25日，NMG公司收到乙公司开出的销售发票以及发出的商品并已验收入库，其中商品价款为30000元，增值税税额为5100元。4月30日，NMG公司收到开户银行转来的多余款收账通知，剩余款项已转回银行存款账户。NMG公司应做如下会计分录：

(1) 4月10日。

借：其他货币资金——银行汇票　　　　　40000
　　贷：银行存款　　　　　　　　　　　　　　　　40000

(2) 4月25日。

借：库存商品　　　　　　　　　　　　　30000
　　应交税费——应交增值税（进项税额）　5100
　　贷：其他货币资金——银行汇票　　　　　　　　35100

(3) 4月30日。

借：银行存款　　　　　　　　　　　　　4900
　　贷：其他货币资金——银行汇票　　　　　　　　4900

三、银行本票存款

银行本票存款是指企业为取得银行本票，按照规定存入银行的款项。具体操作程序如下：

企业先向银行提交"银行本票申请书"，并将一定金额的款项交存开户银行，取得银行本票后，根据银行盖章退回的申请书存根联，编制付款凭证，借记"其他货币资金——银行本票"科目，贷记"银行存款"科目。

此后，企业可持银行汇票到异地办理转账结算或支取现金业务。根据对方开出的销售发票等，借记"在途物资""应交税费——应交增值税（进项税额）"等科目，贷记

"其他货币资金——银行汇票"科目。

如企业因本票超过付款期或其他原因未曾使用而要求银行退还款项时，应填制进账单一式二联，连同本票一并交给银行，然后根据银行收回本票时盖章退回的一联进账单，借记"银行存款"科目，贷记"其他货币资金——银行本票"科目。

四、信用证保证金存款

信用证保证金存款是指采用信用证结算方式的企业为开具信用证而存入银行信用证保证金专户的款项。企业向银行申请开出信用证用于支付供货单位购货款项时，根据开户银行盖章退回的"信用证委托书"回单，借记"其他货币资金——信用证保证金"科目，贷记"银行存款"科目。企业收到供货单位信用证结算凭证及所附发票账单，经核对无误后进行会计处理，借记"在途物资""应交税费——应交增值税（进项税额）"等科目，贷记"其他货币资金——信用证保证金"科目。如果企业收到未用完的信用证存款余款，应借记"银行存款"科目，贷记"其他货币资金——信用证保证金"科目。

五、信用卡存款

信用卡存款是指企业为取得信用卡而存入银行信用卡专户的款项。企业申领信用卡，按照有关规定填制申请表，并按银行要求交存备用金，银行开立信用卡存款账户，发给信用卡。企业根据银行盖章退回的交存备用金进账单，借记"其他货币资金——信用卡"科目，贷记"银行存款"科目。企业收到银行转来的信用卡存款的付款凭证及所附发票账单，经核对无误后进行会计处理，借记"管理费用"等科目，贷记"其他货币资金——信用卡"科目。企业如需向信用卡中续存款项，则借记"其他货币资金——信用卡"科目，贷记"银行存款"科目。

六、存出投资款

存出投资款是指企业已存入证券公司但尚未进行交易性投资的现金。企业向证券公司划出资金时，应按实际划出的金额，借记"其他货币资金——存出投资款"科目，贷记"银行存款"科目。购买股票、债券等时，按实际发生的金额，借记"交易性金融资产"等科目，贷记"其他货币资金——存出投资款"科目。

复习思考题

1. 说明库存现金溢缺的会计处理方法。
2. 银行结算有哪些方式？分别说明这些结算方式的特点和适用性。
3. 库存现金的使用范围是什么？
4. 企业通过银行办理收付款业务必须遵循哪些制度规定？
5. 试述商业承兑汇票和银行承兑汇票的异同点。
6. 什么是未达账项？其产生的主要原因是什么？
7. 说明银行存款余额调节表的编制方法。
8. 简述其他货币资金的核算范围。

第五章　应收款项

 内容提要

应收款项泛指企业拥有的将来获取现款、商品或劳动的权利。它是企业在日常生产经营过程中发生的各种债权，是企业重要的流动资产。主要包括应收账款、应收票据、预付款项、应收股利、应收利息、其他应收款等。

应收账款指企业因销售商品、提供劳务等经营活动应收取的款项；应收票据通常也源于企业的经营活动，指企业持有的未到期或未兑现的商业汇票，持有的商业承兑汇票到期不能收回时，需转入应收账款，并按应收账款核算和管理；预付款项指企业预先以货币资金或其等价物支付的款项；应收股利指因持有被投资企业股权而形成的应享有但尚未收到的分红；应收利息指因持有被投资企业债权而形成的应享有但尚未收到的利息；其他应收款指出上述应收款项以外的各种应收款项、暂付款项。

如果有确凿证据表明应收账款和其他应收款在回收过程中不能全部收回，则需按规定计提坏账准备，并确认资产减值损失，当导致应收款项减值的因素消失时，则需在原计提的范围内转回。

第一节　应收款项概述

一、应收款项的含义

应收款项泛指企业拥有的将来获取现款、商品或劳动的权利。它是企业在日常生产经营过程中发生的各种债权。应收款项是企业的待结算债权，不断处在发生、收回、又发生、又收回的过程中，具有较强的流动性，是企业重要的流动资产。

二、应收款项的内容

应收款项按其来源可以分为商业应收款项和非商业应收款项。商业应收款项是指正常经营过程中向购货单位赊销货物或劳务而取得的在未来收取款项的要求权。主要包括应收账款、应收票据、预付账款等项目。非商业应收款项是指在除销售产品或提供劳务以外的其他活动中取得的向其他单位收取现金或其他金融资产的权利。主要包括应收股利、应收利息、其他应收款等。

企业应当正确区分应收款项的种类,对不同种类的应收款项实行分别核算和分类管理,以分别反映不同种类应收款项的发生和收回情况,有针对性地加强对不同种类应收款项的管理,切实保护应收款项这类资产的安全完整。

企业由于生产经营活动而取得的"应收票据"和"应收账款"等项目,在应收款项中占比重较大,所以,在会计处理上,除了应正确计量和确认这类流动资产的价值外,还需要按不同的购货单位或接受劳务单位设置"应收账款"明细账进行分户明细核算;并设置"应收票据备查簿",逐笔登记每一应收票据的种类、号数、出票日期、交易合同编号和付款人、承兑人、背书人、票据到期日、利率、贴现日期、贴现日期、贴现率、贴现净额、收款日期、回收金额、票据注销日期等详细资料,以完善对该类流动资产的内部控制与管理。

第二节 应收账款

一、应收账款的确认与计量

应收账款是指因销售商品、产品、提供劳务等应向客户收取的款项。从应收账款的回收期来看,应收账款是指应在一年内收回的短期债权,在资产负债表中,应收账款应列为流动资产项目。

应收账款的确认重要是解决何时确认应收账款。应收账款是与商品的销售或劳务的提供直接相关的,因此确认应收账款的时间通常应与确认收入的时间相一致。也就是说,在商品所有权已经转给购货方或劳务已经提供、收入已经实现时,对未取得的款项确认为应收账款。关于收入的确认原理见第十二章"收入、费用和利润"。

应收账款的计量主要包括企业出售商品或材料、提供劳务等应向有关债务人收取的价税款及代购贷方垫付的运杂费等。一般来说,应收账款应按买卖双方成交时的实际发生额入账。但企业为了及时回笼货款，在销售时往往实行折扣政策，为了确保货物的销售、对客户建立商业信用，在确定应收账款的入账价值时，还应当考虑商业折扣和现金折扣等因素，对已售出的商品可能实行折让或退回制度等。此类事项的发生，会不同程度地影响应收账款及相应的销售收入的计价。

二、应收账款的核算

企业设"应收账款"科目核算企业因销售商品、提供劳务等经营活动应收取的款项。该科目可按债务人进行明细核算。该科目期末的借方余额反映企业尚未收回的应收账款。

（一）通常情况下应收账款的核算

企业销售商品、提供劳务发生应收款项时，按应收的金额，借记"应收账款"科目，按实现的销售收入，贷记"主营业务收入"，按增值税专用发票上注明的增值税额，贷记"应交税费——应交增值税（销项税额）"等科目；收回款项时，借记"银行存款"科目，贷记"应收账款"科目。

企业代购货单位垫付包装费、运杂费时，借记"应收账款"科目，贷记"银行存款"科目。收回代垫费用时，借记"银行存款"科目，贷记"应收账款"科目。

【例5-1】NMG公司赊销给甲公司商品一批，货款总计50000元，适用增值税税率为17%，代垫运杂费1000元（假设不作为计税基数）。NMG公司应做如下会计分录：

借：应收账款　　　　　　　　　　　59500
　　贷：主营业务收入　　　　　　　　　　50000
　　　　应交税费——应交增值税（销项税额）　8500
　　　　银行存款　　　　　　　　　　　　1000

收到货款时：

借：银行存款　　　　　　　　　　　59500
　　贷：应收账款　　　　　　　　　　　　59500

（二）现金折扣的会计处理

现金折扣，是指债权人为鼓励债务人在规定的期限内付款而向债务人提供的债务扣除，也是为敦促顾客尽早付清货款而提供的一种价格优惠。现金折扣的目的是鼓励债务人在规定期限内尽快付款，折扣条件通常表示为2/10、1/20、n/30。即，一笔赊销期限为30天的商品交易，销售方规定的现金折扣条件为10天内付款可得到2%的现金折扣，超过10天但在20天内付款可得到1%的现金折扣，超过20天付款须按发票金额全额付款。

在销售附有现金折扣条件的情况下，由于应收账款的未来收现金额是不确定的，可能是全部的发票金额，也可能是发票金额扣除现金折扣后的净额，要视购货方能否在折扣期限内付款而定。

附有现金折扣条件的销售，会计处理有两种方法：一种是总价法；另一种是净价法。

在总价法下，按发票金额对应收账款及销售收入计价入账，如果购货方能够在折扣期限内付款，销售方应将购货方取得的现金折扣作为财务费用处理。我国企业会计准则规定，涉及现金折扣的商品销售，应采用总价法进行会计处理。

在净价法下，按发票金额扣除现金折扣后的净额对应收账款及销售收入计价入账，如果购货方未能够在折扣期限内付款，销售方应将购货方丧失的现金折扣冲减财务费用。

【例5-2】NMG公司在20×1年7月1日向乙公司销售一批商品，开出的增值税专用发票上注明的销售价款为20000元，增值税税额为3400元。为及早收回货款，NMG公司和乙公司约定的现金折扣条件为2/10、1/20、n/30。假定计算现金折扣时不考虑增值税额。

NMG公司按总价法进行的账务处理如下：

（1）7月1日销售实现时，按销售总价确认收入。

借：应收账款　　　　　　　　23400
　　贷：主营业务收入　　　　　　　　20000
　　　　应交税费——应交增值税（销项税额）　　3400

（2）如果乙公司在7月9日付清货款，则按销售总价20000元的2%享受现金折扣400（20000×2%）元，实际付款23000（23400－400）元。

借：银行存款　　　　　　　　23000
　　财务费用　　　　　　　　　400
　　贷：应收账款　　　　　　　　　　23400

（3）如果乙公司在7月18日付清货款，则按销售总价20000元的1%享受现金折扣200（20000×1%）元，实际付款23200（23400－200）元。

借：银行存款　　　　　　　　23200
　　财务费用　　　　　　　　　200
　　贷：应收账款　　　　　　　　　　23400

（4）如果乙公司在7月底才付清货款，则按全额付款。

借：银行存款　　　　　　　　23400
　　贷：应收账款　　　　　　　　　　23400

（三）商业折扣的会计处理

商业折扣，是指企业为促进商品销售而在商品标价上给予的价格扣除。商业折扣的目的是鼓励购货方多购商品，通常根据购货方不同的购货数量而给予不同的折扣比率。如购买 5 件，销售价格折扣 10%；购买 10 件，折扣 20%等。商品标价扣除商业折扣后的金额，是双方的实际交易价格，即发票价格。由于会计记录是以实际交易价格为基础的，且商业折扣是在交易成立之前予以扣除的折扣，所以它只是购货双方确定交易价格的一种方式，因此，商业折扣并不影响销售的会计处理。

企业销售商品涉及商业折扣的，应当按照扣除商业折扣后的金额（即净额）确定销售商品收入金额。

【例 5-3】 NMG 公司 A 商品的标价为每件 100 元，乙公司一次购买 A 商品 2000 件，根据规定的折扣条件，可得到 2%的商业折扣，增值税税率为 17%。

发票价格 = 2000×100×(1-2%) = 196000（元）

销项税额 = 196000×17% = 33320（元）

NMG 公司根据发票金额及其他有关单据，于销售后做如下会计处理：

借：应收账款　　　　　　　　　　229320
　　贷：主营业务收入　　　　　　　　　　　196000
　　　　应交税费——应交增值税（销项税额）　33320

第三节　应收票据

一、应收票据的确认与计量

从广义上讲，应收票据作为一种债权凭证，应包括企业持有的、未到期兑现的汇票、本票和支票。但在我国会计实务中，支票、银行汇票和银行本票均为见票即付的票据，无须将其列为应收票据予以处理。因此，在我国，应收票据就是企业持有的未到期或未兑现的商业汇票。根据我国现行法律的有关规定，商业汇票的期限不得超过 6 个月，因而，我国的应收票据是一种流动资产。在会计实务中，企业的应收票据是指收到的经承兑人承兑的商业汇票。

商业汇票可以按不同的标准进行分类，按照票据是否带息分类，商业汇票分为带息票据和不带息票据两种。带息票据是指商业汇票到期时，承兑人除向收款人或被背书人支付票面金额款外，还应按票面金额和票据规定的利率支付自票据生效日起至票据到期日止利息的商业汇票。即票据到期值 = 票据面值 + 票据利息。

不带息票据是指商业汇票到期时，承兑人只按票据金额向收款人或被背书人支付票面款项的票据。即票据到期值 = 票据面值。

商业汇票按照承兑人的不同分为银行承兑汇票和商业承兑汇票两种。承兑是汇票付款人承诺在汇票到期日支付汇票金额的票据行为。商业承兑汇票由收款人签发，并经付款人承兑，或由付款人签发并承兑的汇票。银行承兑汇票是指由收款人或承兑申请人签发，并由承兑申请人向开户银行申请，经银行审查同意承兑的票据。汇票到期，无论承兑申请人是否将票款足额缴存其开户银行，承兑银行都应向收款人或贴现银行无条件履行付款责任。

应收票据的计价从理论上应考虑货币的时间价值，按承兑人承兑的未来债务现金流量的现值计算。但我国的商业汇票一般最长为6个月，利息金额相对来说不大。所以，企业收到开出、承兑的应收票据时，应按照票据的票面价值入账。但对于带息的应收票据，为了及时反映因应收票据而产生的利息收入，应于会计期末，按应收票据的票面价值和确定的利率计提利息，计提的利息应增加应收票据的账面价值。需要指出的是，到期不能收回的应收票据，应按其账面余额转入应收账款，并不再计提利息。

二、应收票据的账务处理

（一）应收票据的取得

为了反映和监督应收票据取得、票款收回等经济业务，企业应设置"应收票据"科目，借方登记取得的应收票据的面值和计提的票据利息，贷方登记到期收回票款。期末余额在借方，反映企业尚未收回应收票据的面值和应计利息。本科目应按照商业汇票的种类设置明细科目，并设置"应收票据备查簿"，逐笔登记每一商业汇票的相关信息。

销售商品、产品、提供劳务而收到开出、承兑的商业汇票时，按应收票据的面值，借记"应收票据"科目，按实际的营业收入，贷记"主营业务收入"，按增值税专用发票上注明的增值税额，贷记"应交税费——应交增值税（销项税额）"等科目。

【例5-4】NMG公司于20×1年2月1日销售一批产品给A公司，货已发出，增值税专用发票上注明的销售收入200000元，增值税额为34000元，收到A公司开出并承兑的商业承兑汇票一张，期限为6个月的不带息商业汇票一张，金额共计234000元。

借：应收票据　　　　　　　　　　　　　234000
　　贷：主营业务收入　　　　　　　　　　　　　　200000
　　　　应交税费——应交增值税（销项税额）　　　34000

（二）应收票据利息

对于带息商业汇票来说，在票据到期之前，尽管利息尚未实际收到，但企业已经取得收取票据利息的权利。会计核算上，应根据权责发生制的要求，于会计期末反映这部分利息收入，并将应收而未实际收到的利息作为应收票据的增加额予以记录，借记"应收票据"科目，贷记"财务费用"科目。至于企业于月末、季末，还是年末对企业持有的应收票据计提票据利息，应根据企业采取的会计政策而定。

一般地，如果应收票据的利息金额较大，对企业财务成果有较大影响的，应按月计提利息；如果应收票据的利息金额不大，对企业财务成果的影响也较小的，可以于季末或年末计提应收票据的利息。但不论何种情况，企业至少应于会计年末计提商业汇票的利息，以便正确计算企业的财务成果。

计算应收票据利息的方法：

应收票据利息＝应收票据面值×利率×期限

式中，应收票据面值是指商业汇票票面记载的金额；利率是票据所规定的利率（一般以年利率表示）；期限是指票据的有效期限。

当商业汇票的期限按月数表示时，应收票据到期利息的计算方法：

$$应收票据利息 = \frac{应收票据面值 \times 利率 \times 时期（月数）}{12}$$

【例5-5】NMG公司持有一张面值为117000元的商业汇票，年利率为9.6%，票据的出票日为3月31日，票据期限为4个月，到期日为7月31日。则该商业汇票的到期值为120744元。计算方法：

应收票据利息＝117000×9.6%×4/12＝3744（元）

票据到期值＝117000＋3744＝120744（元）

当商业汇票的期限按天数表示时，应收票据到期利息的计算方法：

$$应收票据利息 = \frac{应收票据面值 \times 利率 \times 时期（天数）}{360}$$

【例5-6】NMG公司持有一张面值为40000元的商业汇票，年利率为8.4%，票据的出票日为1月31日，票据期限为90天，到期日为5月1日。则该商业汇票的到期值为40840元。计算方法：

应收票据利息＝40000×8.4%×90/360＝840（元）

票据到期值＝40000＋840＝40840（元）

（三）应收票据的到期

企业对持有的即将到期的商业汇票，应匡算划款时间，提前委托开户银行收款。一般来说，银行承兑汇票的票款能够及时收妥入账。商业承兑汇票的票款视付款人账户资金是否足额，有两种情况：一是付款人足额支付票款，结清有关的债权债务；二是付款人账户资金不足，将托收的汇票退回，由收付款双方自行处理。

应收票据到期时，如果收到票款，应按实际收到的金额借记"银行存款"等科目，按应收票据的账面金额贷记"应收票据"科目，按收到的票款大于应收票据账面金额的差额（即未计提利息的部分），贷记"财务费用"科目。

应收票据到期时，如果因付款人无力支付票款，而收到由银行退回的商业承兑汇票委托收款凭证、未付票款通知书或拒绝付款证明等单证，应将应收票据的到期值转入"应收账款"科目，冲减应收票据的账面余额，并将应收票据到期值大于应收票据账面余额的差额冲减财务费用，借记"应收账款"科目，贷记"应收票据"科目，贷记"财务费用"科目。到期不能收回的带息应收票据转入"应收账款"科目后，因其原票据的计息期已结束，期末不应再对已经到期的应收票据计提利息。

【例5-7】NMG公司于20×1年11月30日销售一批产品给A公司，货已发出，增值税专用发票上注明的销售收入100000元，增值税额为17000元，收到A公司开出并承兑的商业承兑汇票一张，期限为90天的不带息商业汇票，面值为117000元。则NMG公司应编制如下会计分录：

（1）收到商业票据时。

借：应收票据　　　　　　　　　117000
　　贷：主营业务收入　　　　　　　　　　　100000
　　　　应交税费——应交增值税（销项税额）　17000

（2）90天后，汇票到期，若收到票据款。

借：银行存款　　　　　　　　　117000
　　贷：应收票据　　　　　　　　　　　　117000

（3）90天后，汇票到期，若未能收到票据款。

借：应收账款　　　　　　　　　117000
　　贷：应收票据　　　　　　　　　　　　117000

（四）商业汇票贴现时的会计处理

商业汇票贴现，是指商业汇票的持票人，将未到期的商业汇票转让给银行或非银行金融机构，银行或非银行金融机构按票面金额扣除贴现利息后，将余额付给持票人的票据融资行为。持未到期的商业汇票向银行贴现，应按实际收到的金额（即减去贴现息后的净额），借记"银行存款"等科目，按贴现息部分，借记"财务费用"等科目，按商业汇票的票面金额，贷记"应收票据"科目。

（五）商业汇票背书的会计处理

将持有的商业汇票背书转让以取得所需物资，按应计入取得物资成本的金额，借记"材料采购"或"原材料""库存商品"等科目，按商业汇票的票面金额，贷记"应收票据"科目，如有差额，借记或贷记"银行存款"等科目。涉及增值税进项税额的，还应进行相应的处理。

第四节 预付账款

一、预付账款的内容

预付账款是指企业按照购货合同规定预付给供应单位的款项。预付账款是企业暂时被供货单位占用的资金。企业预付货款后,有权要求对方按照购货合同规定发货。预付账款必须以购销双方签订的购货合同为条件,按照规定的程序和方法进行核算。

为了反映和监督预付账款的增减变动情况,企业应设置"预付账款"科目,借方登记预付的款项和补付的款项,贷方登记收到采购货物时按发票金额冲销的预付账款数和因预付货款多余而退回的款项,期末余额一般在借方,反映企业实际预付的款项。

预付款项不多的企业,可以不设"预付账款"科目,而直接在"应付账款"科目核算。但在编制资产负债表时,应当将"应付账款"项目的借方明细余额填入"预付账款"项目。

二、预付账款的核算

预付账款的核算包括预付款项和收回货物两个方面。

(一) 预付款项的会计处理

根据购货合同的规定向供货单位预付款项时,借记"预付账款"科目,贷记"银行存款"科目。

(二) 收回货物的会计处理

企业收到所购货物时,根据有关发票账单金额,借记"材料采购""应交税费——应交增值税(进项税额)"等科目,贷记"预付账款"科目;当预付货款小于采购货物所需支付的款项时,应将不足部分补付,借记"预付账款"科目,贷记"银行存款"科目;当预付货款大于采购货物所需支付的款项时,对收回的多余款项应借记"银行存款"科目,贷记"预付账款"科目。

【例5-8】NMG公司向华峰公司采购材料2000千克,单价50元,所需支付的款项总额为100000元。按照合同规定向华峰公司预付货款的40%,验收货物后补其余款项。

(1) 预付40%的货款。

借:预付账款　　　　　　　　　　　40000
　　贷:银行存款　　　　　　　　　　　　　40000

(2) 收到华峰公司发来的 2000 千克材料，经验收无误，增值专用发票上记载的货款为 100000 元，增值税税额为 17000 元，据此以银行存款补付不足款项 77000 元。

  借：材料采购   100000
    应交税费——应交增值税（进项税额） 17000
    贷：预付账款   117000
  借：预付账款   77000
    贷：银行存款   77000

第五节　其他应收款项

一、应收股利

  企业设"应收股利"科目核算企业应收取的现金股利和应收取的被投资单位分配的利润。该科目可按被投资单位进行明细核算。该科目的期末余额在借方，反映企业尚未收回的现金股利或利润。投资方在被投资单位宣告发放现金股利或利润时，按应享有的份额，借记"应收股利"科目，贷记"投资收益"等科目。实际收到现金股利或利润时，借记"银行存款"等科目，贷记"应收股利"科目。

二、应收利息

  企业设"应收利息"科目核算企业对外进行债权投资而应收取的利息。该科目可按借款人或被投资单位进行明细核算。记录应收利息时，借记"应收利息"科目，贷记相关科目（如"投资收益"等），实际收到时，借记"银行存款"等科目，贷记"应收利息"科目。该科目期末借方余额，反映企业尚未收回的利息。

三、其他应收款

  企业设"其他应收款"科目核算企业零星发生的各种短期应收及暂付款项。包括以下内容：①应收的各种赔款、罚款，如因企业财产等遭受意外损失而向保险公司收取的赔款等。②应收取的出租包装物租金。③应向职工收取的各种垫付款项，如为职工垫付的水电费，应由职工负担的医药费、房租费等。④备用金，如向企业各有关部门拨出的备用金。⑤存出保证金，如租入包装物支付的押金。

  该科目可按债务人（单位或个人）进行明细核算。企业发生其他各种应收款、暂付款项时，借记"其他应收款"科目，贷记"银行存款""库存现金"等科目；收回或转销该债权时，借记"库存现金""银行存款"等科目，贷记"其他应收款"科目。该科目期末借方余额，反映企业尚未收回的其他应收款。

【例5-9】20×1年5月18日，NMG公司职工李某借差旅费900元，以现金支付。

NMG公司应做如下会计分录：

借：其他应收款　　　　　900
　　贷：库存现金　　　　　　　900

6月16日，李某出差回来，报销差旅费820元，余款交回。

借：管理费用　　　　　　820
　　库存现金　　　　　　 80
　　贷：其他应收款　　　　　　900

【例5-10】NMG公司租入包装物一批，以银行存款向出租方支付押金3000元。

借：其他应收款　　　　　3000
　　贷：银行存款　　　　　　　3000

收到出租方退还的押金时：

借：银行存款　　　　　　3000
　　贷：其他应收款　　　　　　3000

第六节　应收款项减值

一、应收款项减值概述

（一）应收款项减值的含义

企业应当在资产负债表日对应收款项的账面价值进行检查，有客观证据表明该应收款项发生减值的，应当将该应收款项的账面价值减记至预计未来现金流量现值，减记的金额确认减值损失，计提坏账准备。

（二）应收款项减值损失的确认

企业的各种应收款项（包括应收账款，其他应收款、预付账款和应收票据等），可能会因购货人拒付、破产、死亡等原因而无法收回。这类无法收回的应收款项就是坏账。因坏账而遭受的损失为坏账损失。在会计上有两种核算应收款项减值的方法，即直接转销法和备抵法。

1. 直接转销法

采用直接转销法时，日常核算中应收款项可能发生的坏账损失不予考虑，只有在实际发生坏账时，才作为损失计入当期损益，同时冲销应收款项，即借记"资产减值损失"科目，贷记"应收账款"科目。

2. 备抵法

备抵法是根据应收款项可收回金额按期估计坏账损失并形成坏账准备，在实际发生坏账时再冲销坏账准备的方法。采用备抵法核算各应收款项的坏账，应采用一定的方法合理估计各会计期间坏账损失。按期估计坏账损失的方法可以采用应收款项余额百分比法和账龄分析法等。

我国企业会计准则规定采用备抵法确定应收款项的减值。

二、坏账准备的一般会计处理

（一）科目设置及计算

企业应当设置"坏账准备"科目，坏账准备科目的贷方登记当期计提的坏账准备金额，借方登记实际发生的坏账损失金额和冲减的坏账准备金额，期末余额一般在贷方，反映企业已计提但尚未转销的坏账准备。

企业应当设置"资产减值损失"科目，核算其计提各项资产减值准备所形成的损失。该科目可按照资产减值损失的项目进行明细核算。该科目借方登记发生额（增加数），贷方登记结转额（减少数）。期末结转后，该科目无余额。

企业应当在资产负债表日对应收款项的账面价值进行检查，有客观证据表明应收款项发生减值的，应当将该应收款项的账面价值减记至预计未来现金流量现值，减记的金额确认减值损失，计提坏账准备。

坏账准备可按以下公式计算：

当期应计提的坏账准备 = 当期按应收款项计算应提坏账准备金额 -（或+）"坏账准备"科目的贷方（或借方）余额。

（二）坏账准备的账务处理

资产负债表日，应收款项发生减值的，按应减记的金额，借记"资产减值损失"科目，贷记"坏账准备"科目。以后期间，如果当期应计提的坏账准备大于期初账面余额，则应按其差额计提；如果应计提的坏账准备小于期初账面余额则反之。

对于确实无法收回的应收款项，按管理权限报经批准后作为坏账，转销应收款项时，借记"坏账准备"科目，贷记"应收账款""应收票据""预付账款""其他应收款"等科目。

以前期间已转销的应收款项以后又收回时，应按实际收回的金额，借记"应收账款""应收票据""预付账款""其他应收款"等科目,贷记"坏账准备"科目;同时,借记"银行存款"科目,贷记"应收账款""应收票据""预付账款""其他应收款"等科目。也可以将以上两步分录合为一步,即按照实际收回的金额,借记"银行存款"科目,贷记"坏账准备"科目。

【例5-11】NMG公司从20×1年开始计提坏账准备。20×1年末应收账款为2400000元,预计该项应收账款的未来现金流量为2350000元,则该公司于20×1年12月31日计提的坏账准备如下:

借:资产减值损失　　　　　50000
　　贷:坏账准备　　　　　　　　　50000

20×2年3月,公司发现有3000元的应收账款确实无法收回,按有关规定确认为坏账损失。

借:坏账准备　　　　　　　3000
　　贷:应收账款　　　　　　　　　3000

20×2年12月31日,该公司应收账款余额为2800000元,预计该项应收账款的未来现金流量为2720000元,则该公司于20×2年12月31日计提的坏账准备计算如下:

年末计提坏账准备前,"坏账准备"科目的贷方余额:

50000-3000=47000(元)

本年度应补提的坏账准备金额:

(2800000-2720000)-47000=33000(元)

20×2年12月31日,该公司计提坏账准备时做如下会计分录:

借:资产减值损失　　　　　33000
　　贷:坏账准备　　　　　　　　　33000

20×3年12月31日,该公司应收账款余额为2900000元,预计该项应收账款的未来现金流量为2850000元,则该公司于20×3年12月31日计提的坏账准备计处如下:

年末计提坏账准备前"坏账准备"科目的贷方余额:

47000+33000=80000(元)

本年度应冲回多提的坏账准备金额为80000-(29000000-2850000)=30000(元)

20×3年12月31日,该公司做如下账务处理:

借:坏账准备　　　　　　　30000
　　贷:资产减值损失　　　　　　　30000

复习思考题

1. 什么是应收账款？应收账款如何确认与计量？
2. 什么是应收票据？应收票据的取得与到期时如何进行会计处理？
3. 简述企业应收账款减值的会计处理。
4. 我国《企业会计准则》规定，涉及现金折扣的商品销售，应采用哪种方法进行会计处理？

第六章 存 货

 内容提要

存货是企业重要的一项流动资产。通常包括原材料、在产品、产成品、委托加工物资和周转材料等。无论是外购的还是经过加工制造的存货，都应当按照成本进行初始计量。对存货的日常核算，可以采用实际成本法，也可以采用计划成本法。实际成本法下发出存货的计价方法包括个别计价法、先进先出法、月末一次加权平均法和移动加权平均法等。计划成本法下期末需要将发出存货的计划成本调整为实际成本。企业期末需对存货实地盘点，并对盘盈或盘亏数额做出处理，期末存货应当按照成本与可变现净值孰低计量。

第一节 存货概述

一、存货的概念与分类

（一）存货的概念

存货是指企业在日常活动中持有以备出售的产成品或商品、处在生产过程中的在产品、在生产过程中或提供劳务过程中耗用的材料和物料等。存货是一种有形资产，其物质实体在企业日常生产经营活动中不断被销售或耗用，并不断被重置，因而存货属于一项流动资产。

存货区别于固定资产等非流动资产的最基本的特征是，企业持有存货的最终目的是为了出售，不论是可供直接出售，如企业的产成品、商品等；还是需经过进一步加工后才能出售，如原材料等。

（二）存货的分类

存货种类繁多，不同行业，其存货内容也不一样，会计处理亦简繁不一。其中，制造企业的存货内容最复杂。由于存货作用各不相同，根据不同的标准，可以有不同的分类。存货的具体分类情况如表6-1所示。

表6-1　　　　　　　　　　根据不同标准对存货的分类

按经济用途分类	按取得来源分类	按存放地点分类
原材料	外购的存货	库存存货
在产品	自制与委托加工的存货	在途存货
半成品	接受投资的存货	委托加工存货
产成品	非货币性资产交换、债务重组取得的存货	
商品	盘盈的存货	
周转材料		

存货按经济用途分类是对存货进行科学管理的必要前提。具体如下：

1. 原材料

指企业在生产过程中经加工改变其形态或性质并构成产品主要实体的各种原料及主要材料、辅助材料、外购半成品（外购件）、修理用备件（备品备件）、包装材料、燃料等。为建造固定资产等各项工程而储备的各种材料，虽然同属于材料，但是，由于用于建造固定资产等各项工程不符合存货的定义，因此不能作为企业的存货进行核算。

2. 在产品

指企业正在制造尚未完工的产品，包括正在各个生产工序加工的产品和已加工完毕但尚未检验或已检验但尚未办理入库手续的产品。

3. 半成品

指经过一定生产过程并已检验合格交付半成品仓库保管，但尚未制造完工成为产成品，仍需进一步加工的中间产品。

4. 产成品

指制造业企业已经完成全部生产过程并验收入库，可以按照合同规定的条件送交订货单位或者可以作为商品对外销售的产品。企业接受外来原材料加工制造的代制品和为外单位加工修理的代修品，制造和修理完成验收入库后，应视同企业的产成品。

5. 商品

指商品流通企业外购或委托加工完成验收入库用于销售的各种商品。

6. 周转材料

指企业能够多次使用、逐渐转移其价值但仍保持原有形态不确认为固定资产的材料，如包装物和低值易耗品。其中，包装物是指为了包装本企业商品而储备的各种包装容器，如桶、箱、瓶、坛、袋等。其主要作用是盛装、装潢产品或商品。低值易耗品是指不符合固定资产确认条件的各种用具物品，如工具、管理用具、玻璃器皿、劳动保护用品以及在经营过程中周转使用的容器等。但是周转材料符合固定资产定义的，应当作为固定资产处理。

二、存货的确认条件

存货必须在符合定义的前提下，同时满足下列两个条件，才能予以确认。

1. 与该存货有关经济利益很可能流入企业

资产最重要的特征是预期会给企业带来经济利益。如果某一项目预期不能给企业带来经济利益，就不能确认为企业的资产。存货是企业一项重要的流动资产，因此，对存货的确认，关键是判断其是否很可能给企业带来经济利益或其所包含的经济利益是否很可能流入企业。在实务中，主要通过判断与该项存货所有权相关的风险和报酬是否转移到了企业来确定。其中，与存货所有权相关的风险，是指由于经营情况发生变化造成的相关收益的变动以及由于存货滞销、毁损等原因造成的损失；与存货所有权相关的报酬，是指在出售该项存货或其经过进一步加工取得的其他存货时获得的收入以及处置该项存货实现的利得等。

通常情况下，取得存货的所有权是与该存货相关的经济利益很可能流入本企业的一个重要标志。例如，根据销售合同已经售出（取得现金或收取现金的权利）的存货，其所有权已经转移，与其相关的经济利益已不再流入本企业，此时，即使该项存货尚未运离本企业，也不能再确认为企业的存货。又如，委托代销商品，由于其所有权并未转移至受托方，因而委托代销的商品仍应当确认为委托企业存货的一部分。总之，企业在判断与该存货相关的经济利益能否流入企业时，主要结合该项存货所有权的归属情况进行分析确定。

2. 该存货的成本能够可靠地计量

成本或者价值能够可靠地计量是资产确认的一项基本条件。存货作为企业资产的组成部分，要予以确认也必须能够对其成本进行可靠的计量。存货的成本能够可靠地计量必须以取得的确凿证据为依据，并且具有可验证性。如果存货成本不能可靠地计量，则不能确认为一项存货。如企业承诺的订货合同，由于并未实际发生，不能可靠确定其成本，因此就不能确认为企业的存货。

第二节 存货的初始计量

企业取得存货应当按照成本进行初始计量。存货成本包括采购成本、加工成本和其他成本三个部分组成。具体而言，因存货取得方式不同，其成本构成也不同。

一、外购的存货

原材料、商品、周转材料等通过购买而取得的存货初始成本由采购成本构成。存货的采购成本，指企业物资从采购到入库前所发生的全部支出，包括购买价款、相关税费、运输费、装卸费、保险费以及其他可归属于存货采购成本的费用。

1. 购买价款

购买价款是指企业购入材料或商品的发票账单上列明的价款，但不包括按规定可以抵扣的增值税进项税额。

2. 相关税费

相关税费，是指企业购买、自制或委托加工存货所发生的消费税、资源税和不能从增值税销项税额中抵扣的进项税额等。

3. 其他可归属于存货采购成本的费用

其他可归属于存货采购成本的费用，即采购成本中除上述各项以外的可归属于存货采购成本的费用，如在存货采购过程中发生的仓储费、包装费、运输途中的合理损耗[①]、入库前的挑选整理费用等。这些费用能分清负担对象的，应直接计入存货的采购成本；不能分清负担对象的，应选择合理的分配方法，分配计入有关存货的采购成本。分配方法通常包括按所购存货的重量或采购价格的比例进行分配。

但是，对于采购过程中发生的物资毁损、短缺等，除合理的损耗应作为存货的"其他可归属于存货采购成本的费用"计入采购成本外，应区别不同情况进行会计处理：应从供货单位、外部运输机构等收回的物资短缺或其他赔款，冲减物资的采购成本；因遭受意外灾害发生的损失和尚待查明原因的途中损耗，不得增加物资的采购成本，应暂作为待处理财产损溢进行核算，在查明原因后再做处理。

【例 6-1】 20×5 年 8 月 10 日，甲食品加工企业从外地购进一批水果，发货数量为

---

① 运输途中的合理损耗是指，商品在运输过程中，因商品性质、自然条件及技术设备等因素，所发生的自然的或不可避免的损耗。例如，汽车在运输煤炭、化肥等的过程中自然散落以及易挥发产品在运输过程中的自然挥发。

1020公斤,每公斤买价(不含增值税)8元,不含增值税的运杂费为510元,运输途中发生合理损耗20公斤,验收入库过程中发生挑选整理费用200元。则该批水果入库的实际单位成本为每公斤8.87元。

[分析] 该批水果采购过程中发生的运输途中合理损耗20公斤,买价和运杂费中均含有合理损耗的因素,其中买价中的160元、运杂费中的10元为合理损耗,这部分合理损耗应由入库商品1000公斤负担,相当于每公斤的合理损耗为0.17元,应计入入库商品成本。因此,从单位成本来看,每公斤水果买价为8元,运杂费为0.5元,运输途中合理损耗为0.17元,挑选整理费用为0.2元,单位成本合计为8.87元。

二、通过进一步加工而取得的存货

(一)自制存货

通过自制取得的存货,其成本主要由采购成本、加工成本构成。自制存货的成本中采购成本是由所使用或消耗的原材料采购成本转移而来的,存货的加工成本由直接人工和按照一定方法分配的制造费用构成,其实质是企业在进一步加工存货的过程中追加发生的生产成本。其中,制造费用是指企业为生产产品和提供劳务而发生的各项间接费用,包括企业生产部门(如生产车间)管理人员的薪酬、折旧费、办公费、水电费、机物料消耗、劳动保护费、季节性和日常修理期间的停工损失等。在生产车间只生产一种产品的情况下,企业归集的制造费用可直接计入该产品成本;在生产多种产品的情况下,企业应采用与该制造费用相关性较强的方法对其进行合理分配。通常采用的方法有生产工人工时比例法、生产工人工资比例法、机器工时比例法和按年度计划分配法等,还可以按照耗用原材料的数量或成本、直接成本及产品产量分配制造费用。

(二)委托外单位加工的存货

委托外单位加工的存货,其成本包括实际耗用的原材料或者半成品、加工费、装卸费、保险费、委托加工的往返运输费等费用以及按规定应计入成本的税费。

三、其他方式取得的存货

企业取得存货的其他方式主要包括接受投资者投资、非货币性资产交换、债务重组、企业合并等。

(一)投资者投入的存货

投资者投入存货的成本,应当按照投资合同或协议约定的价值确定,但合同或协议约定价值不公允的除外。在投资合同或协议约定价值不公允的情况下,按照该项存货的公允价值作为其入账价值。通常为借记"原材料"等,借记"应交税费——应交增值税（进项税额）"，贷记"实收资本"等。

（二）通过非货币性资产交换、债务重组、企业合并等方式取得的存货

企业通过非货币性资产交换、债务重组、企业合并等方式取得的存货，其成本视不同情况可选择其公允价值或账面价值作为取得存货的入账价值。

（三）盘盈的存货

盘盈的存货，应按其重置成本作为入账价值。

在确定存货成本的过程中，应当注意，下列费用不应计入存货成本，而应在其发生时计入当期损益：①非正常消耗的直接材料、直接人工及制造费用，应计入当期损益，不得计入存货成本。例如，企业超定额的废品损失以及由自然灾害而发生的直接材料、直接人工及制造费用，由于这些费用的发生无助于使该存货达到目前场所和状态，不应计入存货成本，而应计入当期损益。②仓储费用，指企业在采购入库后发生的储存费用，应计入当期损益。但是，在生产过程中为达到下一个生产阶段所必需的仓储费用则应计入存货成本。例如，某种酒类产品生产企业为使生产的酒达到规定的产品质量标准而必须发生的仓储费用，就应计入酒的成本，而不是计入当期损益。③不能归属于使存货达到目前场所和状态的其他支出，不符合存货的定义和确认条件，应在发生时计入当期损益，不得计入存货成本。

第三节 存货业务的核算

存货业务的核算一般有两种方法：一种是按实际成本核算；另一种是按计划成本核算。企业可以根据自身的生产经营特点和管理的要求，选择其中的一种方法进行核算。下面以原材料为例讲述存货的实际成本与计划成本核算。

一、原材料的核算

原材料的日常收发及结存，既可以采用实际成本核算，也可以采用计划成本核算。

（一）原材料按实际成本核算

材料按实际成本计价核算时，材料的收发及结存，无论总分类核算还是明细分类核算，均按照实际成本计价。其主要应通过"原材料""在途物资""应付账款""预付账款"等科目进行核算。

"原材料"科目是用来核算库存各种材料的收发与结存情况的资产类科目。借方登记入库材料的实际成本；贷方登记发出材料的实际成本，期末余额在借方，反映企业

库存材料的实际成本。该科目应按材料的保管地点（仓库）、材料的类别、品种和规格等进行明细核算。

"在途物资"科目是用来核算企业采用实际成本（或进价）进行材料、商品等物资的日常核算、货款已付尚未验收入库的在途物资的采购成本，属于资产类科目。借方登记企业购入的在途物资的实际成本，贷方登记验收入库的在途物资的实际成本，期末余额在借方，反映企业在途物资的实际采购成本。该科目应按供应单位和物资品种进行明细核算。

"应付账款"科目是用来核算企业因购买材料、商品和接受劳务等经营活动应支付的款项，属于负债类科目。借方登记偿还的应付账款，贷方登记企业因购入材料、商品和接受劳务等尚未支付的款项，期末余额一般在贷方，反映企业尚未支付的应付账款。该科目可按债权人进行明细核算。

"预付账款"科目是用来核算企业按照合同规定预付的款项，属于资产类科目。借方登记预付的款项及补付的款项，贷方登记收到所购物资时根据有关发票账单记入"原材料"等科目的金额及收回多付款项的金额，期末余额在借方，反映企业实际预付的款项；期末余额在贷方，则反映企业尚未补付的款项。预付款项情况不多的企业，可以不设置"预付账款"科目，而将此业务在"应付账款"科目中核算。该科目可按供货单位进行明细核算。

1. 购入材料

由于支付方式不同，原材料入库的时间与付款的时间可能一致，也可能不一致，在会计处理上也有所不同。

（1）发票账单已到，材料已验收入库。

【例6-2】NMG公司购入C材料一批，增值税专用发票上记载的货款为500000元，增值税额85000元，另支付运输费2220元，取得货物运输业增值税专用发票（其中运费2000元，增值税220元），全部款项已用转账支票付讫，材料已验收入库。

借：原材料——C材料　　　　　　　　　　　502000
　　应交税费——应交增值税（进项税额）　　85220
　　贷：银行存款　　　　　　　　　　　　　　　　587220

[注意] 甲公司若开出、承兑商业汇票或者因资金紧张暂时尚未支付款项，则应贷记"应付票据"或"应付账款"。

（2）发票账单已到，但材料尚未到达或尚未验收入库。

【例6-3】NMG公司采用汇兑结算方式购入F材料一批，发票及账单已收到，增值税专用发票上记载的货款为20000元，增值税额3400元。支付保险费1000元，材料尚未到达。

借：在途物资 21000
　　应交税费——应交增值税（进项税额） 3400
　　贷：银行存款 24400

同上，甲公司若开出、承兑商业汇票或者因资金紧张暂时尚未支付款项，则应贷记"应付票据"或"应付账款"。

【例6-4】承【例6-3】，上述购入的F材料已收到，并验收入库。

借：原材料 21000
　　贷：在途物资 21000

（3）材料已到达并验收入库，但发票账单等结算凭证未到。

【例6-5】NMG公司采用委托收款结算方式购入H材料一批，材料已验收入库，月末发票账单尚未收到也无法确定其实际成本，暂估价值为30000元。

借：原材料 30000
　　贷：应付账款——暂估应付账款 30000

下月初用红字予以冲回：

借：原材料 30000
　　贷：应付账款——暂估应付账款 30000

（4）货款已预付，材料尚未验收入库。

【例6-6】根据与某钢厂的购销合同规定，NMG公司为购买J材料向该钢厂预付100000元货款的80%，计80000元，已通过汇兑方式汇出。

借：预付账款 80000
　　贷：银行存款 80000

【例6-7】承【例6-6】NMG公司收到该钢厂发运来的J材料，已验收入库。有关发票账单记载，该批货物的货款100000元，增值税额17000元，支付运输费3330元，取得货物运输业增值税专用发票（其中，运费3000元，增值税330元），所欠款项以银行存款付讫。

（1）材料入库时。

借：原材料——J材料 103000
　　应交税费——应交增值税（进项税额） 17330
　　贷：预付账款 120330

（2）补付货款时。

借：预付账款 40330
　　贷：银行存款 40330

2. 发出材料

企业应当根据各类存货的实物流转方式、企业管理的要求、存货的性质等实际情况，合理地选择发出存货成本的计算方法，以合理确定当期发出存货的实际成本。在实际成本核算方式下，企业可以采用的发出存货成本计价方法包括个别计价法、先进先出法、月末一次加权平均法和移动加权平均法等。

（1）个别计价法，亦称个别认定法、具体辨认法、分批实际法，采用这一方法是假设存货具体项目的实物流转与成本流转相一致，按照各种存货逐一辨认各批发出存货和期末存货所属的购进批别，分别按其购入或生产时所确定的单位成本计算各批发出存货和期末存货的方法。

个别计价法的成本计算准确，符合实际情况，但在存货收发频繁情况下，其发出成本分辨的工作量较大。因此，这种方法适用于一般不能替代使用的存货、为特定项目专门购入或制造的存货以及提供的劳务，如珠宝、名画等贵重物品。

【例6-8】NMG 公司 20×8 年 5 月甲材料收发结存资料如表6-2所示，采用个别计价法计算甲材料的发出金额及结存金额。

表 6-2　　　　　　　　　　甲材料购销明细账（个别计价法）

金额单位：元

20×8年		摘要	收入			发出			结存		
月	日		数量	单价	金额	数量	单价	金额	数量	单价	金额
5	1	期初余额							150	10	1500
	5	购入	100	12	1200				150 100	10 12	1500 1200
	11	销售				100① 100	10 12	1000 1200	50	10	500
	16	购入	200	14	2800				50 200	10 14	500 2800
	20	销售				100②	14	1400	50 100	10 14	500 1400
	23	购入	100	15	1500				50 100 100	10 14 15	500 1400 1500
	27	销售				50③ 50	10 15	500 750	100 50	14 15	1400 750
	31	本期合计	400	—	5500	400	—	4850	100 50	14 15	1400 750

注：经具体辨认，①5月11日发出的200件存货中，100件系期初结存存货，另外100件为5月5日购入存货；②5月20日发出的100件存货系5月16日购入；③5月27日发出的100件存货中，50件为期初结存，50件为5月23日购入。

（2）先进先出法，是指以先购入的存货应先发出（销售或耗用）这样一种存货实物流动假设为前提，对发出存货进行计价的一种方法。采用这种方法，先购入的存货成本在后购入存货成本之前转出，据此确定发出存货和期末存货的成本。具体方法是：收入存货时，逐笔登记收入存货的数量、单价和金额；发出存货时，按照先进先出的原则逐笔登记存货的发出成本和结存金额。

采用先进先出法可以随时结转存货发出成本，但较频繁；如果存货收发业务较多，且存货单价不稳定时，其工作量较大。在物价持续上升时，期末存货成本接近于市价，而发出成本偏低，会高估企业当期利润和期末库存存货价值；反之，会低估企业当期利润和期末库存存货价值。

【例6-9】仍以【例6-8】资料为例，若采用先进先出法计算5月甲材料发出成本和期末结存成本，其计算过程和结果如表6-3所示。

表6-3　　　　　　　　　　甲材料购销明细账（先进先出法）

金额单位：元

20×8年		摘要	收入			发出			结存		
月	日		数量	单价	金额	数量	单价	金额	数量	单价	金额
5	1	期初余额							150	10	1500
	5	购入	100	12	1200				150 100	10 12	1500 1200
	11	销售				150 50	10 12	1500 600	50	12	600
	16	购入	200	14	2800				50 200	12 14	600 2800
	20	销售				50 50	12 14	600 700	150	14	2100
	23	购入	100	15	1500				150 100	14 15	2100 1500
	27	销售				100	14	1400	50 100	14 15	700 1500
	31	本期合计	400	—	5500	400	—	4800	50 100	14 15	700 1500

（3）月末一次加权平均法，是指以本月全部进货数量加上月初存货数量作为权数，去除本月全部进货成本加上月初存货成本，计算出存货的加权平均单位成本，以此为基础计算本月发出存货成本和期末存货成本的一种方法。计算公式如下：

$$存货单位成本 = \frac{月末库存存货的实际成本 + \Sigma(本月各批次进货的实际单位成本 \times 本月各批次进货的数量)}{月初库存存货数量 + 本月各批次进货数量之和}$$

本月发出存货的成本＝本月发出存货的数量×存货单位成本

本月月末库存存货成本＝月末库存存货的数量×存货单位成本

或

$$\text{本月月末库存存货成本} = \text{月初库存存货的实际成本} + \text{本月收入存货的实际成本} - \text{本月发出存货的实际成本}$$

采用月末一次加权平均法计算比较简单，有利于简化成本计算工作。但由于平时无法从账上提供发出及结存存货的单价和数量，不利于存货成本的日常管理，企业管理者也不能及时了解存货的结存情况。

【例6-10】仍以【例6-8】资料为例，若采用月末一次加权平均法计算5月甲材料发出成本和期末结存成本，其计算过程和结果如表6-4所示。

表6-4　　　　　　　　甲材料购销明细账（一次加权平均法）

金额单位：元

20×8年期		摘要	收入			发出			结存		
月	日		数量	单价	金额	数量	单价	金额	数量	单价	金额
5	1	期初余额							150	10	1500
	5	购入	100	12	1200				250		
	11	销售				200			50		
	16	购入	200	14	2800				250		
	20	销售				100			150		
	23	购入	100	15	1500				250		
	27	销售				100			150		
	31	本期合计	400	—	5500	400	12.727	5090.8	150	12.727	1909.2

注：加权平均单位成本＋(150×10＋100×12＋200×14＋100×15)÷(150＋100＋200＋100)≈12.727（元）

期末结存成本＝[150×10＋(100×12＋200×14＋100×15)]－5090.8＝1909.2（元）

（4）移动加权平均法，是指以每次进货的成本加上原有库存存货的成本，除以每次进货数量加上原有库存存货的数量，据以计算加权平均单位成本，作为在下次进货前计算各次发出存货成本依据的一种方法。计算公式如下：

$$\text{存货单位成本} = \frac{\text{原有库存存货的实际成本} + \text{本次进货的实际成本}}{\text{原有库存存货数量} + \text{本次进货数量}}$$

本次发出存货的成本＝本次发出存货的数量×本次发货前存货的单位成本

本月月末库存存货成本＝月末库存存货的数量×本月月末存货单位成本

采用移动加权平均法能够使企业管理者及时了解存货的结存情况，这种方法计算的平均单位成本以及发出和结存的存货成本比较客观。但由于每次收货都要计算一次平均单价，计算工作量较大，对收发货较频繁的企业不适用。

【例 6-11】 仍以【例 6-8】资料为例，若采用移动加权平均法计算 5 月份甲材料发出成本和期末结存成本，其计算过程和结果如表 6-5 所示。

下面举例说明发出存货的会计处理。

【例 6-12】 NMG 公司根据 20×8 年 3 月"发料凭证汇总表"的记录，3 月基本生

表 6-5　　　　　　　　　甲材料购销明细账（移动加权平均法）

金额单位：元

20×8 年		摘要	收入			发出			结存		
月	日		数量	单价	金额	数量	单价	金额	数量	单价	金额
5	1	期初余额							150	10	1500
	5	购入	100	12	1200				250	10.8①	2700
	11	销售				200	10.8	2160	50	10.8	540
	16	购入	200	14	2800				250	13.36②	3340
	20	销售				100	13.36	1336	150	13.36	2004
	23	购入	100	15	1500				250	14.016③	3504
	27	销售				100	14.016	1401.6	150	14.016	2102.4
	31	本期合计	400	—	5500	400	—	4897.6	150	14.016	2102.4

注：①5 月 5 日购入存货后的平均单位成本 = (150×10 + 100×12) ÷ (150+100) = 10.8（元）
②5 月 16 日购入存货后的平均单位成本 = (50×10.8 + 200×14) ÷ (50+200) = 13.36（元）
③5 月 23 日购入存货后的平均单位成本 = (150×13.36 + 100×15) ÷ (150+100) = 14.016（元）

产车间领用 B 材料 103000 元，辅助生产车间领用 B 材料 70000 元，车间管理部门领用 B 材料 6000 元，企业行政管理部门领用 B 材料 4000 元，计 183000 元。

借：生产成本——基本生产成本　　　　　103000
　　　　　　——辅助生产成本　　　　　70000
　　制造费用　　　　　　　　　　　　　6000
　　管理费用　　　　　　　　　　　　　4000
　　贷：原材料——B 材料　　　　　　　　　　183000

[注意] 企业各生产单位及有关部门领用的材料具有种类多、业务频繁等特点。为了简化核算，可以在月末根据"领料单"或"限额领料单"中有关领料的单位、部门等加以归类，编制"发料凭证汇总表"，据以编制记账凭证、登记入账。发出材料实际成本的确定，可以由企业从上述个别计价法、先进先出法、月末一次加权平均法、移动加权平均法等方法中选择。计价方法一经确定，不得随意变更。如需变更，应在附注中予以说明。

（二）原材料按计划成本核算

原材料采用计划成本核算时，材料的收发及结存，无论总分类核算还是明细分类

核算,均按照计划成本计价。其主要应通过"原材料""材料采购""材料成本差异"等科目进行核算。材料实际成本与计划成本的差异,通过"材料成本差异"科目核算。月末,计算本月发出材料应负担的成本差异并进行分摊,根据领用材料的用途计入相关资产的成本或者当期损益,从而将发出材料的计划成本调整为实际成本。

"原材料"科目是用来核算库存各种材料的收发与结存情况的资产类科目。在材料采用计划成本核算时,借方登计入库材料的计划成本;贷方登记发出材料的计划成本,期末余额在借方,反映企业库存材料的计划成本。该科目应按材料的保管地点(仓库)、材料的类别、品种和规格等进行明细核算。

"材料采购"科目核算企业采用计划成本进行材料日常核算而购入材料的采购成本,属于资产类科目。借方登记采购材料的实际成本,贷方登计入库材料的计划成本。借方大于贷方表示超支,从本科目贷方转入"材料成本差异"科目的借方;贷方大于借方表示节约,从本科目借方转入"材料成本差异"科目的贷方。期末为借方余额,反映企业在途材料的采购成本。该科目可按供应单位和材料品种进行明细核算。

"材料成本差异"科目核算企业已入库各种材料的实际成本与计划成本的差异,属于资产类科目。借方登记超支差异及发出材料应负担的节约差异,贷方登记节约差异及发出材料应负担的超支差异。期末如为借方余额,反映企业库存材料的实际成本大于计划成本的差异(即超支差异);如为贷方余额,反映企业库存材料实际成本小于计划成本的差异(即节约差异)。该科目可按照类别或品种进行明细核算。

1. 购入材料

(1) 发票账单已到,材料已验收入库。

【例6-13】NMG公司购入L1材料一批,增值税专用发票上记载的货款为3000000元,增值税额510000元,发票账单已收到,计划成本为3200000元,全部款项已用转账支票付讫,材料已验收入库。

借:材料采购——L1材料　　　　　　　　　　3000000
　　应交税费——应交增值税(进项税额)　　　510000
　　贷:银行存款　　　　　　　　　　　　　　　　　　3510000

【例6-14】NMG公司购入L2材料一批,专用发票上记载的货款为500000元,增值税额85000元,发票账单已收到,计划成本为520000元,款项尚未支付,材料已验收入库。

借:材料采购——L2材料　　　　　　　　　　500000
　　应交税费——应交增值税(进项税额)　　　85000
　　贷:应付账款　　　　　　　　　　　　　　　　　　585000

(2) 发票账单已到,但材料尚未到达或尚未验收入库。

【例6-15】NMG公司采用汇兑结算方式购入M材料一批，发票及账单已收到，增值税专用发票上记载的货款为200000元，增值税额34000元，支付运费1110元（其中价款1000元，可抵扣的增值税110元），计划成本180000元，材料尚未到达。

借：材料采购　　　　　　　　　　　　　　　　201000
　　应交税费——应交增值税（进项税额）　　　 34110
　　贷：银行存款　　　　　　　　　　　　　　　　　　　235110

（3）材料已到达并验收入库，但发票账单等结算凭证未到。

【例6-16】NMG公司购入N材料一批，材料已验收入库，发票账单未到，月末按照计划成本600000元估价入账。

借：原材料　　　　　　　　　　　　　　　　　600000
　　贷：应付账款——暂估应付账款　　　　　　　　　　 600000

下月初用红字予以冲回：

借：原材料　　　　　　　　　　　　　　　　　 60000
　　贷：应付账款——暂估应付账款　　　　　　　　　　　60000

【例6-17】承【例6-13】和【例6-14】，月末，NMG公司汇总本月发票账单已到，并验收入库的材料计划成本3720000元（即3200000+520000）。

借：原材料——L1材料　　　　　　　　　　　3200000
　　　　　　——L2材料　　　　　　　　　　　 520000
　　贷：材料采购　　　　　　　　　　　　　　　　　　 3720000

月末结转本月入库材料的成本差异，入库材料的实际成本为3500000元，入库材料的成本差异为节约220000元（即-220000）。

借：材料采购　　　　　　　　　　　　　　　　220000
　　贷：材料成本差异——L1材料　　　　　　　　　　　 200000
　　　　　　　　　　——L2材料　　　　　　　　　　　 20000

2. 发出材料

月末，企业根据领料单等编制"发料凭证汇总表"结转发出材料的计划成本，应当根据所发出材料的用途，按计划成本分别记入"生产成本""制造费用""管理费用"等科目。

【例6-18】NMG公司根据"发料凭证汇总表"的记录，某月L1材料的消耗（计划成本）：基本生产车间领用2000000元，辅助生产车间领用600000元，车间管理部门领用250000元，企业行政管理部门领用50000元。

借：生产成本——基本生产成本　　　　　　　2000000
　　　　　　——辅助生产成本　　　　　　　　600000

制造费用	250000
管理费用	50000
贷：原材料——L1 材料	2900000

根据《企业会计准则第 1 号——存货》的规定，企业日常采用计划成本核算的，发出的材料成本应由计划成本调整为实际成本。发出材料应负担的成本差异应当按期（月）分摊，不得在季末或年末一次计算。

$$本期材料成本差异率=\left(\frac{期初结存材料的成本差异+本期验收入库材料的成本差异}{期初结存材料的计划成本+本期验收入库材料的计划成本}\right)\times100\%$$

发出材料应负担的成本差异＝发出材料的计划成本×材料成本差异率

期末库存材料应负担的成本差异＝期末库存材料的计划成本×材料成本差异率

【例 6-19】承【例 6-13】和【例 6-18】NMG 公司本月月初结存 L1 材料的计划成本为 1000000 元，成本差异为超支 30740 元；当月入库 L1 材料的计划成本 3200000 元，成本差异为节约 200000 元。

材料成本差异率＝(30740－200000)÷(1000000＋3200000)×100%＝－4.03%

结转发出材料的成本差异的分录：

借：材料成本差异——L1 材料	116870
贷：生产成本——基本生产成本	80600
——辅助生产成本	24180
制造费用	10075
管理费用	2015

二、周转材料的核算

（一）包装物

包装物是指为了包装本企业商品而储备的各种包装容器，如桶、箱、瓶、坛、袋等。包装物的核算包括取得包装物和发出包装物。取得包装物核算原理与原材料相同，在这里不再赘言。企业发出包装物的核算，应按发出包装物的不同用途分别进行处理。

1. 生产领用包装物

企业生产部门领用的用于包装产品的包装物，构成产品的组成部分，因此应将包装物的成本计入产品成本。生产领用包装物时，借记"生产成本"等科目，贷记"周转材料——包装物"科目。

2. 随同商品出售不单独计价的包装物

随同商品出售但不单独计价的包装物，应于包装物发出时，按其实际成本计入销售费用中,借记"销售费用"科目,贷记"周转材料——包装物"科目。

3. 随同商品出售单独计价的包装物

随同商品出售单独计价的包装物,应于商品出售时,将单独计价的包装物视同材料销售处理,即在随同商品出售时一方面要单独反映其销售收入,计入其他业务收入;另一方面应反映其实际销售成本,计入其他业务成本。

4. 出租或出借给购买单位使用的包装物

企业多余或闲置未用的包装物可以出租、出借给外单位使用。出租、出借包装物,在第一次领用新包装物时,按出租包装物的实际成本,借记"其他业务成本"(出租包装物)科目,贷记"周转材料——包装物"科目。

收到出租包装物的租金,借记"库存现金""银行存款"等科目,贷记"其他业务收入"等科目。

收到出租、出借包装物的押金,借记"库存现金""银行存款"等科目,贷记"其他应付款"科目,退回押金作相反分录。

【例6-20】NMG公司对包装物采用实际成本核算,某月生产产品领用包装物的实际成本为100000元。

借:生产成本　　　　　　　　　　100000
　　贷:周转材料——包装物　　　　　　　　　　100000

【例6-21】NMG公司某月销售商品领用不单独计价包装物的实际成本为50000元。

借:销售费用　　　　　　　　　　50000
　　贷:周转材料——包装物　　　　　　　　　　50000

【例6-22】NMG公司某月销售商品领用单独计价包装物的实际成本为80000元,销售收入为100000元,增值税额为17000元,款项已存入银行。

(1)出售单独计价包装物。

借:银行存款　　　　　　　　　　117000
　　贷:其他业务收入　　　　　　　　　　100000
　　　　应交税费——应交增值税(销项税额)　17000

(2)结转所售单独计价包装物的成本。

借:其他业务成本　　　　　　　　80000
　　贷:周转材料——包装物　　　　　　　　　　80000

(二)低值易耗品

低值易耗品通常被视同存货,作为流动资产进行核算和管理,一般划分为一般工具、专用工具、替换设备、管理用具、劳动保护用品、其他用具等。低值易耗品的核算包括取得低值易耗品和发出低值易耗品。取得低值易耗品核算原理与原材料相同,而企业发出低值易耗品的核算,主要涉及低值易耗品的摊销方法。低值易耗品的摊销方法有一次转销法和分次摊销法。

1. 一次转销法

采用一次转销法摊销低值易耗品,在领用低值易耗品时,将其价值一次、全部计入有关资产成本或者当期损益,主要适用于价值较低或极易损坏的低值易耗品的摊销。

【例6-23】NMG公司基本生产车间领用专用工具一批,实际成本为3000元;管理部门领用一批管理用具,实际成本为2000元。应做如下会计处理:

借:制造费用　　　　　　　　　　　　　　　3000
　　管理费用　　　　　　　　　　　　　　　2000
　　贷:周转材料——低值易耗品　　　　　　　　　　3000

2. 分次摊销法

采用分次摊销法摊销低值易耗品,低值易耗品在使用期间根据实际状况分次摊销。在采用分次摊销法的情况下,需要单独设置"周转材料——低值易耗品——在用""周转材料——低值易耗品——在库"和"周转材料——低值易耗品——摊销"明细科目。

【例6-24】NMG公司的基本生产车间领用一般工具一批,实际成本为100000元,采用分次摊销法进行摊销,假设分两次平均摊销。应做如下会计处理:

(1)领用专用工具。

借:周转材料——低值易耗品——在用　　　100000
　　贷:周转材料——低值易耗品——在库　　　　　100000

(2)第一次摊销时。

借:制造费用　　　　　　　　　　　　　　50000
　　贷:周转材料——低值易耗品——摊销　　　　　50000

(3)第二次摊销时。

借:制造费用　　　　　　　　　　　　　　50000
　　贷:周转材料——低值易耗品——摊销　　　　　50000

同时,

借:周转材料——低值易耗品——摊销　　　100000
　　贷:周转材料——低值易耗品——在用　　　　　100000

三、委托加工物资的核算

委托加工物资是指企业委托外单位加工的各种材料、商品等物资。

企业委托外单位加工物资的成本包括加工中实际耗用的原材料或者半成品的成本、

加工费、运输费、装卸费等费用以及按规定应计入成本的税金。

为了反映和监督委托加工物资的增减变动及其结存情况,应设置"委托加工物资"科目,借方登记委托加工物资的实际成本;贷方登记加工完毕入库的物资实际成本和退回的物资实际成本;余额在借方,表示尚未完工的委托加工物资实际成本。

(一) 发出物资

【例 6-25】NMG 公司委托某量具厂加工一批量具,发出材料一批,实际成本 72800 元,以银行存款支付运杂费 2442 元(其中,价款 2200 元,准予抵扣的增值税 242 元)。

(1)发出材料时。

借:委托加工物资　　　　　　　　　　72800
　　贷:原材料　　　　　　　　　　　　　　　72800

(2)支付运杂费时。

借:委托加工物资　　　　　　　　　　2200
　　应交税费——应交增值税(进项税额)　242
　　贷:银行存款　　　　　　　　　　　　　　2442

(二) 支付加工费

【例 6-26】承【例 6-25】NMG 公司以银行存款支付上述量具的加工费用 23400 元(其中,价款 20000 元,准予抵扣的增值税 3400 元)。

借:委托加工物资　　　　　　　　　　20000
　　应交税费——应交增值税(进项税额)　3400
　　贷:银行存款　　　　　　　　　　　　　　23400

(三) 加工完成验收入库

【例 6-27】承【例 6-25】和【例 6-26】NMG 公司收回由某量具厂代加工的量具,以银行存款支付运杂费 2775 元(其中,价款 2500 元,准予抵扣的增值税 275 元)。该量具已验收入库。

(1)支付运杂费时。

借:委托加工物资　　　　　　　　　　2500
　　应交税费——应交增值税(进项税额)　275
　　贷:银行存款　　　　　　　　　　　　　　2775

(2)量具入库时。

借:周转材料——低值易耗品　　　　　97500
　　贷:委托加工物资　　　　　　　　　　　　97500

【例 6-28】NMG 公司委托丁公司加工材料一批(属于应税消费品),原材料成本为

20000元，支付的加工费为8190元（其中，价款为7000元，准予抵扣的增值税为1190元），消费税为3000元。材料加工完成并验收入库，加工费用等均已通过银行存款支付，双方适用的增值税税率为17%，甲公司按实际成本核算原材料。

(1) 发出委托加工材料。

借：委托加工物资　　　　　　　　　　20000
　　贷：原材料　　　　　　　　　　　　　　　　20000

(2) 支付加工费用和税金。

1) 甲公司收回加工后的材料用于连续生产应税消费品时。

借：委托加工物资　　　　　　　　　　7000
　　应交税费——应交消费税　　　　　3000
　　　　　——应交增值税（进项税额）1190
　　贷：银行存款　　　　　　　　　　　　　　11190

2) 甲公司收回加工后的材料直接用于销售时。

借：委托加工物资　　　　　　　　　　10000
　　应交税费——应交增值税（进项税额）1190
　　贷：银行存款　　　　　　　　　　　　　　11190

(3) 加工完成，收回委托加工材料。

1) 甲公司收回加工后的材料用于连续生产应税消费品时。

借：原材料　　　　　　　　　　　　　27000
　　贷：委托加工物资　　　　　　　　　　　　27000

2) 甲公司收回加工后的材料直接用于销售时。

借：原材料（或库存商品）　　　　　　30000
　　贷：委托加工物资　　　　　　　　　　　　30000

四、库存商品的核算

库存商品是指企业已完成全部生产过程并已验收入库、合乎标准规格和技术条件，可以按照合同规定的条件送交订货单位或可以作为商品对外销售的产品以及外购或委托加工完成验收入库用于销售的各种商品、发出展览的商品、寄存在外的商品、接受来料加工制造的代制品和为外单位加工修理的代修品等。已完成销售手续、但购买方在月末未提取的产品，不应作为企业的库存商品，而应作为代管商品处理，单独设置代管商品备查簿进行登记。库存商品可以采用实际成本核算，也可以采用计划成本核算，其方法与原材料相似，采用计划成本核算时，库存商品实际成本与计划成本的差异，可单独设置"产品成本差异"科目核算。

为了核算和监督库存商品的增减变化及其结存情况，企业应当设置"库存商品"科目，借方登记验收入库的库存商品成本；贷方登记发出的库存商品成本。期末余额在借方，反映各种库存商品的成本。

（一）验收入库商品

对于库存商品采用实际成本核算的企业，当库存商品生产完成并验收入库时，应按实际成本，借记"库存商品"科目，贷记"生产成本——基本生产成本"科目。

【例6-29】 NMG公司"商品入库汇总表"记载，某月已验收入库A产品1000台，实际单位成本500元，计500000元；B产品2000台，实际单位成本800元，计1600000元。甲公司应做如下会计处理：

```
借：库存商品——A产品              500000
        ——B产品              1600000
    贷：生产成本——基本生产成本（A产品）    500000
            ——基本生产成本（B产品）    1600000
```

（二）销售商品

企业销售商品、确认收入时，应结转其销售成本，借记"主营业务成本"等科目，贷记"库存商品"科目。

【例6-30】 NMG公司月末汇总的发出商品中，当月已实现销售的A产品有500台，B产品有600台。该月A产品实际单位成本500元，B产品实际单位成本800元。在结转其销售成本时，应做如下会计处理：

```
借：主营业务成本                 730000
    贷：库存商品——A产品              250000
            ——B产品              480000
```

第四节　存货的期末清查与期末计量

一、存货的期末清查

存货的期末清查是指期末通过对存货的实地盘点，确定存货的实有数量，并与账面结存数核对，从而确定期末存货实存数与账面结存数是否相符的一种专门方法。

由于存货种类繁多、收发频繁，在日常收发过程中可能发生计量错误、计算错误、自然损耗，还可能发生损坏变质以及贪污、盗窃等情况，造成账实不符，形成存货的盘盈盘亏。对于存货的盘盈盘亏，应填写存货盘点报告（如实存账存对比表），及时查明原因，按照规定程序报批处理。

为了反映企业在财产清查中查明的各种存货的盘盈、盘亏和毁损情况，企业应当设置"待处理财产损溢"科目，借方登记存货的盘亏、毁损金额及盘盈的转销金额，贷方登记存货的盘盈金额及盘亏的转销金额。企业清查的各种存货损溢，应在期末结账前处理完毕，期末处理后，该科目应无余额。

（一）存货盘盈的核算

企业发生存货盘盈时，借记"原材料""库存商品"等科目，贷记"待处理财产损溢——待处理流动资产损溢"科目；在按管理权限报经批准后，借记"待处理财产损溢——待处理流动资产损溢"科目，贷记"管理费用"科目。

【例 6-31】 NMG 公司在财产清查中盘盈 L 材料 1000 公斤，实际单位成本 60 元，经查属于材料收发计量方面的错误。应做如下会计处理：

（1）批准处理前。

借：原材料　　　　　　　　　　　　　　　60000
　　贷：待处理财产损溢——待处理流动资产损溢　　60000

（2）批准处理后。

借：待处理财产损溢——待处理流动资产损溢　60000
　　贷：管理费用　　　　　　　　　　　　　　60000

（二）存货盘亏及毁损的核算

企业发生存货盘亏及毁损，在批准处理以前，应借记"待处理财产损溢——待处理流动资产损溢"科目，贷记"原材料""库存商品"等科目。

查明盘亏和毁损的原因后，应按不同原因及处理决定分别入账，借记有关科目，贷记"待处理财产损溢——待处理流动资产损溢"科目。其中，属于定额合理亏损的，一般作为管理费用列支；属于一般经营性损失的，扣除残料价值以及可以收回的保险赔款和过失人赔偿后的剩余净损失，经批准也可以作为管理费用列支；属于自然灾害损失、管理不善造成货物被盗、发生霉烂变质等损失以及其他非正常损失的部分，扣除可以收回的保险赔款及残料价值后的净损失，作为企业的营业外支出处理。

需要指出的是，根据《中华人民共和国增值税暂行条例》的规定，企业发生非正常损失的购进货物以及非正常损失的在产品、产成品所耗用的购进货物或应税劳务的进项税额不得从销项税额中抵扣。因此，非正常损失的存货价值包括其实际成本和应负担的进项税额两部分，发生非正常损失（如被盗窃及管理不善造成大量霉烂变质等）时，应按非正常损失的价值借记"待处理财产损溢——待处理流动资产损溢"科目，按非正常损失存货的实际成本贷记有关存货科目，按非正常损失存货应负担的进项税额贷记"应交税费——应交增值税（进项税额转出）"科目。

【例6-32】NMG公司发生的有关存货盘亏和毁损的经济业务如下：

（1）盘亏甲材料，实际成本为500元，原因待查。

借：待处理财产损溢——待处理流动资产损溢　　500
　　贷：原材料　　　　　　　　　　　　　　　　　　500

（2）查明原因，盘亏甲材料系定额内合理损耗，批准作为管理费用列支。

借：管理费用　　　　　　　　　　　　　　　　　500
　　贷：待处理财产损溢——待处理流动资产损溢　　500

（3）因管理不善产品被盗，对财产进行清查盘点，其中，被盗产品的实际成本为10000元，为生产该品耗用的原材料及应税劳务的进项税额为900元，企业已通知保险公司并按保险条款相关内容开始申请理赔。

借：待处理财产损溢——待处理流动资产损溢　　10900
　　贷：原材料　　　　　　　　　　　　　　　　　　10000
　　　　应交税费——应交增值税（进行税额转出）　　900

（4）NMG公司被盗产品损失处理结果如下：保险公司已确认应赔偿的损失为4000元，款项尚未收到；相关责任人赔款1000元，现金已收讫；残料估值1200元。

借：其他应收款　　　　　　　　　　　　　　　　4000
　　库存现金　　　　　　　　　　　　　　　　　　1000
　　原材料　　　　　　　　　　　　　　　　　　　1200
　　营业外支出　　　　　　　　　　　　　　　　　4700
　　贷：待处理财产损溢——待处理流动资产损溢　　10900

二、存货的期末计量

资产负债表日，存货应当按照成本与可变现净值孰低计量。当存货成本低于可变现净值时，存货按成本计量；当存货成本高于可变现净值时，存货按可变现净值计量，同时按照成本高于可变现净值的差额计提存货跌价准备，计入当期损益。

（一）可变现净值及其确定

1. 存货的可变现净值

可变现净值，是指在日常活动中，存货的估计售价减去至完工时估计将要发生的成本、估计的销售费用以及相关税费后的金额。可见，可变现净值实质上是指存货在正常生产经营环境下可获得的未来净现金流入，而不是存货的售价（市价或合同价）。也就是说，以存货预计取得的收入为基础，在扣除销售存货过程中可能发生的相关税费和销售费用以及为达到预定可销售状态还可能发生的进一步加工成本等支出后的余额才是存货的可变现净值。

2. 可变现净值的确定

企业确定存货的可变现净值,应当以取得的确凿证据为基础,并且考虑持有存货的目的、资产负债表日后事项的影响等因素。

存货可变现净值的确凿证据,是指对确定存货的可变现净值有直接影响的客观证明,如产成品或商品的市场销售价格、与产成品或商品相同或类似商品的市场销售价格、销货方提供的有关资料和生产成本资料等。持有存货的目的,是指持有存货是为了销售还是生产过程或提供劳务过程中耗用等。资产负债表日后事项的影响因素,是指存货预计未来产品更新换代、消费者偏好等市场情况。

(1) 用于出售的存货可变现净值。产成品、商品和用于出售的材料等直接用于出售的存货,在正常生产经营过程中,应当以该存货的估计售价减去估计的销售费用以及相关税费后的金额确定其可变现净值。

(2) 需要经过加工的存货可变现净值。原材料、在产品、委托加工材料等需要经过加工的存货,在正常生产经营过程中,应当以所生产的产成品的估计售价减去至完工时估计将要发生的成本、估计的销售费用以及相关税费后的金额确定其可变现净值。下面以材料为例,具体计算步骤如下:

第一步,计算用该材料所生产的产成品的可变现净值。

该产成品的可变现净值=该产成品估计售价-估计销售费用及税金

第二步,比较用该材料所生产的产成品可变现净值与其成本(这里的成本指产成品的生产成本)。

当该产成品可变现净值小于其成本,则该材料应当按可变现净值计量;当该产成品可变现净值大于其成本,则该材料应当按其账面成本计量。

第三步,计算该材料的可变现净值,并确定其期末价值。

该材料的可变现净值=该材料加工成产成品的估计售价-将该材料加工成产成品尚需投入的成本-估计销售费用及税金

需要注意的是,若为执行销售合同或者劳务合同而持有的存货,则其可变现净值计算中估计售价应当以合同价格为准(如果企业持有的同一项存货数量多于销售合同或劳务合同订购的数量,应分别确定其可变现净值,并与其相对应的成本进行比较,分别确定存货跌价准备的计提或转回金额。超出合同部分的存货可变现净值,应当以一般销售价格为基础计算);无合同而持有的存货,其可变现净值计算中估计售价应当以一般销售价格(即市场销售价格)为准。

【例6-33】20×8年12月31日,NMG公司生产的A型机器的账面价值(成本)为216万元,数量为12台,单位成本为18万元/台。20×8年12月31日,A型机器的市场销售价格（不含增值税）为 20 万元/台。NMG 公司没有签订有关 A 型机器的销售合同。

[分析] 本例中，由于 NMG 公司没有就 A 型机器签订销售合同，因此，在这种情况下，计算确定 A 型机器的可变现净值应以其一般销售价格总额 240 万元（20 万×12）作为计量基础。

【例 6-34】20×8 年，由于产品更新换代，NMG 公司决定停止生产 B 型机器。为减少不必要的损失，NMG 公司决定将原材料中专门用于生产 B 型机器的外购原材料——钢材全部出售，20×8 年 12 月 31 日其账面价值（成本）为 90 万元，数量为 10 吨。根据市场调查，此种钢材的市场销售价格（不含增值税）为 6 万元/吨，同时销售这 10 吨钢材可能发生销售费用及税金 5 万元。

[分析] 本例中，由于企业已决定不再生产 B 型机器，因此，该批钢材的可变现净值不能再以 B 型机器的销售价格作为其计量基础，而应按钢材本身的市场销售价格作为计量基础。因此，该批钢材的可变现净值应为 55 万元（6 万×10-5 万）。

【例 6-35】20×8 年 12 月 31 日，NMG 公司库存原材料——A 材料的账面价值（成本）为 150 万元，市场销售价格总额（不含增值税）为 140 万元，假设不发生其他购买费用；用 A 材料生产的产成品——B 型机器的可变现净值高于成本。

[分析] 本例中，由于用 A 材料生产的产成品——B 型机器的可变现净值高于其成本，即用该原材料生产的最终产品此时并没有发生价值减损。因而，在这种情况下，A 材料即使其账面价值（成本）已高于市场价格，也不应计提存货跌价准备，仍应按其原账面价值（成本）150 万元列示在 NMG 公司 20×8 年 12 月 31 日资产负债表的存货项目之中。

（二）计提存货跌价准备的方法

1. 企业通常应当按照单个存货项目计提存货跌价准备

企业在计提存货跌价准备时通常应当以单个存货项目为基础。在企业采用计算机信息系统进行会计处理的情况下，完全有可能做到按单个存货项目计提存货跌价准备。在这种方式下，企业应当将每个存货项目的成本与其可变现净值逐一进行比较，按较低者计量存货，并且按成本高于可变现净值的差额，计提存货跌价准备。这就要求企业应当根据管理要求和存货的特点，明确规定存货项目的确定标准。比如，将某一型号和规格的材料作为一个存货项目、将某一品牌和规格的商品作为一个存货项目，等等。

2. 按照存货类别计提存货跌价准备

对于数量繁多、单价较低的存货，可以按照存货类别计提存货跌价准备。

如果某一类存货的数量繁多并且单价较低，企业可以按存货类别计量成本与可变现净值,即按存货类别的成本总额与可变现净值总额进行比较,每个存货类别均取较低者确定存货期末价值。

3. 合并计提存货跌价准备

与在同一地区生产和销售的产品系列相关、具有相同或类似最终用途或目的,且难以与其他项目分开计量的存货,可以合并计提存货跌价准备。

存货具有相同或类似最终用途或目的,并在同一地区生产和销售,意味着存货所处的经济环境、法律环境、市场环境等相同,具有相同的风险和报酬。因此,在这种情况下,可以对该存货进行合并计提存货跌价准备。

【例6-36】NMG公司的有关资料及存货期末计量见表6-6,假设NMG公司在此之前没有对存货计提跌价准备。假定不考虑相关税费和销售费用。

表6-6　　　　　　　　　按存货类别计提存货跌价准备
20×6年12月31日　　　　　　　　金额单位:元

商品	数量(台)	成本		可变现净值		成本与可变现净值孰低的选择金额		
		单价	总额	单价	总额	按存货项目	按存货类别	按全部存货
第一组								
A	500	10	5000	9	4500	4500		
B	600	7	4200	8	4800	4200		
小计			9200		9300		9200	
第二组								
C	300	50	15000	48	14400	14400		
D	200	45	9000	44	8800	8800		
小计			24000		23200		23200	
全部存货合计			33200		32500	31900	32400	32500

可见,按存货单个项目计提的存货跌价准备为1300元;按存货类别计提的跌价准备为800元;按全部存货计提的跌价准备为700元。

(1)存货可变现净值低于成本。若存货存在下列情形之一的,通常表明存货的可变现净值低于成本:①该存货的市场价格持续下跌,并且在可预见的未来无回升希望;②企业使用该项原材料生产的产品成本大于产品销售价格;③企业因产品更新换代,原有库存原材料已不适应新产品的需要,而该原材料的市场价格又低于其账面成本;④因企业所提供的商品或劳务过时或消费者偏好改变而使市场的需求发生变化,导致市场价格逐渐下跌;⑤其他足以证明该项存货实质上已经发生减值的情形。

(2)存货的可变现净值为零。若存货存在下列情形之一的,则通常表明存货的可变现净值为零:①已霉烂变质的存货;②已过期且无转让价值的存货;③生产中已不再需要,并且已无使用价值和转让价值的存货;④其他足以证明已无使用价值和转让价值的存货。

(三)存货跌价准备的核算

资产负债表日,存货的成本高于其可变现净值的,企业应当计提存货跌价准备。为此,企业应设置"存货跌价准备"科目。该科目贷方登记计提的存货跌价准备金额;借方登记恢复或转出的存货跌价准备金额;期末贷方余额反映企业已计提但尚未转销的存货跌价准备金额

存货跌价准备计提及转回的处理时,应注意以下三点:

其一,资产负债表日,企业应当确定存货的可变现净值。企业确定存货的可变现净值应当以资产负债表日的状况为基础确定,既不能提前确定存货的可变现净值,也不能延后确定存货的可变现净值,并且在每一个资产负债表日都应当重新确定存货的可变现净值。

其二,企业的存货在符合条件的情况下,可以转回计提的存货跌价准备。存货跌价准备转回的条件是以前减记存货价值的影响因素已经消失,而不是在当期造成存货可变现净值高于成本的其他影响因素。如果本期导致存货可变现净值高于其成本的影响因素不是以前减记该存货价值的影响因素,则不允许将该存货跌价准备转回。

其三,当符合存货跌价准备转回的条件时,应在原已计提存货跌价准备的金额内转回。即在对该项存货、该类存货或该合并存货已计提存货跌价准备的金额内转回。转回的存货跌价准备与计提该准备的存货项目或类别应当存在直接对应关系,但转回的金额以将存货跌价准备余额冲减至零为限。

【例 6-37】NMG 公司采用成本与可变现净值孰低法对 A 存货进行期末计价。20×6 年末,A 存货的账面成本为 100000 元,由于本年以来 A 存货的市场价格持续下跌,并在可预见的将来无回升的希望。根据资产负债表日状况确定的 A 存货的可变现净值为 95000 元。

借:资产减值损失　　　　　　　5000
　　贷:存货跌价准备　　　　　　　　　5000

【例 6-38】承【例 6-37】假设 20×7 年末,A 存货的种类和数量、账面成本和已计提的存货跌价准备均未发生变化,20×7 年末,A 存货的可变现净值为 97000 元。

借:存货跌价准备　　　　　　　2000
　　贷:资产减值损失　　　　　　　　　2000

【例 6-39】承【例 6-37】和【例 6-38】假设 20×8 年末,A 存货的种类和数量、账面成本和已计提的存货跌价准备均未发生变化,但是,20×8 年以来 A 存货市场价格持续上升,市场前景明显好转,至 20×7 年末根据当时状态确定的 A 存货的可变现

净值为 110000 元。

  借：存货跌价准备   3000
    贷：资产减值损失   3000

  企业计提了存货跌价准备，如果其中有部分存货已经销售，则企业在结转销售成本时，应同时结转对其已计提的存货跌价准备，应借记"主营业务成本""存货跌价准备"，贷记"库存商品"。

复习思考题

  1. 什么是存货？存货包括哪些主要内容？
  2. 取得存货时应如何确定其入账价值？
  3. 存货采用实际成本法核算时，可以采用哪些方法来确定发出存货的成本？
  4. 存货采用实际成本法核算时，应按什么程序进行会计处理？
  5. 存货期末采用什么方法进行财产清产？发生盘盈盘亏时应如何进行会计处理？
  6. 存货采用何种方法进行期末计量？具体如何进行会计处理？

第七章 对外投资

 内容提要

本章所指的对外投资主要包括交易性金融资产、持有至到期投资、可供出售金融资产和长期股权投资。交易性金融资产应当按照公允价值进行初始计量，交易费用计入当期损益。资产负债表日，交易性金融资产按公允价值进行后续计量，公允价值变动计入当期损益。持有至到期投资在初始确认时，应当按照公允价值和相关交易费用之和作为初始入账金额。企业应在持有至到期投资持有期间，采用实际利率法，按照摊余成本和实际利率计算确认利息收入，计入投资收益。可供出售金融资产应当按其公允价值与交易费用之和，作为初始确认金额。在持有期间取得的现金股利或债券利息，应当计入投资收益。资产负债表日，可供出售金融资产应当按公允价值计量，且公允价值变动计入其他综合收益。长期股权投资在取得时，应按初始投资成本入账。长期股权投资的初始投资成本应当分别形成控股合并和未形成控股合并两种情况确定。同一控制下的控股合并，合并方在合并日应以被合并方所有者权益的账面价值为基础，对长期股权投资进行初始计量。非同一控制下的控股合并应当以公允价值为基础对长期股权投资进行初始计量。长期股权投资在持有期间，根据投资企业对被投资单位的影响和控制程度，应当分别采用成本法或权益法进行核算。

第一节 投资概述

一、投资的概念

市场经济条件下，企业生产经营日趋多元化，除传统的经过原材料投入、加工、销售方式获取利润外，还可以通过采用投资、收购、兼并、重组等方式拓宽生产经营渠道，提高获利能力。投资是通过让渡其他资产而换取的另一项资产。投资是企业将所拥有的现金、固定资产等资产让渡给其他单位使用，以换取债权投资或股权投资等。投资有广义和狭义之分，广义的投资包括对外的权益性投资、债权性投资、期货投资和房地产投资，以及对内的固定资产投资、存货投资等；狭义的投资一般仅指对外投资，不包括对内投资。本章阐述的对外投资主要包括交易性金融资产、持有至到期投资、可供出售金融资产和长期股权投资。

二、投资的特点

投资主要具有以下特点：

第一，投资是通过让渡其他资产而换取的另一项资产。投资是企业将所拥有的现金、固定资产等资产让渡给其他单位使用，以换取债权投资或股权投资等。

第二，投资所带来的经济利益，与其他资产为企业带来的经济利益在形式上有所不同。企业拥有或控制的除投资以外的其他资产，通常能为企业带来直接的经济利益。如商业企业的库存商品是为销售而储备的，对这些存货的出售可以直接为企业带来经济利益；又如工业企业为生产而持有的固定资产，是企业进行产品生产所不可或缺的一部分，其为企业带来的经济利益不是很直观，需要通过其生产的产品所创造的经济利益得以体现，但这种经济利益的流入是企业本身经营所产生的，从这个意义上看，固定资产也能为企业带来直接经济利益。而投资通常是将企业的一部分资产让渡给其他单位使用，通过其他单位使用投资者投入的资产所创造的效益后分配取得，或者通过投资改善贸易关系手段达到获得利益的目的。

三、投资的分类

对投资进行适当分类，是确定投资会计核算方法和如何在财务报表中予以披露的前提，投资按照不同的标准有不同的分类，主要有以下几种：

（一）按照投资对象分类

按投资对象的不同，可以将投资分为股票投资、债券投资、基金投资和其他投资。

1. 股票投资

股票投资是指企业通过取得其他公司的股票所进行的投资，包括普通股股票投资和优先股股票投资。普通股股票是相对于优先股股票而言的。普通股是公司组织的基本股份，在公司只发行一种股份时，这种股份就成为普通股。普通股的股东可以按照其所持有股份占全部股份的比例，享有一定的平等权利，通常一股一权。普通股的基本权利有投票表决权、盈余分配权、优先认股权以及剩余财产分配权等。与普通股相比，在某些方面如股利分配方面享有某些优先权利的股票称为优先股。优先股通常没有选举权或只有有限的选举权。各种优先股的优先权利都在公司章程或股票上详细载明。

2. 债券投资

债券投资是指企业以购买债券的方式所进行的投资。债券按发行主体的不同可以分为三类：

（1）政府债券，即政府根据信用原则，以承担还本付息责任为前提而筹措资金的债务凭证，包括中央政府债券和地方政府债券。

（2）金融债券，即银行及非银行金融机构为筹措信贷资金而向社会发行的一种债务凭证。金融债券的风险一般介于政府债券和企业债券之间。

（3）企业债券，即企业为筹措资金而向投资者出具的在一定期限还本付息的债务凭证。

3. 基金投资

基金投资是指企业以购买基金的方式而进行的投资。证券投资基金把众多投资者的资金汇集起来，由基金托管人托管，由专业的基金管理公司管理和运作，通过投资于股票和债券等证券来获取收益。投资者购买基金进行投资，可以利用基金管理公司雄厚的资金实力、丰富的投资经验、多样的投资组合来规避风险、实现收益。

4. 其他投资

其他投资是指除股票投资、债券投资、基金投资以外所进行的投资，主要是指联营投资。

（二）按照投资性质分类

按照投资性质的不同，可以将投资分为权益性投资、债权性投资、混合性投资等。

1. 权益性投资

权益性投资是指企业为获取另一企业的权益或净资产所做的投资。如对另一企业的普通股股票进行投资，就属于权益性投资。权益性投资的主要特点是投资者有权参与被投资企业的经营管理，投资收益不确定，投资风险高。企业进行权益性投资，应主要考虑被投资企业的获利能力，以及该投资是否有利于本企业的长远利益等。

2. 债权性投资

债权性投资是指为取得债权所做的投资。这种投资的目的不是为了获得另一个企业的剩余资产，而是为了获取高于银行存款利率的利息，并能按期收回本息，如购买公司债券就属于债权性投资。相对于权益性投资而言，债权性投资风险小、收益较低，投资者一般无权参与被投资企业的经营管理。企业进行债权性投资，主要应考虑被投资企业的偿债能力，企业能否按期收回本息等。

3. 混合性投资

混合性投资是指具有权益性和债权性双重性质的投资，如购买优先股股票、可转换公司债券等，就属于混合性投资。由于混合性投资兼有权益性投资和债权性投资的特点，有利于投资企业转换投资性质或选择投资对象。例如，优先股股票一般定期派发股利，股利率预先约定，优先股股东一般不参与被投资企业的经营管理，这点类似债权性债券；但优先股股票没有到期日，股东不能退股，它也代表发行企业资产中的剩余所有权，这一点又类似于权益性证券。可转换公司债券是指公司债券的持有人有权按照约定将其转换为发行公司的其他证券，如普通股股票等，在未转换之前，它属于债权性债券，在转换为股票后则属于权益性证券。

（三）按照投资者的意图分类

按照投资者的意图不同，可以将投资分为以公允价值计量且其变动计入当期损益的交易性金融资产、持有至到期投资、可供出售金融资产、长期股权投资等。

第二节 交易性金融资产

一、交易性金融资产概述

（一）交易性金融资产的含义

交易性金融资产，主要是指企业为了近期内出售而持有的金融资产。例如，企业以赚取差价为目的从二级市场购入的股票、债券、基金等，就属于交易性金融资产。衍生工具不作为有效套期工具的，也应当划分为交易性金融资产。

企业管理部门进行这种投资的意图往往是在有暂时闲置资金的情况下，购买流动性、变现性很强的金融资产，寄希望于在极短的时间内赚得金融资产市价变动利得；当需要现金时，又可随时抛售变现，以满足营业周转的需要。

（二）交易性金融资产的特点

交易性金融资产一般具有以下特点：

1. 投资的变现能力强

交易性金融资产在活跃的市场中有报价，具有很强的变现能力，其流动性仅次于货币资金，当企业急需资金时可以立即兑现。

活跃市场是指同时具有下列特征的市场：①市场内交易的对象具有同质性；②可随时找到自愿交易的买方和卖方；③市场价格信息是公开的。

2. 投资目的是为了利用生产经营过程中的暂时闲置资金获得一定的收益

在企业正常的生产经营过程中，有时会形成一笔暂时闲置的资金，这在季节性生产企业中尤为明显。企业可以在充分考虑风险的情况下，用这笔资金购买随时可以变现的股票、债券等，以期获得高于银行存款利息的投资收益。

3. 近期内出售，回收金额不固定或不可确定

企业用于交易性金融资产的投资一般是闲置的，一旦企业生产经营需要资金或出现较好的获利机会，企业可随时将交易性金融资产转为货币资金。但由于投资具有一定的风险性，交易性金融资产的回收金额不固定或不可确定，可能盈利也可能发生亏损。

企业应设置"交易性金融资产"科目，核算以交易为目的而持有的债券投资、股票投资、基金投资等交易性金融资产的公允价值，并按其类别和品种分别"成本""公允价值变动"进行明细分类核算。企业持有的直接指定为以公允价值计量且其变动计入当期损益的金融资产，也通过"交易性金融资产"科目进行核算，不单独设置会计科目核算。

二、交易性金融资产的会计处理

交易性金融资产的会计处理包括初始计量、后续计量和处置三个阶段。

（一）交易性金融资产的初始计量

企业取得交易性金融资产时，应当按照取得时的公允价值进行初始计量，相关的交易费用在发生时计入当期损益。所支付的价款中包含已宣告但尚未发放的现金股利或已到付息期但尚未领取的债券利息，应当单独确认为应收项目（应收股利或应收利息）。

其中，交易费用是指可直接归属于购买、发行或处置金融工具新增的外部费用。新增的外部费用，是指企业不购买、发行或处置金融工具就不会发生的费用。

所支付的价款中包含已宣告但尚未发放的现金股利或已到付息期但尚未领取的债券利息。如果投资者是在现金股利的宣告日和登记日之间购买股票，那么实际支付的价款中就会包含已宣告但尚未发放的现金股利；同样，如果投资者是在付息期和发放日之间购买的债券，那么实际支付的价款中就会包含已到付息期但尚未领取的债券利息。它们属于在购买日暂时垫付的资金，是在投资时所取得的一项债权，因此不应计入交易性金融资产的初始投资成本，而应单独确认为应收项目。

企业取得交易性金融资产，按其公允价值（不含支付的价款中包含的已宣告但尚未发放的现金股利或已到付息期但尚未领取的债券利息），借记"交易性金融资产——成本"科目，按发生的交易费用，借记"投资收益"科目，按已宣告但尚未发放的现

金股利或已到付息期但尚未领取的债券利息，借记"应收股利"或"应收利息"科目，按实际支付的金额，贷记"银行存款"等科目；待收到上述现金股利或债券利息时，借记"银行存款"科目，贷记"应收股利"或"应收利息"科目。

【例7-1】NMG公司20×8年3月10日从股票市场购入A公司股票3000股，每股购买价格10元，另支付交易手续费及印花税等计230元，款项已通过银行存款支付。NMG公司打算短期持有该公司股票，将其划分为交易性金融资产。NMG公司购买股票的账务处理如下：

初始投资成本=3000×10=30000（元）

借：交易性金融资产——成本　　　30000
　　投资收益　　　　　　　　　　 230
　　贷：银行存款　　　　　　　　　　　　30230

【例7-2】20×8年3月25日，NMG公司按每股8.6元的价格购入B公司每股面值1元的股票30000股，并支付手续费及印花税等交易费用1000元。购买价格中包含每股0.2元已宣告但尚未发放的现金股利，该现金股利于20×8年4月20日发放。NMG公司打算短期持有该公司股票，将其划分为交易性金融资产。NMG公司进行如下账务处理：

（1）20×8年3月25日，购入B公司股票。

初始投资成本=30000×(8.6−0.2)=252000（元）

应收现金股利=30000×0.2=6000（元）

借：交易性金融资产——成本　　　252000
　　应收股利　　　　　　　　　　6000
　　投资收益　　　　　　　　　　1000
　　贷：银行存款　　　　　　　　　　　　259000

（2）20×8年4月20日，收到发放的现金股利。

借：银行存款　　　　　　　　　　6000
　　贷：应收股利　　　　　　　　　　　　6000

【例7-3】20×8年1月1日，NMG公司按86800元的价格购入甲公司于20×7年1月1日发行的面值80000元、期限5年、票面利率为6%、每年12月31日付息、到期还本的债券作为交易性金融资产，并支付手续费及印花税等交易费用300元。债券购买价格中包含已到付息期但尚未支付的债券利息4800元。NMG公司于20×8年1月20日收到甲公司发放的利息并存入银行。NMG公司账务处理如下：

（1）20×8年1月1日，购入甲公司债券。

初始投资成本=86800−4800=82000（元）

第七章 对外投资

借：交易性金融资产——成本	82000	
应收利息	4800	
投资收益	300	
贷：银行存款		87100

（2）20×8年1月20日收到甲公司发放的利息时。

借：银行存款	4800	
贷：应收利息		4800

（二）交易性金融资产的后续计量

交易性金融资产的后续计量包括持有期间现金股利和利息的核算、资产负债表日的核算两个环节。

1. 持有期间现金股利和利息的核算

企业在持有交易性金融资产期间所获得的现金股利或债券利息，应当确认为投资收益。借记"应收股利"或"应收利息"科目，贷记"投资收益"科目。

【例7-4】接【例7-2】资料，20×8年8月25日，B公司宣告20×8年上半年度的利润分配方案，每股分派现金股利0.5元，并于20×8年9月20日发放。NMG公司持有B公司股票30000股。NMG公司账务处理如下：

（1）20×8年8月25日，B公司宣告分派现金股利。

应收现金股利＝30000×0.5＝15000（元）

借：应收股利	15000	
贷：投资收益		15000

（2）20×8年9月20日，收到发放的现金股利。

借：银行存款	15000	
贷：应收股利		15000

2. 资产负债表日的核算

根据企业会计准则的规定，交易性金融资产的价值应以资产负债表日的公允价值反映，公允价值的变动计入当期损益。

资产负债表日，交易性金融资产的公允价值高于其账面价值时，应按二者的差额，调增交易性金融资产的账面价值，同时确认公允价值上升的收益，借记"交易性金融资产——公允价值变动"科目，贷记"公允价值变动损益"科目；交易性金融资产的公允价值低于其账面价值时，应按二者的差额，调减交易性金融资产的账面价值，同时确认公允价值下跌的损失，借记"公允价值变动损益"科目，贷记"交易性金融资产——公允价值变动"科目。

【例7-5】NMG公司于每年6月30日和12月31日对持有的交易性金融资产按公

允价值进行再计量,确认公允价值变动损益。20×8年6月30日,有关交易性金融资产账面余额和当日公允价值资料见表7-1。

表7-1　　　　　交易性金融资产账面余额和当日公允价值资料

单位:元

交易性金融资产项目	调整前账面余额	期末公允价值	公允价值变动损益	调整后账面余额
A公司股票	30000	25000	-5000	25000
B公司股票	252000	297000	45000	297000
甲公司债券	82000	85000	3000	85000

根据资料,NMG公司20×8年6月30日的会计处理如下:

(1) 对A公司股票。

借:公允价值变动损益　　　　　　　　　5000
　　贷:交易性金融资产——公允价值变动　　　　5000

(2) 对B公司股票。

借:交易性金融资产——公允价值变动　　45000
　　贷:公允价值变动损益　　　　　　　　　　　45000

(3) 对甲公司债券。

借:交易性金融资产——公允价值变动　　3000
　　贷:公允价值变动损益　　　　　　　　　　　3000

【例7-6】NMG公司于20×8年3月10日以每股15元的价格(其中,包括已宣告但尚未发放的现金股利0.4元)购进B公司股票20万股。购买该股票支付手续费等20000元。NMG公司打算短期持有该公司股票,将其划分为交易性金融资产。20×8年6月30日,B公司股票的市价为每股15元;20×8年12月31日,B公司股票的市价为每股16元。NMG公司会计处理如下:

(1) 20×8年3月10日购买股票时。

借:交易性金融资产——成本　　2920000
　　应收股利　　　　　　　　　　80000
　　投资收益　　　　　　　　　　20000
　　贷:银行存款　　　　　　　　　　　3020000

每股成本=15-0.4=14.6元/股

交易性金融资产成本=14.6×200000=2920000(元)

应收股利=0.4×200000=80000(元)

每股成本=2920000/200000=14.6(元/股)

(2) 20×8年6月30日，确认股票价格变动。

借：交易性金融资产——公允价值变动　　　　80000
　　贷：公允价值变动损益　　　　　　　　　　　　　　80000

公允价值变动损益 = (15 - 14.6) × 200000 = 80000（元）

(3) 20×8年12月31日，确认股票价格变动。

借：交易性金融资产——公允价值变动　　　　200000
　　贷：公允价值变动损益　　　　　　　　　　　　　　200000

公允价值变动损益 = (16 - 15) × 200000 = 200000（元）

（三）交易性金融资产的处置

处置交易性金融资产时，其公允价值与初始入账金额之间的差额应确认为投资收益，同时调整公允价值变动损益。

处置交易性金融资产时，应按实际收到的处置价款，借记"银行存款"科目，按该交易性金融资产的初始成本，贷记"交易性金融资产——成本"科目，按该项交易性金融资产的公允价值变动余额，贷记或借记"交易性金融资产——公允价值变动"科目，按其差额，贷记或借记"投资收益"科目。同时，将该交易性金融资产持有期间已确认的公允价值变动净损益，转入"投资收益"科目。

【例7-7】 接【例7-1】【例7-5】资料。20×8年10月1日，NMG公司将持有的A公司股票3000股全部售出，实际收到出售价款37500元。股票出售日，A公司股票账面价值25000元，其中，"交易性金融资产——成本"借方余额30000元，"交易性金融资产——公允价值变动"贷方余额5000元。NMG公司处置该股票时的会计处理如下：

借：银行存款　　　　　　　　　　　　　　37500
　　交易性金融资产——公允价值变动　　　　5000
　　贷：交易性金融资产——成本　　　　　　　　　　30000
　　　　投资收益　　　　　　　　　　　　　　　　　　12500
借：投资收益　　　　　　　　　　　　　　5000
　　贷：公允价值变动损益　　　　　　　　　　　　　　5000

【例7-8】 20×8年10月13日，NMG公司支付价款1000000元从二级市场购入乙公司发行的股票100000股，每股价格10.60元（含已宣告但尚未发放的现金股利0.60元），另支付印花税等交易费用1000元。甲公司将持有的乙公司股权划分为交易性金融资产，且持有乙公司股权后对其无重大影响。10月23日，甲公司收到乙公司发放的现金股利；12月31日，乙公司股票价格涨到每股13元；20×9年2月15日，将持有的乙公司股票全部售出，每股售价15元。假定不考虑其他因素。根据上述资料，NMG公司编制如下会计分录：

(1) 20×8年10月13日,购入乙公司股票。

初始投资成本=100000×(10.6-0.6)=1000000(元)

应收股利=100000×0.6=60000(元)

借:交易性金融资产——成本　　　　1000000
　　应收股利　　　　　　　　　　　　60000
　　投资收益　　　　　　　　　　　　1000
　　贷:银行存款　　　　　　　　　　　　　　1061000

(2) 20×8年10月23日,收到乙公司发放的现金股利。

借:银行存款　　　　　　　　　　　60000
　　贷:应收股利　　　　　　　　　　　　　　60000

(3) 20×8年12月31日,确认股票价格变动。

借:交易性金融资产——公允价值变动　300000
　　贷:公允价值变动损益　　　　　　　　　　300000

(4) 20×9年2月15日,乙公司股票全部售出。

借:银行存款　　　　　　　　　　　1500000
　　贷:交易性金融资产——成本　　　　　　　1000000
　　　　　　　　　　——公允价值变动　　　　300000
　　　　投资收益　　　　　　　　　　　　　　200000

借:公允价值变动损益　　　　　　　300000
　　贷:投资收益　　　　　　　　　　　　　　300000

第三节　持有至到期投资

一、持有至到期投资概述

持有至到期投资,是指到期日固定、回收金额固定或可确定,且企业有明确意图和能力持有至到期的非衍生金融资产。

企业在将金融资产划分为持有至到期投资时,应当注意把握其特征:

(一)该金融资产到期日固定、回收金额固定或可确定

"到期日固定、回收金额固定或可确定"是指相关合同明确了投资者在确定的期间内获得或应收取现金流量(如投资利息和本金)的金额和时间。因此,从投资者角度

看，如果不考虑其他条件，在将某项投资划分持有至到期投资时可以不考虑可能存在的发行方的重大支付风险，也不能因为某项债务是浮动利率而不将其划分为持有至到期投资。另外，由于到期日固定、回收金额固定或可确定，就排除了将权益工具投资划分为持有至到期投资的可能。也就是说，持有至到期投资只能是债券投资。

（二）企业有明确意图将该金融资产持有至到期

"有明确意图持有至到期"是指投资者在取得投资时意图就是明确的，即有意图将该金融资产持有至到期，而不会将其中途出售或者转让，除非遇到一些企业所不能控制、预期不会重复发生且难以合理预计的独立事项。这些独立事项包括：因被投资单位信用状况严重恶化，将持有至到期投资予以出售；因相关税收法规取消了持有至到期投资的利息税前可抵扣的政策或显著减少了税前可抵扣金额，而将持有至到期投资予以出售；因发生重大企业合并或重大处置，为保持现行利率风险头寸或维持现行信用风险政策，而将持有至到期投资予以出售，等等。

（三）企业有能力将该金融资产持有至到期

"有能力持有至到期"是指企业有足够的财务来源，并不受外部因素影响将投资持有至到期。

通常情况下，能够划分为持有至到期投资的金融资产，主要是债权性投资，比如从二级市场上购入的固定利率国债、浮动利率金融债券等。股权投资因其没有固定的到期日，因而不能划分为持有至到期投资。持有至到期投资通常具有长期性质，但期限较短（1年以内）的债券投资，符合持有至到期投资条件的，也可将其划分为持有至到期投资。

存在下列情况之一的，表明企业没有能力将金融资产投资持有至到期：

其一，没有可利用的财务资源持续地为该金融资产投资提供资金支持，以使该金融资产投资持有至到期。

其二，受法律、行政法规的限制，使企业难以将该金融资产投资持有至到期。

其三，其他表明企业没有能力将具有固定期限的金融资产投资持有至到期的情况。

企业应当于每个资产负债表日对持有至到期投资的意图和能力进行评价。意图和能力发生变化的，应当重新将该金融资产由持有至到期投资划分为可供出售金融资产，也可以将其出售，但不能划分为交易性金融资产。

企业应当设置"持有至到期投资"科目，核算持有至到期投资的摊余成本，并按照持有至到期投资的类别和品种，分别设置"债券面值""利息调整""应计利息"等明细科目进行明细核算。

二、持有至到期投资的会计处理

企业对持有至到期投资的会计处理,主要包括持有至到期投资的初始计量、持有期间利息收入的确认、持有至到期投资的减值和到期兑现等几方面的会计处理。

(一) 持有至到期投资的初始计量

持有至到期投资初始确认时,应当按照公允价值和相关交易费用之和作为初始入账金额。实际支付的价款中包括的已到付息期但尚未领取的债券利息,应单独确认为应收项目。

企业取得的持有至到期投资,应按该投资的面值,借记"持有至到期投资——债券面值"科目,按支付的价款中包括的已到付息期但尚未领取的债券利息,借记"应收利息"科目,按实际支付的金额,贷记"银行存款"科目,按其差额,借记或贷记"持有至到期投资——利息调整"科目。收到支付的价款中包含的已到付息期但尚未领取的债券利息,借记"银行存款"科目,贷记"应收利息"科目。

【例7-9】20×8年1月1日,NMG公司以754302元的价格购入甲公司当日发行的总面值为800000元、期限5年、票面利率5%的债券,作为持有至到期投资。该债券利息于每年的年末支付,到期一次还本。NMG公司还以银行存款支付了购买该债券发生的交易费用12000元。NMG公司购入该债券时的账务处理如下:

持有至到期投资的初始入账价值 = 754302 + 12000 = 766302 (元)

利息调整 = 800000 - 766302 = 33698 (元)

借:持有至到期投资——债券面值　　　800000
　　贷:持有至到期投资——利息调整　　　　33698
　　　　银行存款　　　　　　　　　　　　766302

【例7-10】20×8年1月1日,NMG公司以825617元的价格购入乙公司当日发行的总面值为800000元、期限5年、票面利率5%的债券,作为持有至到期投资。该债券利息于每年的年末支付,到期一次还本。NMG公司还以银行存款支付了购买该债券发生的交易费用10000元。NMG公司购入该债券时的账务处理如下:

持有至到期投资的初始入账价值 = 825617 + 10000 = 835617 (元)

利息调整 = 835617 - 800000 = 35617 (元)

借:持有至到期投资——债券面值　　　800000
　　　　　　　　　　——利息调整　　　35617
　　贷:银行存款　　　　　　　　　　　835617

(二) 持有至到期投资利息收入的确认

企业应在持有至到期投资持有期间,采用实际利率法,按照摊余成本和实际利率计算确认利息收入，计入投资收益，即以持有至到期投资期初账面摊余成本乘以实际利率作为当期利息收入，记入"投资收益"科目。实际利率是使持有至到期投资未来收回的利息和本金的现值恰好等于持有至到期投资取得成本的折现率。

实际利率应当在取得持有至到期投资时计算确定，以便为后续持有期间确认投资收益和计算摊余成本提供依据。实际利率一经确定，应当在该持有至到期投资预期存续期间内保持不变。

持有至到期投资应按实际利率法以摊余成本进行计量。

持有至到期投资如为分期付息、一次还本债券投资，应将于资产负债表日按票面利率计算确定的应收未收利息，借记"应收利息"科目，按持有至到期投资摊余成本和实际利率计算确定的利息收入，贷记"投资收益"科目，按其差额，借记或贷记"持有至到期投资——利息调整"科目。收到分期付息、一次还本债券投资持有期间支付的利息，借记"银行存款"科目，贷记"应收利息"科目。

持有至到期投资如为到期一次还本付息债券投资，应将于资产负债表日按票面利率计算确定的应收未收利息，借记"持有至到期投资——应计利息"科目，按持有至到期投资摊余成本和实际利率计算确定的利息收入，贷记"投资收益"科目，按其差额，借记或贷记"持有至到期投资——利息调整"科目。

【例 7-11】 20×8 年 1 月 1 日，NMG 公司支付价款 114000 元（其中，包含交易费用 1000 元）从活跃市场上购入丁公司 5 年期债券，债券面值 100000 元，票面利率 8%，每年年末支付一次利息（每年 100000×8%＝8000 元），到期偿还本金。NMG 公司将购入的该公司债券划分为持有至到期投资，且不考虑所得税、减值损失等因素。

为此，NMG 公司在初始确认时先计算确定该债券的实际利率：

$8000×(1+r)^{-1}+8000×(1+r)^{-2}+8000×(1+r)^{-3}+8000×(1+r)^{-4}+(8000+100000)×(1+r)^{-5}=114000$

由此得出：r＝4.79%

表 7-2　　投资收益与摊余成本计算表　　单位：元

日期	票面利息额 借：应收利息 ①票面面值×票面利率	投资收益 贷：投资收益 ②摊余成本×实际利率	利息调整摊销 贷：持有至到期投资——利息调整 ③＝①-②	摊余成本 ④＝上期④-③
20×1 年 1 月 1 日				114000
20×1 年 12 月 31 日	8000	5461	2539	111461
20×2 年 12 月 31 日	8000	5339	2661	108800
20×3 年 12 月 31 日	8000	5212	2788	106012
20×4 年 12 月 31 日	8000	5078	2922	103090

续表

日期	票面利息额 借：应收利息 ①票面面值×票面利率	投资收益 贷：投资收益 ②摊余成本×实际利率	利息调整摊销 贷：持有至到期投资——利息调整 ③=①-②	摊余成本 ④=上期④-③
20×5年12月31日	8000	4910*	3090*	100 000
合计	40000	26000	14000	

注：*表示含尾差调整。

NMG公司购入该持有至到期投资后各年的账务处理如下：

(1) 20×1年1月1日，购入债券时。

借：持有至到期投资——债券面值　　　　　100000
　　　　　　　　　　——利息调整　　　　　14000
　　贷：银行存款　　　　　　　　　　　　　　　　　114000

(2) 20×1年12月31日确认利息收入。

借：应收利息　　　　　　　　　　　　　　8000
　　贷：投资收益　　　　　　　　　　　　　　　　　5461
　　　　持有至到期投资——利息调整　　　　　　　　2539

应收利息=票面金额×票面利率=100000×8%=8000（元）

投资收益=摊余成本×实际利率=114000×4.79%≈5461（元）

利息调整=8000-5461=2539（元）

收到时：

借：银行存款　　　　　　　　　　　　　　8000
　　贷：应收利息　　　　　　　　　　　　　　　　　8000

(3) 20×2年12月31日确认利息收入。

借：应收利息　　　　　　　　　　　　　　8000
　　贷：投资收益　　　　　　　　　　　　　　　　　5339
　　　　持有至到期投资——利息调整　　　　　　　　2661

收到时：

借：银行存款　　　　　　　　　　　　　　8000
　　贷：应收利息　　　　　　　　　　　　　　　　　8000

(4) 20×3年12月31日确认利息收入。

借：应收利息　　　　　　　　　　　　　　8000
　　贷：投资收益　　　　　　　　　　　　　　　　　5212
　　　　持有至到期投资——利息调整　　　　　　　　2788

收到时：
借：银行存款　　　　　　　　　　　　　8000
　　贷：应收利息　　　　　　　　　　　　　　　8000

(5) 20×4年12月31日确认利息收入。
借：应收利息　　　　　　　　　　　　　8000
　　贷：投资收益　　　　　　　　　　　　　　　5078
　　　　持有至到期投资——利息调整　　　　　　2922

收到时：
借：银行存款　　　　　　　　　　　　　8000
　　贷：应收利息　　　　　　　　　　　　　　　8000

截至20×4年12月31日，"持有至到期投资——利息调整"的科目余额=3090（元）。

(6) 20×5年12月31日确认利息收入。
借：应收利息　　　　　　　　　　　　　8000
　　贷：投资收益　　　　　　　　　　　　　　　4910
　　　　持有至到期投资——利息调整　　　　　　3090

收到时：
借：银行存款　　　　　　　　　　　　　8000
　　贷：应收利息　　　　　　　　　　　　　　　8000

按照会计准则规定，企业一般应当采用实际利率法确认利息收入，但若实际利率与票面利率差别较小的，也可按票面利率计算利息收入，计入投资收益。

(三) 持有至到期投资的减值

如果有客观证据表明持有至到期投资已经减值，就应当将该金融资产的账面价值减记至预计未来现金流量现值，将减值额确认为资产减值损失。企业应当设置"持有至到期投资减值准备"科目核算企业持有至到期投资的减值准备。该科目可按持有至到期投资的类别和品种进行明细核算。该科目期末贷方余额，反映企业已计提但尚未转销的持有至到期投资减值准备。

确定持有至到期投资发生减值的，按应减记的金额，借记"资产减值损失"科目，贷记"持有至到期投资减值准备"科目。

对于已确认减值损失的持有至到期投资，如有客观证据表明该持有至到期投资价值已恢复，且客观上与确认该损失后发生的事项有关的，应在原确认的减值损失范围内按已恢复的金额，借记"持有至到期投资减值准备"科目，贷记"资产减值损失"等科目。

【例7-12】NMG公司20×2年12月31日发现，有客观证据表明乙公司（债券发行公司）发生了严重的财务困难，NMG公司预计未来不能如数收到该债券投资的全部利息和本金，NMG公司由此认定对乙公司的这项持有至到期投资发生了减值。截至20×2年12月31日，该持有至到期投资的账面价值为450000元，在以前年度，NMG公司曾对该债券计提了减值准备10000元，经测算，预计未来现金流量现值为400000元。根据以上资料该公司账务处理如下：

本期应计提减值损失＝450000－400000－10000＝40000（元）

借：资产减值损失　　　　　　　　40000

　　贷：持有至到期投资减值准备　　　　　　40000

（四）持有至到期投资的到期兑现

持有至到期投资的到期兑现，是指持有至到期投资的期限届满时按面值收回投资及应收未收的利息。如果是到期一次还本付息的债券，到期时企业可以收回债券面值和全部利息；如果是分期付息、到期还本的债券，到期时企业可以收回债券面值和最后一期的利息。一般来说，在债券投资到期时，溢价、折价金额已经摊销完毕，不论是按面值购入，还是溢价或折价购入，"持有至到期投资"科目的余额均为债券面值和利息。因此，收回债券面值和利息时，应按实际收到的金额，借记"银行存款"科目，按持有至到期投资的账面余额，贷记"持有至到期投资——债券面值""持有至到期投资——应计利息"科目（到期一次还本付息的债券）或"应收利息"科目（分期付息、到期还本的债券）。已计提减值准备的，还应同时结转减值准备。

第四节　可供出售金融资产

一、可供出售金融资产概述

可供出售金融资产，是指初始确认时即被指定为可供出售的非衍生金融资产，以及除下列各类资产以外的金融资产：贷款和应收款项；持有至到期投资；以公允价值计量且其变动计入当期损益的金融资产。例如，企业购入的在活跃市场上有报价的股票、债券和基金等，没有划分为交易性金融资产或持有至到期投资等金融资产的，可归为此类。

企业购入的股票、债券、基金等，根据其性质以及企业管理者的意图，可以分别确认为交易性金融资产、持有至到期投资、长期股权投资和可供出售金融资产。至于具体应确认为以上哪一项金融资产,则要符合它们各自的确认条件,还要考虑管理者的意图,比如考虑企业管理层的风险管理、投资决策等因素。

一般来讲,凡是不能确认为交易性金融资产、持有至到期投资和长期股权投资的金融资产,都应确认为可供出售金融资产。例如,企业持有的上市公司限售股,尽管在活跃市场上有报价,但由于出售受到限制,不符合交易性金融资产能够随时出售的确认条件,则应确认为可供出售金融资产。又如,持有的在活跃市场上没有报价且对被投资企业不存在控制、共同控制和重大影响的股权,不符合交易性金融资产在活跃市场有公开报价以及长期股权投资的确认条件,也应确认为可供出售金融资产。再如,企业原准备持有至到期的债券,由于财务状况的变化大部分提前出售,剩余部分不再符合持有至到期投资的确认条件,应将其重分类为可供出售金融资产。

企业应当设置"可供出售金融资产"科目,核算持有的可供出售金融资产的公允价值,并按照可供出售金融资产类别和品种分别按"成本""利息调整""应计利息""公允价值变动"等进行明细核算。

二、可供出售金融资产的会计处理

(一)可供出售金融资产的初始计量

可供出售金融资产应当按取得时的公允价值与相关交易费用之和,作为初始确认入账价值。如果支付的价款中包含的已宣告但尚未发放的现金股利或已到付息期但尚未领取的债券利息,应单独确认为应收项目。

企业取得可供出售金融资产为股票投资的,应按公允价值与交易费用之和,借记"可供出售金融资产——成本"科目,按支付的价款中包含的已宣告但尚未发放的现金股利,借记"应收股利"科目,按实际支付的金额,贷记"银行存款"科目;企业取得可供出售金融资产为债券投资的,应按债券的面值,借记"可供出售金融资产——成本"科目,按支付价款中包含的已到付息期但尚未领取的债券利息,借记"应收利息"科目,按实际支付金额,贷记"银行存款"科目,按其差额,借记或贷记"可供出售金融资产——利息调整"科目。

收到支付的价款中已宣告但尚未发放现金股利或已到付息期但尚未领取债券利息,借记"银行存款"科目,贷记"应收股利"或"应收利息"科目。

【例7-13】20×8年1月1日,NMG公司以银行存款购入某公司限售股票40000股,限售期为18个月,每股成交价10元,购入该股票共支付手续费、印花税等交易费用2400元。初始确认时,公司将购入的股票划分为可供出售金融资产。NMG公司购入该股票的会计处理如下:

初始投资成本 = 40000 × 10 + 2400 = 402400(元)

借：可供出售金融资产——成本　　　402400
　　贷：银行存款　　　　　　　　　　　　　　402400

【例7-14】20×8年4月20日，NMG公司按每股7.60元的价格购入A公司每股面值1元的股票80000股作为可供出售金融资产，并另支付手续费、印花税等交易费用2500元，股票购买价格中包含每股0.20元已宣告但尚未领取的现金股利，该现金股利于20×8年5月10日发放。NMG公司会计处理如下：

（1）20×8年4月20日购入时。

初始投资成本=80000×(7.6-0.2)+2500=594500（元）

应收现金股利=80000×0.2=16000（元）

借：可供出售金融资产——成本　　　594500
　　应收股利　　　　　　　　　　　16000
　　贷：银行存款　　　　　　　　　　　　　　610500

（2）20×1年5月10日收到现金股利时。

借：银行存款　　　　　　　　　　　16000
　　贷：应收股利　　　　　　　　　　　　　　16000

【例7-15】20×8年1月1日，NMG公司购入B公司当日发行的面值600000元、期限3年的票面利率8%、每年12月31日付息、到期还本的债券作为可供出售金融资产，实际支付的购买价款为620000元，并另支付手续费、印花税等交易费用10000元。NMG公司账务处理如下：

初始投资成本=620000+10000=630000（元）

借：可供出售金融资产——成本　　　600000
　　　　　　　　　　　——利息调整　30000
　　贷：银行存款　　　　　　　　　　　　　　630000

（二）可供出售金融资产持有收益的确认

可供出售金融资产在持有期间取得的现金股利或债券利息，应当计入投资收益。

可供出售权益工具投资持有期间被投资单位宣告发放现金股利，按应享有的份额，借记"应收股利"科目，贷记"投资收益"科目；收到可供出售权益工具投资发放的现金股利，借记"银行存款"科目，贷记"应收股利"科目。

【例7-16】接【例7-14】资料，假如NMG公司于20×9年4月15日宣告每股分派现金股利0.25元，该现金股利于20×2年5月15日发放。NMG公司持有A公司股票80000股。NMG公司账务处理如下：

（1）20×9年4月15日，A公司宣告分派现金股利。

应收现金股利=80000×0.25=20000（元）

借：应收股利　　　　　　　　　　20000
　　贷：投资收益　　　　　　　　　　　　20000

（2）20×9年5月15日收到A公司发放的现金股利。

借：银行存款　　　　　　　　　　20000
　　贷：应收股利　　　　　　　　　　　　20000

（三）可供出售金融资产的期末计量

资产负债表日，可供出售金融资产应当按公允价值计量，可供出售金融资产公允价值与账面价值的差额，即公允价值的变动，不得计入当期损益，而应作为所有者权益变动，计入其他综合收益。

资产负债表日，可供出售金融资产的公允价值高于其账面余额的金额，借记"可供出售金融资产——公允价值变动"科目，贷记"其他综合收益"科目；可供出售金融资产的公允价值低于其账面余额的金额，借记"其他综合收益"科目，贷记"可供出售金融资产——公允价值变动"科目。

【例7-17】 接【例7-14】资料，假如，20×8年12月31日，该股票每股市价为7.80元。NMG公司账务处理如下：

20×8年12月31日，可供出售金融资产账面价值＝594500元

20×8年12月31日，可供出售金融资产公允价值＝80000×7.80＝624000（元）

公允价值变动＝624000－594500＝29500（元）

借：可供出售金融资产——公允价值变动　　29500
　　贷：其他综合收益　　　　　　　　　　　　　29500

调整后，可供出售金融资产的账面余额＝594500＋29500＝80000×7.80＝624000（元）

若公允价值小于账面价值时，做相反会计分录。

（四）可供出售金融资产的减值

分析判断可供出售金融资产是否发生减值，应当注重该可供出售金融资产公允价值是否持续下降。通常情况下，如果可供出售金融资产的公允价值发生较大幅度的下降（通常指达到或者超过20%的情形），或在综合考虑各种相关因素后，预期这种下降趋势属于非暂时性的，可以认定该可供出售金融资产已发生减值，应当确认减值损失。

为了反映可供出售金融资产减值准备的计提和核销情况，应在"可供出售金融资产"科目下设置"减值准备"明细科目，以便在"可供出售金融资产"科目下完整反映可供出售金融资产的公允价值。即企业计提可供出售金融资产减值准备时，应借记"资产减值损失"科目，贷记"可供出售金融资产——减值准备"科目。

在这里要强调的是，可供出售金融资产发生减值时，即使该金融资产没有终止确

认，原直接计入"其他综合收益"的因公允价值下降形成的累计损失，应当予以转出，计入当期损益。

（五）可供出售金融资产的处置

处置可供出售金融资产时，应将取得的价款与该金融资产账面价值之间的差额，计入投资损益；同时，将原直接计入所有者权益（"其他综合收益"科目）的公允价值变动累计额对应处置部分的金额转出，计入投资损益。

【例7-18】接【例7-14】【例7-17】资料，NMG公司于20×9年2月5日，将其持有的80000股股票以每股8元的价格全部售出，取得价款640000元。不考虑相关税费。

从以上两个例子可以看出，"可供出售金融资产——成本"有借方余额594500元，"可供出售金融资产——公允价值变动"有借方余额为29500元，"其他综合收益"有贷方余额29500元。NMG公司账务处理如下：

借：银行存款　　　　　　　　　　　　640000
　　贷：可供出售金融资产——成本　　　　　　　594500
　　　　　　　　　　　——公允价值变动　　　　29500
　　　　投资收益　　　　　　　　　　　　　　　16000
借：其他综合收益　　　　　　　　　　29500
　　贷：投资收益　　　　　　　　　　　　　　　29500

【例7-19】NMG公司于20×8年7月13日从二级市场购入股票1000000股，每股市价15元，手续费30000元；初始确认时，该股票划分为可供出售金融资产。NMG公司至20×8年12月31日仍持有该股票，该股票当时的市价为16元。20×2年2月1日，NMG公司将该股票售出，售价为每股13元，另支付交易费用30000元。

假定不考虑其他因素，NMG公司的账务处理如下：

（1）20×8年7月13日，购入股票。

借：可供出售金融资产——成本　　　15030000
　　贷：银行存款　　　　　　　　　　　　　　15030000

（2）20×8年12月31日，确认股票价格变动。

借：可供出售金融资产——公允价值变动　970000
　　贷：其他综合收益　　　　　　　　　　　　970000

（3）20×9年2月1日，出售股票。

借：银行存款　　　　　　　　　　　12970000
　　其他综合收益　　　　　　　　　　970000
　　投资收益　　　　　　　　　　　2060000

贷：可供出售金融资产——成本　　　　　　15030000
　　　　　　　　　　——公允价值变动　　　970000

第五节　长期股权投资

一、长期股权投资概述

(一)长期股权投资的含义

长期股权投资，是指企业能够对被投资单位实施控制、共同控制或施加重大影响的权益性投资。长期股权投资具有如下主要特征：①从性质上看，它是权益性投资，从而区别于债权性投资，区别于金融资产中的持有至到期投资。②从持有意图上看，企业准备长期持有，从而区别于金融资产中的交易性金融资产和可供出售金融资产。企业持有长期股权投资的目的，除了是为了取得相应的投资收益外，更主要的是为了长期成为被投资企业的股东，通过控制、共同控制或影响被投资企业的财务和经营政策，从而从被投资企业的经营活动中获得长期利益。

在确定长期股权投资的日常会计处理时应重点考虑投资企业与被投资企业的关系。

(二)投资企业与被投资企业的关系

按照投资企业对被投资企业的影响程度，投资企业与被投资企业的关系可以分为控制、共同控制、重大影响等几种类型：

1. 控制

控制是指投资方拥有对被投资方的权力，通过参与被投资方的相关活动而享有可变回报，并且有能力运用对被投资方的权力影响其回报金额。

这里所说的"相关活动"是指对被投资方的回报产生重大影响的活动。对许多企业而言，经营和财务活动通常对其回报产生重大影响。但是，不同企业的相关活动可能是不同的，应当根据企业的行业特征、业务特点、发展阶段、市场环境等具体情况来进行判断。通常包括商品或劳务的销售或购买、资产的购置和处置、研究及融资活动等。

在判断投资方是否能够控制被投资方时，如果投资方具备以下三个要素，则投资方能够控制被投资方：①拥有对被投资企业的权力；②通过参与被投资企业的相关活动而享有可变回报；③有能力运用对被投资企业的权力影响其回报金额。具体来说，投资方在判断其是否控制被投资方时，应考虑所有的事实和情况，当投资方同时具备上述三个要素时，投资方才控制被投资方。如果事实和情况表明上述控制三要素中的一个或多个发生变化，则投资方要重新判断其是否控制被投资方。

一般来说，企业拥有下列实质性权利，可以视为能够对被投资企业实施控制：①如果投资企业直接持有被投资企业50%以上的表决权资本；②虽然持有50%或以下的表决权资本，但通过与其他表决权持有人之间的协议能够控制半数以上表决权；③虽然不具备上述两种情况，但是经过综合考虑，如果认为企业持有的表决权足以使其目前有能力主导被投资企业相关活动的，也视为对被投资企业拥有控制的权力。

在确定是否能够控制被投资单位时，还应当考虑企业和其他企业持有的被投资单位当期可转换公司债券、当期可执行的认股权证等潜在的表决权因素。

当投资方因参与被投资方的相关活动而享有可变回报，且有能力运用对被投资方的权力来影响上述回报时，投资方即控制被投资方。拥有控制权的投资企业，一般称为母公司；被母公司控制的企业，一般称为子公司。

2. 共同控制

共同控制是指按照相关约定对某项安排所共有的控制，并且该安排的相关活动必须经过分享控制权的参与方一致同意后才能决策。共同控制不同于控制，共同控制是由两个或两个以上的参与方实施，而控制是由单一参与方实施。共同控制也不同于重大影响，享有重大影响的参与方只拥有参与安排的财务和经营政策的决策权力，但并不能够控制或者与其他方一起共同控制这些政策的制定。

需要说明的是，共同控制的特点是实施共同控制的任何一个投资方都不能够单独控制被投资企业，对被投资企业具有共同控制的任何一个投资方均能够阻止其他投资方单独控制被投资企业。

被各投资方共同控制的企业，一般称为投资企业的合营企业。

3. 重大影响

重大影响是指投资企业对被投资企业的财务和经营政策具有参与决策的权力，但并不能够控制或者与其他投资方一起共同控制这些政策的制定。

投资企业直接或通过子公司间接拥有被投资单位20%以上但低于50%的表决权股份时，一般认为对被投资单位具有重大影响，除非有明确的证据表明该种情况下不能参与被投资单位的生产经营决策，不形成重大影响。

如果投资企业拥有被投资单位有表决权股份的比例低于20%时，一般认为对被投资单位没有重大影响，但符合下列情况之一时，应认为对被投资单位具有重大影响：

（1）在被投资单位的董事会或类似权力机构中派有代表。这种情况下，由于在被投资单位的董事会或类似权力机构中派有代表，并享有相应实质性的参与决策权，投资企业可以通过该代表参与被投资单位经营政策的制定，达到对被投资单位施加重大影响。

(2) 参与被投资单位的政策制定过程，包括股利分配政策等的制定。这种情况下，因可以参与被投资单位的政策制定过程，在制定政策过程中可以为其自身利益提出建议和意见，从而可以对被投资单位施加重大影响。

(3) 与被投资单位之间发生重要交易。有关的交易因对被投资单位的日常经营具有重要性，进而一定程度上可以影响到被投资单位的生产经营决策。

(4) 向被投资单位派出管理人员。这种情况下，通过投资企业对被投资单位派出管理人员，管理人员有权力负责被投资单位的财务和经营活动，从而能够对被投资单位施加重大影响。

(5) 向被投资单位提供关键技术资料。因被投资单位的生产经营需要依赖投资企业的技术或技术资料，表明投资企业对被投资单位具有重大影响。

在确定能否对被投资企业施加重大影响时，一方面应考虑投资企业直接或间接持有被投资企业的表决权股份，另一方面还要考虑企业及其他投资方持有的被投资企业当期可转换公司债券、当期可执行认股权证等潜在表决权因素的影响。

投资企业能够对被投资企业施加重大影响，则被投资企业为投资企业的联营企业。

(三) 会计科目的设置

为了总括地核算和监督长期股权投资的增减变动和结存情况，企业应设置"长期股权投资"科目。该科目属于资产类科目，其借方登记长期股权投资的增加额，贷方登记长期股权投资的减少额，期末余额在借方，表示企业期末长期股权投资的持有额。本科目应按不同被投资单位分别进行明细核算。长期股权投资采用成本法核算的，在"长期股权投资"科目下应当设置"投资成本"明细科目进行明细核算；长期股权投资采用权益法核算时，在"长期股权投资"科目下应当设置"投资成本""损益调整""其他综合收益""其他权益变动"等明细科目，分别反映长期股权投资的初始投资成本以及被投资单位所有者权益发生增减变动而对长期股权投资账面价值进行调整的金额。

二、长期股权投资的初始计量

长期股权投资在取得时，应当按初始投资成本入账。长期股权投资的初始投资成本，应当分别按形成控股合并和未形成控股合并两种情况确定。对于形成控股合并的长期股权投资，还应当分别按形成同一控制下控股合并与非同一控制下控股合并两种情况确定长期股权投资的初始投资成本。未形成控股合并的长期股权投资，包括对合营企业和联营企业的长期股权投资。不同方式取得的长期股权投资，其会计处理方法有所不同。

(一) 同一控制下控股合并取得的长期股权投资

控股合并是指一家公司通过股权投资取得对另一家公司控制权的行为。控股合并分为同一控制下的控股合并与非同一控制下的控股合并两种情况。其中，同一控制下的控股合并，是指参与合并的企业在合并前后均受同一方或相同的多方最终控制且该控制并非暂时性的。同一控制下的控股合并，在合并日取得对其他参与合并企业控制权的一方为合并方，参与合并的其他企业为被合并方。合并日，是指合并方实际取得对被合并方控制权的日期。

对于同一控制下的控股合并，从能够对参与合并各方在合并前及合并后均实施最终控制的一方来看，最终控制方在合并前及合并后能够控制的资产并没有发生变化，合并双方的合并行为不完全是自愿进行和完成的，这种控股合并不属于交易行为，而是参与合并各方资产和负债的重新组合。因此，同一控制下的控股合并，合并方在合并日应以被合并方所有者权益的账面价值为基础，对长期股权投资进行初始计量。

基于上述原则，同一控制下的控股合并，合并方以支付现金、转让非现金资产或承担债务方式作为合并对价的，应当在合并日按照享有被合并方所有者权益账面价值的份额作为长期股权投资的初始投资成本。长期股权投资初始投资成本与支付的现金、转让的非现金资产以及所承担债务账面价值之间的差额，应当计入资本公积；资本公积（资本溢价或股本溢价）不足冲减的，调整留存收益。

合并方发生的审计、法律服务、评估咨询等中介费用以及其他直接相关费用，于发生时计入当期损益（"管理费用"科目）。

具体进行会计处理时，合并方在合并日按取得被合并方所有者权益账面价值的份额，借记"长期股权投资——投资成本"科目，按应享有被投资单位已宣告但尚未发放的现金股利或利润，借记"应收股利"科目，按支付的合并对价的账面价值，贷记有关资产或有关负债科目，按其差额，贷记"资本公积——资本溢价或股本溢价"科目；如为借方差额，应借记"资本公积——资本溢价或股本溢价"科目，资本公积（资本溢价或股本溢价）不足冲减的，借记"盈余公积""利润分配——未分配利润"科目。

【例7-20】NMG公司和甲公司同为A公司的子公司，20×1年1月1日，A公司将其持有的甲公司的80%的股权转让给NMG公司，双方协商确定的价格为720万元，以货币资金支付；合并日，甲公司所有者权益的账面价值为1000万元。另外NMG公司还以银行存款支付审计、评估费1万元。假定NMG公司"资本公积——资本溢价"科目贷方余额150万元。此合并为同一控制下的控股合并，NMG公司取得长期股权投资的账务处理如下：

长期股权投资的初始投资成本 = 1000 × 80% = 800（万元）

借：长期股权投资——投资成本　　　　　8000000
　　贷：银行存款　　　　　　　　　　　　　　　7200000

　　　　资本公积——资本溢价　　　　　　　　　　　　800000
　　借：管理费用　　　　　　　　　　　10000
　　　　贷：银行存款　　　　　　　　　　　　　　　10000

　　在本例中，如果双方协商确定的价格为 900 万元，NMG 公司以银行存款支付，其他条件不变，则 NMG 公司取得长期股权投资的账务处理如下：

　　借：长期股权投资——投资成本　　　8000000
　　　　资本公积——资本溢价　　　　　1000000
　　　　贷：银行存款　　　　　　　　　　　　　　9000000
　　借：管理费用　　　　　　　　　　　10000
　　　　贷：银行存款　　　　　　　　　　　　　　　10000

　　【例 7-21】NMG 公司和 B 公司同为 A 公司的子公司，20×1 年 1 月 1 日，A 公司将其持有的 B 公司 60% 的股权转让给 NMG 公司，双方协商确定的价格为 700 万元，以货币资金支付；合并日，B 公司所有者权益的账面价值为 1000 万元。假定 NMG 公司"资本公积——资本溢价"科目贷方余额 50 万元、"盈余公积"科目贷方余额 20 万元，"利润分配——未分配利润"科目贷方余额 60 万元。此合并为同一控制下的控股合并，NMG 公司取得长期股权投资的账务处理如下：

　　长期股权投资的初始投资成本 = 1000 × 60% = 600（万元）

　　借：长期股权投资——投资成本　　　6000000
　　　　资本公积——资本溢价　　　　　 500000
　　　　盈余公积　　　　　　　　　　　 200000
　　　　利润分配——未分配利润　　　　 300000
　　　　贷：银行存款　　　　　　　　　　　　　　7000000

　　合并方以发行权益性证券作为合并对价的，应当在合并日按照取得被合并方所有者权益账面价值的份额作为长期股权投资的初始投资成本，按照发行股份的面值总额作为股本，长期股权投资初始投资成本与所发行股份面值总额之间的差额，应当调整资本公积；资本公积（资本溢价或股本溢价）不足冲减的，调整留存收益。

　　具体进行会计处理时，在合并日应按取得被合并方所有者权益账面价值的份额，借记"长期股权投资"科目，按应享有被投资单位已宣告但尚未发放的现金股利或利润，借记"应收股利"科目，按发行权益性证券的面值贷记"股本"科目，按其差额，贷记"资本公积——资本溢价或股本溢价"科目；如为借方差额，应借记"资本公积——资本溢价或股本溢价"科目，资本公积（资本溢价或股本溢价）不足冲减的，借记"盈余公积""利润分配——未分配利润"科目。

　　【例 7-22】NMG 公司和乙公司同为 A 公司的子公司，A 公司持有 NMG 公司 70%

的股权，持有乙公司 60%的股权。20×1 年 8 月 1 日，NMG 公司以发行每股面值为 1 元的股票 200 万股换取 A 公司持有的乙公司 60%的股权，合并日，乙公司所有者权益的账面价值为 1200 万元。假定不考虑其他费用。此合并为同一控制下的控股合并，NMG 公司取得长期股权投资的账务处理如下：

长期股权投资的初始投资成本＝1200×60%＝720（万元）

借：长期股权投资——投资成本　　　　7200000
　　贷：股本　　　　　　　　　　　　　2000000
　　　　资本公积——股本溢价　　　　　5200000

（二）非同一控制下控股合并取得的长期股权投资

参与合并的各方在合并前后不受同一方或相同多方最终控制的，为非同一控制下的控股合并。相对于同一控制下的控股合并而言，非同一控制下的控股合并是合并各方自愿进行的交易行为，作为一种公平交易，应当以公允价值为基础进行计量。

非同一控制下的控股合并，在购买日取得对其他参与合并企业控制权的一方为购买方，参与合并的其他企业为被购买方。购买日，是指购买方实际取得对被购买方控制权的日期。

非同一控制下的控股合并中，购买方应当按照确定的合并成本作为长期股权投资的初始投资成本。合并成本包括购买方付出的资产、发生或承担的负债、发行的权益性证券公允价值之和。购买方发生的审计、法律服务、评估咨询等中介费用以及其他直接相关费用，于发生时计入当期损益（"管理费用"科目）。

具体进行会计处理时，购买方在购买日以支付货币资金的方式取得被购买方的股权，应以支付的货币资金作为初始投资成本，借记"长期股权投资——投资成本"科目，贷记"银行存款"科目。

【例 7-23】20×1 年 5 月 1 日，NMG 公司在公开市场上买入 C 公司 60%的股份，实际支付价款 1600 万元。另外，为核实 C 公司的资产价值，又聘请专业评估机构对 C 公司的资产进行评估，以银行存款支付专业评估机构评估费用 100 万元。假设在合并前不存在关联关系，此合并为非同一控制下的控股合并。NMG 公司的会计处理如下：

长期股权投资的初始投资成本＝1600（万元）

借：长期股权投资——投资成本　　　　16000000
　　管理费用　　　　　　　　　　　　　1000000
　　贷：银行存款　　　　　　　　　　　17000000

购买方在购买日以支付货币资金以外其他资产的方式取得被购买方的股权，应当按照付出资产的公允价值作为长期股权投资的初始投资成本。付出的资产应按资产处理方式进行处理，即付出资产的公允价值与其账面价值的差额，计入当期损益。

【例7-24】20×1年5月1日,NMG公司以一批库存商品购入D公司53%的股份,该库存商品的账面价值为900万元,未计提存货跌价准备,不含增值税的公允价值为1000万元,增值税销项税额为170万元。另外,为核实D公司的资产价值,又聘请专业评估机构对D公司的资产进行评估,以银行存款支付评估费用100万元。假设在合并前不存在关联关系,此合并为非同一控制下的控股合并。NMG公司取得长期股权投资时的会计处理如下:

长期股权投资的初始投资成本=1000+1000×17%=1170(万元)

借：长期股权投资——投资成本　　11700000
　　贷：主营业务收入　　　　　　　　　　　10000000
　　　　应交税费——应交增值税(销项税额)　1700000
借：主营业务成本　　　　　　　　9000000
　　贷：库存商品　　　　　　　　　　　　　9000000
借：管理费用　　　　　　　　　　1000000
　　贷：银行存款　　　　　　　　　　　　　1000000

【例7-25】20×1年5月1日,NMG公司以机器设备购入E公司70%的股份,该机器设备的原始价值为800万元,累计折旧为300万元,不含增值税的公允价值为600万元,增值税销项税额为102万元。另外,为核实E公司的资产价值,又聘请专业评估机构对E公司的资产进行评估,以银行存款支付评估费用100万元。假设在合并前不存在关联关系,此合并为非同一控制下的控股合并。NMG公司取得长期股权投资时的会计处理如下:

长期股权投资的初始投资成本=600+600×17%=702(万元)

借：固定资产清理　　　　　　　　5000000
　　累计折旧　　　　　　　　　　3000000
　　贷：固定资产　　　　　　　　　　　　　8000000
借：固定资产清理　　　　　　　　1000000
　　贷：营业外收入——处置非流动资产净收益　1000000
借：长期股权投资——投资成本　　7020000
　　贷：固定资产清理　　　　　　　　　　　6000000
　　　　应交税费——应交增值税(销项税额)　1020000
借：管理费用　　　　　　　　　　1000000
　　贷：银行存款　　　　　　　　　　　　　1000000

(三)未形成控股合并的长期股权投资

未形成控股合并的长期股权投资,包括对合营企业和联营企业的长期股权投资。

未形成控股合并的长期股权投资,其初始投资成本的确定形成与非同一控制下控股合并的长期股权投资成本的确定方法基本相同。所不同的是,其发生的审计、法律服务、评估咨询等中介费用以及其他直接相关费用应计入长期股权投资成本。

【例 7-26】 NMG 公司于 20×1 年 2 月 10 日,自公开市场中买入丁公司 30% 的股份,实际支付价款 8000 万元。另外,在购买过程中支付手续费等相关费用 200 万元。NMG 公司取得该部分股权后将其确认为长期股权投资,并能够对丁公司的生产经营决策施加重大影响。NMG 公司取得长期股权投资时的会计处理如下:

长期股权投资的初始投资成本 = 8000 + 200 = 8200(万元)

借:长期股权投资——投资成本　　　　　82000000
　　贷:银行存款　　　　　　　　　　　　　　　　82000000

三、长期股权投资的核算方法

长期股权投资在持有期间,根据投资企业对被投资单位的影响和控制程度,应当分别采用成本法或权益法进行核算。

(一) 成本法

1. 成本法的概念及适用范围

成本法,是指长期股权投资的价值通常按初始投资成本计量后,除追加或收回投资外,一般不对长期股权投资的账面价值进行调整的一种会计处理方法。

长期股权投资的成本法适用于以下情况:长期股权投资的成本法适用于投资企业能够对被投资单位实施控制的长期股权投资,即对子公司的长期股权投资。这种情况下,尽管投资企业的日常核算采用成本法,但在编制合并财务报表时,应该按照权益法进行调整。

2. 成本法的基本核算程序

采用成本法核算的长期股权投资,应按照初始投资成本计价。在未收回投资前,无论被投资单位经营情况如何,净资产是否增减,投资企业一般不对长期股权投资的账面价值进行调整。只有在追加投资或收回投资以及长期股权投资发生减值时,才调整长期股权投资的账面价值。

成本法的基本核算程序如下:

(1) 投资时,按初始投资成本作为长期股权投资的入账价值。投资入账后,除追加或收回投资应调整长期股权投资的账面价值外,长期股权投资的账面价值一般保持不变。

(2) 股权持有期间,被投资单位宣告分派现金股利或利润时,除取得投资时实际支付的价款或对价中包含的已宣告但尚未发放的现金股利或利润外,投资企业按应享有的部分确认为当期投资收益。

（3）被投资单位宣告分派股票股利时，投资企业只做备查登记，调整持股数量，不做账务处理。

（4）被投资单位实现利润或发生亏损时，投资企业不需要作任何会计处理。

（5）企业按照上述规定确认自被投资单位应分得的现金股利或利润后，应当考虑长期股权投资可能发生的减值。如果长期股权投资可收回金额低于长期股权投资账面价值的，应当计提减值准备。

3. 成本法的具体会计处理

长期股权投资采用成本法进行核算时，应按被投资单位宣告分派的现金股利或利润，借记"应收股利"科目，贷记"投资收益"科目。

【例7-27】NMG公司于20×1年1月20日购入C公司股票1000000股，每股成交价15.20元，另外发生相关交易税费114000元，发生法律服务、咨询等直接相关费用10000元，以上款项均以银行存款支付。NMG公司购入C公司股份后，占C公司有表决权资本的54%，并准备长期持有。C公司于20×2年2月5日宣告分派20×1年度的现金股利，每10股2元。NMG公司于20×2年2月26日收到该现金股利。NMG公司会计处理如下：

（1）于20×1年1月20日购入C公司股票时。

长期股权投资的初始投资成本 = 1000000×15.20 + 114000 = 15314000（元）

借：长期股权投资——投资成本　　15314000
　　贷：银行存款　　　　　　　　　　　　　　15314000
借：管理费用　　　　　　　　　　10000
　　贷：银行存款　　　　　　　　　　　　　　10000

（2）于20×2年2月5日C公司宣告分派股利时。

应收现金股利 = 1000000÷10×2 = 200000（元）

借：应收股利　　　　　　　　　　200000
　　贷：投资收益　　　　　　　　　　　　　　200000

（3）于20×2年2月26日实际收到现金股利时。

借：银行存款　　　　　　　　　　200000
　　贷：应收股利　　　　　　　　　　　　　　200000

（二）权益法

1. 权益法的概念及其适用范围

长期股权投资的权益法，是指长期股权投资的账面价值要随着被投资单位的所有者权益变动而相应变动，使长期股权投资的账面价值大体上反映在被投资单位所有者权益中享有的份额。

长期股权投资的权益法，适用于以下两种情况：一是投资企业对被投资单位具有共同控制的长期股权投资，即对合营企业的投资；二是投资企业对被投资单位具有重大影响的长期股权投资，即对联营企业的投资。

2. 权益法核算的一般核算程序

按照权益法核算的长期股权投资，一般会计处理如下：

（1）初始投资或追加投资时，按照初始投资成本或追加投资的投资成本，增加长期股权投资的账面价值。

（2）调整初始投资成本。比较初始投资成本与投资时应享有被投资单位可辨认净资产公允价值的份额，对于二者之间的差额，应区分情况分别处理：①如果初始投资成本大于投资时应享有被投资单位可辨认净资产公允价值份额的，该部分差额在本质上体现的是投资企业对被投资企业未入账的商誉和其他不符合确认条件的资产价值的补偿，所以，不需要按其差额调整已确认的初始投资成本；②如果初始投资成本小于应享有被投资单位可辨认净资产公允价值份额的，两者之间差额体现的是双方在投资作价过程中转让方的让步，该差额导致的经济利益流入应作为一项收益，计入取得投资当期的营业外收入，同时调整长期股权投资的账面价值。

（3）持有投资期间，随着被投资单位所有者权益的变动相应调整增加或减少长期股权投资的账面价值，并分别情况处理：①对于被投资单位实现净损益和其他综合收益而产生的所有者权益变动，投资企业按照持股比例计算应享有的份额，增加或减少长期股权投资的账面价值，同时确认为当期投资损益和其他综合收益；②对于被投资单位除净损益、其他综合收益以及利润分配以外其他因素导致的所有者权益变动，应按照持股比例计算应享有的份额，增加或减少长期股权投资的账面价值，同时确认为资本公积（其他资本公积）。

（4）对于被投资单位宣告分派利润或现金股利，投资企业应当按照应分得的份额，相应冲减长期股权投资的账面价值。

3. 取得长期股权投资，调整初始投资成本

在权益法下，首先，应按照前文所述关于长期股权投资初始计量的要求，正确确定初始投资成本；其次，对于取得投资时投资成本与应享有被投资单位可辨认净资产公允价值份额之间的差额，应区别情况分别处理。

（1）初始投资成本大于取得投资时应享有被投资单位可辨认净资产公允价值份额的，不要求对长期股权投资的成本进行调整。

应享有被投资单位可辨认净资产公允价值份额=投资时被投资单位可辨认净资产公允价值总额×投资持股比例

【例 7-28】 20×1 年 1 月 1 日 NMG 公司支付现金 800 万元取得 A 公司 30%的股权，取得投资时 A 公司的可辨认净资产账面价值为 2300 万元，取得投资时 A 公司的可辨认净资产公允价值为 2500 万元。在 A 公司生产经营决策过程中，所有股东均按持股比例行使表决权。NMG 公司在取得 A 公司股权后，派人参与了 A 公司生产经营决策。因为能够对 A 公司施加重大影响，NMG 公司对该投资应当采用权益法核算。NMG 公司的会计处理如下：

（1）首先确定初始投资成本为 800 万元。

借：长期股权投资——投资成本　　　　8000000
　　贷：银行存款　　　　　　　　　　　　　　　　8000000

（2）然后计算应享有被投资单位可辨认净资产公允价值份额 = 2500×30% = 750（万元）。

因初始投资成本 800 万元大于应享有被投资单位可辨认净资产公允价值份额 750 万元，根据规定，两者之间的差额 50 万元不调整长期股权投资的初始投资成本。

（2）初始投资成本小于取得投资时应享有被投资单位可辨认净资产公允价值份额的，该部分经济利益流入应作为收益处理，计入取得投资当期的营业外收入，同时调整增加长期股权投资的账面价值。因为，两者之间的差额体现为双方在交易作价过程中转让方的让步。

【例 7-29】 仍按【例 7-28】资料，假如该例中，取得投资时 A 公司的可辨认净资产账面价值为 2300 万元，取得投资时 A 公司可辨认净资产的公允价值为 3000 万元，其他条件不变。则 NMG 公司会计处理如下：

（1）首先确定初始投资成本为 800 万元。

借：长期股权投资——投资成本　　　　8000000
　　贷：银行存款　　　　　　　　　　　　　　　　8000000

（2）然后计算应享有被投资单位可辨认净资产公允价值份额 = 3000×30% = 900（万元）。

因初始投资成本 800 万元小于应享有被投资单位可辨认净资产公允价值份额 900 万元，根据规定，其差额 100 万元应当计入当期损益，同时调整长期股权投资的成本。

借：长期股权投资——投资成本　　　　1000000
　　贷：营业外收入　　　　　　　　　　　　　　　1000000

可将以上两个简单会计分录合并为一个复合会计分录：

借：长期股权投资——投资成本　　　　9000000
　　贷：银行存款　　　　　　　　　　　　　　　　8000000
　　　　营业外收入　　　　　　　　　　　　　　　1000000

4. 被投资单位出现净损益时的会计处理

投资企业取得长期股权投资后,应当按照应享有或应分担的被投资单位实现的净损益的份额(法规或章程规定不属于投资企业的净损益除外),确认投资收益,并调整长期股权投资的账面价值。

(1) 被投资单位实现净利润时,投资企业按持股比例相应调整增加长期股权投资的账面价值。借记"长期股权投资"科目,贷记"投资收益"科目。

【例7-30】NMG公司在20×1年1月1日以2400万元的取得成本购进B公司全部普通股股票的40%。B公司20×1年度实现净利润500万元。假设NMG公司取得该项投资时,B公司各项可辨认资产、负债的公允价值与其账面价值相同;两个公司的会计期间及采用的会计政策也相同。NMG公司在20×1年末应按持股比例确认投资收益500×40%＝200(万元)。NMG公司应做如下会计分录:

借:长期股权投资——损益调整　　　　　2000000
　　贷:投资收益　　　　　　　　　　　　　　　　　　2000000

(2) 被投资单位实现亏损时,投资企业按持股比例确认应分担的亏损份额,相应调整减少长期股权投资的账面价值。借记"投资收益"科目,贷记"长期股权投资"科目。

【例7-31】承【例7-30】资料,B公司20×2年度发生净亏损600万元。则NMG公司在20×2年末确认应分担的亏损份额600×40%＝240(万元)。NMG公司应做如下会计分录:

借:投资收益　　　　　　　　　　　　2400000
　　贷:长期股权投资——损益调整　　　　　　　　　　2400000

需要说明的是,投资企业在确认应享有或应分担的被投资单位净利润或净亏损的份额时,应当以取得被投资单位各项可辨认资产、负债的公允价值为基础,对被投资单位的净利润或净亏损进行调整后加以确定,而不应仅按照被投资企业的账面净利润与持股比例计算的结果简单确定。

【例7-32】NMG公司于20×1年1月1日取得某联营企业F公司30%的股权,取得投资时F公司固定资产的公允价值为1400万元,账面价值为600万元,固定资产的预计使用年限为10年,净残值为零,按照直线法计提折旧。假定不考虑所得税影响。被投资单位F公司20×1年度利润表中净利润为500万元。

[分析]由于被投资单位F公司20×1年度利润表中已按固定资产的账面价值计算了折旧费用为60万元,而按照取得投资时固定资产的公允价值计算确定的折旧费用应为140万元,二者相差80万元。因此,应当对被投资单位F公司利润表中的净利润500万元进行调整,调整后的净利润为420万元(500-80),NMG公司按照持股比例计算确认的当期投资收益应为126万元(420×30%)。

借：长期股权投资——损益调整　　　　　1260000
　　贷：投资收益　　　　　　　　　　　　　　　　1260000

如果无法合理确定取得投资时被投资企业各项可辨认资产的公允价值，或者投资时被投资企业可辨认资产的公允价值与其账面价值相比，两者之间的差额不具有重要性，也可以按照被投资企业的账面净利润与持股比例计算的结果确定投资收益，但应在附注中说明这一事实，以及无法合理确定被投资企业各项可辨认资产公允价值的原因。基于重要性原则，通常应考虑的调整因素：以取得投资时被投资企业的固定资产、无形资产的公允价值为基础计提的折旧额或摊销额，投资企业与被投资企业之间购买商品等形成的内部利润以及减值准备的金额对被投资企业净利润的影响。其他项目如为重要的，也应进行调整。

5. 当被投资企业宣告分派利润或现金股利时的会计处理

当被投资企业宣告分派利润或现金股利时，投资企业按照被投资单位宣告分派的利润或现金股利计算应分得的部分，相应减少长期股权投资的账面价值。

【例 7-33】接【例 7-30】资料，NMG 公司取得 B 公司全部普通股股票的 40%，假如 B 公司 20×2 年 4 月宣告分派 20×1 年度实现的净利润，共发放现金股利 300 万元。则 NMG 公司按持股比例计算应收到的现金股利为 120 万元（300×40%）。NMG 公司应做如下会计分录：

借：应收股利　　　　　　　　　　　　1200000
　　贷：长期股权投资——损益调整　　　　　　　1200000

需要注意的是，上述会计处理仅限于被投资企业宣告分派的利润或现金股利，对于被投资企业宣告分派的股票股利，投资企业不做会计处理，仅做备查登记，即于除权日注明所增加的股数，以反映股份的变化情况。

6. 超额亏损的确认

值得说明的是，投资企业确认被投资单位发生的净亏损时，应当以长期股权投资的账面价值以及其他实质上构成对被投资单位净投资的长期权益减记至零为限，投资企业负有承担额外损失义务的除外。超出部分在账外作备查登记。被投资单位于以后期间实现净利润的，投资方在其收益分享额弥补未确认的亏损分担额后，恢复确认收益分享额。

【例 7-34】NMG 公司持有 C 公司 40% 的股权，20×1 年 1 月 1 日投资的账面价值为 2000 万元。C 公司 20×1 年度亏损 6000 万元，20×2 年度 C 公司实现净利润 3000 万元。假定取得投资时点被投资单位 C 公司各项资产的公允价值等于账面价值，双方采用的会计政策、会计期间相同。

NMG 公司 20×1 年应分担的亏损份额 = 6000×40% = 2400（万元），但由于长期股权投资的账面价值为 2000 万元，则应当以长期股权投资的账面价值减记至零为限，即以 2000 万元为限确认当年的投资损失，其余 400 万元未确认的亏损分担额应在备查簿中作备忘登记。该部分未确认的亏损分担额，由 20×2 年度取得的净利润抵销。NMG 公司做如下会计处理：

（1）NMG 公司按 2000 万元确认 20×1 年度的投资损失。

借：投资收益　　　　　　　　　　　　20000000
　　贷：长期股权投资——损益调整　　　　　　20000000

（2）20×2 年度，NMG 公司按持股比例确认投资收益 3000×40%=1200（万元），但由于上年度有未确认的亏损分担额 400 万元，所以 20×2 年应恢复长期股权投资的账面价值 1200−400=800（万元）。

借：长期股权投资——损益调整　　　　8000000
　　贷：投资收益　　　　　　　　　　　　　8000000

【例 7-35】NMG 公司有关长期股权投资的资料如下：

（1）NMG 公司 20×1 年 1 月 3 日购买 D 公司（新成立的股份有限公司）发行的股票 180000 股。从而拥有该公司 30% 的股份，该股票面值 1 元，发行价格 2 元，另支付手续费和税金 12000 元。假设 NMG 公司取得该项投资时，B 公司各项可辨认资产、负债的公允价值与其账面价值相同；两个公司的会计期间及采用的会计政策也相同。

（2）D 公司 20×1 年实现净利润 70000 元。

（3）20×2 年 3 月，D 公司宣告发放现金股利 40000 元。

（4）20×2 年 D 公司由于经营管理不善等诸多因素，发生严重亏损，亏损额达 1300000 元。

（5）20×3 年 D 公司采取得力措施，扭亏为盈，实现净利润 800000 元。

NMG 公司应做如下会计处理：

（1）20×1 年 1 月 3 日，NMG 公司购买股票时计算投资成本 = 180000×2+12000 = 372000 元。

借：长期股权投资——投资成本　　　　372000
　　贷：银行存款　　　　　　　　　　　　372000

（2）20×1 年 12 月 31 日，NMG 公司按持股比例确认投资收益 70000×30% = 21000 元。

借：长期股权投资——损益调整　　　　21000
　　贷：投资收益　　　　　　　　　　　　21000

20×1 年末，NMG 公司"长期股权投资"账面借方余额为 393000 元。

（3）20×2 年 3 月，D 公司宣告发放现金股利时，NMG 公司计算应分得现金股利的部分 40000×30%=12000 元,相应减少长期股权投资的账面价值。

  借:应收股利   12000
    贷:长期股权投资——损益调整   12000

(4)收到股利时。

  借:银行存款   12000
    贷:应收股利   12000

(5)20×2 年 12 月 31 日,NMG 公司按持股比例计算的投资损失为 1300000×30%=390000 元,但根据"投资企业确认被投资单位发生的净亏损,应当以长期股权投资的账面价值减记至零为限"的要求,当年应计算确认的投资损失为 381000 元(该金额为截至 20×2 年 12 月 31 日"长期股权投资"科目的账面价值)。

  借:投资收益   381000
    贷:长期股权投资——损益调整   381000

20×2 年末,"长期股权投资"账面借方余额为零,尚未抵冲的余额为 9000 元(390000-381000),应在备查登记簿中记录,并留待以后被投资企业 D 公司盈利时抵冲。

(6)20×3 年 12 月 31 日,NMG 公司按持股比例确认投资收益 240000 元(800000×30%),但由于上年度有未确认的亏损分担额 9000 元,所以 20×3 年应恢复长期股权投资的账面价值 231000 元(240000-9000)。

  借:长期股权投资——损益调整   231000
    贷:投资收益   231000

20×3 年末,"长期股权投资"账面借方余额为 231000 元。

7. 被投资单位其他综合收益变动的会计处理

被投资单位其他综合收益发生变动的,投资企业应当按照归属于本企业的部分,相应调整长期股权投资的账面价值,同时增加或减少其他综合收益。即按持股比例计算应享有的份额,借记或贷记"长期股权投资——其他综合收益"科目,贷记或借记"其他综合收益"科目。

【例 7-36】NMG 公司持有 B 企业 30%的股份,当期 B 企业因持有的可供出售金融资产公允价值的变化导致其他综合收益的金额增加 600 万元,假定 NMG 公司与 B 企业适用的会计政策、会计期间相同,投资时有关资产的公允价值与其账面价值亦相同。不考虑相关的所得税影响。则 NMG 公司有关会计处理如下:

由于被投资企业 B 公司当期"其他综合收益"增加 600 万元,所以 NMG 公司应当按照归属于本企业的部分,相应调整增加长期股权投资的账面价值,同时减少其他综合收益 600×30%=180(万元)。

  借:长期股权投资——其他综合收益   1800000

贷：其他综合收益　　　　　　　　　　　　　　　1800000

　　8. 被投资单位所有者权益其他变动的处理

　　当被投资单位除净损益、其他综合收益以及利润分配以外的其他所有者权益变动时，被投资企业应当按照持股比例与被投资单位所有者权益的其他变动，计算归属于本企业的份额，调整长期股权投资的账面价值，同时计入"资本公积——其他资本公积"科目）。即借记或贷记"长期股权投资——其他权益变动"科目，贷记或借记"资本公积——其他资本公积"科目。

（三）长期股权投资核算方法的转换

　　长期股权投资在持有期间，因各方面情况的变化，可能导致其核算需要由一种方法转换为另外的方法。具体分为以下几种情况：

　　1. 公允价值计量转权益法核算

　　原持有的对被投资单位的股权投资（不具有控制、共同控制或重大影响的），按照金融工具确认和计量准则进行会计处理的，因追加投资等原因导致持股比例上升，能够对被投资单位施加共同控制或重大影响的，要由公允价值计量转权益法核算。

　　2. 公允价值计量或权益法核算转成本法核算

　　投资方原持有的对被投资单位不具有控制、共同控制或重大影响的按照金融工具确认和计量准则进行会计处理的权益性投资，或者原持有对联营企业、合营企业的长期股权投资，因追加投资等原因，能够对被投资单位实施控制的，要由公允价值计量或权益法核算转成本法核算。

　　3. 权益法核算转公允价值计量

　　原持有的对被投资单位具有共同控制或重大影响的长期股权投资，因部分处置等原因导致持股比例下降，不能再对被投资单位实施共同控制或重大影响的，要由权益法核算转公允价值计量。

　　4. 成本法转权益法

　　因处置投资等原因导致对被投资单位由能够实施控制转为具有重大影响或者与其他投资方一起实施共同控制的，要由成本法转权益法。

　　5. 成本法核算转公允价值计量

　　原持有的对被投资单位具有控制的长期股权投资，因部分处置等原因导致持股比例下降，不能再对被投资单位实施控制、共同控制或重大影响的，要由成本法核算转公允价值计量。

　　以上长期股权投资核算方法的转换，因其核算方法较为复杂，在此不做详细介绍。

（四）长期股权投资减值

　　对子公司、联营企业及合营企业的投资，应当按照《企业会计准则第8号——资产减值》的规定确定其可收回金额及应予计提的减值准备。

按照《企业会计准则第 8 号——资产减值》的规定,企业应当在资产负债表日判断资产是否存在可能发生减值的迹象。在资产负债表日,当长期股权投资存在减值迹象时,应当估计其可收回金额,按照其可收回金额低于其账面价值的差额记录为一项减值损失,计提长期股权投资减值准备。

在资产负债表日,按照上述规定确定长期股权投资可收回金额和应予计提的减值准备,并对其可收回金额低于其账面价值的差额进行会计处理,借记"资产减值损失"科目,贷记"长期股权投资减值准备"科目。

上述有关长期股权投资的减值准备在提取以后均不得转回。

【例 7-37】NMG 公司持有 P 公司 30% 的股权,能够对 P 公司实施重大影响。截至 20×2 年 12 月 31 日,NMG 公司对 P 公司长期股权投资的账面价值为 4000 万元。经测算,20×2 年 12 月 31 日 NMG 公司持有 P 公司股权的可收回金额为 3100 万元。NMG 公司 20×2 年 12 月 31 日计提减值的账务处理:

借:资产减值损失　　　　　　　　　　9000000
　　贷:长期股权投资减值准备　　　　　　　　9000000

在本例中,NMG 公司经过对长期股权投资计得减值准备,长期股权投资账面价值变为 3100 万元 (4000-900)。如果该长期股权投资以后发生进一步减值的,应当继续计提减值准备。如果该长期股权投资以后发生减值恢复的,计提的减值准备和资产减值损失不能转回。

(五) 长期股权投资的处置

企业处置长期股权投资时,应相应结转与所售股权相对应的长期股权投资的账面价值,出售所得价款与处置长期股权投资账面价值之间的差额,应确认为处置损益。

采用权益法核算的长期股权投资,原计入其他综合收益中的金额,在处置时亦应进行结转,将与所出售股权相对应的部分在处置时自其他综合收益积转入当期损益。

【例 7-38】NMG 公司原持有 T 企业 40% 的股权,20×1 年 12 月 20 日,NMG 公司决定将其全部出售,出售时 NMG 公司账面上对 T 企业长期股权投资的构成:投资成本(借方)1800 万元,损益调整(借方)480 万元,其他综合收益(借方)300 万元,出售取得价款 3280 万元。NMG 公司的会计处理如下:

(1) 处置长期股权投资时。

借:银行存款　　　　　　　　　　　32800000
　　贷:长期股权投资——投资成本　　　　　　18000000
　　　　　　　　　　——损益调整　　　　　　　4800000
　　　　　　　　　　——其他综合收益　　　　　3000000

         投资收益   7000000

（2）除应将实际取得价款与出售长期股权投资的账面价值进行结转，确认出售损益以外，还应将原计入其他综合收益的部分转入当期损益。

　　借：其他综合收益   3000000
　　　贷：投资收益   3000000

 复习思考题

　　1. 对外投资的分类有哪些？
　　2. 什么是交易性金融资产？它有哪些特点？
　　3. 什么是持有至到期投资？它有哪些特点？
　　4. 什么是可供出售金融资产？它有哪些特点？
　　5. 什么是长期股权投资？它有哪些特点？
　　6. 交易性金融资产、持有至到期投资、可供出售金融资产和长期股权投资的初始计量和后续计量有何异同？

第八章 固定资产

 内容提要

固定资产主要包括房屋建筑物、机器设备、运输工具、工具器具等。固定资产应当按照成本进行初始计量。可选用的固定资产折旧方法包括年限平均法、工作量法、双倍余额递减法、年数总和法等。与固定资产有关的更新改造支出,符合固定资产确认条件的,应当计入固定资产成本,同时将被替换部分的账面价值扣除;与固定资产有关的修理费用等后续支出,不符合固定资产确认条件的,应当计入当期损益。如果固定资产处于处置状态,或者一项固定资产预期通过使用或处置不能产生经济利益的,那么它就不再符合固定资产的定义和确认条件,应予以终止确认。

第一节 固定资产概述

一、固定资产的特征

固定资产是企业生产经营过程中的主要长期资产,是企业竞争实力的物化体现,主要包括房屋建筑物、机器设备、运输工具、工具器具等。固定资产是指同时具备下列特征的有形资产:为生产商品、提供劳务、出租或经营管理而持有;使用寿命超过一个会计年度。从固定资产的定义来看,固定资产应具有以下三个特征:

(一)持有目的是为生产商品、提供劳务、出租或经营管理而持有

企业持有固定资产的目的为了生产商品、提供劳务、出租或经营管理,即企业持有的固定资产是企业的劳动工具或手段,而不是用于出售的产品。例如,房屋通常是一个企业的固定资产,但房地产公司用来对外出售的房屋则是其存货的一部分。此外,持有目的中的"出租"固定资产,是指企业以经营租赁方式出租的机器设备类固定资产,不包括以经营租赁方式出租的建筑物,因为按照我国现行企业会计准则的规定,经营租赁方式出租的建筑物属于企业的投资性房地产,不属于固定资产。

(二) 使用寿命超过一个会计年度

企业对一项固定资产预计使用的时间要在一个会计年度以上,且不改变其形态,这是固定资产的基本特征;而流动资产往往会在一个会计年度内被耗用或改变形态。固定资产的使用寿命,是指企业使用固定资产的预计期间,或该固定资产所能生产产品或提供劳务的数量。如自用房屋建筑物的使用寿命为企业对该房屋建筑物的预计使用年限。对于某些机器设备或运输设备等固定资产,其使用寿命表现为以该固定资产所能生产产品或提供劳务的数量,如汽车、飞机等,应按其预计行驶或飞行里程估计使用寿命。固定资产使用寿命超过一个会计年度,意味着固定资产属于非流动资产,随着使用或磨损,通过计提折旧的方式逐渐减少其账面价值。

(三) 存在形态:有形资产

固定资产具有实物形态,且在使用过程中保持其原有的实物形态,这一特征将固定资产与无形资产区别开来。有些无形资产可能同时符合固定资产的其他特征,如企业拥有的专利权也是为生产商品、提供劳务、出租或经营管理而持有,使用寿命也超过一个会计年度,但由于专利权没有实物形态,所以不属于固定资产。

二、固定资产的分类

根据不同的分类标准,固定资产可以分成不同的类别。在实际工作中,企业应当选择适当的分类标准,将固定资产进行分类,以满足经营管理的需要。

(一) 按经济用途分类

按经济用途分类,固定资产可以分为生产用固定资产和非生产用固定资产。

生产用固定资产,是指直接服务于企业生产经营过程的固定资产,如厂房、机器设备等。非生产用固定资产,是指不直接服务于生产经营过程的固定资产,如管理人员使用的汽车、办公用房等。

固定资产按经济用途分类,可以归类反映企业生产经营用固定资产和非生产经营用固定资产之间的组成变化情况,借以考核和分析企业固定资产的管理和利用情况,进而促进固定资产的合理配置,充分发挥其效用。

(二) 按使用情况分类

按使用情况分类,固定资产可以分为使用中的固定资产、未使用的固定资产和不需用的固定资产。使用中的固定资产,是指正在使用的经营性和非经营性固定资产。由于季节性经营或修理等原因,暂时停止使用的固定资产仍属于企业使用中的固定资产;企业出租给其他单位使用的固定资产以及内部替换使用的固定资产,也属于使用中的固定资产。未使用的固定资产,是指已完工或已购建的尚未交付使用的固定资产以及因进行改建、扩建等原因停止使用的固定资产,如企业购建的尚待安装的固定资产、经营任务变更停止使用的固定资产等。不需用的固定资产,是指本企业多余或不适用,需要处理的固定资产。

固定资产按使用情况进行分类,有利于企业掌握固定资产的使用情况,便于比较分析固定资产的利用效率,挖掘固定资产的使用潜力,促进固定资产的合理使用。

(三) 按所有权进行分类

按所有权进行分类,固定资产可以分为自有固定资产和租入固定资产。自有固定资产,是指企业拥有的可供企业自由支配使用的固定资产。租入固定资产,是指企业采用租赁方式从其他单位租入的固定资产。其中,融资租入的固定资产应比照自有固定资产核算和管理;经营租入的固定资产仅作备查登记,不得作为本企业的固定资产核算。

(四) 按经济用途和使用情况进行综合分类

按经济用途和使用情况进行综合分类,固定资产可以分为生产经营用固定资产、非生产经营用固定资产、租出固定资产、不需用固定资产、未使用固定资产、土地、融资租入固定资产等。其中,土地主要是指由于历史遗留原因,已经估价单独入账的土地。因征地而支付的补偿费,应计入与土地有关的房屋、建筑物的价值内,不单独作为土地价值入账;企业取得的土地使用权通常应确认为无形资产,不能作为固定资产核算。

三、固定资产的确认条件

如果一项资产仅仅符合固定资产的定义,并不能确认为固定资产。固定资产只有同时满足下列两个条件,才能予以确认。

(一) 与该固定资产有关的经济利益很可能流入企业

企业在确认固定资产时,需要判断与该固定资产有关的经济利益是否很可能流入企业,"很可能"要求其发生的概率要在50%以上。在实务中,"很可能"往往是一个会计职业判断问题。判断与该固定资产有关的经济利益是否很可能流入企业,主要通过判断与该固定资产所有权相关的风险和报酬是否转移到本企业来确定。其中,与固定资产所有权相关的风险,是指由于经营情况发生变化造成相关利益的变动,以及由于资产闲置、技术陈旧等原因造成的损失;与固定资产所有权相关的报酬,是指在固定资产使用寿命内直接使用该资产获得的收入以及处置该资产实现的利得等。

通常,取得固定资产的所有权是判断与固定资产所有权相关的风险和报酬转移到企业的一个重要标志。但是,所有权是否转移不是判断与固定资产所有权相关的风险和报酬转移到企业的唯一标志,在某些情况下,某项固定资产的所有权虽然不属于企业,但企业却能够控制与该项固定资产有关的经济利益流入企业,这就意味着与固资产所有权相关的风险和报酬实质上已经转移到企业,因此,企业应将该项固定资产予以确认。例如,融资租入的固定资产,企业虽然不拥有固定资产的所有权,但与固定资产所有权相关的风险和报酬实质上已经转移到企业(承租人),因此符合固定资产确认的第一个条件。

在具体运用固定资产确认的第一个条件时,要特别注意那些能够间接为企业带来未来经济利益的资产。例如,企业购置的安全设备和环境保护设备等,这些设备虽然不能直接为企业带来经济利益,但由于这些设备的使用能够有助于其他资产更好地为企业创造经济利益,从这个意义上讲,它们也为企业经济利益做出了贡献。因此,在消防设备、救护设备等安全设备以及排污设备等环保设备的购置成本能够可靠计量的情况下,也应将其确认为企业的固定资产。

(二)该固定资产的成本能够可靠地计量

会计核算中的确认和计量是密不可分的,因此,成本能够可靠地计量,是资产确认的另一项必要条件。作为企业资产的重要组成部分,企业取得该固定资产所发生的支出必须能够可靠的计量或合理的估计。企业在确定固定资产的成本时,有时需要根据所获得的最新资料进行合理的估计。如果企业能够合理地估计出固定资产的成本,则视同固定资产的成本能够可靠地计量。例如,对于已达到预定可使用状态的固定资产,在尚未办理竣工决算前,企业需要根据工程预算、工程造价或工程实际发生的成本等资料,按暂估价值确定固定资产的成本,待办理了竣工决算手续后再作调整。

在具体运用固定资产确认的第二个条件时,要特别注意构成一个整体的固定资产各组成部分的计量问题。例如,企业购入一项大型生产设备,而该生产设备是由几个不同的主要部件组成的,如果各个部件具有不同的使用寿命或者以不同的方式为企业提供经济利益,从而适用不同的折旧率或折旧方法,那么,企业就应将购入成本按照各个部件的价值进行分配,将其各个组成部件单独确认为固定资产。

第二节 固定资产的初始计量

一、固定资产初始计量原则

(一)固定资产应按其取得成本进行初始计量

固定资产取得成本,是指企业购建某项固定资产达到预定可使用状态前所发生的一切合理、必要的支出。这些支出包括直接发生的价款、运杂费、包装费和安装成本等，也包括间接发生的，如应承担的借款利息、外币借款折算差额以及应分摊的其他间接费用。

（二）预计弃置费用应折现计入固定资产入账价值

弃置费用通常是指根据国家法律和行政法规、国际公约等规定，企业承担的环境保护和生态恢复等义务所确定的将要在资产弃置时发生的支出。需要注意的是，弃置费用仅仅是对于特殊行业的特定固定资产而言的。例如，核电站核设施等的弃置和恢复环境义务，石油天然气开采企业油气资产的弃置和恢复环境义务等。一般情况下，工商企业的固定资产发生的报废清理费用不属于弃置费用，应当在发生时作为固定资产处置费用处理。

（三）具有融资性质的以购买价款的现值为基础确定

购买固定资产的价款超过正常信用条件延期支付，实质上具有融资性质的，固定资产的成本以购买价款的现值为基础确定。实际支付的价款与购买价款现值之间的差额，应当在信用期间内采用实际利率法进行摊销，摊销金额除满足借款费用资本化条件的应当计入固定资产成本外，均应当在信用期间内确认为财务费用，计入当期损益。

二、不同方式取得固定资产的初始计量

固定资产的取得方式主要包括购买、自行建造、投资者投入、融资租入等，取得的方式不同，初始计量方法也各不相同。下面主要就购买固定资产、自行建造固定资产、接受投资者投入固定资产的账务处理做一介绍。

（一）外购固定资产

企业外购固定资产的成本，包括购买价款、相关税费、使固定资产达到预定可使用状态前所发生的可归属于该项固定资产的运输费、装卸费、安装费和专业人员服务费等。外购固定资产分为购入不需要安装的固定资产和购入需要安装的固定资产两种情况。

值得注意的是，我国现行增值税相关法规规定，允许全国范围内（不分地区和行业）的所有一般纳税人抵扣其新购进设备所含的进项税额，未抵扣完的结转下期继续抵扣。但是，与企业技术更新无关且容易混为个人消费的自用消费品（如小汽车、游艇等）所含的进项税额，不得抵扣。因此，一般纳税人企业购建生产用机器设备及交通工具类固定资产所发生的增值税进项税额可以从销项税额中抵扣，涉及增值税的生产用机器设备及交通工具类固定资产入账价值中则不包括允许抵扣的增值税进项税额。

1. 购入不需要安装的固定资产

企业购入不需要安装的生产用机器设备及交通工具类固定资产，按应计入固定资产成本的金额，借记"固定资产"科目，按允许抵扣的增值税进项税额，借记"应交

税费——应交增值税（进项税额）"科目，按实际支付或应付的金额，贷记"银行存款""应付账款"等科目。

【例8-1】NMG公司购入不需要安装的新设备一台，取得的增值税专用发票上注明的设备价款20000元，增值税税额3400元，又发生了包装费500元，运费2000元，上述款项均已用银行存款转账支付，设备购入后交付使用。NMG公司应做如下会计分录：

借：固定资产　　　　　　　　　　　　　　22500
　　应交税费——应交增值税（进项税额）　　3400
　　贷：银行存款　　　　　　　　　　　　　　　　25900

2. 购入需要安装的固定资产

购入需要安装的固定资产，首先应通过"在建工程"科目核算。按购入成本，借记"在建工程"科目，贷记"银行存款""应付账款"等科目；发生安装调试成本时，借记"在建工程"科目，贷记"银行存款""原材料""应付职工薪酬"等科目；固定资产安装完毕达到预定可使用状态时，再借记"固定资产"科目，贷记"在建工程"科目。

【例8-2】NMG公司购入需要安装的新设备一台，取得的增值税专用发票上注明的设备价款20000元，增值税税额3400元，支付的装卸费2000元，款项均已用银行存款转账支付。安装该设备时，领用原材料一批，其账面成本3000元，应支付的安装工人薪酬5000元。NMG公司应做如下会计分录：

（1）支付设备价款、增值税税额、装卸费合计为25400元。

借：在建工程　　　　　　　　　　　　　　22000
　　应交税费——应交增值税（进项税额）　　3400
　　贷：银行存款　　　　　　　　　　　　　　　　25400

（2）领用原材料成本3000元。

借：在建工程　　　　　　　　　　　　　　3000
　　贷：原材料　　　　　　　　　　　　　　　　　3000

（3）计算应付安装工人薪酬为5000元。

借：在建工程　　　　　　　　　　　　　　5000
　　贷：应付职工薪酬　　　　　　　　　　　　　　5000

（4）设备安装完毕，达到预定可使用状态时结转成本30000元。

借：固定资产　　　　　　　　　　　　　　30000
　　贷：在建工程　　　　　　　　　　　　　　　　30000

(二) 自行建造固定资产

自行建造的固定资产,按建造该项固定资产达到预定可使用状态前所发生的必要支出,作为入账价值。其中,"建造该项固定资产达到预定可使用状态前所发生的必要支出",包括工程用物资成本、人工成本、交纳的相关税费、应予资本化的借款费用以及应分摊的间接费用等。企业为在建工程准备的各种物资,应按实际支付的购买价款、运输费、保险费等相关税费,作为实际成本核算。

【例 8-3】NMG 公司自行建造厂房一座,发生以下相关业务:购入建造厂房所需专用材料一批,增值税专用发票上注明货款 200000 元,增值税税额 34000 元,已用银行存款转账支付;建造厂房领用全部专用材料;建造厂房应负担职工薪金 30000 元,用银行存款支付其他支出 9000 元;建造工程完工,验收合格并投入使用。NMG 公司应做会计分录如下:

(1) 支付专用材料价款、增值税税额合计为 234000 元。

借:工程物资　　　　　　　　　　　　200000
　　应交税费——应交增值税(进项税额)　3400
　　　贷:银行存款　　　　　　　　　　　　　　234000

(2) 领用专用材料 200000 元。

借:在建工程　　　　　　　　　　　　200000
　　　贷:工程物资　　　　　　　　　　　　　　200000

(3) 结算应付建造工人薪酬、支付其他支出等费用合计为 39000 元。

借:在建工程　　　　　　　　　　　　39000
　　　贷:应付职工薪酬　　　　　　　　　　　　30000
　　　　　银行存款　　　　　　　　　　　　　　9000

(4) 工程完工,结转成本 239000 元。

借:固定资产　　　　　　　　　　　　239000
　　　贷:在建工程　　　　　　　　　　　　　　239000

(三) 其他方式取得的固定资产

1. 投资者投入固定资产

对于接受固定资产投资的企业,在办理了固定资产移交手续之后,应按投资合同或协议约定的价值加上相关税费作为固定资产的入账价值,但合同或协议约定价值不公允的除外。

【例 8-4】NMG 公司收到乙公司投入的生产设备一台,乙公司记录的该设备账面价值 80000 元,双方投资合同约定该设备价值 50000 元。NMG 公司应做如下会计分录:

借:固定资产　　　　　　　　　　　　50000

贷：实收资本——乙公司　　　　　　　　　　　　　50000
　2. 融资租入固定资产
　融资租入固定资产的入账价值，应当遵循《企业会计准则第 21 号——租赁》的相关规定处理。
　3. 非货币性资产交换、债务重组等方式取得的固定资产
　非货币性资产交换、债务重组等方式取得的固定资产的成本，应当分别遵循《企业会计准则第 7 号——非货币性资产交换》及《企业会计准则第 12 号——债务重组》的相关规定处理。

第三节　固定资产折旧

一、固定资产折旧的概念及影响因素

(一) 固定资产折旧的概念

　　固定资产的特点之一就是使用寿命较长，即具有较长的服务潜力，长期使用，产生长期经济利益。但这种能力也是有限的，它的服务潜力会随着不断使用而逐渐衰竭或消失，所以企业必须在固定资产的有效使用年限内将其成本分配于各个受益期，实现收入与费用的配比，这一过程即为折旧 (depreciation)。我国会计准则对折旧的定义：在固定资产的使用寿命内，按照确定的方法对应计折旧额进行的系统分摊。应计折旧额，是指应当计提折旧的固定资产原价扣除其预计净残值后的余额。

　　企业应当对所有固定资产计提折旧，但已提足折旧仍继续使用的固定资产和单独计价入账的土地除外。土地是一项比较特殊的资产，土地在使用过程中不会发生损耗，服务潜能不会发生改变，因此不必对其计提折旧。在我国，土地所有权归国家所有，企业拥有的是土地使用权，它应该作为无形资产来核算，只有少数过去已经估价单独入账的土地才作为固定资产核算。

　　在确定计提折旧的范围时，还应注意以下几点：

　　其一，固定资产应当按月计提折旧。当月增加的固定资产，当月不计提折旧，从下月起计提折旧；当月减少的固定资产，当月仍计提折旧，从下月起不计提折旧。

　　其二，固定资产提足折旧后，不论能否继续使用，均不再计提折旧，提前报废的固定资产也不再补提折旧。所谓提足折旧是指已经提足该固定资产的应计折旧额。

　　其三，已达到预定可使用状态但尚未办理竣工决算的固定资产，应当按照估计价

值确定其成本，并计提折旧；待办理竣工决算后再按实际成本调整原来的暂估价值，但不需要调整原已计提的折旧额。

其四，融资租入的固定资产，应当采用与自有固定资产一致的折旧政策。

其五，处于更新改造过程而停止使用的固定资产，转入在建工程，因此不计提折旧，待更新改造项目达到预定可使用状态转为固定资产后，再按重新确定的折旧方法和该项固定资产的尚可使用年限计提折旧。

其六，因进行大修理而停用的固定资产，仍旧需要计提折旧，计提的折旧额应计入相关资产成本或当期损益。

(二) 影响固定资产折旧的因素

影响固定资产折旧的因素主要有以下几个方面：

1. 固定资产原价

固定资产的原价，指固定资产的历史成本。

2. 预计净残值

预计净残值，指假定固定资产预计使用寿命已满并处于使用寿命终了时的预期状态，企业目前从该项资产处置中获得的扣除预计处置费用后的余额，同时要求企业至少于每年年度终了对预计净残值进行复核。

3. 固定资产使用寿命

固定资产使用寿命，是指企业使用固定资产的预计期间，或该固定资产所能生产产品或提供劳务的数量。确定固定资产的使用寿命时，应当考虑下列因素：

(1) 该项固定资产预计生产能力或实物数量。

(2) 该项固定资产预计有形损耗，是指固定资产在使用过程中，由于正常使用和自然力的作用而引起的使用价值和价值的损失，如设备使用中发生磨损、房屋建筑物受到自然侵蚀等。

(3) 该项固定资产预计无形损耗，是指由于科学技术进步和劳动生产率提高而带来固定资产价值上的损失，如因新技术的出现而使现有的资产技术水平相对陈旧、市场需求变化使其所生产的产品过时等。

(4) 法律或类似规定对该项固定资产使用的限制。如对于融资租入的固定资产，根据规定：能够合理确定租赁期届满时将会取得租赁资产所有权的，应在租赁资产尚可使用年限内计提折旧；无法合理确定租赁期届满时能否取得租赁资产所有权的，应当在租赁期与租赁资产尚可使用年限两者中较短的期间内计提折旧。

4. 固定资产减值准备

固定资产减值准备，是指已计提的固定资产减值准备累计金额。固定资产计提减值准备后，应当在剩余使用寿命内根据调整后的固定资产账面价值（固定资产账面余额扣减累计折旧和累计减值准备后的金额）和预计净残值重新计算确定折旧额。

二、固定资产折旧的方法

企业应当根据与固定资产有关的经济利益预期实现方式，合理选择折旧方法。企业选用不同的折旧方法，将影响固定资产使用寿命期间内不同时期的折旧费用，因此，固定资产的折旧方法一经确定，不得随意变更。可选用的折旧方法包括年限平均法、工作量法、双倍余额递减法、年数总和法等。

（一）年限平均法

年限平均法又称直线法，是指将固定资产的应计折旧额均衡地分摊到固定资产预计使用寿命内的一种方法，采用这种方法计算的每期折旧额均相等。其计算公式如下：

年折旧率 = (1 - 预计净残值率) ÷ 预计使用寿命（年）× 100%

预计净残值率 = 预计净残值 ÷ 固定资产的原价

月折旧率 = 年折旧率 ÷ 12

月折旧额 = 固定资产的原价 × 月折旧率

或者：

年折旧额 = (固定资产原值 - 预计净残值) ÷ 预计使用寿命（年）

月折旧额 = 年折旧额 ÷ 12

【例8-5】 NMG公司于20×1年3月6日以50000元购入生产用设备一台，当月投入使用。预计使用年限为5年，预计净残值1%。

设备是20×1年3月增加的，所以应从20×1年4月开始计提折旧。

年折旧率 = (1 - 1%) ÷ 5 × 100% = 19.8%

月折旧率 = 19.8% ÷ 12 = 1.65%

月折旧额 = 50000 × 1.65% = 825（元）

年限平均法的主要优点是简单明了、计算方便，但年限平均法存在一定的局限性。首先，固定资产在不同使用年限提供的经济效益是不同的。一般来讲，固定资产在其使用前期工作效率相对较高，所带来的经济利益也就较多；而在其使用后期，工作效率一般呈下降趋势，所带来的经济利益也就逐渐减少。其次，固定资产在不同的使用年限发生的维修费用也不一样，固定资产的维修费用将随着其使用时间的延长而不断增加。年限平均法没有考虑以上因素，明显是不合理的。这种方法通常适用于房屋、建筑物等固定资产折旧的计算。对于有些固定资产，如客货运汽车、大型设备等，使用工作量法更合理一些。

（二）工作量法

工作量法是指按照固定资产完成的工作量计算折旧的方法。这里所说的工作量，可以是产量、工作小时或行驶里程等。其计算公式如下：

单位工作量折旧额=固定资产原价×(1-预计净残值率)÷预计总工作量

月折旧额=固定资产当月工作量×单位工作量折旧额

【例 8-6】 NMG 公司车队有车一辆，原价 60000 元，规定在使用期内行驶 50 万千米，预计净残值率 5%，本月行驶了 4000 千米。

单位里程折旧额=60000×(1-5%)÷500000=0.114（元/千米）

折旧额=4000×0.114=456（元）

采用工作量法计算折旧，其优点是易于计算，同时这种折旧方法使折旧的计提与固定资产的使用程度结合起来，其缺点在于未考虑自然损耗和无形损耗对固定资产价值的影响。因此，工作量法适用于折旧的发生主要由实物磨损引起的，且固定资产的使用在各年度有大幅度变化的情况。

（三）加速折旧法

加速折旧法是一个比较笼统的概念，泛指在固定资产使用初期计提折旧较多而在后期计提折旧较少，相对于等额折旧来说"加速"计算折旧的方法。本书主要介绍双倍余额递减法和年数总和法这两种加速折旧方法。

1. 双倍余额递减法

双倍余额递减法，是指在不考虑固定资产预计净残值的情况下，根据每期期初固定资产原价减去累计折旧后的金额和双倍的直线法折旧率计算的固定资产折旧的一种方法。其计算公式如下：

年折旧率=2÷预计使用寿命（年）×100%

月折旧率=年折旧率÷12

月折旧额=每月月初固定资产账面净值×月折旧率

由于双倍余额递减法不考虑固定资产预计净残值，因此，使用这种方法时，必须注意这样一个问题，即不能使固定资产的账面折余价值降低到它的预计净残值以下。因此，实行双倍余额递减法计算折旧的固定资产，应在其折旧年限到期前两年内，改用直线法计提折旧，将固定资产净值扣除净残值后的余额平均摊销，其计算公式如下：

年折旧额=(固定资产原值-已计提的累计折旧-预计净残值)÷2

实务中为简化起见，则会先按年计算折旧额，再均摊至各月。其计算公式如下：

年折旧率=2÷预计使用寿命（年）×100%

年折旧额=年初固定资产账面净值×年折旧率

月折旧额=年折旧额÷12

【例 8-7】 NMG 公司于 20×1 年 12 月 16 日购入设备一台，原价 302000 元，预计净残值 2000 元，预计使用年限为 5 年。假设按年计算其折旧额，具体计算情况见表 8-1。

表 8-1　　　　　　　　　　　折旧计算表　　　　　　　　　　单位：元

年度	年初账面净值	折旧率	本年计提折旧额	累计折旧额	年末账面净值
20×2	302000	2/5	120800	120800	181200
20×3	181200	2/5	72480	193280	108720
20×4	108720	2/5	43488	236768	65232
20×5	65232	—	31616	268384	33616
20×6	33616	—	31616	300000	2000

2. 年数总和法

年数总和法，是将固定资产的原价减去预计净残值后的余额乘以一个以固定资产尚可使用寿命为分子、以预计使用寿命逐年数字之和为分母的逐年递减的分数计算每年的折旧额。计算公式如下：

年折旧率 = 尚可使用年限 ÷ 预计使用寿命的年数总和 × 100%

月折旧率 = 年折旧率 ÷ 12

月折旧额 = (固定资产原价 − 预计净残值) × 月折旧率

【例 8-8】同【例 8-7】，NMG 公司于 20×1 年 12 月 16 日购入设备一台，原价 302000 元，预计净残值 2000 元，预计使用年限为 5 年。假设按年计算其折旧额，具体计算情况见表 8-2。

表 8-2　　　　　　　　　　　折旧计算表　　　　　　　　　　单位：元

年度	原价−预计净残值	尚可使用年限	折旧率	本年计提折旧额	累计折旧额
20×2	300000	5	5/15	100000	100000
20×3	300000	4	4/15	80000	180000
20×4	300000	3	3/15	60000	240000
20×5	300000	2	2/15	40000	280000
20×6	300000	1	1/15	20000	300000

双倍余额递减法和年数总和法都属于加速折旧法，目的是使固定资产成本在估计使用寿命内加快得到补偿，其特点是在固定资产使用的早期多提折旧，后期少提折旧，即固定资产在使用年限内折旧费用逐年减少。双倍余额递减法的年折旧率不变，但计提折旧的基础——年初账面净值逐年减少；年数总和法的计提折旧基础——应计折旧额不变，但年折旧率逐年降低。一般来说，固定资产的前期维护和修理等费用较少，后期则较多，所以加速折旧法从理论上讲较为合理，尤其适用于受技术进步等无形损耗影响比较大的固定资产，如电子产品等。不过，这种计算折旧的方法与年限平均法

和工作量法相比，要复杂一些。

三、固定资产折旧的账务处理

企业计提的固定资产折旧应通过"累计折旧"科目核算，并根据固定资产的用途，分别计入相关资产的成本或当期损益。例如，企业基本生产车间使用的固定资产，其计提的折旧应计入"制造费用"，并最终计入所生产的产品成本；管理部门使用的固定资产，其计提的折旧应计入"管理费用"；销售部门使用的固定资产，其计提的折旧应计入"销售费用"；自行建造固定资产过程中使用的固定资产，其计提的折旧应计入"在建工程"；经营租出的固定资产，其计提的折旧应计入"其他业务成本"；未使用的固定资产，其计提的折旧应计入"管理费用"等。

【例 8-9】NMG 公司 20×1 年 3 月份固定资产计提折旧情况如下：车间厂房计提折旧 30000 元，机器设备计提折旧 42000 元；管理部门房屋建筑物计提折旧 61000 元，运输工具计提折旧 20000 元；销售部门房屋建筑物计提折旧 34000 元，运输工具计提折旧 25200 元。NMG 公司应做如下会计分录：

借：制造费用　　　　　　　　72000
　　管理费用　　　　　　　　81000
　　销售费用　　　　　　　　59200
　　贷：累计折旧　　　　　　　　　　212200

四、固定资产使用寿命、预计净残值和折旧方法的复核

在固定资产使用过程中，其所处的经济环境、技术环境以及其他环境有可能对固定资产使用寿命和预计净残值产生较大影响。例如，固定资产使用强度比正常情况大大加强，致使固定资产实际使用寿命大大缩短；替代该项固定资产的新产品出现致使其使用寿命缩短、预计净残值减少等。此时，如果不对预计固定资产使用寿命、预计净残值进行调整，将不能真实反映其为企业提供经济利益期间及每期实际的资产消耗，据此提供的会计信息就很可能是不真实的，进而影响会计信息使用者做出恰当的经济决策。为了避免出现这种情况，企业至少应当每年年度终了，对固定资产的使用寿命、预计净残值进行复核。如果固定资产使用寿命、预计净残值的预期数与原先估计数有差异，应当调整固定资产使用寿命、预计净残值，并按照会计估计变更的有关规定进行处理。

固定资产使用过程中所处的经济环境、技术环境以及其他环境也可能致使与固定资产有关的经济利益预期实现方式发生重大改变。如果固定资产给企业带来经济利益的方式发生重大变化，企业应当相应改变固定资产折旧方法。例如，某企业以前年度

采用年限平均法计提固定资产折旧，此次年度复核中发现，与该固定资产相关的技术发生很大变化，年限平均法已很难反映该项固定资产给企业带来经济利益的方式，因此，企业决定变年限平均法为加速折旧法。如果不对固定资产折旧方法进行调整，将不能真实反映其为企业提供经济利益的方式，据此提供的会计信息就很可能是不真实的，进而影响会计信息使用者做出恰当的经济决策。为了避免出现这种情况，企业至少应当每年年度终了，对固定资产的折旧方法进行复核。如果与固定资产有关的经济利益预期实现方式有重大改变，应当相应改变固定资产的折旧方法，并按照会计估计变更的有关规定进行处理。

企业应当根据有关规定，结合其实际情况，制定固定资产目录、分类方法、每类或每项固定资产的使用寿命、预计净残值和折旧方法等，并编制成册，根据企业的管理权限，经股东大会、董事会、经理（厂长）会议或类似机构批准，按照法律、行政法规等的规定报送有关各方备案，同时备置于企业所在地，以供投资者等有关各方查阅。企业已经确定并对外报送或备置于企业所在地的固定资产目录、分类方法、使用寿命、预计净残值和折旧方法等，一经确定不得随意变更，如需变更，仍然应按照上述程序，经批准后报送有关各方备案。

第四节　固定资产的后续支出

企业的固定资产投入使用后，为了适应新技术发展的需要，或者为维护或提高固定资产的使用效能，往往需要对现有固定资产进行维护、改建、扩建或者改良。固定资产的后续支出是指固定资产使用过程中发生的更新改造支出、修理费用等。

后续支出的处理原则：固定资产后续支出如果符合固定资产确认条件的（即该支出很可能导致流入企业的经济利益超过了原先的估计，且支出的金额能够可靠计量），如固定资产有关的更新改造支出，则应将其予以资本化，计入固定资产账面价值，同时将被替换部分的账面价值扣除；如果后续支出不符合固定资产确认条件的，如固定资产有关的修理费用支出，则应将其费用化，计入当期损益。

一、资本化的后续支出

固定资产发生可资本化的后续支出，通过"在建工程"科目核算。固定资产发生可资本化的后续支出时，企业一般应将固定资产的原价、已计提的累计折旧和减值准备转销，将固定资产的账面价值转入"在建工程"科目，因此停止计提折旧，并在此基础上重新确定固定资产的原价。在固定资产发生的后续支出完工并达到预定可使用状态时，再从"在建工程"转为"固定资产"，并按重新确定的固定资产的原价、使用寿命、预计净残值和折旧方法计提折旧。

【例8-10】NMG公司对现有生产线（初始建造成本1100000元，累计折旧170000元）进行改扩建，以提高其生产能力。发生改扩建工程支出540000元，全部以银行存款支付。两个月后，生产线改扩建工程达到预定可使用状态。NMG公司应做如下会计分录：

（1）固定资产转入改扩建时。

借：在建工程　　　　　　　930000
　　累计折旧　　　　　　　170000
　　贷：固定资产　　　　　　　　　　1100000

（2）发生改扩建工程支出时。

借：在建工程　　　　　　　540000
　　贷：银行存款　　　　　　　　　　540000

（3）生产线改扩建工程达到预定可使用状态时。

借：固定资产　　　　　　　1470000
　　贷：在建工程　　　　　　　　　　1470000

二、费用化的后续支出

与固定资产有关的修理费用等后续支出，不符合固定资产确认条件的，应当根据不同情况分别计入当期损益。

一般情况下，固定资产投入使用之后，由于固定资产磨损、各组成部分使用程度不同，可能导致固定资产的局部损坏，为了维护固定资产的正常运转和使用，企业将对固定资产进行必要的维护。固定资产的日常维修费用等支出只是确保固定资产的正常工作状态，一般不产生未来的经济利益。因此，不符合固定资产确认条件的，应当计入当期损益。发生费用化的后续支出时，借记"管理费用""制造费用""销售费用"等科目，贷记"原材料""银行存款""应付职工薪酬"等科目。

【例8-11】NMG公司对办公楼进行日常维护，维护过程中领用本企业原材料一批，价值51000元，应支付维护人员工资35000元，用银行存款支付其他费用8670元，假设不考虑增值税因素。NMG公司应做如下会计分录：

借：管理费用　　　　　　　94670
　　贷：原材料　　　　　　　　　　　51000
　　　　应付职工薪酬　　　　　　　　35000
　　　　银行存款　　　　　　　　　　8670

第五节 固定资产的处置、清查与减值

一、固定资产的处置

固定资产的处置主要涉及固定资产出售、转让、报废和毁损、对外投资、非货币性资产交换、债务重组等业务，当企业处置某项固定资产时，会计上应对该项固定资产进行终止确认。

（一）固定资产终止确认的条件

固定资产满足下列条件之一的，应当予以终止确认：

1. 该固定资产处于处置状态

从固定资产用途的角度看，处于处置状态的固定资产已不能再用于生产商品、提供劳务、出租或经营管理，因此不再符合固定资产的定义，应予终止确认。

2. 该固定资产预期通过使用或处置不能产生经济利益

从固定资产本质的角度看，固定资产的确认条件之一是"与该固定资产有关的经济利益很可能流入企业"，如果一项固定资产预期不能产生经济利益，则不再符合固定资产的定义和确认条件，应予终止确认。

（二）固定资产处置的账务处理

企业出售、转让、报废固定资产或发生固定资产毁损，应当将处置收入扣除账面价值和相关费用后的金额计入当期损益。固定资产账面价值是指固定资产的账面净值，即固定资产成本扣除累计折旧和减值准备后的金额。

企业因出售、转让、报废或毁损、对外投资、非货币性资产交换、债务重组等处置固定资产，一般通过"固定资产清理"科目进行核算，其账务处理一般经过以下几个步骤：

1. 将固定资产账面价值转入"固定资产清理"科目

按被清理固定资产账面价值，借记"固定资产清理"科目；按已计提的累计折旧，借记"累计折旧"科目；按已计提的减值准备，借记"固定资产减值准备"科目；按固定资产原价，贷记"固定资产"科目。

2. 发生清理费用的处理

固定资产清理过程中发生的有关费用，借记"固定资产清理"科目，贷记"银行存款"等科目。

3. 出售收入或收回残料等的处理

企业收回出售固定资产的价款、残料价值和变价收入等，应冲减清理支出。按实际收到的出售价款和残料变价收入等，借记"银行存款""原材料"等科目，贷记"固定资产清理"科目。

4. 保险赔偿的处理

企业计算或收到的应由保险公司或过失人赔偿的损失等，应冲减清理支出，借记"银行存款""其他应收款"等科目，贷记"固定资产清理"科目。

5. 清理净损益的处理

对于固定资产清理的净损失，借记"营业外支出"科目，贷记"固定资产清理"科目；对于固定资产清理的净收益，借记"固定资产清理"科目，贷记"营业外收入"科目。

【例 8-12】NMG 公司一台生产用设备提前报废，原值 60000 元，已提折旧 48000 元，以库存现金支付清理费用 500 元，收到残料价款 1000 元，存入银行。NMG 公司应做会计分录如下：

（1）固定资产账面价值转入清理。

借：固定资产清理　　　　　　　12000
　　累计折旧　　　　　　　　　48000
　　贷：固定资产　　　　　　　　　　　60000

（2）核算清理费用。

借：固定资产清理　　　　　　　500
　　贷：库存现金　　　　　　　　　　　500

（3）收到残料价款。

借：银行存款　　　　　　　　　1000
　　贷：固定资产清理　　　　　　　　　1000

（4）结转清理净损失。

借：营业外支出　　　　　　　　11500
　　贷：固定资产清理　　　　　　　　　11500

【例 8-13】NMG 公司转让一台闲置不用的设备，原值 60000 元，已提折旧 48000 元，双方协商作价 20000 元。NMG 公司应做如下会计分录：

（1）固定资产账面价值转入清理。

借：固定资产清理　　　　　　　12000
　　累计折旧　　　　　　　　　48000
　　贷：固定资产　　　　　　　　　　　60000

（2）收到销售价款。

借：银行存款　　　　　　　　　　20000
　　贷：固定资产清理　　　　　　　　　　20000
(3) 结转清理净收益。
借：固定资产清理　　　　　　　　8000
　　贷：营业外收入　　　　　　　　　　　8000

二、固定资产的清查

固定资产是一种单位价值较高，使用期限较长的有形资产，因此对于管理规范的企业而言，在清查中发现盘亏、盘盈的固定资产是比较少见的，也是不正常的。企业应当健全制度，加强管理，定期或者至少每年年末对固定资产进行清查盘点，以保证固定资产核算的真实性与完整性。清查中发现固定资产的损益应及时查明原因，在期末结账前处理完毕。

固定资产盘亏造成的损失，应当计入当期损益。企业在财产清查中盘亏的固定资产，按固定资产账面价值，借记"待处理财产损溢——待处理固定资产损溢"科目；按已计提的累计折旧，借记"累计折旧"科目；按已计提的减值准备，借记"固定资产减值准备"科目；按固定资产原价，贷记"固定资产"科目。

报经批准后处理时，按可收回的保险公司赔偿或过失人赔偿，借记"其他应收款"科目；按应计入营业外支出的金额，借记"营业外支出"科目；按"待处理财产损溢——待处理固定资产损溢"科目的余额，贷记"待处理财产损溢——待处理固定资产损溢"科目。

企业在财产清查中盘盈的固定资产，作为前期差错处理，应通过"以前年度损益调整"科目核算。

【例8-14】 NMG公司年末对固定资产进行清查时，发现丢失一台电动机。该设备原价7000元，已计提折旧4000元。经查，电动机丢失的原因在于保管员工作失职。经批准，由保管员赔偿1000元。NMG公司应做如下会计分录：

(1) 发现设备丢失时。
借：待处理财产损溢——待处理固定资产损溢　　3000
　　累计折旧　　　　　　　　　　　　　　　　4000
　　　贷：固定资产　　　　　　　　　　　　　　　　7000
(2) 报经批准后。
借：其他应收款　　　　　　　　　　　　　　1000
　　营业外支出　　　　　　　　　　　　　　2000
　　　贷：待处理财产损溢——待处理固定资产损溢　　3000

三、固定资产的减值

资产的主要特征之一是它必须能够为企业带来经济利益的流入,如果资产带来的经济利益低于其账面价值,那么该资产就不能再以原账面价值予以确认,否则将无法反映资产的实际价值,其结果将导致企业资产虚增和利润虚增。因此,就固定资产而言,当企业固定资产的可回收金额低于其账面价值时,即表明固定资产发生了减值,企业应当确认资产减值损失,并把固定资产的账面价值减记至可回收金额。

企业在资产负债表日应当判断固定资产是否存在发生减值的迹象,主要可从外部信息来源和内部信息来源两方面加以判断。

1. 外部信息来源表明的减值迹象

(1) 固定资产市价当期大幅度下跌,其跌幅明显高于因时间推移或者正常使用而预计的下跌。

(2) 企业经营所处的经济、技术或者法律环境以及资产所处的市场在当期或在近期发生重大变化,从而对企业产生不利影响。

(3) 市场利率或其他市场投资报酬率在当期已经提高,从而影响企业计算资产预计未来现金流量现值的折现率,导致企业固定资产的可回收金额大幅度下跌。

2. 内部信息来源表明的减值迹象

(1) 有证据表明固定资产陈旧过时或者其实体已经损坏。

(2) 固定资产已经或者将被闲置、终止使用或者计划提前处置。

(3) 企业内部报告的证据表明固定资产的经济绩效已经低于或者将低于预期,如固定资产所创造的净现金流量或者实现的营业利润(或者亏损)远远低于(或者高于)预计金额。

上述列举的减值迹象并不能穷尽所有的固定资产减值迹象,企业应当根据实际情况来认定固定资产可能发生减值的迹象。有确凿证据表明固定资产存在减值迹象的,应当在资产负债表日进行减值测试,估计其可回收金额。可回收金额应当根据固定资产的公允价值减去处置费用后的净额与固定资产预计未来现金流量的现值两者之间较高者确定。其中,固定资产的公允价值是指在公平交易中,熟悉情况的交易双方自愿进行资产交换的金额;处置费用包括与固定资产处置有关的法律费用、相关税费、搬运费以及使固定资产达到可销售状态所发生的直接费用等;固定资产预计未来现金流量的现值,是指按照固定资产在持续使用过程中和最终处置时所产生的预计未来现金流量,选择恰当的折现率对其进行折现后的金额。

可回收金额的计量结果表明,固定资产的可回收金额低于其账面价值的,应当将固定资产的账面价值减记至可回收金额,减记的金额确认资产减值损失,计入当期损益，同时计提相应的固定资产减值准备。固定资产计提了减值准备后，固定资产的账面价值将根据计提的减值准备相应抵减，固定资产在未来计提折旧时，也应当按照新的固定资产账面价值为基础计提每期折旧，以使该固定资产在剩余使用寿命内，系统地分摊调整后的固定资产账面价值（扣除预计净残值）。

考虑到固定资产发生减值后，一方面价值回升的可能性比较小，通常属于永久性减值；另一方面从会计信息稳健性考虑，为了避免确认固定资产重估增值和操纵利润，固定资产减值损失一经确认，在以后会计期间不得转回。以前期间计提的固定资产减值准备，需要等到固定资产处置时才可转出。

当固定资产发生减值时，应计折旧额也相应发生变化，其计算公式如下：

应计折旧额＝固定资产原值－预计净残值－固定资产减值准备

如果采用年限平均法计算折旧，那么减值发生后的年折旧额可按下式计算：

年折旧额＝（应计折旧额－已提折旧）/剩余使用寿命（年）

为了正确核算企业确认的固定资产减值损失和计提的固定资产减值准备，企业应当设置"资产减值损失"科目，按照资产类别进行明细核算，反映各类资产在当期确认的资产减值损失金额；同时设置"固定资产减值准备"科目。当固定资产发生了减值时，应当根据所确认的固定资产减值金额，借记"资产减值损失"科目，贷记"固定资产减值准备"科目。

【例8-15】NMG公司在年末对其营运车辆进行减值测试，营运车辆的账面价值为160万元，可回收金额109万元，可回收金额低于其账面价值51万元，应当确认该项固定资产的减值损失。NMG公司应做如下会计分录：

借：资产减值损失——固定资产减值损失　　　　510000
　　贷：固定资产减值准备　　　　　　　　　　　　510000

计提固定资产减值准备后，营运车辆的账面价值变为109万元。

 **复习思考题**

1. 什么是固定资产？其主要特征是什么？
2. 如何正确理解固定资产折旧的含义。
3. 影响固定资产折旧的因素有哪些？
4. 固定资产折旧的方法有哪些？试说明加速折旧法的合理性。
5. 什么是固定资产的账面价值？
6. 计提固定资产折旧时，如何确定其折旧范围？
7. 如何判断固定资产发生减值？

第九章 无形资产

 内容提要

无形资产是指企业拥有或控制的没有实物形态的可辨认非货币性资产。无形资产是一种特殊的资产,它既没有实物形态,所提供的未来经济利益又具有高度的不确定性。无形资产通常是按实际成本计量,即以取得无形资产并使之达到预定用途而发生的全部支出,作为无形资产的成本。对于不同来源取得的无形资产,其初始成本的构成也不尽相同。无形资产的后续计量取决于无形资产的使用寿命能否可靠地确定,对于使用寿命能够可靠确定的无形资产,应将其认定为使用寿命有限的无形资产,并将初始入账成本在其有限的使用寿命内进行摊销;对于使用寿命不能够可靠确定的无形资产,应将其认定为使用寿命不确定的无形资产,且不再进行摊销,但应于每年年末进行减值测试。无形资产的处置,主要是指无形资产出售、对外出租、对外捐赠或者是无法为企业带来未来经济利益时终止确认并转销。企业在资产负债表日应当判断无形资产是否存在发生减值,即无形资产的可回收金额低于其账面价值时,企业应当确认资产减值损失,并把无形资产的账面价值减记至可回收金额。

第一节 无形资产概述

一、无形资产概念与特征

(一)无形资产的概念

无形资产,是指企业拥有或控制的没有实物形态的可辨认非货币性资产,包括专利权、商标权、著作权、特许权、非专利技术和土地使用权。

（二）无形资产的特征

相对于其他资产，无形资产具有以下特征：

1. 具有不确定性

无形资产之所以可以作为会计学意义上的资产，其必须首先满足资产的本质标准："是由企业拥有或控制并能为其带来未来经济利益的资源。"但无形资产给企业带来的未来经济利益相对于其他资产而言，又具有一定的特殊性，那就是无形资产带来的未来经济利益往往具有极大的不确定性。这种不确定性主要表现：其一，无形资产的价值在于它的优越性和独占性，但是在科学技术迅猛发展、市场竞争日益加剧的今天，某项无形资产所具有的优越性可能很快被其他更先进的无形资产所取代。其二，有些无形资产的寿命很难确定，它们能在多长时间内使企业受益也不得而知。

2. 不具有实物形态

无形资产通常表现为某种权利、某项技术或是某种获取超额利润的综合能力，它们不具有实物形态，看不见、摸不着，如土地使用权、非专利技术等。无形资产为企业带来经济利益的方式与固定资产不同，固定资产是通过实物价值的磨损和转移为企业带来经济利益，而无形资产很大程度上是通过自身所具有的技术等优势为企业带来经济利益的。

3. 具有可辨认性

资产满足下列条件之一的，则认为其符合可辨认性：

（1）能够从企业中分离或者划分出来，并能单独或者与相关合同、资产或负债一起，用于出售、转移、授予许可、租赁或者交换。

（2）源自合同性权利或其他法定权利，无论这些权利是否可以从企业或其他权利和义务中转移或者分离。如一方通过与另一方签订特许权合同而获得的特许使用权，通过法律程序申请获得的商标权、专利权等。

商誉是与企业整体价值联系在一起的，其存在无法与企业自身区分开来，由于不具有可辨认性，虽然商誉也是没有实物形态的非货币性资产，但不构成无形资产。

4. 具有非货币性

货币性资产主要有库存现金、银行存款、应收账款、应收票据和短期有价证券等，它们的共同特点是直接表现为固定的货币数额，或在将来收到一定货币数额的权利。非货币性资产，是指企业持有的货币资金和将以固定或可确定的金额收取的资产以外的其他资产。无形资产属于一项非货币性资产的根本原因在于其往往不存在活跃的交易市场，难以便捷地取得公允价值，一般不容易转化成现金。

二、无形资产的分类

无形资产按照不同的标准，可以分为不同的类别。

（一）按经济内容

按经济内容分类，无形资产可分为专利权、非专利技术、商标权、著作权、特许权和土地使用权等。

1. 专利权

专利权，是指经国家专利管理机关审定并授予发明创造专利申请人，对其发明创造在法定期限内所享有的专有权利，包括发明专利权、实用新型专利权和外观设计专利权。发明专利权的期限为 20 年，实用新型专利权和外观设计专利权的期限为 10 年，均自申请日起计算。并不是所有的专利权都能给持有者带来经济利益，有的专利可能没有经济价值或具有很小的经济价值，有的专利会被另外更有经济价值的专利所淘汰。因此，只有那些能够给企业带来较大经济价值并且企业为此花费了支出的专利才能作为无形资产核算。

2. 非专利技术

非专利技术也称专有技术，是指不为外界所知、在生产经营活动中采用了的、不享有法律保护的、可以带来经济效益的各种技术和诀窍，如先进的生产经验、先进的技术设计资料以及先进的原料配方等。非专利技术一般包括工业专有技术、商业贸易专有技术、管理专有技术等。非专利技术用自我保密的方式来维持其独占性，由于非专利技术未经公开也未申请专利权，所以不受法律保护，但只要企业保密得当，就可以长期保持其优势，为企业带来持久的经济利益。例如，著名的可口可乐配方就没有申请专利，而是一项非专利技术。非专利技术有些是企业自行研究开发的，有些是根据合同从外部购入的。如果是自行研究开发，可能成功也可能失败，研究过程中发生的相关费用，一般不作为无形资产核算。如果是从外部购入的，应按实际发生的一切支出，作为无形资产核算。

3. 商标权

商标是用来辨认特定的商品或劳务的标记，商标权指专门在某类指定的商品或产品使用特定的名称或图案的权利。根据《中华人民共和国商标法》的规定，经商标局核准注册的商标为注册商标，商标注册人享有商标专有权，受法律保护。商标权的内容包括独占使用权和禁止使用权，商标权的有效期限为 10 年，自核准注册之日起计算，期满前可继续申请延长注册期。

4. 著作权

著作权又称版权，是指作者对其创作的文学、科学和艺术作品依法享有的某些特殊权利。著作权包括发表权、署名权、修改权、保护作品完整权、使用权和获得报酬权等。著作权人包括作者和其他依法享有著作权的公民、法人或其他组织。著作权属于作者，创作作品的公民是作者。由法人或其他组织主持，代表法人或其他组织意志创作，并由法人或其他组织承担责任的作品，法人或其他组织视为作者。著作权可以转让、出售或者赠与。

5. 特许权

特许权又称经营特许权、专营权，是指企业在某一地区经营或销售某种特定商品或是一家企业接受另一家企业使用其商标、商号、技术秘密等的权利。前者是由政府机构授权，准许企业使用或在一定地区享有经营某种业务的特权，如水、电、邮电通信等专营权、烟草专卖权等；后者是企业间依照签订的合同，有限期或无限期使用另一家企业的某些权利，如连锁店分店使用总店的名称等。会计上的特许权主要指后一种情况，只有支付了费用取得的特许权才能作为无形资产核算。

6. 土地使用权

土地使用权，是指国家准许某企业在一定期间内对国有土地享有开发、利用、经营的权利。根据《中华人民共和国土地管理法》的规定，我国土地实行公有制，任何单位和个人不得侵占、买卖或者以其他形式非法转让。企业取得土地使用权的方式一般包括行政划拨取得、外购取得（例如以缴纳土地出让金方式取得）和投资者投资取得。通常情况下，以缴纳土地出让金等方式外购的土地使用权、投资者投入等方式取得的土地使用权，作为无形资产核算；作为投资性房地产或者作为固定资产核算的土地，按照投资性房地产或者固定资产核算。

（二）按取得方式分类

按取得方式分类，无形资产可分为企业自创的无形资产和外购的无形资产。前者是指由企业自己开发、研制而获得的以及由于其他客观原因形成的无形资产，如自创专利、非专利技术、商标权等；后者则是指企业以一定代价从其他单位购入的，如外购专利权、商标权、特许权等。

从会计的角度来看，企业自行研究、开发的无形资产在核算上与外购的无形资产有较大的区别，因为前者通常存在更大的不确定性，会计处理也应遵循更为审慎的原则。此外，除自创和外购两种基本方式外，无形资产还可以通过企业所有者投资取得，通过非货币性资产交换或债务重组等方式取得，不同取得方式下形成的无形资产，其在初始计量方面的要求也会有所不同。

（三）按经济寿命期限分类

按经济寿命期限分类，无形资产可分为使用寿命有限的无形资产和使用寿命不确定的无形资产。

使用寿命有限的无形资产，是指在有关法律中规定有最长有限期限的无形资产，如专利权、商标权、著作权、土地使用权和特许权等。这些无形资产在法律规定的有效期限内受法律保护；有效期满时，如果企业未继续办理有关手续，将不再受法律保护。

使用寿命不确定的无形资产是指没有相应法律规定其有效期限，其经济寿命难以预先准确估计的无形资产，如非专利技术。这些无形资产的经济寿命取决于技术进步的快慢以及技术保密工作的好坏等因素。当新的可替代技术成果出现时，旧的非专利技术自然贬值；当技术不再是秘密时，也就无价值可言。

三、无形资产的确认条件

无形资产应当在符合定义的前提下，同时满足以下两个确认条件时才能予以确认：

1. 与该无形资产有关的经济利益很可能流入企业

作为无形资产确认的项目，必须具备其所产生的经济利益很可能流入企业这一条件。通常情况下，无形资产产生的未来经济利益包括在销售商品、提供劳务的收入当中，或者企业使用该项无形资产而减少或节约了成本，或者体现在获得的其他利益当中。例如，生产加工企业在生产工序中使用了某种知识产权，使其降低了未来生产成本。

会计实务中，要确定无形资产所创造的经济利益是否很可能流入企业，需要职业判断。在实施这种判断时，要对无形资产的预计使用寿命内可能存在的各种经济因素进行合理估计，并且应当有确凿的证据支持。这些经济因素包括：企业是否有足够的人力资源、高素质的管理队伍、相关的硬件设备、相关的原材料；是否存在与该无形资产相关的新技术、新产品冲击，据该无形资产生产的产品是否存在市场等。在实施判断时，企业管理者应对无形资产预计使用寿命内存在的各种因素做出最稳健的估计。

2. 该无形资产的成本能够可靠地计量

成本能够可靠地计量是确认资产的一项基本条件，对于无形资产而言，这一条件相对更为重要。例如，企业内部产生的品牌、报刊名等，因其成本无法可靠计量，不作为无形资产确认。又如，一些高新科技企业的科技人才，假定其与企业签订了服务合同，且合同规定其在一定期限内不能为其他企业提供服务。在这种情况下，虽然这些技术人才的知识在规定的期限内预期能够为企业创造经济利益，但形成这些知识所发生的支出难以计量，因而不能作为企业的无形资产加以确认。

第二节 无形资产的初始计量

无形资产通常是按实际成本计量，即以取得无形资产并使之达到预定用途而发生的全部支出，作为无形资产的成本。对于不同来源取得的无形资产，其初始成本的构成也不尽相同。

一、外购无形资产

外购无形资产，其成本包括购买价款、相关税费以及直接归属于使该项资产达到预定用途所发生的其他支出。其中，直接归属于使该项资产达到预定用途所发生的其他支出包括使无形资产达到预定用途所发生的专业服务费用、测试无形资产是否能够正常发挥作用的费用等。为引入新产品进行宣传发生的广告费、管理费、其他间接费用及无形资产已达到预定用途以后发生的费用不包括在无形资产的成本中。

购入无形资产的价款超过正常信用条件延期支付，实质上具有融资性质的，应按所取得无形资产购买价款的现值计量其成本，现值与应付价款之间的差额作为未确认的融资费用，在付款期间内按照实际利率法确认为利息费用。

【例9-1】NMG公司从乙公司购入一项专利权，按合同约定价款23万元，另支付相关税费2000元，款项均已通过银行转账支付。预计NMG公司使用该项专利技术会使其生产能力提高、销售利润率增长。假设不涉及其他相关税费，NMG公司的账务处理如下：

借：无形资产——专利权　　　　232000
　　贷：银行存款　　　　　　　　　　232000

企业取得的土地使用权，通常应当按照取得时所支付的价款及相关税费确认为无形资产。土地使用权用于自行开发建造厂房等地上建筑物时，土地使用权的账面价值不与地上建筑物合并计算其成本，仍作为无形资产进行核算。如果房地产开发企业取得的土地使用权用于建造对外出售的房屋建筑物的，其相关的土地使用权的价值应计入所建造的房屋建筑物成本。

企业外购房屋建筑物所支付的价款中包括土地使用权以及建筑物的价值的，则应当对实际支付的价款按照合理的方法（如公允价值相对比例）在土地使用权和地上建筑物之间进行合理分配；如果确实无法在土地使用权和地上建筑物之间进行合理分配的，应当全部作为无形资产，按照无形资产确认和计量的原则进行。

企业改变土地使用权的用途，停止自用土地使用权而用于赚取租金或资本增值时，应将其账面价值转为投资性房地产。

【例9-2】NMG公司购入一块土地的使用权，以银行存款转账支付7000万元，并在该土地上自行建造厂房等工程，发生材料支出10000万元，工资费用7000万元，其他相关费用8000万元等。该工程已经完工并达到预定可使用状态。假设不涉及其他相关税费，NMG公司的账务处理如下：

(1) 支付价款时。

借：无形资产——土地使用权　　70000000
　　贷：银行存款　　　　　　　　　　　　70000000

(2) 在该土地上自行建造厂房时。

借：在建工程　　　　　　　　　250000000
　　贷：工程物资　　　　　　　　　　　　100000000
　　　　应付职工薪酬　　　　　　　　　　70000000
　　　　银行存款　　　　　　　　　　　　80000000

(3) 厂房达到预定可使用状态时。

借：固定资产　　　　　　　　　250000000
　　贷：在建工程　　　　　　　　　　　　250000000

二、自行开发的无形资产

(一) 研究开发阶段的划分

企业内部研究开发项目的支出，应当区分研究阶段支出与开发阶段支出分别进行核算。

1. 研究阶段

研究阶段，是指为获取并理解新的科学或技术知识而进行的独创性的有计划调查。例如，意于获取知识而进行的活动；研究成果或其他知识的应用研究、评价和最终选择；材料、设备、产品、工序、系统或服务替代品的研究以及新的或经改进的材料、设备、产品、工序、系统或服务替代品的配制、设计、评价和最终选择等。研究阶段的特点：第一，计划性，即项目已经董事会或相关管理层的批准，并着手收集相关资料、进行市场调查等；第二，探索性，即为进一步的开发活动进行资料及相关方面的准备，在这一阶段不会形成阶段性成果。

从研究阶段的特点来看，其研究能否在未来形成成果，即通过开发后是否会形成无形资产均具有很大的不确定性，企业也无法证明其能够带来未来经济利益的无形资产的存在，因此，研究阶段的有关支出在发生时，应当予以费用化计入当期损益。

2. 开发阶段

开发阶段，是指在进行商业性生产或使用前，将研究成果或其他知识应用于某项计划或设计，以生产出新的或具有实质性改进的材料、装置、产品等。例如，生产前或使用前的原型和模型的设计、建造和测试；含新技术的工具、夹具、模具和冲具的设计；不具有商业性生产经济规模的试生产的设计、建造和运营；新的或经改造的材料、设备、产品、工序、系统或服务替代品的设计、建造和测试等。开发阶段的特点：第一，具有针对性，即针对某一研究项目；第二，形成成果的可能性较大。

由于开发阶段相对于研究阶段更进一步，相对于研究阶段而言，进入开发阶段，则很大程度上形成一项新产品或新技术的基本条件已经具备，此时如果企业能够证明满足无形资产的定义及相关确认条件，所发生的开发支出可予以资本化，确认为无形资产的成本。

（二）开发阶段有关资本化确认的条件

在开发阶段，判断可以将有关支出资本化计入无形资产成本的条件如下：

其一，具有技术可行性，即完成该无形资产以使其能够使用或出售在技术上具有可行性。在判断是否满足该条件时，应当以目前阶段的成果为基础，说明在此基础上进一步进行开发所需要的技术条件等已经具备，基本上不存在技术上的障碍或其他不确定性。企业在判断时，应提供相关的证据和资料。

其二，具有明确意图，即具有完成该无形资产并使用或出售的意图。企业研发项目形成成果以后，是为出售，还是为自己使用并从使用中获得经济利益，应当以管理者意图而定。因此，管理者应当能够说明其持有拟开发无形资产的目的，并具有完成该项无形资产开发并使其使用或出售的可能性。

其三，具有市场或有用性，即无形资产产生经济利益的方式，包括能够证明运用该无形资产生产的产品存在市场或无形资产自身存在市场，无形资产在内部使用的，应当证明其有用性。

其四，具有可靠性，即有足够的技术、财务和其他资源支持，以完成该项无形资产的开发，并有能力使用或出售该无形资产。企业能够证明可以取得无形资产开发所需的技术、财务和其他资源，以及获得这些资源的相关计划。企业自有资金不足以提供支持的，应能够证明存在外部其他方面的资金支持，如银行等金融机构愿意为该无形资产的开发提供所需资金等。

其五，具有可计量性，即归属于该无形资产开发阶段的支出能够可靠计量。企业对于开发活动所发生的支出应当单独核算，例如，直接发生的开发人员工资、材料费以及相关设备折旧费等。若企业同时从事多项开发活动，所发生的费用同时用于支持多项开发活动，应当按照合理的标准在各项开发活动之间进行分配；无法合理分配的，应予费用化计入当期损益，不计入开发活动的成本。

（三）内部研发支出的账务处理

企业内部研究和开发无形资产，其研究阶段的支出全部费用化，计入当期损益（管理费用）；开发阶段的支出符合条件的资本化，不符合资本化条件的支出全部费用化，计入当期损益（管理费用）。无法区分研究阶段和开发阶段的支出，应当在发生时作为管理费用，全部计入当期损益。

其一，企业自行开发无形资产发生的研发支出，不符合资本化条件的，借记"研发支出——费用化支出"科目，符合资本化条件的，借记"研发支出——资本化支出"科目，贷记"原材料""银行存款""应付职工薪酬"等科目。

其二，企业以其他方式取得的正在进行中的研发项目，应按确定的金额，借记"研发支出——资本化支出"科目，贷记"银行存款"等科目。以后发生的研发支出，应当比照上述第一条原则进行处理。

其三，研发项目达到预定用途形成无形资产的，应按"研发支出——资本化支出"科目的余额，借记"无形资产"科目，贷记"研发支出——资本化支出"科目。

【例9-3】NMG公司自行研究开发一项新产品专利技术，在开发过程中发生材料费3000万元，人工工资1000万元，以银行存款支付其他费用2000万元，总计6000万元，其中符合资本化条件的支出4000万元。期末，该专利权达到预定用途形成无形资产。NMG公司的账务处理如下：

（1）开发阶段发生相关费用时。

借：研发支出——资本化支出　　　　40000000
　　　　　　——费用化支出　　　　20000000
　　贷：原材料　　　　　　　　　　　　　　　30000000
　　　　应付职工薪酬　　　　　　　　　　　　10000000
　　　　银行存款　　　　　　　　　　　　　　20000000

（2）期末，达到预定用途形成无形资产时。

借：无形资产　　　　　　　　　　40000000
　　管理费用　　　　　　　　　　20000000
　　贷：研发支出——资本化支出　　　　　　40000000
　　　　　　　　——费用化支出　　　　　　20000000

三、投资者投入的无形资产

投资者投入无形资产的成本，应当按照投资合同或协议约定的价值确定，但合同或协议约定价值不公允的，应按无形资产的公允价值作为无形资产初始成本入账。

【例 9-4】NMG 公司预计使用乙公司的商标后可使本公司未来利润增长，为此，NMG 公司与乙公司协议商定，乙公司以其商标权投资于 NMG 公司，双方协议价格（等同于公允价值）为 300 万元，NMG 公司另支付印花税等相关费用 1 万元，款项已通过银行转账支付。NMG 公司的账务处理如下：

借：无形资产——商标权　　　　3010000
　　贷：实收资本（或股本）　　　　　　　3000000
　　　　银行存款　　　　　　　　　　　　　10000

第三节　无形资产的后续计量

一、无形资产后续计量的总体要求

（一）无形资产后续计量的基本原则

无形资产的后续计量取决于无形资产的使用寿命能否可靠地确定，对于使用寿命能够可靠确定的无形资产，应将其认定为使用寿命有限的无形资产，并将初始入账成本在其有限的使用寿命内进行摊销；对于使用寿命不能够可靠确定的无形资产，应将其认定为使用寿命不确定的无形资产，且不再进行摊销，但应于每年年末进行减值测试。

根据上述要求，企业对不同渠道取得的无形资产进行初始确认和计量后，就应对无形资产的使用寿命能否可靠确定进行判断和分析。

（二）无形资产使用寿命的确定与复核

1. 无形资产使用寿命的确定

鉴于无形资产多来源于法律或和同性权利、不具有实物形态、带来未来经济利益具有较大的不确定性等特点，企业对无形资产使用寿命能否可靠确定的判断，往往要遵循以下的顺序：

（1）法律法规有规定期限的，通常应以法律法规的期限为基础，将其认定为使用寿命有限的无形资产。如注册商标的有效期为 10 年，自核准注册之日起计算；发明专利权的期限为 20 年，实用新型专利权和外观设计专利权的期限为 10 年，均自申请日起计算，等等。在对这类无形资产的使用寿命进行估计时，其使用寿命不应超过法定权利的期限。此外，法定权利能够在到期时因续约等延续，且有证据表明企业续约不需要付出大额成本的，续约期应当计入使用寿命。

（2）无法律法规规定的，看相关合同是否有规定年限，如果企业签订的具有法律效力的合同有规定期限的，应据此将其认定为使用寿命有限的无形资产。如企业签订了一项特许权受让合同，合同规定对该特许权的使用期限为 3 年，那么，这项特许权就是使用寿命有限的无形资产。

（3）法律法规和合同都没有规定使用寿命的，企业应当综合各方面因素判断，以确定无形资产能为企业带来经济利益的期限。例如，企业可参照其他单位类似无形资产的使用寿命来确定本企业无形资产的使用年限。

具体来讲，可按照如下原则确定：第一，若合同规定有明确的年限，而法律没有规定有效年限的，则按合同规定的年限确定使用寿命；第二，若合同没有规定明确的年限，而法律规定了有效年限的，则按法律规定的年限确定使用寿命；第三，若合同规定有明确的年限，而法律也规定了有效年限的，则按"合同规定的年限与法律规定的有效年限孰低"原则确定使用寿命。

没有明确的合同或法律规定无形资产的使用寿命的，应综合各方面的情况来确定无形资产为企业带来未来经济利益的期限，如聘请相关专家进行论证、与同行业的情况进行比较、参考企业的历史经验等。如果经过这些努力，仍确实无法合理确定无形资产为企业带来未来经济利益的期限的，才能将该无形资产作为使用寿命不确定的无形资产。

2. 无形资产使用寿命的复核

由于无形资产使用寿命依赖于会计人员的分析和判断，因此，企业至少应当于每年年度终了，对无形资产的使用寿命及摊销方法进行复核，如果有证据表明无形资产的使用寿命不同于以前的估计，如由于合同的续约或无形资产应用条件的改善，延长了无形资产的使用寿命，则对于使用寿命有限的无形资产，应按照会计估计变更进行处理。例如，企业使用的某项专利技术，原预计使用寿命为 5 年，使用至第 2 年年末，该企业计划再使用 2 年即不再使用，为此，企业应当在第 2 年年末，变更该项无形资产的使用寿命，并作为会计估计变更进行处理。

企业应当在每个会计期间内对使用寿命不确定的无形资产的使用寿命进行复核。如果有证据表明无形资产的使用寿命是有限的，则应视为会计估计变更，应当估计其使用寿命并按照使用寿命有限的无形资产处理原则进行处理。

二、使用寿命有限的无形资产

使用寿命有限的无形资产，应在其预计的使用寿命内采取系统、合理的方法对应摊销金额进行摊销。其中应摊销金额是指无形资产的成本扣除残值后的金额。

(一) 摊销期和摊销方法

无形资产的摊销期自可供使用（即其达到预定用途）时起至终止确认时止。即无形资产摊销的起始和停止日期：当月增加的无形资产，当月开始摊销；当月减少的无形资产，当月不再摊销。

在无形资产的使用寿命内，存在多种方法系统地分摊其应摊销金额。这些方法包括直线法、生产总量法、双倍余额递减法等。企业选择的无形资产摊销方法，应当能够反映与该项无形资产有关的经济利益预期实现方式，并一致地运用于不同会计期间。例如，受技术陈旧因素影响较大的专利权和专有技术等无形资产，可采用类似无形资产加速折旧的方法进行摊销；有特定产量限制的特许经营权或专利权，应采用产量法进行摊销；无法可靠确定其经济利益预期实现方式的，应当采用直线法进行摊销。

(二) 残值的确定

无形资产的残值，是指在其经济寿命结束之前，企业预计将会处置该无形资产，并且从该处置中获得的利益。无形资产的残值一般为零，但下列情况除外：其一，有第三方承诺在无形资产使用寿命结束时购买该无形资产；其二，可以根据活跃市场得到预计残值信息，并且该市场在无形资产使用寿命结束时可能存在。

估计无形资产的残值应以无形资产处置时的可回收金额为基础，此时的可回收金额是指在预计出售日，出售一项使用寿命已满且处于类似情况下，同类无形资产预计的处置价格（扣除相关税费）。残值确定以后，在持有无形资产的期间，至少应于每年年末进行复核，预计残值于原估计金额不同的，应按照会计估计变更处理。如果无形资产的残值重新估计以后高于其账面价值的，无形资产不再摊销，直至残值降至低于账面价值时再恢复摊销。

(三) 使用寿命有限的无形资产摊销的账务处理

无形资产的摊销金额一般应当计入当前损益，但如果某项无形资产是专门用于生产某种产品或者其他资产，其所包括的经济利益是通过转入到所生产的产品或者其他资产中实现的，则无形资产的摊销金额应当计入相关资产的成本。例如，某项专门用于生产过程的无形资产，其摊销金额应构成所生产产品的一部分，即计入制造该产品的制造费用。

企业无形资产的摊销应通过"累计摊销"科目核算，按期计提无形资产的摊销时，借记"管理费用""其他业务成本""制造费用"等科目，贷记"累计摊销"科目。

【例9-5】 NMG公司从乙公司购买了一项非专利技术，已支付价款300万元，估计该项非专利技术的使用寿命为10年，该项非专利技术用于产品生产。假定该项非专利技术的净残值为零，并按直线法摊销。NMG公司的账务处理如下：

(1) 取得无形资产时。

借：无形资产——非专利技术　　3000000
　　贷：银行存款　　　　　　　　　　　　3000000

(2) 按年摊销时。

借：制造费用　　　　　　　　　300000
　　贷：累计摊销　　　　　　　　　　　　300000

【例9-6】NMG公司从乙公司购入一项商标权，已支付价款2000万元，估计该项商标权的使用寿命为10年。假定该项商标权的净残值为零，并按直线法摊销。NMG公司的账务处理如下：

(1) 取得无形资产时。

借：无形资产——商标权　　　　20000000
　　贷：银行存款　　　　　　　　　　　　20000000

(2) 按年摊销时。

借：管理费用　　　　　　　　　2000000
　　贷：累计摊销　　　　　　　　　　　　2000000

三、使用寿命不确定的无形资产

对于使用寿命不确定的无形资产，在持有期间内不需要摊销，但为了避免其价值被高估，企业应当在每一会计期末对其进行减值测试。值得注意的是，对于使用寿命有限的无形资产，只有会计期末出现减值迹象时，才需要对其进行减值测试。无形资产发生减值时，借记"资产减值损失"科目，贷记"无形资产减值准备"科目。

第四节　无形资产的处置与减值

一、无形资产的处置

无形资产的处置，主要是指无形资产出售、对外出租、对外捐赠或者是无法为企业带来未来经济利益时终止确认并转销。

(一) 无形资产的出售

无形资产的出售，是指将无形资产的所有权让渡给他人。即在出售以后，企业不再对该项无形资产拥有占有、使用、收益、处置的权利。

企业出售无形资产时，应将出售所得的不含增值税价款扣除无形资产账面价值后的差额，确认为当期损益。出售无形资产时，应按出售的全部价款，借记"银行存款"等科目；按应缴纳的增值税，贷记"应交税费——应交增值税（销项税额）"科目；按无形资产的累积摊销额，借记"累计摊销"科目；按无形资产的原始价值，贷记"无形资产"科目（如计提了减值准备，还应借记"无形资产减值准备"科目）；按其差额，贷记"营业外收入——处置非流动资产利得"或借记"营业外支出——处置非流动资产损失"科目。

【例9-7】NMG公司将拥有的一项专利技术出售给乙公司，收取价款100000元，增值税6000元；银行支付律师费2000元；该项无形资产的原始价值为150000元，累计摊销额70000元，未计提减值准备。NMG公司的账务处理如下：

借：银行存款　　　　　　　　　　　　　106000
　　累计摊销　　　　　　　　　　　　　70000
　　贷：无形资产——专利权　　　　　　　　　150000
　　　　应交税费——应交增值税（销项税额）　　6000
　　　　银行存款　　　　　　　　　　　　　　2000
　　　　营业外收入——处置非流动资产利得　　　18000

【例9-8】NMG公司将拥有的一项专利技术出售给乙公司，取得价款100万元，增值税为6万元。该专利技术的成本为400万元，累计摊销额为200万元。NMG公司的账务处理如下：

借：银行存款　　　　　　　　　　　　　1060000
　　累计摊销　　　　　　　　　　　　　2000000
　　营业外支出——处置非流动资产损失　100000
　　贷：无形资产——专利权　　　　　　　　　4000000
　　　　应交税费——应交增值税（销项税额）　60000

（二）无形资产的出租

无形资产的出租是指将无形资产的使用权让渡给他人，企业仍保留对该无形资产的所有权。

企业出租无形资产取得的收入，在满足收入确认条件的情况下，确认为其他业务收入。取得收入时，应借记"银行存款"等科目，贷记"其他业务收入""应交税费——应交增值税（销项税额）"科目。

企业在出租无形资产的过程中，还可能支付律师费、咨询费等费用。这些费用也应由取得的收入来补偿，支付费用时，应借记"其他业务成本""应交税费——应交增值税（进项税额）"科目，贷记"银行存款"等科目。

企业出租无形资产，无形资产的摊销一般有以下几种方法：

1. 全部计入其他业务成本

如果企业出租无形资产后，自己不再使用该项无形资产，则其摊销价值应全部计入其他业务成本。摊销时，应借记"其他业务成本"科目，贷记"累计摊销"科目。

2. 一部分计入其他业务成本

如果企业在出租无形资产后，自己仍在使用该项无形资产，则按照配比原则，其摊销价值应按照一定的标准进行分配，一部分计入其他业务成本，由出租收入来补偿；另一部分计入管理费用或制造费用。摊销时，应借记"其他业务成本""管理费用""制造费用"等科目，贷记"累计摊销"科目。

3. 全部计入管理费用或制造费用

如果企业出租无形资产取得的收入所占比例不大，按照重要性原则，也可以将无形资产的摊销价值全部计入管理费用或制造费用。

【例9-9】NMG公司将一项专利技术出租给乙公司使用，该专利技术账面原价为30万元，摊销期限为10年。出租合同规定，乙公司每年支付专利技术使用费5万元，增值税3000元。假定不考虑其他相关税费，NMG公司的账务处理如下：

（1）取得该项专利技术使用费时。

借：银行存款　　　　　　　　　　　　　53000
　　贷：其他业务收入　　　　　　　　　　　　　　　50000
　　　　应交税费——应交增值税（销项税额）　　　　3000

（2）按年对该项专利技术进行摊销时。

借：其他业务成本　　　　　　　　　　　30000
　　贷：累计摊销　　　　　　　　　　　　　　　　　30000

（三）无形资产的报废

如果无形资产预期不能给企业带来未来经济利益，则不再符合无形资产的定义，应将其转销。例如，无形资产已被其他新技术所替代，不能给企业带来未来经济利益；无形资产不再受到法律保护，且不能给企业带来未来经济利益等。

无形资产预期不能给企业带来未来经济利益的，应按已摊销的累计摊销额，借记"累计摊销"科目；原已计减值准备的，借记"无形资产减值准备"科目；按其账面余额，贷记"无形资产"科目；按其差额，借记"营业外支出"科目。

【例9-10】NMG公司的某项专利技术，其账面余额为30万元，摊销期限为10年，假定该专利技术的残值为零，采用直线法进行摊销，已摊销5年。今年其生产的产品没有市场，应予转销。假定不考虑其他相关因素，NMG公司的账务处理如下：

借：累计摊销　　　　　　　　　　　　150000

营业外支出——处置非流动资产损失　　150000
　　　贷：无形资产——专利权　　　　　　　　　　　　　　300000

二、无形资产的减值

　　企业在资产负债表日应当判断无形资产是否存在发生减值，即无形资产的可回收金额低于其账面价值时，企业应当确认资产减值损失，并把无形资产的账面价值减记至可回收金额。判断无形资产减值的依据主要包括：其一，该无形资产已被其他新技术取代，使其为企业创造经济利益的能力受到重大不利影响。其二，该无形资产的市价在当期发生严重下跌，在预计的剩余存续年限内不会恢复。由于无形资产的特异性，所以一般并不存在市场价格，此时可以以无形资产的市场评估价值作为替代。其三，某项无形资产已经超过了法律的保护期限，但仍具有部分的使用价值。若无形资产的使用存在一个明确的法律规定年限，那么当且仅当在法律期限内企业才获得了垄断权，该无形资产才可能因此给企业带来超额利润；但如果无形资产已经超过了法律保护期限，则给企业贡献未来超额盈利的能力就受到了限制。

　　企业还应当根据实际情况来认定无形资产已经实质上可能发生减值的迹象。有确凿证据表明无形资产存在减值迹象的，应当在资产负债表日进行减值测试，估计其可回收金额。可回收金额应当根据无形资产的预计出售净价减去预计税费后的净额与预计从该项无形资产持有期间获得的未来现金流量的现值两者之间较高者确定。

　　可回收金额的计量结果表明无形资产的可回收金额低于其账面价值的，应当将无形资产的账面价值减记至可回收金额，减记的金额确认资产减值损失，计入当期损益，同时计提相应的无形资产减值准备。无形资产计提了减值准备后，无形资产的账面价值将根据计提的减值准备相应抵减，无形资产在未来计提摊销时，也应当按照新的无形资产账面价值为基础计提每期摊销，以使该无形资产在剩余使用寿命内，系统地分摊调整后的无形资产账面价值。

　　考虑到无形资产发生减值后，一方面价值回升的可能性比较小，通常属于永久性减值；另一方面从会计信息稳健性考虑，为了避免确认无形资产重估增值和操纵利润，无形资产减值损失一经确认，在以后会计期间不得转回。以前期间计提的无形资产减值准备，需要等到无形资产处置时才可转出。

　　为了正确核算企业确认的无形资产减值损失和计提的无形资产减值准备，企业应当设置"资产减值损失"科目，按照资产类别进行明细核算，反映各类资产在当期确认的资产减值损失金额；同时设置"无形资产减值准备"科目。当无形资产发生了减值时，应当根据所确认的无形资产减值金额，借记"资产减值损失"科目，贷记"无形资产减值准备"科目。

【例 9-11】 NMG 公司年末对其购入的成本为 300 万元的商标按照资产减值的原则进行减值测试，经测试该商标的公允价值为 200 万元。NMG 公司的账务处理如下：

借：资产减值损失　　　　　　　　　　1000000
　　贷：无形资产减值准备　　　　　　　　　　1000000

 复习思考题

1. 什么是无形资产？其主要特征是什么？
2. 无形资产的内容包括什么？
3. 如何理解无形资产的确认条件？
4. 自行开发无形资产时，怎样区分研究阶段与开发阶段？
5. 开发阶段的资本化确认条件是什么？
6. 估计无形资产的使用寿命时，应考虑的因素有哪些？
7. 无形资产价值摊销的会计处理有什么特点？

第十章 负 债

内容提要

负债,是指企业过去的交易或事项形成的,预期会导致经济利益流出企业的现时义务。按其流动性的不同,分为流动负债和非流动负债。流动负债包括短期借款、应付票据、应付账款、预收账款、应付职工薪酬、应交税费等。非流动负债包括长期借款、应付债券、长期应付款。短期借款、长期借款和应付债券是企业分别通过向银行借款和发行债券的方式筹集资金,其核算一般包括取得资金、按期确认利息以及归还本金和利息等内容。应付票据和应付账款是因为赊购材料或商品等日常经营活动而形成的企业现时义务,未来需要用货币偿付。与上述负债不同,预收账款所形成的负债需要未来用产品或劳务偿付。应付职工薪酬应在职工为企业提供服务的会计期间予以确认,并根据职工提供服务的受益对象,分别计入相关资产成本或当期损益。职工薪酬的发放形式既可以是货币,也可以是非货币性福利。应交税费主要反映企业按照税法规定应交纳的各种税费及其实际交纳情况。

第一节 负债概述

一、负债的定义与特征

负债,是指企业过去的交易或事项形成的,预期会导致经济利益流出企业的现时义务。从本质上讲,负债是已经发生的交易或事项导致的债权人对企业的一种求偿权,并且该项权利优先于所有者对企业的所有权。

根据负债的定义,负债具有以下几个方面的特征:

其一,负债是企业承担的现时义务。负债必须是企业承担的现时义务,这是负债的一个基本特征,其中,现时义务是指企业在现行条件下应承担的义务。义务不仅包括法律法规和具有约束力的合同所规定的法定义务,也包括由于企业的公开承诺或公开宣布的政策而导致的推定义务,只要是企业在现行条件下应承担的,都是现时义务。例如,企业在每一会计期期末都得按照有关规定依法缴纳税款;企业对于售出商品提供一年的售后保修服务,预期将为售出商品提供的保修服务作为推定义务,也应将其确认为一种负债。而未来发生的交易或事项形成的义务,不属于现时义务,不应当确认为负债。

其二,负债预期会导致经济利益流出企业。在履行现时义务清偿负债时,清偿方式多种多样。例如,用货币资金或实物资产偿还;以提供劳务形式偿还;以债转股或承诺新债等形式偿还。但无论采用哪种形式,都会导致经济利益流出企业。如果不会导致经济利益流出企业,就不符合负债的定义。

其三,负债是由企业过去的交易或事项形成的。只有过去的交易或事项才形成负债,企业将在未来发生的承诺、签订的合同等交易或事项,在现行条件下都不形成负债。

此外,企业还存在过去的交易或事项形成的潜在义务,或者金额不能可靠计量的现时义务,会计上称为或有负债。或有负债不符合负债的定义和确认条件,企业不应确认或有负债,但或有负债最终能否转化为企业的负债,其结果须由未来事项决定。

二、负债的确认条件

企业是否将一项现时义务确认为负债,不仅要符合上述负债的定义,而且还需要同时满足以下两个条件:

其一,与该义务有关的经济利益很可能流出企业。负债预期会导致经济利益流出企业。然而在实务中,履行义务所需流出的经济利益往往带有不确定性,尤其是与推定义务相关的经济利益通常需要依赖于合理的估计。因此,负债的确认应当与经济利益流出不确定程度的判断结合起来,如果有确凿证据表明,与现时义务有关的经济利益很可能(概率在50%以上)流出企业,就应当将其作为负债予以确认;反之,即使企业承担了现时义务,但是导致经济利益流出企业的可能性很小,就不符合负债的确认条件,因而不应将其作为负债予以确认。

其二,经济利益流出的金额能够可靠地计量。负债的确认在考虑经济利益流出企业的同时,对于未来流出的经济利益的金额也应当能够可靠地计量。如果负债形成的现时义务属于法定义务,其经济利益流出的金额通常可以根据合同或者法律的规定予以确定;如果负债形成的现时义务属于推定义务,其经济利益流出的金额通常要根据履行相关义务所需支出的最佳估计数进行估计确定。此外,在对负债引起的经济利益流出的金额进行计量时,还需要综合考虑有关货币时间价值、风险等因素的影响,当经济利益流出的未来期间较长或风险较大时，应当对未来现金流量进行折现，以确定负债的计量金额。

三、负债的分类

负债通常按其偿还期限的不同，划分为流动负债和非流动负债两类。

（一）流动负债

流动负债，是指将在一年或者超过一年的一个营业周期内偿还的债务，主要包括短期借款、应付票据、应付账款、预收账款、应付职工薪酬、应交税费、应付利息、应付股利、其他应付款等。流动负债大部分是由于企业经营活动中的结算关系形成的，如应付票据、应付账款、预收账款等；有些是企业融资活动中的借贷关系形成的，如短期借款；还有一些是企业利润分配过程中形成的，如应付股利等。

（二）非流动负债

非流动负债，是指偿还期在一年或者超过一年的一个营业周期以上的债务，包括长期借款、应付债券、长期应付款等。非流动负债大部分是由融资活动引起的借贷关系形成的。

将负债划分为流动负债和非流动负债，可以科学地揭示负债的偿还期限，从而有利于对企业财务状况和偿债能力进行分析和评价。当然，流动负债和非流动负债的划分是一个动态的过程，随着时间的推移，非流动负债会转化为流动负债。例如，将于一年内到期的非流动负债，就应当列为流动负债，在资产负债表中单独反映。

负债按照偿还期限的划分是负债最基本的分类方式。此外，负债按照未来支付金额的确定性程度不同，分为金额确定的负债、金额视经营情况而定的负债和金额不确定但能够可靠估计的负债。金额确定的负债是指根据有关规定具有确定的还款日期和付款金额，到期必须偿还的现时义务。例如短期借款、应付票据、应付账款、预收账款、长期借款等。金额视经营情况而定的负债是指现时义务的金额必须在会计期末根据企业经营情况才能确定。例如应交税费、应付职工薪酬等。金额不确定但能够可靠估计的负债是指因或有负债形成的现时义务，其金额具有一定的不确定性，但是根据有关资料和专业判断能够进行可靠估计。例如因产品质量保证而形成的预计负债。

第二节 流动负债

一、短期借款

短期借款,是指企业向银行或其他金融机构等借入的期限在一年以下(含一年)的各种借款。短期借款通常是企业为维持正常生产经营所需资金而借入的款项,与长期借款相比,短期借款具有借款期限相对较短、利息费用相对较低、借款手续相对简便等特点。

短期借款通常需要支付利息,因此企业应如实地反映短期借款的借入、利息的发生和本息的偿还情况。

企业应设置"短期借款"科目对企业的短期借款业务进行核算。该科目贷方登记取得短期借款的本金数额,借方登记归还短期借款的本金数额,余额在贷方,反映企业尚未偿还的短期借款。同时应设置"应付利息"科目核算企业按照合同约定应支付的短期借款利息。

企业从银行或其他金融机构取得短期借款时,借记"银行存款"科目,贷记"短期借款"科目。

根据不同的借款条件,利息的核算方法有所不同。如合同规定按月支付利息,则在实际支付利息时,将借款利息直接计入当期筹资费用,即借记"财务费用"科目,贷记"银行存款"科目。但在实际工作中,银行一般于每季度末收取短期借款的利息,按照权责发生制原则,当月已经使用的短期借款形成的利息应作为当月的筹资费用,而这笔利息尚未支付,所以对企业而言形成一笔负债,即应付利息,也就是说,企业的短期借款利息一般采用月末预提的方式进行核算。企业应当在期末按照本金和合同规定利息计算当月应预提的短期借款利息费用,借记"财务费用"科目,贷记"应付利息"科目;实际支付利息时,根据已预提的利息,借记"应付利息"科目,根据尚未预提即本月应计利息,借记"财务费用"科目,根据该季度应付利息总额,贷记"银行存款"科目。如果短期借款利息是在借款到期时连同本金一起归还,一般也采用月末预提的方式进行核算。

企业短期借款到期偿还本金时,借记"短期借款"科目,贷记"银行存款"科目。

【例10-1】NMG公司于20×1年4月1日向银行借入一笔短期借款,金额为150000元,期限为6个月,借款合同规定年利率为8%,本金到期后一次归还,利息按季支付。NMG 公司按月预提利息。则该公司的有关会计处理如下：

（1）4 月 1 日借入短期借款时。

借：银行存款　　　　　　150000
　　贷：短期借款　　　　　　　150000

（2）4 月末，计提 4 月份应计利息时。

本月应计提的利息金额 = 150000 × 8% ÷ 12 = 1000（元）

借：财务费用　　　　　　1000
　　贷：应付利息　　　　　　　1000

5 月末计提 5 月份利息费用的处理与 4 月份相同。

（3）6 月末支付该季度银行借款利息时。

借：财务费用　　　　　　1000
　　应付利息　　　　　　2000
　　贷：银行存款　　　　　　　3000

第三季度借款利息预提和支付的处理与上季度相同。

（4）10 月 1 日偿还银行借款本金时。

借：短期借款　　　　　　150000
　　贷：银行存款　　　　　　　150000

二、应付票据

应付票据是指企业购买材料、商品和接受劳务供应等开出、承兑的商业汇票，包括银行承兑汇票和商业承兑汇票。通常而言，商业票据的付款期限不超过 6 个月，因此在会计上应作为流动负债管理和核算。在会计核算上，主要包括开出、承兑商业汇票和票据到期偿付等情况。

企业应设置"应付票据"科目对企业的应付票据业务进行核算。该科目贷方登记开出商业汇票、承兑商业汇票或以承兑商业汇票抵付货款、应付账款的面值，借方登记偿还票据的金额，余额在贷方，表示企业尚未到期的商业汇票的票面金额。"应付票据"科目一般可按债权人进行明细核算。

（一）开出应付票据、承兑应付票据

企业因购买材料、商品和接受劳务供应等开出、承兑的商业汇票，应当按照有关发票金额，借记"原材料""应交税费——应交增值税（进项税额）"等科目，按照商业汇票的票面金额，贷记"应付票据"科目。因抵付货款、应付账款而开出、承兑的商业汇票，应当按照商业汇票的票面金额，借记"应付账款"等科目，贷记"应付票据"科目。

如果开出的为银行承兑汇票,企业支付给银行的手续费应当计入当期的财务费用,借记"财务费用"科目,贷记"银行存款"科目。

【例10-2】NMG公司为增值税一般纳税人,购进原材料采用商业汇票方式结算货款。根据有关发票账单购入材料的实际成本为30000元,增值税专用发票上注明的增值税为5100元。材料已经验收入库。该企业于20×9年9月6日开出一张面值35100元、期限3个月的不带息商业汇票。根据上述资料,NMG公司应做如下会计处理:

借:原材料　　　　　　　　　　　　　　30000
　　应交税费——应交增值税(进项税额)　5100
　　贷:应付票据　　　　　　　　　　　　　　35100

(二) 票据到期偿还

应付票据到期支付票款时,应按账面余额予以结转,借记"应付票据"科目,贷记"银行存款"科目。

【例10-3】承【例10-2】,20×9年12月6日,NMG公司于9月6日开出的商业汇票到期,通知银行以银行存款支付票款。则该公司应做如下会计分录:

借:应付票据　　　　　　　　　　　　　35100
　　贷:银行存款　　　　　　　　　　　　　　35100

如果开出并承兑的商业承兑汇票不能如期支付的,应在票据到期时,将"应付票据"账面价值转入"应付账款"科目,待协商后再行处理。如果银行承兑汇票到期企业无力支付到期票款时,承兑银行除凭票向持票人无条件付款外,对出票人尚未支付的汇票金额转作逾期贷款处理,并按照每天万分之五计收利息。企业无力支付到期银行承兑汇票,在接到银行转来有关凭证时,借记"应付票据"科目,贷记"短期借款"科目。对计收的利息,按短期借款利息的核算办法处理。

【例10-4】承【例10-2】,假设上述商业汇票为商业承兑汇票,该票据到期时NMG公司无力支付票款。则该企业应做如下会计分录:

借:应付票据　　　　　　　　　　　　　35100
　　贷:应付账款　　　　　　　　　　　　　　35100

三、应付账款

应付账款,是指因购买材料、商品或接受劳务供应等应支付的款项。与应付票据类似,应付账款也是经营过程中为购买商品、接受劳务而产生的一项负债。只是应付票据是一种延期付款的书面证明,具有更强的法律效力,而应付账款是以企业商业信誉为担保的尚未结清的债务。在会计核算上,主要包括形成应付账款及其偿还的情况。

企业应设置"应付账款"科目核算应付账款的发生、偿还以及转销等情况。该科目贷方登记企业购买材料、商品或接受劳务供应而发生的应付账款，借方登记偿还的应付账款或已转销的无法支付的应付账款，余额一般在贷方，反映企业尚未支付的应付账款余额。"应付账款"科目一般按债权人进行明细核算。

(一) 发生应付账款

理论上说，应付账款入账时间的确定，应以与所购买物资所有权有关的风险和报酬已经转移或劳务已经接受为标志。但在实际工作中，应区别不同情况处理：在物资和发票账单同时到达的情况下，应付账款一般待物资验收入库后，才按发票账单登记入账；在物资和发票账单未同时到达的情况下，由于应付账款需根据发票账单登记入账，有时货物已到，发票账单要间隔较长时间才能到达，由于这笔负债已经成立，应作为一项负债反映，为在资产负债表上客观反映企业所拥有的资产和承担的债务，在实际工作中采用在月份终了将所购物资和应付债务估计入账，待下月初再用红字予以冲回的办法进行处理。

应付账款一般按应付金额入账，而不按到期应付金额的现值入账。购入的材料、商品已验收入库，但货款尚未支付，应根据发票账单上注明的实际价款或暂估价值，借记"原材料"等科目，按照增值税专用发票上注明的金额，借记"应交税费——应交增值税（进项税额）"科目，按照应付的价款，贷记"应付账款"科目。

如果购入的资产在形成一笔应付账款时是带有现金折扣的，应付账款入账金额的确定应按发票上记载的应付金额的总额（不扣除现金折扣）记账，即总价法。在这种方法下，应按发票上记载的全部应付金额，借记有关科目，贷记"应付账款"科目；实际获得的现金折扣在偿付应付账款时冲减财务费用。

(二) 偿还应付账款

企业偿还应付账款或开出商业汇票抵付应付账款时，借记"应付账款"科目，贷记"银行存款""应付票据"等科目。

【例10-5】NMG公司是增值税一般纳税人，20×1年3月5日，购入材料一批，货款20000元，增值税3400元。材料已验收入库（该企业采用实际成本法进行材料的日常核算），款项尚未支付。按照有关购货合同的规定，付款条件是"2/10、1/20、n/30"（假定计算现金折扣时不考虑增值税）。20×1年3月13日，NMG公司用银行存款支付上述货款。则该公司应做如下会计分录：

借：原材料　　　　　　　　　　　　　　　20000
　　应交税费——应交增值税（进项税额）　 3400
　　　贷：应付账款　　　　　　　　　　　　　　　23400
借：应付账款　　　　　　　　　　　　　　23400
　　　贷：银行存款　　　　　　　　　　　　　　　23000

财务费用　　　　　　　　　　　　　　　　　　　400

如果NMG公司于20×1年3月28日付款,则有关会计分录如下:

借:应付账款　　　　　　　　　　　　　　23400

　　贷:银行存款　　　　　　　　　　　　　　　23400

企业因债权人破产、撤销等原因而无法支付的应付账款,经核准后予以转销,按其账面余额,借记"应付账款"科目,贷记"营业外收入"科目。

四、预收账款

预收账款是买卖双方协议商定,由购货单位预先支付一部分货款而形成的一项负债。与应付账款不同,预收账款所形成的负债不是以货币偿付,而是以货物偿付。在会计核算上,主要包括预收款项、发出商品实现收入及合同结算等情况。

企业应通过设置"预收账款"科目对预收账款业务进行核算。该科目贷方登记按照合同规定预收的货款额和发出货物后对方补付的货款额;借方登记发出货物时应收的货款额和退回多收的货款额,期末贷方如在余额,反映企业预收的款项;期末如为借方余额,反映企业尚未转销的款项,实质上是企业的一种债权。"预收账款"科目一般按照购货单位进行明细核算。

企业向购货单位预收款项时,借记"银行存款"等科目,贷记"预收账款"科目;销售实现时,按实现的收入和应收的增值税销项税额,借记"预收账款"科目,贷记"主营业务收入"科目,按照增值税专用发票上注明的增值税额,贷记"应交税费——应交增值税(销项税额)"科目;企业收到购货单位补付的货款时,借记"银行存款"科目,贷记"预收账款"科目;企业向购货单位退回多收的款项时,借记"预收账款"科目,贷记"银行存款"科目。

【例10-6】NMG公司是增值税一般纳税人。20×1年5月8日,与D公司签订供货合同,供货金额为70000元,应交纳增值税为11900元。根据有关供货合同,D公司应于20×1年5月10日先预付货款40000元,余款交货后付清。20×1年5月20日,NMG公司将货物发到D公司并开出增值税专用发票,D公司验收合格后付清了剩余货款。则NMG公司有关会计处理如下:

(1) 5月10日收到预付款40000元。

借:银行存款　　　　　　　　　　　　　40000

　　贷:预收账款——D公司　　　　　　　　　40000

(2) 5月20日NMG公司发出货物。

借:预收账款——D公司　　　　　　　　81900

　　贷:主营业务收入　　　　　　　　　　　70000

　　　　应交税费——应交增值税（销项税额）　　11900

实际收到对方应补付的货款 41900 元（81900 - 40000）时：
　　借：银行存款　　　　　　　　　　　41900
　　　　贷：预收账款——D 公司　　　　　　　　41900

值得注意的是，企业预收账款业务如果不多时，可以不设置"预收账款"科目，收到预收款项时直接计入"应收账款"科目的贷方。

五、应付职工薪酬

应付职工薪酬，是指职工为企业提供服务后，企业应当支付给职工的各种形式的报酬或补偿。

（一）职工薪酬的内容

职工主要是指与企业订立劳动合同的所有人员，含全职、兼职和临时职工，也包括虽未与企业订立劳动合同但由企业正式任命的人员。职工薪酬，是指企业为获得职工提供的服务或解除劳动关系而给予的各种形式的报酬或补偿。企业提供给职工配偶、子女、受赡养人、已故员工遗属及其他受益人等的福利，也属于职工薪酬。职工薪酬包括短期薪酬、离职后福利、辞退福利和其他长期职工福利。企业应当严格按照《职工薪酬》准则的规定，根据职工薪酬的性质，对职工薪酬进行合理分类，作为职工薪酬会计处理的基础。

1. 短期薪酬

短期薪酬，是指企业在职工提供相关服务的年度报告期间结束后十二个月内需要全部予以支付的职工薪酬。具体包括以下内容：职工工资、奖金、津贴和补贴，职工福利费，医疗保险费、工伤保险费和生育保险费等社会保险费，住房公积金，工会经费和职工教育经费，短期带薪缺勤，短期利润分享计划，非货币性福利和其他短期薪酬。

2. 离职后福利

离职后福利，是指企业为获得职工提供的服务而在职工退休或与企业解除劳动关系后，提供的各种形式的报酬和福利。

3. 辞退福利

辞退福利，是指企业在职工劳动合同到期之前解除与职工的劳动关系，或者为鼓励职工自愿接受裁减而给予职工的补偿。

4. 其他长期职工福利

其他长期职工福利，是指除短期薪酬、离职后福利、辞退福利之外所有的职工薪酬，包括长期带薪缺勤、长期残疾福利、长期利润分享计划等。

为了反映职工薪酬的发放和提取情况,应设置"应付职工薪酬"科目进行核算,该科目应该按照职工薪酬的类别设置明细科目。

(二) 短期薪酬

1. 职工工资、奖金、津贴和补贴

职工工资、奖金、津贴和补贴,是指按照构成工资总额的计时工资、计件工资、支付给职工的超额劳动报酬和增收节支的劳动报酬、为补偿职工特殊或额外的劳动消耗和因其他特殊原因支付给职工的津贴,以及为保证职工工资水平不受物价影响支付给职工的物价补贴等。其中,企业按照短期奖金计划向职工发放的奖金属于短期薪酬,按照长期奖金计划向职工发放的奖金属于其他长期职工福利。

2. 职工福利费

职工福利费,是指企业为职工提供的除职工工资、奖金、津贴和补贴、职工教育经费、社会保险费及住房公积金等以外的福利待遇支出,包括发放给职工或为职工支付的以下各项现金补贴和非货币性集体福利:一是为职工卫生保健、生活等发放或支付的各项现金补贴和非货币性福利,包括职工因公外地就医费用、职工疗养费用、防暑降温费等;二是企业尚未分离的内设集体福利部门所发生的设备、设施和人员费用;三是发放给在职职工的生活困难补助以及按规定发生的其他职工福利支出,如丧葬补助费、抚恤费、职工异地安家费、独生子女费等。为了反映职工福利的支出与分配情况,应在"应付职工薪酬"科目下设"职工福利"明细科目。

3. 社会保险费以及住房公积金

社会保险费是按国家规定由企业和职工共同负担的费用,包括医疗保险费、养老保险费、失业保险费、工伤保险费和生育保险费等。住房公积金是按照国家规定由企业和职工共同负担用于解决职工住房问题的费用,该费用需按照国家规定的基准和比例计算,向住房公积金管理机构缴存。为了反映企业负担的社会保险费和住房公积金的提取和缴纳情况,应在"应付职工薪酬"科目下设置"社会保险费"和"住房公积金"明细科目。

4. 工会经费和职工教育经费

工会经费和职工教育经费,是指企业为了改善职工文化生活、为职工学习先进技术和提高文化水平和业务素质,用于开展工会活动和职工教育及职业技能培训等相关支出。为了反映工会经费和职工教育经费的提取和使用情况,应在"应付职工薪酬"科目下分别设置"工会经费"和"职工教育经费"等明细科目。

职工的工资、奖金、津贴和补贴,大部分的职工福利费、医疗保险费、工伤保险费和生育保险费等社会保险费,住房公积金、工会经费和职工教育经费一般属于货币性短期薪酬。

第十章 负 债

企业应当根据职工提供服务情况和工资标准计算应计入职工薪酬的工资总额，按照受益对象计入当期损益或相关资产成本，借记"生产成本""制造费用""管理费用"等科目，贷记"应付职工薪酬"科目。发放时，借记"应付职工薪酬"，贷记"银行存款"等科目。企业发生的职工福利费，应当在实际发生时根据实际发生额计入当期损益或相关资产成本。

企业为职工缴纳的医疗保险费、工伤保险费、生育保险费等社会保险费和住房公积金，以及按规定提取的工会经费和职工教育经费，应当在职工为其提供服务的会计期间，根据规定的计提基础和计提比例计算来确定相应的职工薪酬金额，并确认相关负债，按照受益对象计入当期损益或相关资产成本。其中：①医疗保险费、工伤保险费、生育保险费和住房公积金。企业应当按照国务院、所在地政府或企业年金计划规定的标准，计量应付职工薪酬义务和应相应计入成本费用的薪酬金额。②工会经费和职工教育经费。企业应当分别按照职工工资总额 2% 和 1.5% 的计提标准，计量应付职工薪酬（工会经费、职工教育经费）的义务金额和应相应计入成本费用的薪酬金额；从业人员技术要求高、培训任务重、经济效益好的企业，可根据国家相关规定，按照职工工资总额的 2.5% 计量应计入成本费用的职工教育经费。按照明确标准计算确定应承担的职工薪酬义务后，再根据受益对象计入当期损益或相关资产成本。

【例 10-7】NMG 公司 20×1 年 9 月职工工资总额为 1260000 元，其中：产品生产工人工资 600000 元，在建工程人员工资 300000 元，公司管理人员工资 225000 元，产品销售人员工资 135000 元。该企业发生的职工福利费为 180000 元，其中：产品生产工人福利费 84000 元，在建工程人员福利费 42000 元，公司管理人员福利费 35100 元，产品销售人员福利费 18900 元。并按工资总额的 10% 计算应缴纳的住房公积金，按工资总额的 2% 和 1.5% 分别计提工会经费和职工教育经费。另外，应由企业代扣代缴由职工个人负担的住房公积金 126000 元，个人所得税 156000 元。月底，向住房公积金办缴纳住房公积金。

（1）工资分配进成本、费用。

借：生产成本　　　　　　　　　　　　600000
　　在建工程　　　　　　　　　　　　300000
　　管理费用　　　　　　　　　　　　225000
　　销售费用　　　　　　　　　　　　135000
　　　贷：应付职工薪酬——工资　　　　　　　1260000

（2）发生职工福利费。

借：生产成本　　　　　　　　　　　　84000
　　在建工程　　　　　　　　　　　　42000

管理费用　　　　　　　　　　　35100
　　销售费用　　　　　　　　　　　18900
　　　贷：应付职工薪酬——职工福利　　　　180000

（3）按工资总额10%计算应缴纳的住房公积金。

借：生产成本　　　　　　　　　　60000
　　在建工程　　　　　　　　　　30000
　　管理费用　　　　　　　　　　22500
　　销售费用　　　　　　　　　　13500
　　　贷：应付职工薪酬——住房公积金　　　126000

（4）按工资总额2%和1.5%分别计提工会经费和职工教育经费。

借：生产成本　　　　　　　　　　21000
　　在建工程　　　　　　　　　　10500
　　管理费用　　　　　　　　　　7875
　　销售费用　　　　　　　　　　4725
　　　贷：应付职工薪酬——工会经费　　　　25200
　　　　　　　　　　　——职工教育经费　　18900

（5）代扣代缴职工个人应负担的住房公积金和个人所得税。

借：应付职工薪酬——工资　　　　282000
　　　贷：其他应付款——应付住房公积金　　126000
　　　　　应交税费——应交个人所得税　　　156000

（6）向住房公积金办缴纳住房公积金。

借：其他应付款——应付住房公积金　　126000
　　应付职工薪酬——住房公积金　　　126000
　　　贷：银行存款　　　　　　　　　　　　252000

5. 短期带薪缺勤

短期带薪缺勤是指企业支付工资或者提供补偿的职工缺勤，包括年休假、病假、短期伤残、婚假、产假、丧假、探亲假等。对于职工带薪缺勤，企业应当根据其性质及职工享有的权利，分为累积带薪缺勤和非累积带薪缺勤两类。企业应当对累积带薪缺勤和非累积带薪缺勤分别进行会计处理。

（1）累积带薪缺勤。累积带薪缺勤是指带薪权利可以结转下期的带薪缺勤，本期尚未用完的带薪缺勤权利可以在未来期间使用。例如，某职工每年可以享受10天的带薪休假，当年由于工作任务比较繁重，未能按时休假。如果该企业规定当年未休假时间可以递延1年，则当年未休假的时间属于累积带薪缺勤。为了反映累积带薪缺勤的提取和使用情况,应在"应付职工薪酬"科目下设置"累积带薪缺勤"明细科目。

职工当期未享受带薪缺勤而在未来可以享受带薪缺勤的情况下,增加了当期为企业提供的服务。因此,企业应当在职工提供服务从而增加了其未来享有的带薪缺勤权利时,确认与累积带薪缺勤相关的职工薪酬,并以累积未行使权利而增加的预期支付金额计量,计入当期成本费用,借记"生产成本""制造费用""管理费用""销售费用""在建工程""研发支出"等科目,贷记"应付职工薪酬——累积带薪缺勤"科目。

【例10-8】NMG公司20×1年有一名生产工人按照规定每年可以享受5天带薪休假,由于工作任务较重,该职工当年未能带薪休假,公司规定,可以将未享受的带薪休假时间递延到20×2年。该职工的日工资为300元。

借:生产成本　　　　　　　　　　　　　　　1500
　　贷:应付职工薪酬——累积带薪缺勤　　　　　　1500

(2)非累积带薪缺勤。非累积带薪缺勤,是指带薪权利不能结转下期的带薪缺勤,本期尚未用完的带薪缺勤权利将予以取消,并且职工离开企业时也无权获得现金支付。例如,某职工每年可以享受10天的带薪休假,当年由于工作任务比较繁重,未能按时休假。如果该企业规定当年未休假时间不能递延,则当年未休假的时间属于非累积带薪缺勤。我国企业职工休婚假、产假、丧假、探亲假、病假期间的工资通常属于非累积带薪缺勤。由于职工提供服务本身不能增加其能够享受的福利金额,企业在职工未缺勤时不应当计提相关费用和负债。为此,企业应当在职工实际发生缺勤的会计期间确认与非累积带薪缺勤相关的职工薪酬。

企业确认职工享有的与非累积带薪缺勤权利相关的薪酬,视同职工出勤确认的当期损益或相关资产成本。通常情况下,与非累积带薪缺勤相关的职工薪酬已经包括在企业每期向职工发放的工资等薪酬中,因此,不必额外作相应的账务处理。

6.短期利润分享计划

短期利润分享计划,是指因职工提供服务而与职工达成的基于利润或者其他经营成果提供薪酬的协议。企业为了鼓励职工长期为其提供服务,可能制订利润分享计划,规定当职工在企业工作了特定年限后,或者完成规定的业绩指标后,能够享有按照企业净利润的一定比例计算的奖金。在实务中,实行工效挂钩的企业根据企业经济效益增长的实际情况提取的工资,类似于利润分享计划。但是,这类计划是按照企业实现净利润一定比例确定享受的福利,与企业经营业绩挂钩,仍然是由于职工提供服务而产生的,不是由企业与其所有者之间的交易而产生,因此,企业应当将利润分享计划作为费用处理(或根据相关准则,作为资产成本的一部分),不能作为净利润的分配。为了反映利润分享计划的提取和发放情况,应在"应付职工薪酬"科目下设置"利润分享计划"明细科目。企业确认职工利润分享计划薪酬时,应借记有关的成本费用科目,贷记"应付职工薪酬——利润分享计划"科目。

【例 10-9】 NMG 公司为了鼓励本公司高级管理人员为其提供服务,制订了利润分享计划。该计划规定,在实行利润分享计划的年度,管理人员只要在公司工作满一整年即可获得奖金。假定 20×1 年没有管理人员离开公司,公司应支付的奖金总额为当年净利润的 4%,并已以银行存款支付,公司当年净利润为 1500 万元。则 NMG 公司 20×1 年 12 月 31 日应做如下会计处理:

借:管理费用　　　　　　　　　　　　　　600000
　　贷:应付职工薪酬——利润分享计划　　　　　　　600000
借:应付职工薪酬——利润分享计划　　　　600000
　　贷:银行存款　　　　　　　　　　　　　　　　　600000

7. 非货币性福利

非货币性福利,是指企业以非货币性资产支付给职工的薪酬,主要包括企业以自己的产品或外购商品发放给职工作为福利,将拥有的房屋等资产无偿提供给职工使用或租赁住房等资产供职工无偿使用,以及向职工提供企业支付了补贴的商品或服务等。

为了反映非货币性福利的支付与分配情况,应在"应付职工薪酬"科目下设置"非货币性福利"明细科目。

企业向职工提供非货币性福利的,应当按照公允价值计量。公允价值不能可靠取得的,可以采用成本计量。

(1) 以自产产品或外购商品发放给职工作为福利。企业以其生产的产品作为非货币性福利提供给职工的,应当按照该产品的公允价值和相关税费,计量应计入成本费用的职工薪酬金额,相关收入的确认、销售成本的结转和相关税费的处理,与正常商品销售相同。以外购商品作为非货币性福利提供给职工的,应当按照该商品的公允价值和相关税费计入成本费用。

需要注意的是,在以自产产品或外购商品发放给职工作为福利的情况下,企业在进行账务处理时,应当先通过"应付职工薪酬"科目归集当期应计入成本费用的非货币性薪酬金额。

【例 10-10】 NMG 公司为一家生产笔记本电脑的企业,共有职工 200 名,20×1 年 2 月,公司以其生产的成本为 10000 元的高级笔记本电脑和外购的每部不含税价格为 1000 元的手机作为春节福利发放给公司每名职工。该型号笔记本电脑的售价为每台 14000 元,NMG 公司适用的增值税税率为 17%,已开具了增值税专用发票;NMG 公司以银行存款支付了购买手机的价款和增值税进项税额,已取得增值税专用发票,适用的增值税税率为 17%。假定 200 名职工中 170 名为直接参加生产的职工,30 名为总部管理人员。

[分析] 企业以自己生产的产品作为福利发放给职工，应计入成本费用的职工薪酬金额以公允价值计量，计入主营业务收入，产品按照成本结转，但要根据相关税收规定，视同销售计算增值税销项税额。外购商品发放给职工作为福利，应当将交纳的增值税进项税额计入成本费用。

笔记本电脑的售价总额 = 14000 × 170 + 14000 × 30 = 2380000 + 420000 = 2800000（元）

笔记本电脑的增值税销项税额 = 170 × 14000 × 17% + 30 × 14000 × 17% = 404600 + 71400 = 476000（元）

NMG 公司决定发放非货币性福利时，应做如下账务处理：

借：生产成本　　　　　　　　　　2784600
　　管理费用　　　　　　　　　　 491400
　　　贷：应付职工薪酬——非货币性福利　　　3276000

实际发放笔记本电脑时，应做如下账务处理：

借：应付职工薪酬——非货币性福利　3276000
　　　贷：主营业务收入　　　　　　　　　　2800000
　　　　　应交税费——应交增值税（销项税额）　476000

借：主营业务成本　　　　　　　　2000000
　　　贷：库存商品　　　　　　　　　　　　2000000

手机的售价总额 = 170 × 1000 + 30 × 1000 = 170000 + 30000 = 200000（元）

手机的进项税额 = 170 × 1000 × 17% + 30 × 1000 × 17% = 28900 + 5100 = 34000（元）

NMG 公司决定发放非货币性福利时，应做如下账务处理：

借：生产成本　　　　　　　　　　198900
　　管理费用　　　　　　　　　　 35100
　　　贷：应付职工薪酬——非货币性福利　　　234000

购买手机时，NMG 公司应做如下账务处理：

借：库存商品　　　　　　　　　　200000
　　应交税费——应交增值税（进项税额）34000
　　　贷：银行存款　　　　　　　　　　　　234000

借：应付职工薪酬——非货币性福利　234000
　　　贷：库存商品　　　　　　　　　　　　200000
　　　　　应交税费——应交增值税（进项税额转出）34000

（2）将拥有的房屋等资产无偿提供给职工使用或将租赁住房等资产供职工无偿使用。企业将拥有的房屋等资产无偿提供给职工使用的，应当根据受益对象，将住房每期的公允价值计入当期损益或相关资产成本，同时确认应付职工薪酬。公允价值无法可靠取得的，可以按照成本计量。

租赁住房等资产供职工无偿使用的，应当根据受益对象，将每期应付的租金计入相关资产成本或当期损益，并确认应付职工薪酬。

【例10-11】 20×1年NMG公司为总部各部门经理级别以上职工提供自建单位宿舍免费使用，同时为副总裁以上高级管理人员每人租赁一套住房。该公司总部共有部门经理以上职工60名，每人提供一间单位宿舍免费使用，假定每间单位宿舍每月计提折旧1000元；该公司共有副总裁以上高级管理人员10名，公司为其每人租赁一套月租金为10000元的公寓。该公司每月应做如下账务处理：

借：管理费用　　　　　　　　　　　　60000
　　贷：应付职工薪酬——非货币性福利　　　　60000

借：应付职工薪酬——非货币性福利　　60000
　　贷：累计折旧　　　　　　　　　　　　　60000

借：管理费用　　　　　　　　　　　　100000
　　贷：应付职工薪酬——非货币性福利　　　　100000

借：应付职工薪酬——非货币性福利　　100000
　　贷：其他应付款　　　　　　　　　　　　100000

（3）向职工提供企业支付了补贴的商品或服务。企业有时以低于企业取得资产或服务成本的价格向职工提供资产或服务，比如以低于成本的价格向职工出售住房、以低于企业支付的价格向职工提供医疗保健服务。以提供包含补贴的住房为例，企业在出售住房等资产时，应当将此类资产的公允价值与其内部售价之间的差额（即相当于企业补贴的金额）分别情况处理：①如果出售住房的合同或协议中规定了职工在购得住房后至少应当提供服务的年限，且如果职工提前离开则应退回部分差价，企业应当将该项差额作为长期待摊费用处理，并在合同或协议规定的服务年限内平均摊销，根据受益对象分别计入相关资产成本或当期损益。②如果出售住房的合同或协议中未规定职工在购得住房后必须服务的年限，企业应当将该项差额直接计入出售住房当期相关资产成本或当期损益。

【例10-12】 20×2年初NMG公司为稳定管理队伍，与10名中层管理人员签订如下协议：①以每套500000元的价格售予每位管理人员一套公寓；②每位管理人员必须自协议签订之日起服务10年。此协议于20×2年初生效并当即执行。NMG公司在20×1年11月以每套800000元的价格购入10套公寓，假定不考虑相关税费。NMG公司的会计处理如下：

（1）20×1年11月购入公寓时。

借：固定资产　　　　　　　　　　　　8000000

贷：银行存款　　　　　　　　　　　8000000

（2）20×2年初执行协议时。

借：银行存款　　　　　　　　　　　5000000
　　长期待摊费用　　　　　　　　　3000000
　　贷：固定资产　　　　　　　　　　　8000000

（3）20×2年分摊长期待摊费用时。

借：管理费用　　　　　　　　　　　300000
　　贷：应付职工薪酬——非货币性福利　　300000

借：应付职工薪酬——非货币性福利　300000
　　贷：长期待摊费用　　　　　　　　　300000

（三）其他应付职工薪酬

1. 离职后福利

离职后福利，是指企业与职工就离职后福利达成的协议，或者企业为向职工提供离职后福利制定的规章或办法等。企业应当按照企业承担的风险和义务情况，将离职后福利计划分类为设定提存计划和设定受益计划两种类型。

（1）设定提存计划，是指向独立的基金缴存固定费用后，企业不再承担进一步支付义务的离职后福利计划。设定提存计划的会计处理比较简单，因为企业在每一期间的义务取决于该期间将要提存的金额。企业应当根据在资产负债表日为换取职工在会计期间提供的服务而应向单独主体缴存的提存金，确认为应付职工薪酬负债，并计入当期损益或相关资产成本，借记"生产成本""制造费用""管理费用""销售费用"等科目，贷记"应付职工薪酬——设定提存计划"科目。

（2）设定受益计划，是指除设定提存计划以外的离职后福利计划。企业应当计量设定受益计划所产生的义务，并确定相关义务的归属期间。企业的义务是为现在及以前的职工提供约定的福利，并且精算风险和投资风险由企业来承担，如果精算或者投资的实际结果比预期差，则企业的义务可能会增加。为了反映设定受益计划的提取和发放情况，应在"应付职工薪酬"科目下设置"设定受益计划"明细科目。

设定受益计划的核算涉及以下四个步骤：确定设定受益计划义务的现值和当期服务成本、确定设定受益计划净负债或净资产、确定应当计入当期损益的金额、确定应当计入其他综合收益的金额。

2. 辞退福利

辞退福利，是指企业在职工劳动合同到期之前解除与职工的劳动关系，或者为鼓励职工自愿接受裁减而给予职工的补偿。企业应当严格按照辞退计划条款的规定，根据拟解除劳动关系的职工数量、每一职位的辞退补偿标准等确认应付职工薪酬。

为了反映辞退福利的提取和支付情况,应在"应付职工薪酬"科目下设置"辞退福利"明细科目。

(1)辞退福利的提取。辞退福利通常采取解除劳动关系时一次性支付补偿的方式,也有通过提高退休后养老金或其他离职后福利标准的方式,或者将职工薪酬的工资部分支付到辞退后未来某一期末。企业应当按照辞退计划条款的规定,合理预计并确认辞退福利产生的应付职工薪酬,计入当期损益。

由于被辞退职工不再给企业带来任何经济利益,因此辞退福利应当计入当期费用而不计入资产成本。企业应当根据已确定的辞退福利,借记"管理费用",贷记"应付职工薪酬——辞退福利"科目。

(2)辞退福利的支付。企业实际支付辞退福利时,应借记"应付职工薪酬——辞退福利"科目,贷记"银行存款"科目。

3. 其他长期职工福利

其他长期职工福利,是指除短期薪酬、离职后福利和辞退福利以外的其他所有职工福利。其他长期职工福利包括以下各项(假设预计在职工提供相关服务的年度报告期末以后12个月内不会全部结算):长期带薪缺勤,如其他长期服务福利、长期残疾福利、长期利润分享计划等。

企业向职工提供的其他长期职工福利,符合设定提存计划条件的,应当按照设定提存计划的有关规定进行会计处理。符合设定受益计划条件的,企业应当按照设定受益计划的有关规定,确认和计量其他长期职工福利净负债或净资产。

为了反映其他长期职工福利的提取和支付情况,应在"应付职工薪酬"科目下设置"其他长期职工福利"明细科目。

六、应交税费

应交税费,是指企业在生产经营过程中产生的应向国家缴纳的各种税费,主要包括增值税、消费税、城市维护建设税、教育费附加、土地增值税、城镇土地使用税、房产税、车船税、矿产资源补偿费、企业所得税和代扣代缴的个人所得税等。这些应交税费应当按照权责发生制原则进行确认、计提,在尚未缴纳之前形成企业的一项负债。

企业应设置"应交税费"科目,核算应缴纳的各种税费,并按税种设置二级科目进行明细核算。该科目的贷方登记应缴纳的各种税费,借方登记已缴纳的各种税费,期末贷方余额反映企业尚未缴纳的税费,借方余额反映企业多交或尚未抵扣的税费。

(一)增值税

1. 增值税概述

增值税是以商品(含应税劳务和应税服务)在流转过程中产生的增值额作为征税

对象而征收的一种流转税。按照我国增值税法的规定，增值税是对在我国境内销售商品或者提供加工、修理修配劳务（以下简称"应税劳务"）、交通运输业、邮政业、部分现代服务业（以下简称"应税服务"）以及进口货物的企业单位和个人，就其货物销售或提供应税劳务、应税服务的增值额和货物进口金额为计税依据而课征的一种流转税。增值税的纳税人按其经营规模及会计核算健全与否划分为一般纳税人和小规模纳税人。计算增值税的方法分为一般计税方法和简易计税方法。

（1）增值税的一般计税方法，是先按当期销售额和适用的税率计算出销项税额，然后以该销项税额对当期购进项目支付的税款（即进项税额）进行抵扣，从而间接算出当期的应纳税额。当期应纳税额的计算公式：

当期应纳税额＝当期销项税额－当期进项税额

公式中的"当期销项税额"是指纳税人当期销售货物、提供应税劳务、发生应税行为时按照销售额和增值税税率计算并收取的增值税税额。

公式中的"当期进项税额"是指纳税人当期购进货物、接受加工修理或修配劳务、应税服务、无形资产和不动产所支付或承担的增值税税额。通常包括以下内容：①从销售方取得的增值税专用发票上注明的增值税税额；②从海关取得的完税凭证上注明的增值税税额；③购进农产品，按照农产品收购发票或者销售发票上注明的农产品买价和11%的扣除率计算的进项税额；④接受境外单位或者个人提供的应税服务，从税务机关或者境内代理人取得的解缴税款的中华人民共和国税收缴款凭证（以下称税收缴款凭证）上注明的增值税额。

当期销项税额小于当期进项税额不足抵扣时，其不足部分可以结转下期继续抵扣。一般纳税人采用的税率分为基本税率（17%）、低税率（11%、6%）和零税率三种。

（2）增值税的简易计税方法，是按照销售额与征收率的乘积计算应纳税额。应纳税额的计算公式：

应纳税额＝销售额×征收率

增值税一般纳税人计算增值税大多采用一般计税方法；小规模纳税人一般采用简易计税方法；一般纳税人销售服务、无形资产或者不动产，符合规定的，可以采用简易计税方法。

需要说明的是，小规模纳税人的征收率为3%；应税行为中按照简易计税方法计税的销售不动产、不动产经营租赁服务的征收率为5%，其他情况征收率为3%。

2.一般纳税人的增值税业务

增值税一般纳税人从税务角度看其主要特点如下：第一，可以使用增值税专用发票，企业销售货物或提供应税劳务可以开具增值税专用发票；第二，购进货物或者接受增值税应税劳务取得的扣税凭证上注明的增值税额或者按规定计算的可抵扣税额可以从当期的销项税额中抵扣，当期不足抵扣部分留待以后各期继续抵扣；第三，如果企业销售货物或者提供应税劳务采用销售额和销项税额合并定价方法的，按照"销售额=含税销售额÷(1+增值税税率)"换算为不含税销售额，并按不含税销售额计算销项税额。

增值税一般纳税人进行会计核算时其主要特点如下：第一，在购进阶段，会计处理时依据增值税专用发票上注明的价款和增值税额，实行价与税的分离，属于价款部分，计入购入货物的成本；属于增值税税额部分，计入进项税额。第二，在销售阶段，销售价格中不再含税，如果定价时含税，应换算为不含税价格作为销售收入，向购买方收取的增值税额作为销项税额。

(1) 增值税核算应设置的会计科目。为了核算企业应交增值税的发生、抵扣、交纳、退税及转出等情况，增值税一般纳税人应当在"应交税费"科目下设置"应交增值税""未交增值税""预缴增值税""待抵扣进项税额""待认证进项税额""待转销项税额"等明细科目。其中：

"应交增值税"明细账内设置"进项税额""销项税额抵减""已交税金""转出未交增值税""减免税款""销项税额""出口退税""进项税额转出""转出多交增值税""简易计税"等专栏。

"未交增值税"明细科目，核算一般纳税人月度终了从"应交增值税"或"预缴增值税"明细科目转入当月应交未交、多交或预缴的增值税额，以及当月交纳以前期间未交的增值税额。

"预缴增值税"明细科目，核算一般纳税人转让不动产、提供不动产经营租赁服务、提供建筑服务、采用预收款方式销售自行开发的房地产项目等，按现行增值税制度规定应预缴的增值税额。

"待抵扣进项税额"明细科目，核算一般纳税人已取得增值税扣税凭证并经税务机关认证，按照现行增值税制度规定准予以后期间从销项税额中抵扣的进项税额。

"待认证进项税额"明细科目，核算一般纳税人由于未取得增值税扣税凭证或未经税务机关认证而不得从当期销项税额中抵扣的进项税额。

"待转销项税额"明细科目，核算一般纳税人销售货物、加工修理修配劳务、服务、无形资产或不动产，已确认相关收入（或利得）但尚未发生增值税纳税义务而需于以后期间确认为销项税额的增值税额。

(2) 取得资产、接受应税劳务或应税行为。

其一，一般纳税人购进货物、接受加工修理修配劳务或者服务、取得无形资产或者不动产，按应计入相关成本费用的金额，借记"在途物资"或"原材料""库存商品""生产成本""无形资产""固定资产""管理费用"等科目，按可抵扣的增值税额，借记

"应交税费——应交增值税（进项税额）"科目，按应付或实际支付的金额，贷记"应付账款""应付票据""银行存款"等科目。购进货物等发生的退货，应根据税务机关开具的红字增值税专用发票编制相反的会计分录。

企业购进农产品，除取得增值税专用发票或者海关进口增值税专用缴款书外，可以按照农产品收购发票或者销售发票上注明的农产品买价和11%扣除率计算的进项税额，借记"应交税费——应交增值税（进项税额）"科目，按农产品买价扣除进项税额后的差额，借记"材料采购""在途物资""原材料""库存商品"等科目，按照应付或实际支付的价款，贷记"应付账款""应付票据""银行存款"等科目。

【例10-13】NMG公司为增值税一般纳税人，适用的增值税税率为17%，原材料按实际成本核算，销售商品价格为不含增值税的公允价格。20×3年6月发生交易或事项以及相关的会计分录如下：

（1）5日，购入原材料一批，增值税专用发票上注明的价款为120000元，增值税税额为20400元，材料尚未到达，全部款项已用银行存款支付。

借：在途物资　　　　　　　　　　　　120000
　　应交税费——应交增值税（进项税额）　20400
　　贷：银行存款　　　　　　　　　　　　　　140400

（2）10日，收到5日购入的原材料并验收入库，实际成本总额为120000元。同日，与运输公司结清运输费用，增值税专用发票注明的运输费用为5000元，增值税税额为550元，运输费用和增值税税额已用转账支票付讫。

借：原材料　　　　　　　　　　　　　125000
　　应交税费——应交增值税（进项税额）　　550
　　贷：银行存款　　　　　　　　　　　　　　5500
　　　　在途物资　　　　　　　　　　　　　120000

（3）15日，购入不需要安装的生产设备一台，增值税专用发票上注明的价款为180000元，增值税税额为30600元，款项尚未支付。

借：固定资产　　　　　　　　　　　　180000
　　应交税费——应交增值税（进项税额）　30600
　　贷：应付账款　　　　　　　　　　　　　　210600

（4）20日，购入免税农产品一批，农产品收购发票上注明的买价为200000元，规定的扣除率为11%，货物尚未到达，价款已用银行存款支付。

借：在途物资　　　　　　　　　　　　178000
　　应交税费——应交增值税（进项税额）　22000
　　贷：银行存款　　　　　　　　　　　　　　200000

(5) 25 日，生产车间委托外单位修理机器设备，对方开具的增值税专用发票上注明的修理费用为 20000 元，增值税税额为 3400 元，款项已用银行存款支付。

借：管理费用　　　　　　　　　　　　　　　20000
　　应交税费——应交增值税（进项税额）　　　3400
　　贷：银行存款　　　　　　　　　　　　　　　　　23400

其二，购进不动产或不动产在建工程的进项税额分年抵扣。按现行增值税制度规定，自 2016 年 5 月 1 日后，一般纳税人取得并按固定资产核算的不动产或者不动产在建工程，其进项税额自取得之日起分 2 年从销项税额中抵扣的，第一年抵扣比例为 60%，第二年抵扣比例为 40%。

企业购进不动产或不动产在建工程，应当按取得资产的成本，借记"固定资产""在建工程"等科目，按当期可抵扣的增值税额，借记"应交税费——应交增值税（进项税额）"科目，按以后期间可抵扣的增值税额，借记"应交税费——待抵扣进项税额"科目，按应付或实际支付的金额，贷记"应付账款""应付票据""银行存款"等科目。尚未抵扣的进项税额待以后期间允许抵扣时，按允许抵扣的金额，借记"应交税费——应交增值税（进项税额）"科目，贷记"应交税费——待抵扣进项税额"科目。

【例 10-14】 20×3 年 6 月 10 日，NMG 公司购进一幢办公楼并于当月投入使用。6 月 25 日，纳税人取得该大楼的增值税专用发票并认证相符，专用发票注明的价款为 800000 元，增值税进项税额为 88000 元，款项已用银行存款支付。不考虑其他相关因素。

本月该办公楼应抵扣的进项税额 = 88000 × 60% ÷ 12 = 4400（元）

借：固定资产　　　　　　　　　　　　　　　800000
　　应交税费——应交增值税（进项税额）　　　4400
　　　　　　——待抵扣进项税额　　　　　　　83600
　　贷：银行存款　　　　　　　　　　　　　　　　　888000

其三，货物等已验收入库但尚未取得增值税扣税凭证。企业购进的货物等已到达并验收入库，但尚未收到增值税扣税凭证的，应按货物清单或相关合同协议上的价格暂估入账。按应计入相关成本费用的金额，借记"原材料""库存商品""无形资产""固定资产"等科目，按未来可抵扣的增值税额，借记"应交税费——待认证进项税额"科目，按应付或实际支付的金额，贷记"应付账款""应付票据""银行存款"等科目。待取得相关增值税扣税凭证并经认证后，借记"应交税费——应交增值税（进项税额）"或"应交税费——待抵扣进项税额"科目，贷记"应交税费——待认证进项税额"科目。

【例 10-15】 20×3 年 6 月 25 日，NMG 公司购进原材料一批已验收入库，但尚未收到增值税扣税凭证，款项也未支付。随货同行的材料清单列明的原材料销售价格为260000元，估计未来可抵扣的增值税额为44200元。该企业应编制如下会计分录：

借：原材料　　　　　　　　　　　　　260000
　　应交税费——待认证进项税额　　　 44200
　　　贷：应付账款　　　　　　　　　　　　　304200

下月初，取得相关增值税专用发票上注明的价款为260000元，增值税税额为44200元，增值税专用发票已认证。全部款项以银行存款支付。该企业应编制如下会计分录：

借：应付账款　　　　　　　　　　　　304200
　　应交税费——应交增值税（进项税额）44200
　　　贷：应交税费——待认证进项税额　　　　44200
　　　　　银行存款　　　　　　　　　　　　　304200

需要说明的是，一般纳税人购进货物、接受应税劳务或应税行为，用于简易计税方法计税项目、免征增值税项目、集体福利或个人消费等，其进项税额按照现行增值税制度规定不得从销项税额中抵扣的，应将进项税额计入相关成本费用，不通过"应交税费——应交增值税（进项税额）"科目核算。

其四，进项税额转出。企业已单独确认进项税额的购进货物、加工修理修配劳务或者服务、无形资产或者不动产但其事后改变用途（如用于简易计税方法计税项目、免征增值税项目、非增值税应税项目等），或发生非正常损失，企业应将已记入"应交税费——应交增值税（进项税额）"科目的金额转入"应交税费——应交增值税（进项税额转出）"科目。这里所说的"非正常损失"，是指因管理不善造成被盗、丢失、霉烂变质的损失，以及被执法部门依法没收或者强令自行销毁的货物。进项税额转出的会计处理为，借记"待处理财产损溢""应付职工薪酬"等科目，贷记"应交税费——应交增值税（进项税额转出）"科目。属于转作待处理财产损失的进项税额，应与非正常损失的购进货物、在产品或库存商品、固定资产和无形资产的成本一并处理。

【例10-16】20×3年6月，NMG公司发生进项税额转出事项及相关会计分录如下：

（1）10日，库存材料因管理不善发生意外火灾损失，有关增值税专用发票注明的材料成本为20000元，增值税税额为3400元。该公司将毁损库存材料作为待处理财产损溢入账。

借：待处理财产损溢——待处理流动资产损溢　23400
　　　贷：原材料　　　　　　　　　　　　　　　20000
　　　　　应交税费——应交增值税（进项税额转出）3400

（2）18日，领用一批外购原材料用于集体福利消费，该批原材料的成本为60000

元,购入时支付的增值税进项税额为 10200 元。

借:应付职工薪酬——职工福利费　　　　70200
　　贷:原材料　　　　　　　　　　　　　　　　　　60000
　　　　应交税费——应交增值税(进项税额转出)　10200

(3)销售货物、提供应税劳务、发生应税行为。

其一,企业销售货物、提供加工修理修配劳务、销售服务、无形资产或不动产,应当按应收或已收的金额,借记"应收账款""应收票据""银行存款"等科目,按取得的收入金额,贷记"主营业务收入""其他业务收入""固定资产清理"等科目,按现行增值税制度规定计算的销项税额(或采用简易计税方法计算的应纳增值税额),贷记"应交税费——应交增值税(销项税额或简易计税)"科目。

企业销售货物等发生销售退回的,应根据税务机关开具的红字增值税专用发票作相反的会计分录。会计上收入或利得确认时点先于增值税纳税义务发生时点的,应将相关销项税额计入"应交税费——待转销项税额"科目,待实际发生纳税义务时再转入"应交税费——应交增值税(销项税额或简易计税)"科目。

【例10-17】20×3 年 6 月,NMG 公司发生与销售相关的交易以及相关会计分录如下:

(1)15 日,销售产品一批,开具增值税专用发票注明的价款为 500000 元,增值税税额为 85000 元,提货单和增值税专用发票已交给买方,款项尚未收到。

借:应收账款　　　　　　　　　　　　585000
　　贷:主营业务收入　　　　　　　　　　　　500000
　　　　应交税费——应交增值税(销项税额)　85000

(2)28 日,为外单位代加工电脑桌 500 个,每个收取加工费 80 元,已加工完成。开具增值税专用发票注明的价款为 40000 元,增值税税额为 6800 元,款项已收到并存入银行。

借:银行存款　　　　　　　　　　　　46800
　　贷:主营业务收入　　　　　　　　　　　　40000
　　　　应交税费——应交增值税(销项税额)　6800

其二,视同销售。企业有些交易和事项从会计角度看不属于销售行为,不能确认销售收入,但按照税法规定,应视同对外销售处理,计算应交增值税。视同销售需要交纳增值税的事项:企业将自产或委托加工的货物用于非应税项目、集体福利或个人消费,将自产、委托加工或购买的货物作为投资、分配给股东或投资者、无偿赠送他人等。在这些情况下,企业应当根据视同销售的具体内容,按照现行增值税制度规定计算的销项税额(或采用简易计税方法计算的应纳增值税额),借记"在建工程""长期股权投资""应付职工薪酬""营业外支出"等科目，贷记"应交税费——应交增值税（销项税额或简易计税）"科目等。

（4）交纳增值税。企业交纳当月应交的增值税，借记"应交税费——应交增值税（已交税金）"科目，贷记"银行存款"科目；企业交纳以前期间未交的增值税，借记"应交税费——未交增值税"科目，贷记"银行存款"科目。

（5）月末转出多交增值税和未交增值税。月度终了，企业应当将当月应交未交或多交的增值税自"应交增值税"明细科目转入"未交增值税"明细科目。对于当月应交未交的增值税，借记"应交税费——应交增值税（转出未交增值税）"科目，贷记"应交税费——未交增值税"科目；对于当月多交的增值税，借记"应交税费——未交增值税"科目，贷记"应交税费——应交增值税（转出多交增值税）"科目。

需要说明的是，企业购入材料等不能取得增值税专用发票的，发生的增值税应计入材料采购成本，借记"材料采购""在途物资""原材料"等科目，贷记"银行存款"等科目。

3. 小规模纳税人的增值税业务

小规模纳税人核算增值税采用简化的方法，即购进货物、接受应税劳务和应税行为支付的增值税，一律不予抵扣，直接计入有关货物或劳务的成本。销售货物、提供应税劳务和应税行为时，按照不含税的销售额和规定的增值税征收率计算应交纳的增值税，但不得开具增值税专用发票。

一般来说，小规模纳税人采用销售额和应纳税额合并定价的方法并向客户结算款项，销售货物或提供应税劳务后，应进行价税分离，确定不含税的销售额。不含税的销售额计算公式：

不含税销售额＝含税销售额÷(1＋征收率)

应纳税额＝不含税销售额×征收率

小规模纳税人进行账务处理时，只需在"应交税费"科目下设置"应交增值税"明细科目，该明细科目不再设置专栏。"应交税费——应交增值税"科目贷方登记应交纳的增值税，借方登记已交纳的增值税；期末贷方余额反映尚未交纳的增值税，借方余额反映多交纳的增值税。

小规模纳税人购进货物或接受应税劳务、应税行为，按照应付或实际支付的全部款项，借记"材料采购""在途物资""原材料"等科目，贷记"应付账款""应付票据""银行存款"等科目；销售货物、提供应税劳务和应税行为，应按全部价款借记"银行存款"等科目，按不含税的销售额贷记"主营业务收入"等科目，按应征税额贷记"应交税费——应交增值税"科目。

【例10-18】甲企业为增值税小规模纳税人，适用增值税税率为3%，原材料按实际成本核算。该企业发生经济交易如下：购入原材料一批，取得增值税专用发票注明的价款为30000元，增值税税额为5100元，款项以银行存款支付，材料验收入库。销售产品一批，开具的普通发票中注明的货款（含税）为51500元，款项已存入银行。用银行存款交纳增值税1500元。该企业应编制如下会计分录：

（1）购入原材料。

借：原材料　　　　　　　　　　35100
　　贷：银行存款　　　　　　　　　　　35100

（2）销售产品。

借：银行存款　　　　　　　　　51500
　　贷：主营业务收入　　　　　　　　　50000
　　　　应交税费——应交增值税　　　　1500

（3）交纳增值税。

借：应交税费——应交增值税　　1500
　　贷：银行存款　　　　　　　　　　　1500

（二）消费税

消费税是指对生产、委托加工及进口应税消费品征收的一种税。国家在普遍征收增值税的基础上，选择部分消费品再征收一道消费税，其目的主要是引导消费方向，调整产业结构，保证国家税收收入。

消费税的征收方法采取从价定率和从量定额两种方法。实行从价定率办法计征的应纳税额的税基为不含增值税的销售额；实行从量定额办法计征的应纳税额的销售数量是指应税消费品的数量。消费税是价内税，对于应该缴纳的消费税，企业应在"应交税费"科目下设置"应交消费税"明细科目进行核算。

1. 销售应税消费品的会计处理

企业销售产品时应交纳的消费税，应分别情况进行处理：

（1）企业将生产的产品直接对外销售的，对外销售产品应交纳的消费税，通过"税金及附加"科目核算；企业按规定计算出应交的消费税，借记"税金及附加"科目，贷记"应交税费——应交消费税"科目。

【例10-19】NMG公司20×1年6月应纳消费税的产品销售收入2000000元，该产品适用的消费税税率为10%。NMG公司关于消费税的账务处理如下：

应交消费税=2000000×10%=200000（元）

借：税金及附加　　　　　　　　200000
　　贷：应交税费——应交消费税　　　　200000

（2）企业将生产的应税消费品用于在建工程等非生产机构时，按规定应交纳的消费税，借记"在建工程"等科目，贷记"应交税费——应交消费税"科目。

2. 委托加工应税消费品的会计处理

按照税法规定，企业委托加工的应税消费品，由受托方在向委托方交货时代收代缴税款（除受托加工或翻新改制金银首饰按规定由受托方交纳消费税外）。

受托方按应交税款金额，借记"应收账款""银行存款"等科目，贷记"应交税费——应交消费税"科目。

委托方收回委托加工物资后，直接用于销售的，应将受托方代收代缴的消费税计入委托加工物资的成本，借记"委托加工物资"等科目，贷记"应付账款""银行存款"等科目；委托加工物资收回后用于连续生产应税消费品的，按规定准予抵扣的，应按已由受托方代收代缴的消费税，借记"应交税费——应交消费税"科目，贷记"应付账款""银行存款"等科目，待用委托加工的应税消费品生产出应纳消费税的产品销售时，再交纳消费税。

【例 10-20】NMG 公司委托乙企业加工材料（非金银首饰），原材料价款为 150000 元，加工费用为 60000 元，由受托方代收代缴的消费税为 6000 元，材料已经加工完毕并验收入库，加工费用尚未支付。假设不考虑增值税等其他税费。NMG 公司账务处理如下：

（1）将加工收回后的材料直接用于销售。

借：委托加工物资　　　　　　150000
　　贷：原材料　　　　　　　　　　　150000
借：委托加工物资　　　　　　66000
　　贷：应付账款　　　　　　　　　　66000
借：原材料　　　　　　　　　216000
　　贷：委托加工物资　　　　　　　　216000

（2）将加工收回后的材料用于继续生产。

借：委托加工物资　　　　　　150000
　　贷：原材料　　　　　　　　　　　150000
借：委托加工物资　　　　　　60000
　　应交税费——应交消费税　　6000
　　贷：应付账款　　　　　　　　　　66000
借：原材料　　　　　　　　　210000
　　贷：委托加工物资　　　　　　　　210000

(三) 其他应交税费

1. 城市维护建设税和教育费附加

城市维护建设税和教育费附加均为附加的税费。按照现行法规的有关规定，城市维护建设税和教育费附加均应根据应交增值税、消费税之和的一定比例计算缴纳。城市维护建设税与教育费附加均属于价内税，应计入"税金及附加"由营业收入来补偿。

结转应交城市维护建设税与教育费附加时，应借记"税金及附加"科目，贷记"应交税费——应交城市维护建设税""应交税费——应交教育费附加"科目；实际缴纳城市维护建设税与教育费附加时，应借记"应交税费——应交城市维护建设税""应交税费——应交教育费附加"科目，贷记"银行存款"科目。

【例10-21】NMG公司本期实际应上交增值税400000元，消费税240000元。该公司适用的城市维护建设税的征收率为7%，教育费附加的征收率为3%。该公司的有关会计处理如下：

（1）计算应交的城市维护建设税。

应交的城市维护建设税 = (400000 + 240000) × 7% = 44800（元）

应交的教育费附加 = (400000 + 240000) × 3% = 19200

借：税金及附加　　　　　　　　　　　　　64000
　　贷：应交税费——应交城市维护建设税　　　　44800
　　　　　　　　——应交教育费附加　　　　　　19200

（2）用银行存款上交城市维护建设税和教育费附加时。

借：应交税费——应交城市维护建设税　　　44800
　　　　　　——应交教育费附加　　　　　19200
　　贷：银行存款　　　　　　　　　　　　　　　64000

2. 房产税、土地使用税、车船使用税和印花税

房产税是国家对在城市、县城、建制镇和工矿区征收的由产权所有人缴纳的一种税。土地使用税是国家为了合理利用城镇土地，调节土地级差收入，提高土地使用效益，加强土地管理而开征的一种税。车船使用税由拥有并且使用车船的单位和个人交纳。印花税是对书立、领受购销合同等凭证行为征收的税款。

企业按规定计算应交的房产税、土地使用税、车船使用税时，借记"税金及附加"科目，贷记"应交税费——应交房产税（或土地使用税、车船使用税）"科目；实际上交时，借记"应交税费——应交房产税（或土地使用税、车船使用税）"科目，贷记"银行存款"科目。

由于企业交纳的印花税，是由纳税人根据规定自行计算应纳税额以购买并一次贴足印花税票的方法交纳的税款。一般情况下，企业需要预先购买印花税票，待发生应税行为时,直接将已购买的印花税票粘贴在应纳税凭证上,不会发生应付未付的情况,不需要预计应纳税额。因此,企业交纳的印花税不需要通过"应交税费"科目核算,于购买印花税票时,直接借记"税金及附加"科目,贷记"银行存款"科目。

七、应付股利

应付股利,是指企业根据股东大会或类似机构审议批准的利润分配方案确定分配给投资者的现金股利或利润。企业通过"应付股利"科目,核算企业确定或宣告支付但尚未实际支付的现金股利或利润。该科目贷方登记应支付的现金股利或利润;借方登记实际支付的现金股利或利润;期末贷方余额反映企业应付未付的现金股利或利润。本科目应按照投资者设置明细科目进行明细核算。

企业根据股东大会或类似机构审议批准的利润分配方案,确认应付给投资者的现金股利或利润时,借记"利润分配——应付现金股利或利润"科目,贷记"应付股利"科目;向投资者实际支付现金股利或利润时,借记"应付股利"科目,贷记"银行存款"等科目。

【例10-22】NMG公司20×1年度净利润8000000元,经过董事会批准,决定20×2年度分配股利5000000元。股利已经用银行存款支付。该公司的有关会计处理如下:

借:利润分配——应付现金股利或利润　　5000000
　　贷:应付股利　　　　　　　　　　　　　　5000000
借:应付股利　　　　　　　　　　　　　5000000
　　贷:银行存款　　　　　　　　　　　　　　5000000

企业董事会或类似机构通过的利润分配方案中拟分配的现金股利或利润,不作账务处理,不作为应付股利核算,但应在附注中披露。企业分配的股票股利不通过"应付股利"科目核算。

八、应付利息

应付利息,是指企业按照合同约定应支付的利息,包括短期借款、分期付息到期还本的长期借款、企业债券等应支付的利息。

资产负债表日,应按照摊余成本和实际利率计算确定的利息费用,借记"在建工程""财务费用""研发支出"等科目,按合同利率计算确定的应付未付利息,贷记"应付利息",按借贷双方之间的差额,借记或贷记"长期借款——利息调整"等科目。合同利率和实际利率差异较小的,也可以采用合同利率计算确定利息费用。实际支付时,借记"应付利息",贷记"银行存款"等科目。"应付利息"科目期末贷方余额,反映企业应付未付的利息。

九、其他应付款

其他应付款是指除应付账款、应付票据、预收账款、应付职工薪酬、应交税费、应付股利等经营活动以外的其他应付、暂收款项，如应付租入包装物租金、存入保证金等。

企业应通过"其他应付款"科目，核算其他应付款的增减变动及结存情况，该科目贷方登记发生的各种其他应付、暂收款项，借方登记偿还或转销的各种其他应付、暂收款项，期末余额在贷方，反映企业应付未付的其他应付款项。本科目一般按其他应付款的项目和对方单位（或个人）设置明细科目进行明细核算。

企业发生其他各种应付、暂收款项时，借记"管理费用"等科目，贷记"其他应付款"科目；支付或退回其他各种应付、暂收款项时，借记"其他应付款"科目，贷记"银行存款"科目。

【例10-23】NMG公司20×1年2月收到客户租用包装物的押金7000元，款项存入银行。NMG公司账务处理如下：

借：银行存款　　　　　　　7000
　　贷：其他应付款　　　　　　　7000

第三节　非流动负债

一、长期借款

长期借款，是指企业向银行或其他金融机构借入的期限在1年以上（不含1年）的各项借款。就长期借款的用途来讲，企业一般用于固定资产的购建、改扩建工程、大修理工程、对外投资以及为了保持长期经营能力等方面的需要。与短期借款相比，长期借款除数额大、偿还期限较长外，其借款费用需要根据权责发生制的要求，按期预提计入所构建资产的成本或直接计入当期财务费用。由于长期借款的期限较长，至少是在1年以上，因此，在资产负债表非流动负债项目中列示。

由于长期借款的使用关系到企业的生产经营规模和效益，因此，必须加强管理与核算。企业除了要遵守有关的贷款规定、编制借款计划并要有不同形式的担保外，还应监督借款的使用、按期支付长期借款的利息以及按规定的期限归还借款本金等。因此,长期借款会计处理的基本要求是反映和监督长期借款的借入、借款利息的结算和借款本息的归还情况,促使企业遵守信贷纪律、提高信用等级,同时也要确保长期借款发挥效益。

企业应通过"长期借款"科目,核算长期借款的借入、归还等情况。该科目的贷方登记长期借款本息的增加额;借方登记本息的减少额;贷方余额表示企业尚未偿还的长期借款。本科目可按照贷款单位和贷款种类设置明细账,分别按"本金""利息调整"等进行明细核算。

(一)长期借款取得与使用

企业借入长期借款,应按实际收到的金额,借记"银行存款"科目,贷记"长期借款——本金"科目;如存在差额,还应借记"长期借款——利息调整"科目。

(二)长期借款利息的确认

长期借款利息费用应当在资产负债表日按照实际利率法计算确定,实际利率与合同利率差异较小的,也可以采用合同利率计算确定利息费用。长期借款按合同利率计算确定的应付未付利息,如果属于分期付息的,记入"应付利息"科目,如果属于到期一次还本付息的,记入"长期借款——应计利息"科目。

长期借款计算确定的利息费用,应当按以下原则计入有关成本、费用:属于筹建期间的,计入管理费用;属于生产经营期间的,如果长期借款用于购建固定资产等符合资本化条件的资产,在资产尚未达到预定可使用状态前,所发生的利息支出数应当资本化,计入在建工程等相关资产成本;资产达到预定可使用状态后发生的利息支出以及按规定不予资本化的利息支出,计入财务费用。账务处理方法为借记"在建工程""制造费用""财务费用""研发支出"等科目,贷记"应付利息"或"长期借款——应计利息"科目。

(三)长期借款归还

企业归还长期借款的本金时,应按归还的金额,借记"长期借款——本金"科目,贷记"银行存款";按归还的利息,借记"应付利息"或"长期借款——应计利息"科目,贷记"银行存款"科目。

【例10-24】 NMG公司为建造一幢厂房,于20×1年12月31日借入期限为两年的长期借款5000000元,款项已存入银行。借款合同利率为9%,实际利率与合同利率相同。每年付息一次,期满后一次还清本金。20×2年1月1日,以银行存款支付工程价款3000000元;20×3年1月1日,又以银行存款支付工程款2000000元。该厂房于20×3年6月30日完工,达到预定可使用状态。假定不考虑其他因素,NMG公司账务处理如下:

(1) 20×1年12月31日，取得借款时。

借：银行存款　　　　　　　　　5000000
　　贷：长期借款——本金　　　　　　　　　5000000

(2) 20×2年1月1日，支付工程款时。

借：在建工程　　　　　　　　　3000000
　　贷：银行存款　　　　　　　　　　　　3000000

(3) 20×2年12月31日，计算当年应计入工程成本的利息时。

应付利息＝5000000×9%＝450000（元）

借：在建工程　　　　　　　　　450000
　　贷：应付利息　　　　　　　　　　　　450000

(4) 20×2年12月31日，支付借款利息时。

借：应付利息　　　　　　　　　450000
　　贷：银行存款　　　　　　　　　　　　450000

(5) 20×3年1月1日，支付工程款时。

借：在建工程　　　　　　　　　2000000
　　贷：银行存款　　　　　　　　　　　　2000000

(6) 20×3年6月30日，工程达到预定可使用状态时。

应付利息＝5000000×9%×6/12＝225000（元）

借：在建工程　　　　　　　　　225000
　　贷：应付利息　　　　　　　　　　　　225000

同时，

借：固定资产　　　　　　　　　5675000
　　贷：在建工程　　　　　　　　　　　　5675000

(7) 20×3年12月31日，计算20×3年7月至12月利息时。

借：财务费用　　　　　　　　　225000
　　贷：应付利息　　　　　　　　　　　　225000

(8) 20×3年12月31日，支付利息时。

借：应付利息　　　　　　　　　450000
　　贷：银行存款　　　　　　　　　　　　450000

(9) 20×3年12月31日，偿还本金时。

借：长期借款——本金　　　　　5000000
　　贷：银行存款　　　　　　　　　　　　5000000

二、应付债券

应付债券，是指企业为筹集资金而依照法定程序发行、约定在一定日期还本付息的有价证券。在实际工作中，企业发行债券的期限通常在一年以上，因而构成了一项非流动负债。

应付债券的核算包括债券发行、利息调整的摊销和到期还本付息三个环节。

（一）企业债券的发行

企业债券的发行方式有三种，即面值发行、溢价发行和折价发行，三种发行方式主要取决于票面利率与市场利率（如同期银行存款的利率）的高低。在其他条件不变的情况下，债券的票面利率高于同期银行存款利率时，可按超过债券票面价值的价格发行，称为溢价发行。溢价是企业以后各期多付利息而事先得到的补偿。债券的票面利率低于同期银行存款利率时，可按低于债券面值的价格发行，称为折价发行。折价是企业以后各期少付利息而预先给投资者的补偿。债券的票面利率与同期银行存款利率相同时，可按票面价格发行，称为面值发行。从本质上看，溢价或折价是发行债券的企业在债券存续期内对利息费用的一种调整。为了正确反映企业债券的发行及还本付息情况，企业应设置"应付债券"科目进行核算。企业发行债券时，按实际收到的款项，借记"银行存款"等科目，按债券票面价值，贷记"应付债券——面值"科目，按实际收到的款项与票面价值之间的差额，贷记或借记"应付债券——利息调整"科目。

（二）期末利息调整的摊销

会计期末，债券的溢价或折价应在债券存续期间内采用实际利率法进行摊销。实际利率法，是指按照应付债券的实际利率计算其摊余成本及各期利息费用的方法；实际利率，是指将应付债券在债券存续期间的未来现金流量，折现为该债券当前账面价值所使用的利率。

会计期末，对于分期付息、一次还本的债券，企业应按应付债券的摊余成本和实际利率计算确定的债券利息费用，借记"在建工程""财务费用"等科目，按票面利率计算确定的应付未付利息，贷记"应付利息"科目，按其差额，借记或贷记"应付债券——利息调整"科目。对于一次还本付息的债券，应于资产负债表日按摊余成本和实际利率计算确定的债券利息费用，借记"在建工程""财务费用"等科目，按票面利率计算确定的应付未付利息，贷记"应付债券——应计利息"科目，按其差额，借记或贷记"应付债券——利息调整"科目。

（三）企业债券的偿还

对于一次还本付息方式的债券，企业应于债券到期支付债券本息时，借记"应付债券——面值、应计利息"科目,贷记"银行存款"科目。对于一次还本、分期付息方式的债券,企业应于每期支付利息时,借记"应付利息"科目,贷记"银行存款"科目;债券到期偿还本金并支付最后一期利息时,借记"应付债券——面值""在建工程""财务费用"等科目,贷记"银行存款"科目,按借贷双方之间的差额,借记或贷记"应付债券——利息调整"科目。

【例10-25】20×1年12月31日,NMG公司经批准发行5年期一次还本、分期付息的公司债券10000000元,债券利息在每年12月31日支付,票面利率为年利率6%。假定债券发行时的市场利率为5%。

NMG公司该批债券实际发行价格:

10000000×0.7835+10000000×6%×4.3295=10432700(元)

NMG公司根据上述资料,采用实际利率法和摊余成本计算确定的利息费用,如表10-1所示。

表10-1 利息费用一览表 单位:元

付息日期	支付利息	利息费用	摊销的利息调整	应付债券摊余成本
20×1年12月31日				10432700
20×2年12月31日	600000	521635	78365	10354335
20×3年12月31日	600000	517716.75	82283.25	10272051.75
20×4年12月31日	600000	513602.59	86397.41	10185654.34
20×5年12月31日	600000	509282.72	90717.28	10094937.06
20×6年12月31日	600000	505062.94*	94937.06	10000000

注:*表示含尾差调整。

根据表10-1的资料,NMG公司的账务处理如下:

(1) 20×1年12月31日发行债券时。

借:银行存款　　　　　　　　　　10432700
　　贷:应付债券——面值　　　　　　　　　10000000
　　　　　　　　——利息调整　　　　　　　　432700

(2) 20×2年12月31日计算利息费用时。

借:财务费用等　　　　　　　　　521635
　　应付债券——利息调整　　　　　78365
　　贷:应付利息　　　　　　　　　　　　　600000

20×3年、20×4年、20×5年确认利息费用的会计处理同20×2年,具体金额参照表10-1。

(3) 20×6年12月31日归还债券本金及最后一期利息费用时。

借：财务费用等　　　　　　　　　　505062.94
　　应付债券——面值　　　　　　　10000000
　　　　　　——利息调整　　　　　　94937.06
　　贷：银行存款　　　　　　　　　　　　　　10600000

三、长期应付款

长期应付款，是指企业除长期借款和应付债券以外的其他各种长期应付款项。包括应付融资租入固定资产的租赁费、以分期付款方式购入固定资产发生的应付款项等。长期应付款除具有长期负债的一般特点外，还具有款项主要形成固定资产并分期付款的特点。

企业应设置"长期应付款"科目，核算企业融资租入固定资产和以分期付款方式购入固定资产时应付的款项及偿还情况。该科目贷方反映应付的长期应付款项；借方反映偿还的长期应付款项；期末贷方余额，反映企业应付未付的长期应付款项。本科目可按长期应付款的种类和债权人设置明细科目进行明细核算。

（一）应付融资租入固定资产的租赁费

企业采用融资租赁方式租入的固定资产，应在租赁期开始日。将租赁开始日租赁资产公允价值与最低租赁付款额现值两者中较低者，加上初始直接费用，作为租入资产的入账价值，借记"固定资产"等科目，按最低租赁付款额，贷记"长期应付款"科目，按发生的初始直接费用，贷记"银行存款"等科目，按其差额，借记"未确认融资费用"科目。按期支付时，借记"长期应付款"科目，贷记"银行存款"科目。

（二）具有融资性质的延期付款购买资产

企业购买资产有可能延期支付有关价款。如果延期支付的购买价款超过正常信用条件，实质上具有融资性质的，所购资产的成本应当以延期支付购买价款的现值为基础确定。实际支付的价款与购买价款现值之间的差额，应当在信用期间内采用实际利率法进行摊销，计入相关资产成本或当期损益。具体来说，企业购入资产超过正常信用条件延期付款实质上具有融资性质时，应按购买价款的现值，借记"固定资产""在建工程"等科目，按应支付的价款总额，贷记"长期应付款"科目，按其差额，借记"未确认融资费用"科目。

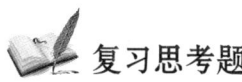
复习思考题

1. 什么是负债？负债具有哪些特点？

2. 流动负债和非流动负债的划分标准是什么？它们分别包括哪些具体内容？

3. 短期借款与长期借款的核算存在哪些异同？

4. 企业如何核算不带息应付票据？

5. 在我国，对带有现金折扣的应付账款应如何进行会计处理？

6. 职工薪酬包括哪些内容？企业应当如何核算非货币性职工薪酬？

7. 一般纳税企业与小规模纳税企业有关增值税的会计处理有何不同？

8. 其他应付款的核算内容包括哪些？

9. 应付债券划分为按面值发行、溢价发行和折价发行的标准是什么？按面值发行的一般公司债券应如何进行会计处理？

第十一章 所有者权益

 内容提要

所有者权益,是指企业资产扣除负债后,由所有者享有的剩余权益。包括实收资本(或股本)、资本公积、其他综合收益、盈余公积和未分配利润。实收资本,是指投资者投入企业的资产,投资者的出资方式既可以是货币,也可以是非货币性资产。企业按照投资合同或协议约定的金额确定取得的相关资产的入账价值,同时按照合同或协议约定的投资者在注册资本金中的比例确认实收资本,二者如存在差额,应计入资本公积。其他综合收益是企业按规定未在损益中确认的各项利得和损失,如可供出售金融资产公允价值的变动。留存收益包括盈余公积和未分配利润。盈余公积是企业按规定从净利润中提取的积累资金,可用于弥补亏损、转增资本和发放股票股利等。未分配利润是企业实现的净利润经过弥补亏损、提取盈余公积和向投资者分配利润后留存在企业的、历年结存的利润。

第一节 所有者权益概述

一、所有者权益的概念和特征

所有者权益,是指企业资产扣除负债后,由所有者享有的剩余权益。公司的所有者权益又称为股东权益。所有者权益产生于权益性投资行为,是所有者对企业资产的剩余索取权,既可反映所有者投入资本的保值增值情况,又体现了保护债权人权益的理念。

对于任何企业而言,其资产形成的资金来源有两个:一个是债权人;另一个是所有者。债权人对企业资产的要求权形成负债,所有者对企业资产的要求权形成所有者权益。与负债相比，所有者权益具有以下特点：第一，除非发生减资、清算或分派现金股利，企业一般不需要偿还所有者权益；第二，企业清算时，只有在清偿所有的负债后，剩余部分才按照股权比例返还给所有者；第三，所有者有权行使对企业的经营管理权，或者委托管理人员行使经营管理权；第四，企业是否向投资者分配利润、分配多少，是根据企业的盈利情况、经营情况等而定的，一般是不固定的。所有者比债权人承担更大的风险，也可能获得比债权人更多的收益。

二、所有者权益的主要内容

所有者权益的来源包括所有者投入的资本、直接计入所有者权益的利得和损失、留存收益等。所有者投入的资本是指所有者所有投入企业的资本部分，它既包括构成企业注册资本或者股本部分的金额，也包括投入资本超过注册资本或者股本部分的金额，即资本溢价或者股本溢价，这部分投入资本在我国企业会计准则体系中被计入了资本公积。直接计入所有者权益的利得和损失，是指不应计入当期损益、会导致所有者权益发生增减变动的、与所有者投入资本或者向所有者分配利润无关的利得或者损失。留存收益是企业历年实现的净利润留存于企业的部分，主要包括累计计提的盈余公积和未分配利润。其中，利得是指由企业非日常活动所形成的、会导致所有者权益增加的、与所有者投入资本无关的经济利益的流入。利得包括直接计入所有者权益的利得和直接计入当期利润的利得。损失是指由企业非日常活动所发生的、会导致所有者权益减少的、与向所有者分配利润无关的经济利益的流出。损失包括直接计入所有者权益的损失和直接计入当期利润的损失。直接计入所有者权益的利得和损失主要包括可供出售金融资产的公允价值变动额、现金流量套期中套期工具公允价值变动额（有效套期部分）等。直接计入当期利润的利得和损失主要包括营业外收入、营业外支出等。

通常所有者权益可分为实收资本（或股本）、资本公积、其他综合收益、盈余公积和未分配利润。其中，盈余公积和未分配利润统称为留存收益。

第二节 实收资本

按照我国有关法律规定，投资者设立企业首先必须投入资本。实收资本通常是企业接受投资者投入的资本总额。所有者向企业投入的资本，在一般情况下无须偿还，可以长期周转使用。实收资本的构成比例即投资者的出资比例或股东的股权比例，既是确定所有者在企业所有者权益中份额和参与企业财务经营决策的基础，也是企业进行利润或股利分配的依据，同时还是企业清算时确定所有者对净资产要求权的依据。

一、实收资本的内容

实收资本，是指按照章程规定或合同、协议约定，企业在注册资本的范围内接受投资者实际投入企业的资本。注册资本通常是企业在设立时向工商行政管理部门登记的资本总额，也就是全部出资者设定的出资额之和。注册资本是企业的法定资本，是企业承担民事责任的财力保证。按照《中华人民共和国公司法》的规定，有限责任公司的注册资本为在公司登记机关登记的全体股东认缴的出资额。股份有限公司设立有发起式和募集式两种方式。股份有限公司采取发起设立方式设立的，注册资本为在公司登记机关登记的全体发起人认购的股本总额。股份有限公司采取募集方式设立的，注册资本为在公司登记机关登记的实收股本总额。

除股份有限公司以外，其他企业应通过"实收资本"科目反映和监督投资者投入资本的增减变动情况，该科目贷方登记实收资本的增加额，借方登记实收资本的减少额，期末余额在贷方，反映企业实收资本的总额。一般按照投资者进行明细核算。股份有限公司应通过"股本"科目核算。

二、实收资本（或股本）增加的核算

企业实收资本增加的途径一般有两种：一是投资者投入资本；二是将资本公积或盈余公积转增为实收资本。按照《中华人民共和国公司法》的规定，公司的股东既可以用货币出资，也可以用实物、知识产权、土地使用权等可用货币估价并可依法转让的非货币财产作价出资。

（一）接受现金资产投资

1. 股份公司以外的企业接受现金资产投资

初建股份公司以外的一般企业（如有限责任公司）时，各投资者按照合同、协议或公司章程投入企业的资本，应全部记入"实收资本"科目。注册资本为在公司登记机关登记的全体股东认缴的出资额。在企业增资时，如有新投资者加入，新加入的投资者缴纳的出资额大于其按约定比例计算的其在注册资本中所占的份额部分，不记入"实收资本"科目，而作为资本公积，记入"资本公积"科目。

具体核算时，应以实际收到的金额或存入企业开户银行的金额，借记"银行存款"等科目，按投资合同或协议约定的投资者在企业注册资本中所占份额的部分，贷记"实收资本"科目，企业实际收到或存入开户银行的金额超过投资者在企业注册资本中所占份额的部分，贷记"资本公积——资本溢价"科目。

【例 11-1】甲、乙、丙共同投资设立 A 有限责任公司，注册资本为 2000000 元，甲、乙、丙持股比例为 60%、25% 和 15%。按照章程规定，甲、乙、丙投入资本分别为 1200000 元、500000 元和 300000 元。A 公司已如期收到各投资者一次缴足的款项。A 有限责任公司在进行会计处理时，应编制如下会计分录：

借：银行存款　　　　　　　　　　2000000
　　贷：实收资本——甲　　　　　　　　1200000
　　　　　　　　——乙　　　　　　　　 500000
　　　　　　　　——丙　　　　　　　　 300000

2. 股份有限公司接受现金资产投资

股份有限公司是指全部资本由等额股份构成并通过发行股票筹集资本、股东以其认购的股份为限对公司承担责任、公司以其全部财产对公司债务承担责任的企业法人。股份有限公司与其他企业相比较，最显著的特点就是将企业的全部资本划分为等额股份，并通过发行股票的方式来筹集资本，股东以其所认购股份对公司承担有限责任。股票的面值与股份总数的乘积为股本，股本应等于企业的注册资本。但值得注意的是，企业发行股票取得的收入与股本总额往往不一致，公司发行股票取得的收入大于股本总额的，称为溢价发行；小于股本总额的，称为折价发行；等于股本总额的，为面值发行。我国不允许企业折价发行股票。在采用溢价发行股票的情况下，企业应将相当于股票面值的部分记入"股本"科目，其余部分在扣除发行手续费、佣金等发行费用后记入"资本公积——股本溢价"科目。股票发行没有溢价或溢价金额不足以支付发行费用的部分，应将不足支付的发行费用依次冲减资本公积——股本溢价、盈余公积和未分配利润。

具体核算时，按实际收到的资产，借记"银行存款"等科目，按每股股票面值和发行股份总额的乘积计算的金额，贷记"股本"科目，实际收到的金额与该股本之间的差额贷记"资本公积——股本溢价"科目，发行股票发生的手续费、佣金等交易费用，应从溢价中抵扣，冲减"资本公积——股本溢价"科目。如"资本公积——股本溢价"不足的，冲减"盈余公积"和"利润分配——未分配利润"科目。

【例 11-2】NMG 公司发行普通股 10000000 股，每股面值 1 元，每股发行价格 5 元。假定股票发行成功，股款 50000000 元已全部收到，不考虑发行过程中的税费等因素。根据上述资料，NMG 公司应做如下账务处理：

应记入资本公积的金额 = 50000000 − 10000000 = 40000000（元）

编制会计分录如下：

借：银行存款　　　　　　　　　　50000000
　　贷：股本　　　　　　　　　　　　10000000

　　　　资本公积——股本溢价　　　　40000000

（二）接受非现金资产投资

企业接受非现金资产投资时，应按照投资合同或协议约定的价值（但投资合同或协议约定的价值不公允的除外）确定非货币性资产价值，借记相关资产科目，按照其在注册资本中所占份额，贷记"实收资本"或"股本"科目，如果投资合同或协议约定的价值超过投资者在企业注册资本或股本中所占份额，按照超过的部分，贷记"资本公积"科目。

【例11-3】B公司于设立时收到奇亚公司作为资本投入的不需要安装的机器设备一台，合同约定该机器设备的价值为2000000元，增值税进项税额为340000元。合同约定的固定资产价值与公允价值相符，不考虑其他因素，B公司进行会计处理时，应编制如下会计分录：

借：固定资产　　　　　　　　　　　　2000000
　　应交税费——应交增值税（进项税额）　340000
　　贷：实收资本——奇亚公司　　　　　　　　2340000

【例11-4】B公司于设立时收到万科公司作为资本投入的原材料一批，该批原材料投资合同或协议约定价值（不含可抵扣的增值税进项税额部分）为100000元，增值税进项税额为17000元。万科公司已开具了增值税专用发票。假设合同约定的价值与公允价值相符，该进项税额允许抵扣，不考虑其他因素，B公司在进行会计处理时，应编制如下会计分录：

借：原材料　　　　　　　　　　　　　100000
　　应交税费——应交增值税（进项税额）　17000
　　贷：实收资本——万科公司　　　　　　　　117000

（三）资本公积或盈余公积转增资本

《中华人民共和国公司法》规定，法定公积金（资本公积和盈余公积）转为资本时，所留存的该项公积金不得少于转增前公司注册资本的25%。资本公积和盈余公积均属所有者权益，转为实收资本或者股本时，企业如为独资企业的，核算比较简单，直接结转即可；如为股份有限公司或有限责任公司的，应按原投资者所持股份同比例增加各股东的股权。将资本公积转增资本时，借记"资本公积"科目，贷记"实收资本"（或"股本"）科目。将盈余公积转增资本时，借记"盈余公积"科目，贷记"实收资本"（或"股本"）科目。

【例11-5】C有限责任公司由甲、乙二人共同投资设立，原注册资本为20000000元。甲、乙出资分别为15000000元和5000000元。为了扩大经营规模，经批准，C公司按照原出资比例将资本公积5000000元转增资本。根据上述资料，C公司应做如下账务处理：

借：资本公积　　　　　　　　5000000
　　贷：实收资本——甲　　　　　　　　3750000
　　　　　　　　——乙　　　　　　　　 250000

此外，企业还可以通过发放股票股利、可转换公司债券持有人行使转换权力、将重组债务转为资本和以权益结算的股份支付的行权等方式增加实收资本。股份有限公司采用发放股票股利实现增资的，在发放股票股利时，按照股东原来持有的股数分配，如股东所持股份按比例分配的股利不足1股时，应采用恰当的方法处理。例如，股东会决议按股票面额的10%发放股票股利时（假定新股发行价格及面额与原股相同），对于所持股票不足10股的股东，将会发生不能领取1股的情况。在这种情况下，有两种方法可供选择：一是将不足1股的股票股利改为现金股利，用现金支付；二是由股东相互转让，凑为整股。股东大会批准的利润分配方案中分配的股票股利，应在办理增资手续后，借记"利润分配"科目，贷记"股本"科目。

三、实收资本（或股本）减少的核算

企业减少实收资本（或股本）应按法定程序报经批准，有限责任公司和一般企业减少实收资本的会计处理比较简单，按法定程序报经批准减少的注册资本额，借记"实收资本"科目，贷记"库存现金""银行存款"等科目。

股份有限公司由于采用的是发行股票的方式筹集股本。减少股本时，则要先回购发行的股票，再进行注销。由于回购股票的价格与股票面值可能不同，所以会计处理较为复杂。为了核算企业收购、转让或注销的公司股份金额，企业应设置"库存股"科目。该科目借方登记收购公司股份时实际支付的金额，贷方登记转让或注销库存股的账面余额，期末余额在借方，反映企业持有尚未转让或注销的本公司股份金额。

股份有限公司因减少注册资本而回购本公司股份的，应按实际支付盼金额，借记"库存股"科目，贷记"银行存款"等科目。注销库存股时，应按股票面值和注销股数计算的股票面值总额，借记"股本"科目，按注销库存股的账面余额，贷记"库存股"科目。按其差额，冲减股票发行时原记入资本公积的溢价部分，借记"资本公积——股本溢价"科目，资本公积（股本溢价）不足冲减的，应依次借记"盈余公积""利润分配——未分配利润"等科目；如回购价格低于回购股份所对应的股本，所注销库存股的账面余额与所冲减股本的差额作为增加股本溢价处理，按回购股份所对应的股本面值，借记"股本"科目，按注销库存股的账面余额，贷记"库存股"科目。按其差额，贷记"资本公积——股本溢价"科目。

【例11-6】NMG公司20×1年12月31日的股本为100000000股，面值为1元，

资本公积（股本溢价）30000000元，盈余公积40000000元。经股东大会批准，NMG公司现金回购本公司股票20000000股并注销。假定NMG公司按每股2元回购股票，不考虑其他因素，NMG公司的会计处理如下：

(1) 回购本公司股票时。

库存股成本＝20000000×2＝40000000（元）

借：库存股　　　　　　　　　40000000
　　贷：银行存款　　　　　　　　　　　40000000

(2) 注销本公司股票时。

应冲减的资本公积＝20000000×2－20000000×1＝20000000（元）

借：股本　　　　　　　　　　20000000
　　资本公积——股本溢价　　20000000
　　贷：库存股　　　　　　　　　　　　40000000

【例11-7】承【例11-6】，假定NMG公司按每股3元回购股票，其他条件不变，NMG公司的会计处理如下：

(1) 回购本公司股票时。

库存股成本＝20000000×3＝60000000（元）

借：库存股　　　　　　　　　60000000
　　贷：银行存款　　　　　　　　　　　60000000

(2) 注销本公司股票时。

应冲减的资本公积＝20000000×3－20000000×1＝40000000（元）

借：股本　　　　　　　　　　20000000
　　资本公积——股本溢价　　30000000
　　盈余公积　　　　　　　　10000000
　　贷：库存股　　　　　　　　　　　　60000000

企业应当将因减资而注销的股份、发还的股款，以及因减资需更新股票的变动情况，在股本科目的明细账及有关备查簿中详细记录。投资者按规定转让其出资的，也应在资本（或股本）账户的有关明细账户及备查登记簿中注明。

第三节 资本公积

一、资本公积的内容

资本公积主要包括资本（股本）溢价和其他资本公积。其中资本（股本）溢价是企业收到投资者出资额超出其在注册资本（或股本）中所占份额的部分。形成资本溢价（或股本溢价）的原因有溢价发行股票、投资者超额缴入资本等。资本公积不体现各所有者的占有比例，不直接表明所有者对企业的基本产权关系，也不能作为所有者参与企业财务经营决策或进行利润分配（或股利分配）的依据。资本公积的用途主要是用来转增资本（或股本）。

企业应设置"资本公积"科目核算资本公积的增减变动情况。该科目贷方登记资本公积的增加额，借方登记资本公积的减少额，期末余额在贷方，反映企业的资本公积。应当分别设置"资本溢价（或股本溢价）""其他资本公积"进行明细核算。

二、资本溢价（或股本溢价）的核算

（一）资本溢价

在企业创立时，出资者认缴的出资额与注册资本一致，应全部记入实收资本，一般不会产生资本溢价。在企业重组并有新的投资者加入时，为了维护原有投资者的权益，新加入的投资者的出资额，常常会出现资本溢价。因为在企业正常经营过程中投入的资金虽然与企业创立时投入的资金在数量上一致，但其获利能力却不一致。企业创立时，要经过筹建、试生产经营、为产品寻找市场、开辟市场等过程，从投入资金到取得投资回报，中间需要许多时间，并且这种投资具有风险性，在这个过程中资本利润率很低。而企业进行正常生产经营后，在正常情况下，资本利润率要高于企业初创阶段。而这高于初创阶段的资本利润率是初创时必要的垫支资本带来的，企业创办者为此付出了代价。因此，相同数量的投资，由于出资时间不同，其对企业的影响程度不同，由此而带给投资者的权利也不同，往往早期出资带给投资者的权利要大于后期出资带给投资者的权利。所以，新加入的投资者要付出大于原有投资者的出资额，才能取得与投资者相同的投资比例。另外，不仅原投资者原有投资从质量上发生了变化，就是从数量上也可能发生变化，这是因为企业经营过程中实现利润的一部分留在企业，形成留存收益，而留存收益也属于所有者权益，但其未转入实收资本。新加入的投资者将与原投资者共享这部分留存收益,也要求其付出大于原有投资者的出资额,才能取得与原有投资者相同的投资比例。投资者投入的资本中按其投资比例计算的出资额部分,应记入"实收资本"科目,大于部分应记入"资本公积——资本溢价"科目。

【例11-8】A有限责任公司由两位投资者投资200000元设立,每人各出资100000元。一年后,为扩大经营规模,经批准,A有限责任公司注册资本增加到300000元。并引入第三位投资者加入。按照投资协议,新投资者需缴入现金110000元,同时享有该公司1/3的股份。A有限责任公司已收到该现金投资。假定不考虑其他因素,A有限责任公司的会计分录如下:

借:银行存款　　　　　　　　　110000
　　贷:实收资本　　　　　　　　　　　　100000
　　　　资本公积——资本溢价　　　　　　10000

(二)股本溢价

股份有限公司是以发行股票的方式筹集股本的,股票可按面值发行,也可按溢价发行,我国目前不允许折价发行。与其他类型的企业不同,股份有限公司在成立之初可能会溢价发行股票,就可能会产生股本溢价。

在按面值发行股票的情况下,企业发行股票取得的收入,应全部计入"股本"科目;在溢价发行股票的情况下,企业发行股票取得的收入,等于股票面值部分计入"股本"科目,超出股票面值的溢价收入应计入"资本公积——股本溢价"科目。委托证券商代理发行股票而支付的手续费、佣金等,应从溢价发行收入中扣除,企业应按扣除手续费、佣金后的数额记入"资本公积——股本溢价"科目。

【例11-9】NMG公司首次公开发行了普通股50000000股,每股面值1元,每股发行价格为4元。B公司以银行存款支付发行手续费、咨询费等费用共计6000000元。假定发行收入已全部收到,发行费用已全部支付,不考虑其他因素,NMG公司的会计处理如下:

(1)收到发行收入时。

应增加的资本公积=50000000×(4-1)=150000000(元)

借:银行存款　　　　　　　　　20000000
　　贷:股本　　　　　　　　　　　　　　50000000
　　　　资本公积——股本溢价　　　　　　150000000

(2)支付发行费用时。

借:资本公积——股本溢价　　　6000000
　　贷:银行存款　　　　　　　　　　　　6000000

三、其他资本公积的核算

其他资本公积，是指除资本溢价（或股本溢价）项目以外所形成的资本公积。长期股权投资采用权益法核算的，被投资单位除净损益、其他综合收益和利润分配以外的所有者权益的其他变动，投资企业按持股比例计算应享有的份额，应当增加或减少长期股权投资的账面价值，同时增加或减少"资本公积——其他资本公积"。当处置采用权益法核算的长期股权投资时，应当将原计入"资本公积——其他资本公积"的相关金额转入投资收益（不能转入损益的项目除外）。

【例 11-10】NMG 公司持有 B 企业 30%的股份，当期 B 企业因资本溢价导致其他综合收益的金额增加 1000000 元。假定 NMG 公司与 B 企业适用的会计政策、会计期间相同，投资时有关资产的公允价值与其账面价值亦相同。不考虑相关的所得税影响。则 NMG 公司有关会计处理如下：

借：长期股权投资——其他权益变动　　　　300000
　　贷：资本公积——其他资本公积　　　　　　　　300000

四、资本公积转增资本的核算

经股东大会或类似机构决议，用资本公积转增资本时，应借记"资本公积——资本溢价（或股本溢价）"科目，同时按照转增前的实收资本（或股本）的结构或比例，将转增的金额贷记"实收资本"（或"股本"）科目下各所有者的明细分类账。

第四节　其他综合收益

一、其他综合收益的内容

其他综合收益，是根据规定未在当期损益中确认的各项利得和损失，也就是所有直接计入所有者权益的利得和损失。包括以后会计期间不能重分类进损益的其他综合收益和以后会计期间在满足规定条件时将重分类进损益其他综合收益两类。

企业应设置"其他综合收益"科目核算直接计入所有者权益的利得和损失的增减变动情况。该科目贷方登记其他综合收益的增加额，借方登记其他综合收益的减少额，期末余额既可能在贷方也可能在借方，反映企业直接计入所有者权益的利得或损失。应当按照其他综合收益项目的具体内容设置明细科目。

二、其他综合收益的核算

以后会计期间不能重分类进损益的其他综合收益本书未涉及，以后会计期间在满足规定条件时将重分类进损益的其他综合收益项目主要包括以下内容：

（一）可供出售金融资产公允价值的变动

可供出售金融资产公允价值变动形成的利得，除减值损失和外币货币性金融资产形成的汇兑差额外，应借记"可供出售金融资产——公允价值变动"科目，贷记"其他综合收益"科目，公允价值变动形成的损失，做相反的会计分录。

【例11-11】NMG公司20×1年7月5日购买甲公司普通股100000股，每股市价3元，手续费10000元；初始确认时，该股票投资划分为可供出售金融资产。20×1年末仍持有该股票，年末该股票市价为每股4元。则NMG公司有关会计处理如下：

（1）购入股票时。

借：可供出售金融资产——成本　　　　310000
　　贷：银行存款　　　　　　　　　　　　　　310000

（2）期末确认股票公允价值变动时。

借：可供出售金融资产——公允价值变动　　90000
　　贷：其他综合收益　　　　　　　　　　　　　90000

（二）采用权益法核算的长期股权投资

采用权益法核算的长期股权投资，按照被投资单位实现其他综合收益以及持股比例计算应享有或分担的金额，调整长期股权投资的账面价值，同时增加或减少其他综合收益。应借记（或贷记）"长期股权投资——其他综合收益"科目，贷记（或借记）"其他综合收益"科目；待该项股权投资处置时，将原计入其他综合收益的金额转入当期损益。

【例11-12】NMG公司持有B企业30%的股份，当期B企业因持有的可供出售金融资产公允价值的变化导致其他综合收益金额增加6000000元。假定NMG公司与B企业适用的会计政策、会计期间相同，投资时有关资产的公允价值与其账面价值亦相同。不考虑相关的所得税影响。则NMG公司有关会计处理如下：

借：长期股权投资——其他综合收益　　1800000
　　贷：其他综合收益　　　　　　　　　　　　1800000

（三）存货或自用房地产转换为投资性房地产

企业将作为存货的房地产转换为采用公允价值模式计量的投资性房地产时，应按其在转换日的公允价值，借记"投资性房地产——成本"科目，原已计提跌价准备的，借记"存货跌价准备"科目，按其账面余额，贷记"开发产品"等科目。同时，**转换**

日的公允价值小于账面价值的，按其差额，借记"公允价值变动损益"科目；转换日的公允价值大于账面价值的，按其差额，贷记"其他综合收益"科目。当该项投资性房地产处置时，因转换计入其他综合收益的部分应转入当期损益。

企业将自用的土地使用权或建筑物等转换为采用公允价值模式计量的投资性房地产时，按其在转换日的公允价值，借记"投资性房地产——成本"科目，按已计提的累计折旧或累计摊销，借记"累计折旧"或"累计摊销"科目；原已计提减值准备的，借记"固定资产减值准备""无形资产减值准备"科目；按其账面余额，贷记"固定资产"或"无形资产"科目。同时，转换日的公允价值小于账面价值的，按其差额，借记"公允价值变动损益"科目；转换日的公允价值大于账面价值的，按其差额，贷记"其他综合收益"科目。当该项投资性房地产处置时，因转换计入其他综合收益的部分应转入当期损益。

第五节 留存收益

留存收益，是企业历年税后利润积累形成的资本。与投资者投入资本不同，留存收益是企业内部经营过程中形成的利润留存后不断累计产生的。主要包括盈余公积和未分配利润两部分内容。

一、盈余公积

(一) 盈余公积的基本内容

盈余公积，是指企业按规定从净利润中提取的积累资金，一般企业和股份有限公司的盈余公积主要包括法定盈余公积、任意盈余公积。两者的区别就在于其各自计提的依据不同。

法定盈余公积，是指企业按照规定的比例从净利润中提取的盈余公积。根据《公司法》的规定，有限责任公司和股份有限公司应按照税后利润的10%提取法定盈余公积，计提的法定盈余公积累计达到注册资本的50%时，可以不再提取。对于非公司制企业，也可以按照净利润10%的比例提取。值得注意的是，在计算提取法定盈余公积的基数时，不应包括企业年初未分配利润。公司的法定盈余公积不足弥补以前年度亏损的，在提取法定盈余公积之前，应当先用当年利润弥补亏损。

任意盈余公积，是指企业经股东大会或类似机构批准按照规定的比例从净利润中提取的盈余公积。它与法定盈余公积的区别在于其提取比例由企业自行决定，全体股东大会批准通过即可,而法定盈余公积的提取比例则由国家有关法律或行政规章规定。

企业提取的盈余公积可用于弥补亏损、转增资本(或股本)或派发股利等。无论是用于弥补亏损、转增资本,还是用于派送新股,只不过是在企业所有者权益内部结构上的调整,比如企业以盈余公积弥补亏损时,实际是减少盈余公积留存的数额,以此抵补未弥补亏损的数额,并不引起企业所有者权益总额的变动;企业以盈余公积转增资本时,也只是减少盈余公积结存的数额,但同时增加企业实收资本或股本的数额,也并不引起所有者权益总额的变动。

企业应设置"盈余公积"科目,核算盈余公积的提取和使用等增减变动情况,该科目贷方登记提取的各种盈余公积的增加额,借方登记用于弥补亏损或转增资本的盈余公积的减少额,期末余额在贷方,反映企业的盈余公积。并应当在"盈余公积"科目下设置"法定盈余公积""任意盈余公积"明细科目,分别核算企业从净利润中提取的各项盈余公积及其使用情况。

(二)盈余公积增加的核算

盈余公积增加具体包括提取法定盈余公积和提取任意盈余公积。企业提取盈余公积时,应借记"利润分配——提取法定盈余公积""利润分配——提取任意盈余公积"科目,贷记"盈余公积——法定盈余公积""盈余公积——任意盈余公积"科目。

【例11-13】NMG公司本年实现的净利润为6000000元,按10%的比例提取法定盈余公积600000元,按5%的比例提取任意盈余公积300000元,则NMG公司有关会计处理如下:

```
借:利润分配——提取法定盈余公积      600000
    贷:盈余公积——法定盈余公积              600000
借:利润分配——提取任意盈余公积      300000
    贷:盈余公积——任意盈余公积              300000
```

(三)盈余公积减少的核算

盈余公积减少具体包括盈余公积补亏、盈余公积转增资本和用盈余公积派发股利等。

企业发生亏损,应由企业自行弥补。弥补亏损的渠道主要有两条:一是用以后年度税前或税后利润进行弥补;二是用盈余公积弥补。但是,用盈余公积弥补亏损应当由董事会提议,经股东大会或者类似的机构批准。用盈余公积弥补亏损,借记"盈余公积——法定盈余公积或任意盈余公积"科目,贷记"利润分配——盈余公积补亏"科目。

【例11-14】经股东大会批准,A公司用以前年度提取的盈余公积弥补当年的亏损100000元。假定不考虑其他因素,则A公司有关会计处理如下:

借：盈余公积　　　　　　　　　　100000
　　贷：利润分配——盈余公积补亏　　　100000

当企业提取的盈余公积比较多时，可以将盈余公积转增资本（股本），但是必须经股东大会或类似机构批准，并且办理增资手续。用法定盈余公积转增资本（股本）后，企业留存的盈余公积不得少于注册资本（指转增前）的25%。用盈余公积转增资本，借记"盈余公积——法定盈余公积或任意盈余公积"科目，贷记"实收资本"或"股本"科目。

【例11-15】 B公司因扩大生产规模的需要，经股东大会批准，将200000元的盈余公积转增股本。假定不考虑其他因素，则B公司有关会计处理如下：

借：盈余公积　　　　　　　　　　200000
　　贷：实收资本　　　　　　　　　　200000

当企业累积的盈余公积比较多，而未分配利润比较少时，为了回报投资者，也可以用盈余公积分派现金股利或利润。经股东大会决议，用盈余公积派送新股，按派送新股计算的金额，借记"盈余公积——法定盈余公积或任意盈余公积"科目，按股票面值和派送新股总数计算的股票面值总额，贷记"股本"科目。

【例11-16】 C公司因累积的盈余公积较多，而本年的利润又较少，经股东大会批准，将200000元的盈余公积作为现金股利发给全体股东。假定不考虑其他因素，则C公司有关会计处理如下：

借：盈余公积　　　　　　　　　　200000
　　贷：应付股利　　　　　　　　　　200000

二、未分配利润

未分配利润，是指企业实现的净利润经过弥补亏损、提取盈余公积和向投资者分配利润后留存在企业的、历年结存的利润。与所有者权益的其他部分相比，企业对未分配利润的使用分配具有较大的自主性。企业实现的净利润，应当按照国家有关规定和投资者的决议进行分配，利润分配的过程与结果，关系到企业所有者的合法权益能否得到保护，企业能否长期、稳定发展的重要问题，为此，企业必须加强利润分配的管理和核算。利润分配就是根据股东大会或类似权力机构批准的、对企业可供分配利润指定其特定用途和分配给投资者的行为。根据《公司法》等有关法律、法规的规定，企业当年实现的净利润，首先应弥补以前年度尚未弥补的亏损，剩余部分先提取法定和任意盈余公积，在向投资者分配股利或利润，经过上述分配之后，剩余部分则为企业的未分配利润（或未弥补亏损）。

从数量上来说，未分配利润是期初未分配利润，加上本期实现的净利润，减去本期利润分配后的余额。例如，NMG公司未分配利润的期初余额为500000元，本年实现的净利润为6000000元，按10%的比例提取法定盈余公积600000元，按5%的比例提取任意盈余公积300000元，将1000000元的利润作为现金股利发给股东，则未分配利润的期末余额为4600000元。

企业在"利润分配"科目下，设置"未分配利润"明细科目核算企业未分配利润的增减变动及期末结存情况。"利润分配"账户用来核算企业一定时期内的净利润分配（或亏损的弥补），以及历年结存的未分配利润（或未弥补的亏损），属于所有者权益类。其贷方登记年末从"本年利润"账户借方转入的全年实现的净利润以及盈余公积补亏数；借方登记实际分配的利润数，或年末从"本年利润"账户贷方转入的全年亏损数；年末如为贷方余额，表示历年积存的未分配利润，如为借方余额，则表示历年积存的未弥补亏损。利润分配账户一般应设置以下几个主要的明细账户：提取法定盈余公积、提取任意盈余公积、应付现金股利、未分配利润。提取法定盈余公积、提取任意盈余公积的会计处理前已述及，此处从略。

【例11-17】NMG公司根据股东大会决议，向投资者分配利润900000元。则NMG公司有关会计处理如下：

　　借：利润分配——应付现金股利　　　　　　900000
　　　　贷：应付股利　　　　　　　　　　　　　　　　900000

年末利润分配后，应将"利润分配"账户下的其他所有明细账户的余额全部转入"未分配利润"明细账户，结转后，除"未分配利润"明细账户外，其他各明细账户均无余额。

【例11-18】期末，NMG公司结转"利润分配"各明细账户。则NMG公司有关会计处理如下：

　　借：利润分配——未分配利润　　　　　　　1800000
　　　　贷：利润分配——提取法定盈余公积　　　　　　600000
　　　　　　　　　　——提取任意盈余公积　　　　　　300000
　　　　　　　　　　——应付现金股利　　　　　　　　900000

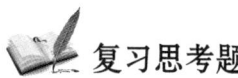

复习思考题

1. 什么是所有者权益？它有什么特征？包括哪些内容？
2. 所有者权益与负债有哪些区别？
3. 实收资本、资本公积与盈余公积有何联系和区别？

4. 有限责任公司的实收资本与股份有限公司的股本在核算上存在哪些异同?

5. 直接计入所有者权益的利得和损失的交易和事项包括哪些?应计入什么账户对其进行核算?

6. 什么是留存收益?它主要包括哪些内容?

第十二章 收入、费用和利润

内容提要

销售商品取得的收入通常应在销售成立并符合销售确认条件时予以确认,按实际交易金额计价入账。企业在资产负债表日提供劳务交易的结果能够可靠估计的,应当采用完工百分比法确认提供劳务收入。费用只有在经济利益很可能流出从而导致资产减少或者负债增加,且经济利益的流出额能够可靠地计量时才能予以确认。利润包括收入减去费用后的净额、直接计入当期利润的利得和损失等。我国所得税会计采用了资产负债表债务法。企业期(月)末结转利润时,应将各损益类科目的金额转入"本年利润"科目。年度终了,应将本年收入和支出相抵后结出的本年实现的净利润转入"利润分配——未分配利润"科目。结转后"本年利润"科目应无余额。

第一节 收 入

一、收入概述

(一)概念和特征

收入是指企业在日常活动中形成的、会导致所有者权益增加的、与所有者投入资本无关的经济利益的总流入。收入具有如下特征:

1. 收入指日常活动所形成的经济利益的流入

日常活动是指企业为完成其经营目标所从事的经常性活动以及与之相关的其他活动。企业的有些活动属于为完成其经营目标所从事的经常性活动,如工业企业制造并销售产品、商业企业购进和销售商品、租赁企业出租资产、商业银行对外贷款、保险公司签发保单、咨询公司提供咨询服务、软件企业为客户开发软件、安装公司提供安装服务、广告商提供广告策划服务等，由此产生的经济利益的总流入构成收入；企业还有一些活动属于与经常性活动相关的其他活动，如工业企业转让无形资产使用权、出售不需用的原材料等，由此产生的经济利益的总流入也构成收入。

除日常活动以外，企业的有些活动不是为完成其经营目标所从事的经常性活动，也不属于与经常性活动相关的其他活动，如企业处置固定资产、无形资产等活动，由此产生的经济利益总流入不构成收入，应当确认为营业外收入。

2. 收入可能表现为资产的增加或负债的减少，或者二者兼而有之

收入通常表现为资产的增加，如在取得销售商品收入、提供劳务收入等的同时，银行存款或应收账款也相应增加；有时也表现为负债的减少，如预收款项的销售业务，在提供了商品或劳务并确认收入的同时，预收账款得以抵偿；或者在增加资产的同时也减少负债，如预收款项的销售业务在确认收入的同时，预收账款得以抵偿，同时补收不足抵偿的账款。

3. 收入必然会导致所有者权益增加

收入无论是表现为资产的增加还是负债的减少，根据"资产＝负债＋所有者权益"的会计恒等式，最终必然导致所有者权益的增加。不符合这一特征的经济利益流入，不属于企业的收入。例如，企业代税务机关收取的税款，旅行社代客户购买门票、飞机票等收取的票款等，性质上属于代收款项，应作为暂收应付款项记入相关的负债类科目，而不能作为收入处理。

4. 收入不包括所有者向企业投入资本导致的经济利益流入

收入只包括企业自身活动获得的经济利益流入，而不包括企业的所有者向企业投入资本导致的经济利益流入。所有者向企业投入的资本，在增加资产的同时，直接增加所有者权益，不能作为企业的收入。

（二）分类

（1）按照企业从事日常活动的性质，可将收入分为销售商品收入、提供劳务或服务收入等。销售商品收入是指企业通过销售商品实现的收入，如制造业企业销售生产的产品、商业企业销售购进的商品。提供服务收入是指企业通过提供服务实现的收入，如咨询公司提供咨询服务、软件开发企业为客户开发软件、安装公司提供安装服务等实现的收入。

（2）按照企业从事日常活动在企业的重要性，可将收入分为主营业务收入、其他业务收入等。主营业务收入，是指企业为完成其经营目标所从事的经常性活动取得的收入。不同行业的企业，具有不同的主营业务。例如，制造业企业以销售产成品、半成品和提供劳务为主营业务；商品流通企业以购进和销售商品为主营业务；商业银行以办理存贷款和结算事项为主营业务等。其他业务收入，是指企业除主要经营业务以外

的其他经营活动实现的收入。如制造业企业出租无形资产的使用权、出租暂时闲置的固定资产和包装物、销售原材料等实现的收入。与主营业务收入相比，其他业务收入具有单笔金额一般较小、不经常发生，在收入中占的比例偏小等特点。

二、收入的确认

企业应当在履行了合同中的履约义务，即在客户取得相关商品控制权时确认收入。这里的"商品"是指广义的商品，包括商品或劳务等。取得相关商品控制权，是指能够主导该商品的使用并从中获得几乎全部的经济利益。

当企业与客户之间的合同同时满足下列条件时，企业应当在客户取得相关商品控制权时确认收入：合同各方已批准该合同并承诺将履行各自义务；该合同明确了合同各方与所转让商品或提供劳务（以下简称"转让商品"）相关的权利和义务；该合同有明确的与所转让商品相关的支付条款；该合同具有商业实质，即履行该合同将改变企业未来现金流量的风险、时间分布或金额；企业因向客户转让商品而有权取得的对价很可能收回。

在合同开始日即满足前款条件的合同，企业在后续期间无须对其进行重新评估，除非有迹象表明相关事实和情况发生重大变化。合同开始日通常是指合同生效日。

三、销售商品收入的会计处理

通常情况下，企业应按从购货方已收或应收的合同或协议价款确定销售商品收入金额。但是，某些情况下，合同或协议明确规定销售商品需要延期收取价款，如分期收款销售商品，实质上具有融资性质的，应当按照应收的合同或协议价款的公允价值（通常为合同或协议价款的现值）确定收入金额。应收的合同或协议价款与其公允价值之间的差额，应当在合同或协议期间内采用实际利率法进行摊销，计入当期损益。

（一）通常情况下销售商品收入的处理

确认销售商品收入时，企业应按已收或应收的合同或协议价款，加上应收取的增值税额，借记"银行存款""应收账款""应收票据"等科目，按确定的收入金额，贷记"主营业务收入""其他业务收入"等科目，按应收取的增值税额，贷记"应交税费——应交增值税（销项税额）"科目。同时，结转销售成本，借记"主营业务成本"科目，贷记"库存商品"科目。

【例12-1】NMG公司向乙公司销售一批A产品。A产品的生产成本为120000元，合同约定的销售价格为150000元，增值税税额为25500元。NMG公司开出发票账单并按合同约定的品种和质量发出A产品，乙公司收到A产品并验收入库。根据合同约定，乙公司须于30天内付款。

在这项交易当中，NMG 公司已按照合同约定的品种和质量发出产品，乙公司也已将该批产品验收入库，表明已将商品所有权上的主要风险和报酬转移给购货方乙公司；NMG 公司既没有保留通常与所有权相联系的继续管理权，也没有对已售出的商品实施有效控制；虽然此时乙公司尚未付款，但并无证据表明乙公司会不按合同约定支付货款；收入可以按照合同约定的销售价格计量，产品的实际成本也已确定；因此，按照收入确认的条件，该项销售商品的收入已实现，NMG 公司应确认销售收入并结转销售成本。NMG 公司的账务处理如下：

借：应收账款　　　　　　　　　　　　　175500
　　贷：主营业务收入　　　　　　　　　　　　　150000
　　　　应交税费——应交增值税（销项税额）　　25500
借：主营业务成本　　　　　　　　　　　120000
　　贷：库存商品　　　　　　　　　　　　　　　120000

如果售出商品不符合收入确认条件，则不应确认收入，已经发出的商品，应当通过"发出商品"科目进行核算。借记"发出商品"，贷记"库存商品"科目。

【例 12-2】 20×8 年 1 月 20 日，NMG 公司向丁公司销售一批 A 产品，A 产品生产成本 60000 元，销售价格 80000 元，增值税税额为 13600 元。NMG 公司在销售时已知悉丁公司资金周转发生困难，近期内难以收回货款，但为了减少存货积压以及考虑到与丁公司长期的业务往来关系，仍将 A 产品发运给丁公司并开出发票账单。20×8 年 12 月 1 日，丁公司给 NMG 公司开出并承兑一张面值为 93600 元、为期 6 个月的不带息银行承兑汇票。20×9 年 6 月 1 日，NMG 公司收到票款。

在这项交易中，NMG 公司开出发票账单并将 A 产品发运给丁公司，表明已将商品所有权上的主要风险和报酬转移给购货方丁公司；NMG 公司既没有保留通常与所有权相联系的继续管理权，也没有对已售出的商品实施有效控制；收入可以按照合同约定的销售价格计量，产品的实际成本也已确定；但由于丁公司资金周转发生困难，近期内难以收回货款，而能否收回货款及何时收回货款，尚存在重大不确定性。因此，按照收入确认的条件，NMG 公司在发出产品时还不能确认销售收入，而应待丁公司将来承诺付款后再确认销售收入。NMG 公司的账务处理如下：

（1）20×8 年 1 月 20 日，发出产品。

借：发出商品　　　　　　　　　　　　　60000
　　贷：库存商品　　　　　　　　　　　　　　　60000
借：应收账款　　　　　　　　　　　　　13600
　　贷：应交税费——应交增值税（销项税额）　　13600

（2）20×8 年 12 月 1 日收到丁公司开来的承兑汇票时，NMG 公司据以确认销售收入。

借：应收票据　　　　　　　　　　　　93600
　　贷：主营业务收入　　　　　　　　　　　　80000
　　　　应收账款　　　　　　　　　　　　　　13600
借：主营业务成本　　　　　　　　　　60000
　　贷：发出商品　　　　　　　　　　　　　　60000

（3）20×9年6月1日，收到票款。

借：银行存款　　　　　　　　　　　　93600
　　贷：应收票据　　　　　　　　　　　　　　93600

（二）销售商品涉及现金折扣、商业折扣、销售折让的处理

企业在销售商品时，有时还会附有一些现金折扣、商业折扣、销售折让等条件，这些将会对收入金额以及销售成本、有关费用等产生一定的影响。关于现金折扣和商业折扣的会计处理见本书第五章"应收款项"内容。

销售折让，是指企业因售出商品的质量不合格等原因而在售价上给予的减让。

销售折让既可能发生在销售方确认收入之前，也可能发生在销售方确认收入之后。如果发生在销售方确认收入之前，销售方应直接从原定的销售价格中扣除给予购货方的销售折让作为实际销售价格，确认收入；如果发生在销售方确认收入之后，销售方应按实际给予购货方的销售折让，冲减销售收入。

【例12-3】 NMG公司向乙公司销售一批商品，开出的增值税专用发票上注明销售价款为800000元，增值税额为136000元。乙公司在验收过程中发现商品质量不合格，要求在价格上给予5%的折让。假定NMG公司已确认销售收入，款项尚未收到，发生的销售折让允许扣减当期增值税额。

NMG公司的账务处理如下：

（1）销售实现时。

借：应收账款　　　　　　　　　　　936000
　　贷：主营业务收入　　　　　　　　　　　　800000
　　　　应交税费——应交增值税（销项税额）　136000

（2）发生销售折让时。

销售价格折让＝800000×5%＝40000（元）
增值税折让＝136000×5%＝6800（元）

借：主营业务收入　　　　　　　　　　40000
　　应交税费——应交增值税（销项税额）　6800
　　贷：应收账款　　　　　　　　　　　　　　46800

(3) 实际收到款项时。

借：银行存款　　　　　　　　　　　　　　　889200
　　贷：应收账款　　　　　　　　　　　　　　　　　889200

（三）销售退回的处理

销售退回，是指企业售出的商品由于质量、品种不符合要求等原因而发生的退货。对于销售退回，企业应分别视不同情况进行会计处理。

其一，对于未确认收入的售出商品发生销售退回的，企业应按已计入"发出商品"科目的商品成本金额，借记"库存商品"科目，贷记"发出商品"科目。

【例12-4】 NMG公司在20×9年12月5日向乙公司销售一批商品，产品生产成本为18000元，销售价格为25000元，增值税额为4250元。根据合同规定，乙公司对产品验收无误后再付款，NMG公司于乙公司付款时开具增值税专用发票。乙公司在验收产品时，发现产品质量存在问题，要求退货，NMG公司同意退货。

该笔交易中，由于在销售产品时没有确认销售收入，只是将发出的商品记入了"发出商品"科目。所以，乙公司退货时，只需将发出商品转回即可。NMG公司的账务处理如下：

(1) 发出产品时。

借：发出商品　　　　　　　　　　　　　　　18000
　　贷：库存商品　　　　　　　　　　　　　　　　　18000

(2) 乙公司要求退货，NMG公司同意退货。

借：库存商品　　　　　　　　　　　　　　　18000
　　贷：发出商品　　　　　　　　　　　　　　　　　18000

其二，对于已确认收入的售出商品发生退回的，企业应在发生时冲减当期销售商品收入，同时冲减当期销售商品成本。如该项销售退回已发生现金折扣的，应同时调整相关财务费用的金额；如该项销售退回允许扣减增值税额的，应同时调整"应交税费——应交增值税（销项税额）"科目的相应金额。

【例12-5】 NMG公司在20×8年12月18日向乙公司销售一批商品，开出的增值税专用发票上注明的销售价款为50000元，增值税额为8500元。该批商品成本为26000元。20×9年4月5日，该批商品因质量问题被乙公司退回，NMG公司当日支付有关款项。假定销售退回不属于资产负债表日后事项。NMG公司的账务处理如下：

(1) 20×8年12月18日销售实现时确认收入。

借：应收账款　　　　　　　　　　　　　　　58500
　　贷：主营业务收入　　　　　　　　　　　　　　　50000
　　　　应交税费——应交增值税（销项税额）　　　　8500

借：主营业务成本　　　　　　　　　　26000
　　贷：库存商品　　　　　　　　　　　　　　26000
（2）20×9年4月5日发生销售退回时。
借：主营业务收入　　　　　　　　　　50000
　　应交税费——应交增值税（销项税额）　8500
　　贷：银行存款　　　　　　　　　　　　　　58500
借：库存商品　　　　　　　　　　　　26000
　　贷：主营业务成本　　　　　　　　　　　　26000

需要注意的是，已确认收入的售出商品发生的销售退回属于资产负债表日后事项的，应当按照有关资产负债表日后事项的相关规定进行会计处理。

四、提供劳务收入的确认与计量

劳务通常指其结果不形成有形资产的服务，如旅游服务、运输服务、饮食服务、广告策划与制作、管理咨询、代理业务、培训业务、建筑安装、软件设计、提供特许权等。企业通过提供劳务而取得的收入，即为劳务收入。有的劳务一次就能完成，且一般为现金交易，如饮食服务、理发服务、照相服务等；有的劳务需要花费一段较长时间才能完成，如安装服务、旅游服务、培训服务、远洋运输等。企业提供劳务收入的确认原则因劳务完成时间不同而不同。

（一）营业周期较短劳务项目的会计处理

对于一次就能完成的劳务，或在同一会计期间内开始并完成的劳务，应在提供劳务交易完成时确认收入，确认的金额通常为从接受劳务方已收或应收的合同或协议价款，确认原则可参照销售商品收入的确认原则。

企业对外提供劳务，如属于企业的主营业务，所实现的收入应作为主营业务收入处理，结转的相关成本应作为主营业务成本处理；如属于主营业务以外的其他经营活动，所实现的收入应作为其他业务收入处理，结转的相关成本应作为其他业务成本处理。企业对外提供劳务发生的支出一般通过"劳务成本"科目予以归集，待确认为费用时，从"劳务成本"科目转入"主营业务成本"或"其他业务成本"科目。

对于一次就能完成的劳务，企业应在提供劳务完成时确认收入及相关成本。对于持续一段时间但在同一会计期间内开始并完成的劳务，企业应在为提供劳务发生相关支出时确认劳务成本，劳务完成时再确认劳务收入，并结转相关劳务成本。

【例12-6】NMG公司于20×9年3月10日接受一项设备安装任务，该安装任务可一次完成。合同总价款为9000元，实际发生安装成本5000元。假定安装业务属于NMG公司的主营业务，不考虑相关税费。在安装完成时，NMG公司应编制如下会计分录：

借：应收账款（或银行存款）   9000
    贷：主营业务收入   9000
借：主营业务成本   5000
    贷：银行存款等   5000

【例12-7】NMG公司于20×9年7月1日起替甲公司安装一套设备，期限4个月，合同总价款为800000元，至同年10月底完工。安装期间收到预付款400000元，实际发生成本为500000元，余款尚未结清。NMG公司应编制如下会计分录（假设按年计算收入、成本）：

（1）实际发生成本时。

借：劳务成本   500000
    贷：银行存款   500000

（2）预收工程款时。

借：银行存款   400000
    贷：预收账款   400000

（3）工程完工确认收入时。

借：预收账款   800000
    贷：主营业务收入   800000

（4）结转成本时。

借：主营业务成本   500000
    贷：劳务成本   500000

对于从事第三产业（服务业）的企业来说，大多数情况下其营业周期都比较短，而且通常主要涉及增值税而基本上不涉及消费税，因此，其会计处理相对来说要简洁一些。

【例12-8】NMG公司是一家大型餐饮企业，20×9年7月9日的营业收入（俗称"流水"）是530万元。属于一般纳税人，适用的增值税率是6%。相关的账务处理如下：

（1）记录其营业收入。

借：银行存款   5318000
    贷：主营业务收入   5300000
        应交税费——应交增值税（销项税额）   318000

（2）交增值税时。

借：应交税费——应交增值税（销项税额） 318000
    贷：银行存款   318000

(二) 营业周期较长劳务项目的会计处理

对于时间跨度较长的劳务项目来说,虽说很多劳务合同中都约定了分期结算的条款,但其劳务收入的会计处理却比较棘手。2017年修订的《企业会计准则第14号——收入》第十二条规定,对于在某一时段内履行的履约义务,企业应当在该段时间内按照履约进度确认收入,但是,履约进度不能合理确定的除外。企业应当考虑商品的性质,采用产出法或投入法确定恰当的履约进度。其中,产出法是根据已转移给客户的商品对于客户的价值确定履约进度;投入法是根据企业为履行履约义务的投入确定履约进度。对于类似情况下的类似履约义务,企业应当采用相同的方法确定履约进度。

第二节 费 用

一、费用概述

费用从理论上讲有广义和狭义之分。狭义的费用是指企业在产品生产与劳务提供等日常经营活动中所发生的经济利益的流出;广义的费用是指企业生产经营过程中所耗费的资金总和,即企业在生产经营过程中为取得收入而支付或耗费的各项资产。既包括为生产一定种类的产品所耗费的资金总和,也包括与产品生产没有直接联系的耗费。广义的费用除日常经营活动中发生的经济利益流出外,还包括与企业日常经营活动无直接关系的经济利益流出,我们把这部分流出称之为损失,如企业因自然灾害发生的非常损失。费用的发生意味着资产减少或负债增加。收入表示企业经济利益的流入,而费用表示企业经济利益的减少。

我国的《企业会计准则——基本准则》将费用表述为"费用是指企业在日常活动中发生的、会导致所有者权益减少的、与向所有者分配利润无关的经济利益的总流出。"可见我国会计准则中定义的费用是狭义概念上的费用。狭义费用仅指与本期营业收入相配比的那部分耗费,主要包括主营业务成本、其他业务成本、营业税金及附加、管理费用、销售费用和财务费用等。

无论是广义的费用,还是狭义的费用,一般都具有以下特征:

(一) 费用最终将导致企业经济资源的减少

费用的发生会引起企业经济资源的减少,这种减少可具体表现为一个企业实际的现金或非现金支出,也可以是预期的现金支出。因此,也可以将这种减少看成是企业资源的流动,但它是资源流出企业。如果将现金或现金等价物流入视为企业未来经济利益的最终体现，那么，费用的本质就是一种现实或预期的现金流出。例如，支付管理费用和工资是现实的现金流出；消耗原材料或机器设备等，同样是现金流出，不过是过去的现金流出；承担一项负债，在未来期间履行相应义务时，也将导致现金的流出，但这是一项预期的或未来的现金流出。

（二）费用最终会导致企业所有者权益的减少

费用既可能表现为资产的减少，如减少银行存款、库存商品等；也可能表现为负债的增加，如增加应付职工薪酬、应交税费等。根据"资产－负债＝所有者权益"的会计等式，费用一定会导致企业所有者权益的减少。但是，企业在生产经营过程中发生的支出并非都会引起企业所有者权益的减少。有两类支出是不应归入费用的。一类是企业偿债性支出。例如，企业以银行存款偿付一项债务，只是一项资产和一项负债的等额减少，对所有者权益没有影响，因此，不构成费用。另一类是向所有者分配利润或现金股利。这一现金流出虽然减少了企业的净资产，但它不构成费用，它不是经营活动的结果，而是属于最终利润的分配。费用的这一特征表明，费用应同盈利活动相联系，即费用是企业在取得收入过程中所发生的各项支出。

二、费用的确认

企业发生的费用如何确认，这是正确计算企业损益的重要问题。费用应按照权责发生制进行确认，凡应属于本期发生的费用，不论其款项是否支付，均确认为本期费用；反之，不属于本期发生的费用，即使其款项已在本期支付，也不确认为本期费用。根据我国《企业会计准则》的规定，费用只有在经济利益很可能流出从而导致企业资产减少或者负债增加，且经济利益的流出额能够可靠计量时才能予以确认。企业为生产产品、提供劳务等发生的可归属于产品成本、劳务成本等的费用，应当在确认产品销售收入、劳务收入等时，将已销售产品、已提供劳务的成本等计入当期损益。企业发生的支出不产生经济利益的，或者即使能够产生经济利益但不符合或者不再符合资产确认条件的，应当在发生时确认为费用，计入当期损益。企业发生的交易或者事项导致其承担了一项负债而又不确认为一项资产的，应当在发生时确认为费用，计入当期损益。

工业企业在生产经营中发生的费用，可以划分为计入产品成本的生产费用和直接计入当期损益的期间费用两大类。在确认费用时，对于确认为期间费用的费用，必须进一步划分为管理费用、销售费用和财务费用。对于确认为生产费用的费用，必须根据该费用发生的实际情况分别不同的费用性质将其确认为不同产品生产所负担的费用；对于几种产品共同发生的费用，必须按受益原则，采用一定方法和程序将其分配计入相关产品的生产成本。

三、生产费用的核算

生产费用应当计入产品成本。产品成本是指制造业为生产一定种类和数量的产品所发生的直接材料、直接人工和制造费用的总和。产品成本也称生产成本或产品制造成本。

（一）生产成本核算的一般程序

其一，区分应计入产品成本的成本和不应计入产品成本的费用。

其二，将应计入产品成本的各项成本，区分为应当计入本月的产品成本与应当由其他月份产品负担的成本。

其三，将应计入本月产品成本的各项成本在各种产品之间进行归集和分配，计算出各种产品的成本。

其四，对既有完工产品又有在产品的产品，采用一定的方法在完工产品和期末在产品之间进行分配，计算出该种完工产品的总成本和单位成本。

（二）应设置的会计科目

为了按照用途归集各项成本，划清有关成本的界限，正确计算产品成本，企业主要应当设置"生产成本""制造费用"科目。

1. "生产成本"科目

"生产成本"科目核算企业进行工业性生产发生的各项生产成本，包括生产各种产品（产成品、自制半成品等）、自制材料、自制工具、自制设备等。"生产成本"科目可按基本生产成本和辅助生产成本进行明细核算。基本生产成本应当分别按照基本生产车间和成本核算对象（产品的品种、类别、订单、批别、生产阶段等）设置明细账（或成本计算单，下同），并按照规定的成本项目设置专栏。企业发生的各项直接生产成本，各生产车间应负担的制造费用，辅助生产车间为基本生产车间、企业管理部门和其他部门提供的劳务和产品，期（月）末按照一定的分配标准分配各受益对象记入本科目的借方；企业已经生产完成并已验收入库的产成品以及入库的自制半成品成本，应于期（月）末记入本科目的贷方；本科目的期末借方余额，反映企业尚未加工完成的产成品成本。

2. "制造费用"科目

"制造费用"科目核算企业生产车间（部门）为生产产品和提供劳务而发生的各项间接费用。该科目可按不同的生产车间、部门和费用项目进行明细核算。生产车间发生的有机物料消耗、管理人员的工资等职工薪酬、计提的固定资产折旧、支付的办公费、支付的水电费等费用、发生季节性的停工损失等记入本科目的借方；将制造费用分配计入有关的成本核算对象记入本科目的贷方。除季节性的生产性企业外，本科目期末应无余额。

(三) 基本生产成本的核算

基本生产车间发生的各项成本，最终都要计入产品生产成本，即记入各种产品成本明细账。

1. 直接材料成本的核算

基本生产车间发生的直接用于产品生产的直接材料成本，包括直接用于产品生产的燃料和动力成本，应专门设置"直接材料"等成本项目。这些原料和主要材料一般分产品领用，应根据领料凭证直接记入某种产品成本的"直接材料"项目。但是，如果是几种产品共同耗用的材料成本，则应采用适当的分配方法，分配计入各有关产品成本的"直接材料"成本项目。

直接用于产品生产、专设成本项目的各种直接材料成本，应借记"生产成本——基本生产成本"科目及其所属各产品成本明细账"直接材料"等成本项目。企业应根据发出材料的成本总额，贷记"原材料"等科目。具体进行会计处理时，应根据"材料成本分配表"作如下会计分录：

借：生产成本——基本生产成本——A 产品
　　　　　　　　　　　　——B 产品
　　　　　　　——辅助生产成本
　　制造费用——基本车间
　　贷：原材料——某材料

2. 直接人工成本的核算

直接进行产品生产、设有"直接人工"成本项目的生产工人工资、福利费等职工薪酬，应单独记入"生产成本——基本生产成本"科目和所属产品成本明细账的借方（在明细账中记入"直接人工"成本项目），同时，贷记"应付职工薪酬"科目。如果生产车间同时生产几种产品，则其发生的直接人工成本包括工人工资、福利等职工薪酬，应采用一定方法分配计入各产品成本中。

为了按工资的用途和发生地点归集并分配工资，月末应按生产部门根据工资结算单和有关的生产工时记录编制"工资成本分配表"，并据此作如下会计分录：

借：生产成本——基本生产成本
　　　　　　——辅助生产成本
　　制造费用——基本车间
　　　　　——锅炉车间
　　　　　——供电车间

管理费用
   贷：应付职工薪酬

（四）辅助生产成本的核算

辅助生产是指为基本生产服务而进行的产品生产和劳务供应。辅助生产有的只生产一种产品或提供一种劳务，如供电、供汽、运输等辅助生产；有的则生产多种产品或提供多种劳务，如从事工具、模型、备件的制造以及机器设备的修理等辅助生产。辅助生产成本是指辅助生产车间发生的成本。

辅助生产提供的产品和劳务，主要是为基本生产车间和管理部门使用和服务的，所以归集在"生产成本——辅助生产成本"科目及其明细账借方的辅助生产成本，月末按照各受益单位耗用的劳务数量分配转出。按受益单位耗用的劳务数量在各单位之间进行分配时，借记"制造费用"，贷记"生产成本——辅助生产成本"科目。

具体进行会计处理时根据辅助费用分配表作会计分录如下：

借：生产成本——基本生产成本
    制造费用——第一基本车间
           ——第一基本车间
    管理费用
   贷：生产成本——辅助生产成本（机修车间）
           ——辅助生产成本（锅炉车间）

（五）制造费用的核算

制造费用，是指企业为生产产品和提供劳务而发生的各项间接费用，包括生产车间发生的机物料消耗、管理人员的工资、福利费等职工薪酬、折旧费、办公费、水电费、季节性的停工损失等。基本生产车间发生的直接用于产品生产但没有专门设立成本项目的成本以及间接用于产品生产的成本，应先记入"制造费用"科目及其他相应明细账；月末，再将归集的全部制造成本转入"生产成本——基本生产成本"科目。

制造费用归集和分配应当通过"制造费用"科目进行。该科目应当根据有关付款凭证、转账凭证和前述各种成本分配表登记；此外，还应按不同的车间设立明细账，账内按照成本项目设立专栏，分别反映各车间各项制造费用的发生情况和分配转出情况。基本生产车间和辅助生产车间发生的直接用于生产，但没有专设成本项目的各种材料成本以及用于组织和管理生产活动的各种材料成本，一般应借记"制造费用"及其明细账（基本生产车间或辅助生产车间）的相关成本项目，贷记"原材料"等科目；基本生产车间和辅助生产车间管理人员的工资、福利费等职工薪酬，应记入"制造费用"科目和所属明细账的借方，同时，贷记"应付职工薪酬"科目。企业应根据制造费用的性质、产品的性质以及生产方式，结合自身的实际情况，对正常生产活动发生的制造费用，合理选择分配方法。

具体进行会计处理时根据制造费用分配表作会计分录如下：

借：生产成本——基本生产成本——M产品
　　　　　　　　　　　　——N产品
　　贷：制造费用

（六）生产成本在完工产品和在产品之间的分配

通过上述各项生产成本的归集和分配，基本生产车间在生产过程中发生的各项成本，已经集中反映在"生产成本——基本生产成本"科目及其明细账的借方，这些成本都是本月发生的生产成本，并不是本月完工产品的成本。要计算出本月完工产品的成本，还要将本月发生的生产成本，加上月初的产品成本，然后再将其在本月完工产品和月末在产品之间进行分配，就可算出各种完工产品和月末在产品的成本。

月末计算出完工产品成本后，根据"完工产品成本计算单"中完工产品成本的金额编制完工产品入库的会计分录如下：

借：库存商品——A产品
　　　　　　——B产品
　　贷：生产成本——基本生产成本

四、期间费用的主要内容及其核算

期间费用是企业当期发生费用中的重要组成部分，是指本期发生的、不能直接或间接归入某种产品成本的、直接计入损益的各项费用，包括管理费用、销售费用和财务费用。

1. 管理费用

管理费用是指企业为组织和管理生产经营发生的各种费用，包括企业在筹建期间内发生的开办费、董事会和行政管理部门在企业的经营管理中发生的以及应由企业统一负担的公司经费（包括行政管理部门职工工资及福利费、物料消耗、低值易耗品摊销、办公费和差旅费等）、行政管理部门负担的工会经费、董事会费（包括董事会成员津贴、会议费和差旅费等）、聘请中介机构费、咨询费（含顾问费）、诉讼费、业务招待费、房产税、车船税、城镇土地使用税、印花税、技术转让费、矿产资源补偿费、研究费用、排污费等。企业生产车间（部门）和行政管理部门发生的固定资产修理费用等后续支出，也作为管理费用核算。

企业发生的管理费用，在"管理费用"科目核算，并在"管理费用"科目中按费用项目设置明细账，进行明细核算。期末，"管理费用"科目的余额结转"本年利润"科目后无余额。该科目按管理费用项目进行明细核算。商品流通企业管理费用不多的，可不设本科目,相关核算内容可并入"销售费用"科目核算。

【例12-9】某企业筹建期间发生办公费、差旅费等开办费25000元,均用银行存款支付。会计分录如下:

借:管理费用　　　　　　　　25000
　　贷:银行存款　　　　　　　　　　25000

【例12-10】某企业就一项产品的设计方案向有关专家进行咨询,以现金支付咨询费30000元。会计分录如下:

借:管理费用　　　　　　　　30000
　　贷:库存现金　　　　　　　　　　30000

【例12-11】某企业行政部6月共发生费用224000元,其中:行政人员薪酬150000元,行政部专用办公设备折旧费45000元,报销行政人员差旅费21000元(假定报销人均未预借差旅费),其他办公、水电费8000元(均用银行存款支付)。会计分录如下:

借:管理费用　　　　　　　　224000
　　贷:应付职工薪酬　　　　　　　　150000
　　　　累计折旧　　　　　　　　　　45000
　　　　库存现金　　　　　　　　　　21000
　　　　银行存款　　　　　　　　　　8000

【例12-12】20×9年12月31日某企业计提公司管理部门固定资产折旧60000元,摊销公司管理部门用无形资产成本90000元。应编制的会计分录如下:

借:管理费用　　　　　　　　150000
　　贷:累计折旧　　　　　　　　　　60000
　　　　累计摊销　　　　　　　　　　90000

2. 销售费用

销售费用是指企业在销售商品和材料、提供劳务过程中发生的各种费用,包括企业在销售商品过程中发生的保险费、包装费、展览费和广告费、商品维修费、预计产品质量保证损失、运输费、装修费等以及为销售本企业商品而专设的销售机构(含销售网点、售后服务网点等)的职工薪酬、业务费、折旧费、固定资产修理费用等费用。企业发生的与专设销售机构相关的固定资产修理费用等后续支出也属于销售费用。

企业发生的销售费用,在"销售费用"科目核算,并在"销售费用"科目中按费用项目设置明细账,进行明细核算。期末,"销售费用"科目的余额结转"本年利润"科目后无余额。该科目应按销售费用的费用项目进行明细核算。

【例12-13】某公司为宣传新产品发生广告费50000元,均用银行存款支付。会计分录如下：

借：销售费用　　　　　　　　　　　50000
　　贷：银行存款　　　　　　　　　　　　50000

【例12-14】某公司销售部8月共发生费用200000元，其中：销售人员薪酬100000元，销售部专用办公设备折旧费38000元，业务费62000元（均用银行存款支付）。会计分录如下：

借：销售费用　　　　　　　　　　　200000
　　贷：应付职工薪酬　　　　　　　　　100000
　　　　累计折旧　　　　　　　　　　　38000
　　　　银行存款　　　　　　　　　　　62000

【例12-15】某公司销售一批产品，销售过程中发生运输费4000元、装卸费3000元，均用银行存款支付。会计分录如下：

借：销售费用　　　　　　　　　　　7000
　　贷：银行存款　　　　　　　　　　　　7000

3. 财务费用

财务费用是指企业为筹集生产经营所需资金等而发生的筹资费用，包括利息支出（减利息收入）、汇兑损益以及相关的手续费、企业发生的现金折扣或收到的现金折扣等。

企业发生的财务费用，在"财务费用"科目核算，并在"财务费用"科目中按费用项目设置明细账，进行明细核算。期末，"财务费用"科目的余额结转"本年利润"科目后无余额。该科目应按财务费用的费用项目进行明细核算。

【例12-16】某企业于20×8年1月1日向银行借入生产经营用短期借款360000元，期限6个月，年利率5%，该借款本金到期后一次归还，利息分月预提，按季支付。假定所有利息均不符合利息资本化条件。有关利息支出的会计处理如下：

每月末，预提当月份应计利息：$360000 \times 5\% \div 12 = 1500$（元）

借：财务费用　　　　　　　　　　　1500
　　贷：应付利息　　　　　　　　　　　　1500

第三节 利 润

一、利润概述

利润是指企业在一定会计期间的经营成果。

利润包括收入减去费用后的净额、直接计入当期利润的利得和损失等。未计入当期利润的利得和损失扣除所得税影响后的净额计入其他综合收益项目。净利润与其他综合收益的合计金额为综合收益总额。利得是指由企业非日常活动所形成的、会导致所有者权益增加的、与所有者投入资本无关的经济利益的流入。损失是指由企业非日常活动所发生的、会导致所有者权益减少的、与向所有者分配利润无关的经济利益的流出。

二、利润的构成

营业收入是指企业经营业务所确认的收入总额，包括主营业务收入和其他业务收入。

营业成本是指企业经营业务所发生的实际成本总额，包括主营业务成本和其他业务成本。

资产减值损失是指企业计提各项资产减值准备所形成的损失。

公允价值变动收益（–损失）是指企业交易性金融资产等公允价值变动形成的应计入当期损益的利得（–损失）。

投资收益（–损失）是指企业以各种方式对外投资所取得的收益（–发生的损失）。

利润相关计算公式如下：

（一）营业利润

营业利润=营业收入–营业成本–营业税金及附加–销售费用–管理费用–财务费用–资产减值损失+公允价值变动收益（–公允价值变动损失)+投资收益（–投资损失）

（二）利润总额

利润总额=营业利润+营业外收入–营业外支出

其中，营业外收入（或支出）是指企业发生的与日常活动无直接关系的各项利得（或损失）。

(三) 净利润

净利润 = 利润总额 – 所得税费用

【例 12-17】 NMG 公司 20×9 年度取得主营业务收入 5000 万元，其他业务收入 1800 万元，投资净收益 700 万元，营业外收入 250 万元；发生主营业务成本 3500 万元，其他业务成本 1400 万元，营业税金及附加 60 万元，销售费用 380 万元，管理费用 340 万元，财务费用 120 万元，资产减值损失 150 万元，公允价值变动净损失 100 万元，营业外支出 200 万元；本年度确认的所得税费用 520 万元。

根据上述资料，NMG 公司 20×9 年度的利润构成情况见表 12-1。

表 12-1　　　　　　　　　　　利润表（简表）
20×9 年度

项　目	本年金额
一、营业收入	68000000
减：营业成本	49000000
税金及附加	600000
销售费用	3800000
管理费用	3400000
财务费用	1200000
资产减值损失	1500000
公允价值变动损益	-1000000
投资净收益	7000000
二、营业利润	14500000
加：营业外收入	2500000
减：营业外支出	2000000
三、利润总额	15000000
减：所得税费用	5200000
四、净利润	9800000

三、营业外收入和营业外支出

营业外收支是指企业发生的与日常活动无直接关系的各项收支。营业外收支虽然与企业生产经营活动没有多大的关系，但从企业主体来考虑，同样带来收入或形成企业的支出，也是增加或减少利润的因素，对企业的利润总额及净利润产生较大的影响。

(一) 营业外收入

营业外收入是指企业发生的与日常活动无直接关系的直接计入当期利润的各项利得。

营业外收入主要包括非流动资产处置利得、非货币性资产交换利得、债务重组利得、罚没利得、政府补助、盘盈利得、捐赠利得、确实无法支付而按规定程序经批准后转作营业外收入的应付款项等。

非流动资产处置利得，主要包括处置固定资产和无形资产利得。其中，处置固定资产利得，是指企业处置固定资产所取得的收入，扣除固定资产账面价值以及处置费用后的净收益；处置无形资产利得，是指企业处置无形资产所取得的收入，扣除无形资产账面价值以及相关税费后的净收益。

非货币性资产交换利得，是指在非货币性资产交换具有商业实质且公允价值能够可靠计量的情况下，因换出固定资产或无形资产的公允价值高于其账面价值而获得的资产增值收益。

罚没利得，是指企业收取的滞纳金、违约金以及其他形式的罚款，在弥补了由于对方违约而造成的经济损失后的净收益。

政府补助利得，指企业从政府无偿取得货币性资产或非货币性资产形成的利得。

捐赠利得，指企业接受外部现金和非现金资产捐赠产生的利得。

无法支付的应付款项，是指由于债权单位撤销或其他原因而无法支付，或者将应付款项划转给关联方等其他企业而无法支付或无须支付，按规定程序经批准后转入当期损益的应付款项。

企业应当通过"营业外收入"科目，核算营业外收入的取得和结转情况。该科目可按营业外收入项目进行明细核算。期末，应将该科目余额转入"本年利润"科目，结转后该科目无余额。

（二）营业外支出

营业外支出是指企业发生的与日常活动无直接关系的各项损失。营业外支出主要包括：非流动资产处置损失、非货币性资产交换损失、债务重组损失、公益性捐赠支出、非常损失、盘亏损失等。

非流动资产处置损失包括固定资产处置损失和无形资产出售损失。固定资产处置损失指企业出售固定资产所取得价款或报废固定资产的材料价值和变价收入等，不足抵补处置固定资产的账面价值、清理费用、处置相关税费后的净损失；无形资产出售损失，指企业出售无形资产所取得价款，不足抵补出售无形资产的账面价值、出售相关税费的净损失。

非货币性资产交换损失，指在非货币性资产交换中换出资产为固定资产、无形资产的，换入资产公允价值小于换出资产账面价值的差额，扣除相关费用后计入营业外支出的金额。

债务重组损失，指重组债权的账面余额与受让资产的公允价值、所转股份的公允价值或者重组后债权的账面价值之间的差额。

公益性捐赠支出，指企业对外进行公益性捐赠发生的支出。

非常损失，指企业对于因客观因素（如自然灾害等）造成的损失，在扣除保险公司赔偿后计入营业外支出的净损失。

企业应通过"营业外支出"科目核算营业外支出的发生及结转情况。该科目可按营业外支出项目进行明细核算。期末，应将该科目余额转入"本年利润"科目，结转后该科目无余额。

需要注意的是营业外收入和营业外支出应当分别核算。在具体核算时。不得以营业外支出直接冲减营业外收入；也不得以营业外收入冲减营业外支出。即企业在会计核算时，应当区别营业外收入和营业外支出进行核算。

四、所得税费用的核算

我国所得税会计采用了资产负债表债务法，要求企业从资产负债表出发，通过比较资产负债表上列示的资产、负债的账面价值与计税基础，对于两者之间的差异分别应纳税暂时性差异与可抵扣暂时性差异，确认相关的延递所得税负债与递延所得税资产，并在此基础上确定每一会计期间利润表中的所得税费用。

（一）所得税核算的一般程序

在采用资产负债表债务法核算所得税的情况下，企业一般应于每一资产负债表日进行所得税的核算，其一般应遵循以下程序：

第一，按照相关会计准则规定确定资产负债表中除递延所得税资产和递延所得税负债以外的其他资产和负债项目的账面价值。

第二，按照会计准则中对于资产和负债计税基础的确定方法，以适用的税收法规为基础，确定资产负债表中有关资产、负债项目的计税基础。

第三，比较资产、负债的账面价值与其计税基础，对于两者之间存在差异的，分析其性质，除准则中规定的特殊情况外，分别应纳税暂时性差异与可抵扣暂时性差异，确定资产负债表日递延所得税负债和递延所得税资产的应有金额，并与期初递延所得税资产和递延所得税负债的余额相比，确定当期应予进一步确认的递延所得税资产和递延所得税负债金额或应予转销的金额，作为递延所得税。

第四，就企业当期发生的交易或事项，按照适用的税法规定计算确定当期应纳税所得额，将应纳税所得额与适用的所得税税率计算的结果确认为当期应交所得税。

第五，确定利润表中的所得税费用。

利润表中的所得税费用包括当期所得税（当期应交所得税）和递延所得税两个组成部分，企业在计算确定了当期所得税和递延所得税后，两者之和（或之差），是利润表中的所得税费用。

(二) 资产和负债的账面价值

账面价值是指某科目的账面余额减去相关的备抵项目后的净额。例如，固定资产的账面价值是"固定资产"科目余额减去"累计折旧"科目余额，再减去"固定资产减值准备"科目余额后的净额。资产负债表中资产和负债项目均是按照资产和负债的账面价值列示的，所以，计算资产和负债的账面价值时，可以参照资产负债表中列示的资产和负债项目的金额。例如，企业持有的应收账款账面余额为1000万元，企业对该应收账款计提了50万元的坏账准备，其账面价值为950万元。又如，企业某项无形资产账面原值为1300万元，累计摊销250万元，计提的无形资产减值准备50万元，则该项无形资产的账面价值为1000万元。

(三) 资产和负债的计税基础

1. 资产的计税基础

资产的计税基础，是指企业在收回资产账面价值过程中，计算应纳税所得额时按照税法规定可以从应税经济利益中抵扣的金额。即某一项资产在未来期间计税时按照税法规定可以税前扣除的金额。

资产在初始确认时，其计税基础一般为取得成本，即企业为取得某项资产支付的成本在未来期间准予税前扣除。在资产持续持有的过程中，其计税基础是指资产的取得成本减去以前期间按照税法规定已经税前扣除的金额后的余额。如固定资产、无形资产等长期资产在某一资产负债表日的计税基础是指其成本扣除按照税法规定已在以前期间税前扣除的累计折旧额或累计摊销额后的金额。

【例12-18】NMG公司20×9年12月31日应收账款余额为7500万元，该公司期末对应收账款计提了750万元的坏账准备。税法规定按照应收账款期末余额的5‰计提的坏账准备允许税前扣除。假定该公司期初应收账款及坏账准备的余额均为零。

该项应收账款在20×9年资产负债表日的账面价值为6750万元（7500-750），其计税基础=7500×(1-5‰)=7500-37.5=7462.5（万元），计税基础7462.5万元与其账面价值6750万元之间产生的712.5万元暂时性差异，在应收账款发生实质性损失时，会减少未来期间的应纳税所得额。

【例12-19】20×9年10月20日，NMG公司从公开市场取得一项权益性投资，支付价款2000万元，作为交易性金融资产核算。20×9年12月31日，该投资的市价为2200万元。

按照会计准则规定，交易性金融资产期末应以公允价值计量、公允价值的变动计入当期损益。在20×9年12月31日，NMG公司应进行账务处理如下：

借：交易性金融资产　　　　2000000

　　　　贷：公允价值变动损益　　　　　　　　2000000

　　至此，在20×9年资产负债表日的账面价值为2200万元。

　　因税法规定交易性金融资产在持有期间的公允价值变动不计入应纳税所得额，其在20×9年资产负债表日的计税基础应维持原取得成本不变，为2000万元。

　　该交易性金融资产的账面价值2200万元与其计税基础2000万元之间产生了200万元的暂时性差异，该暂时性差异在未来期间转回时会增加未来期间的应纳税所得额。

2. 负债的计税基础

　　负债的计税基础，是指负债的账面价值减去未来期间计算应纳税所得额时按照税法规定可予抵扣的金额。用公式表示：

　　负债的计税基础＝账面价值－未来期间按照税法规定可予税前扣除的金额

　　短期借款、应付票据、应付账款等负债的确认与偿还一般不会影响企业的损益，也不会影响其应纳税所得额，未来期间计算应纳税所得额时按照税法规定可予抵扣的金额为零，计税基础即为账面价值。所以，这类负债一般不会产生暂时性差异。

　　【例12-20】 NMG公司20×9年12月31日"短期借款"科目余额为300万元，系为本年度发生的借款。该项借款在发生时确认为一项短期借款，并不影响当期损益，也不会影响当期应纳税所得额；同样，在将来偿还这项借款时，也不影响应纳税所得额。

　　该项短期借款的账面价值＝300（万元）

　　该项短期借款的计税基础＝账面价值300万元－未来期间计算应纳税所得额时按照税法规定可予抵扣的金额0＝300（万元）

　　暂时性差异＝账面价值－计税基础＝300－300＝0（万元）

　　即该项负债的账面价值300万元与其计税基础300万元相同，不形成暂时性差异。

　　一般情况下，对当期损益和应纳税所得额产生影响的主要是从费用中提取的负债，如应付职工薪酬、预计负债等，这些负债的确认会影响应纳税所得额及应纳所得税的计算，在这种情况下既可能会产生暂时性差异，也可能不产生暂时性差异。在分析这类负债的暂时性差异时，要区分情况具体分析。

　　【例12-21】 NMG公司20×9年因销售产品承诺提供3年的保修服务，在当年度利润表中确认了500万元的销售费用同时确认为预计负债。假定企业在确认预计负债的当期未发生任何保修支出。

　　按照或有事项准则规定，企业对于预计提供售后服务将发生的支出在满足有关确认条件时，在销售当期即应确认为费用，同时确认预计负债。其会计分录为借记"销售费用"科目，贷记"预计负债"科目。按照税法规定，有关产品售后服务等与取得经营收入直接相关的费用于实际发生时允许税前列支。

在20×9年12月31日,该项预计负债的账面价值为500万元。该项预计负债的计税基础=账面价值(500万元)-未来期间计算应纳税所得额时按照税法规定可予抵扣的金额(500万元)=0。

由此产生暂时性差异=账面价值-计税基础=500-0=500(万元)

(四)暂时性差异

暂时性差异,是指资产或负债的账面价值与其计税基础之间的差额。暂时性差异按照暂时性差异对未来期间应税金额的影响,分为应纳税暂时性差异和可抵扣暂时性差异。

1. 应纳税暂时性差异

应纳税暂时性差异,是指在确定未来收回资产或清偿负债期间的应纳税所得额时,将导致产生应税金额的暂时性差异。

应纳税暂时性差异通常产生于以下情况:

(1)资产的账面价值大于其计税基础。一项资产的账面价值代表的是企业在持续使用或出售该项资产时取得的经济利益的总额,而资产的计税基础代表的是一项资产在未来期间可予税前扣除的金额。资产的账面价值大于其计税基础,该项资产未来期间产生的经济利益不能全部税前抵扣,两者之间的差额需要交税,产生应纳税暂时性差异。

(2)负债的账面价值小于其计税基础。一项负债的账面价值为企业预计在未来期间清偿该负债时的经济利益流出,而计税基础代表的是账面价值在扣除税法规定未来期间允许税前扣除的金额之后的差额。负债产生的暂时性差异,实质上是税法规定就该项负债可以在未来期间税前扣除的金额。一项负债的账面价值小于其计税基础,就意味着未来期间按照税法规定可予税前扣除的金额是负数,这将会增加未来期间应纳税所得额和应交所得税,因而产生应纳税暂时性差异。

2. 可抵扣暂时性差异

可抵扣暂时性差异,是指在确定未来收回资产或清偿负债期间的应纳税所得额时,将导致产生可抵扣金额的暂时性差异。

可抵扣暂时性差异通常产生于以下情况:

(1)资产的账面价值小于其计税基础。一项资产的账面价值小于其计税基础,企业在未来期间可以减少应纳所得税额并减少应交所得税,例如,一项资产的账面价值为500万元,其计税基础650万元,则企业在未来期间就该项资产可以在其自身取得经济利益的基础上多扣除150万元,未来期间应纳所得税额会减少,应交所得税也会减少,形成可抵扣暂时性差异。

(2)负债的账面价值大于其计税基础。一项负债的账面价值大于其计税基础,就意味着未来期间按照税法规定与负债相关的全部或部分支出可以自未来应税经济利益中扣除，减少未来期间应纳所得税额和应交所得税，形成可抵扣暂时性差异。

（五）递延所得税负债及递延所得税资产的确认和计量

企业在计算确定了应纳税暂时性差异和可抵扣暂时性差异后，应当按照所得税准则规定的原则确认与应纳税暂时性差异相关的递延所得税负债和与可抵扣暂时性差异相关的递延所得税资产。

1. 递延所得税负债

递延所得税负债产生于应纳税暂时性差异。因应纳税暂时性差异在转回期间将增加企业的应纳税所得额和应交应所得税，导致企业经济利益的流出，在其发生当期，构成企业应支付税金的义务，应作为负债确认。

企业在确认因应纳税暂时性差异产生的递延所得税负债时，除所得税准则中明确规定可不确认递延所得税负债的情况以外，企业对于所有的应纳税暂时性差异均应确认相关的递延所得税负债。

【例12-22】20×9年10月20日，NMG公司自公开市场取得一项权益性投资，支付价款1600万元，作为交易性金融资产核算。20×9年12月31日，该项权益性金融资产的市价为1760万元。假定除此交易之外，当期发生的资产和事项不存在其他会计与税收的差异，该公司适用的所得税税率为25%。

由于该项交易性金融资产的期末市价为1760万元，其按照会计准则规定进行核算，应按公允价值调整账面价值，借记"交易性金融资产"160万元，贷记"公允价值变动损益"160万元。所以，该项交易性金融资产在20×9年12月31日的账面价值为1760万元。

假定按税法规定，对于交易性金融资产，持有期间公允价值的变动不计入应纳税所得额，待出售时一并计算应计入应纳税所得额的金额。所以，该项交易性金融资产在20×9年12月31日的计税基础应维持原取得成本不变，即1600万元。

在20×9年12月31日，该交易性金融资产产生了应纳税暂时性差异1760-1600=160万元，NMG公司应确认与应纳税暂时性差异相关的递延所得税负债。即

递延所得税负债=应纳税暂时性差异×所得税税率=160×25%=40（万元）

2. 递延所得税资产

递延所得税资产产生于可抵扣暂时性差异。资产、负债的账面价值与其计税基础不同产生可抵扣暂时性差异的，在估计未来期间能够取得足够的应纳税所得额用以利用该可抵扣暂时性差异时，应当以很可能取得用来抵扣可抵扣暂时性差异的应纳税所得额为限，确认相关的递延所得税资产。

递延所得税资产确认的一般原则：企业应当以很可能取得用来抵扣可抵扣暂时性

差异的应纳税所得额为限,确认由可抵扣暂时性差异产生的递延所得税资产。

【例12-23】NMG公司取得一项资产,20×9年资产负债表日,该项资产账面价值为150万元,计税基础为200万元,则产生可抵扣暂时性差异50万元(150−200=−50)。假定该公司适用的所得税税率为25%,预计该公司会持续盈利,能够获得足够的应纳税所得额。假定该公司不存在其他会计与税收处理的差异。

则该公司应确认相关的递延所得税资产:

递延所得税资产=可抵扣暂时性差异×所得税税率=50×25%=12.5(万元)

(六)所得税费用的确认和计量

在按照资产负债表债务法核算所得税的情况下,利润表中的所得税费用包括当期所得税和递延所得税两个部分。

所得税费用=当期所得税+递延所得税

1. 当期所得税

当期所得税是指企业按照税法规定计算确定的针对当期发生的交易和事项,应交纳给税务部门的所得税金额,以适用的税收法规为基础计算确定:

当期所得税=当期应交所得税

企业在确定当期应交所得税时,对于当期发生的交易或事项,会计处理与税收处理不同的,应在会计利润的基础上,按照适用税收法规的规定进行调整,计算出当期应纳税所得额。

2. 递延所得税

递延所得税是指按照所得税准则规定当期应予确认的递延所得税资产和递延所得税负债金额,即递延所得税资产及递延所得税负债当期发生额的综合结果,但不包括计入所有者权益的交易或事项的所得税影响。用公式表示:

递延所得税=(递延所得税负债的期末余额−递延所得税负债的期初余额)−(递延所得税资产的期末余额−递延所得税资产的期初余额)

或者:

递延所得税=当期递延所得税负债的增加+当期递延所得税资产的减少−当期递延所得税负债的减少−当期递延所得税资产的增加

计算确定了当期所得税和递延所得税以后,利润表中应予确认的所得税费用为两者之和。

【例12-24】NMG公司20×9年度利润表中利润总额为950万元,按税法规定进行纳税调整后计算确定的应纳税所得额为1000万元,该公司适用的所得税税率为25%。递延所得税资产及递延所得税负债不存在期初余额,预计该公司会持续盈利,能够获得足够的应纳税所得额。20×9年12月31日资产负债表中部分资产和负债的账面价值与计税基础存在着差异,如表12-2所示。

表12-2　　　　　资产和负债的账面价值与计税基础比较表　　　　　单位:万元

项目	账面价值	计税基础	暂时性差异	
			应纳税暂时性差异	可抵扣暂时性差异
交易性金融资产	260	200	60	
存货	2000	2200		200
预计负债	100	0		100
总计	—	—	60	300

(1) 20×9年度当期应交所得税。

应交所得税=1000万元×25%=250(万元)

(2) 20×9年度递延所得税。

递延所得税资产=300万元×25%=75(万元)

递延所得税负债=60万元×25%=15(万元)

递延所得税=15-75=-60(万元)

(3) 利润表中应确认的所得税费用。

所得税费用=当期所得税+递延所得税=250-60=190(万元)

确认所得税费用的账务处理如下:

借:所得税费用　　　　　　　　1900000
　　递延所得税资产　　　　　　　750000
　　贷:应交税费——应交所得税　　　　2500000
　　　　递延所得税负债　　　　　　　　150000

五、本年利润的核算

企业应设置"本年利润"科目,核算企业当期实现的净利润(或发生的净亏损)。企业期(月)末结转利润时,应将各损益类科目的金额转入"本年利润"科目:借记所有收入类科目,贷记"本年利润"科目;借记"本年利润"科目,贷记所有费用类科目。

期末结转利润后,"本年利润"科目如为贷方余额,反映年初至本期末累计实现的净利润;如为借方余额,反映年初至本期末累计发生的净亏损。

【例12-25】NMG公司20×9年度取得主营业务收入5000万元,其他业务收入1800万元,投资净收益700万元,营业外收入250万元;发生主营业务成本3500万元,其他业务成本1400万元,税金及附加60万元,销售费用380万元,管理费用340

万元，财务费用 120 万元，资产减值损失 150 万元，公允价值变动净损失 100 万元，营业外支出 200 万元；本年度确认的所得税费用 520 万元。

期末，NMG 公司进行账务处理如下：

借：主营业务收入	50000000	
其他业务收入	18000000	
投资收益	7000000	
营业外收入	2500000	
贷：本年利润		77500000
借：本年利润	67700000	
贷：主营业务成本		35000000
其他业务成本		14000000
税金及附加		600000
销售费用		3800000
管理费用		3400000
财务费用		1200000
资产减值损失		1500000
公允价值变动损益		1000000
营业外支出		2000000
所得税费用		5200000

年度终了，应将本年收入和支出相抵后结出的本年实现的净利润转入"利润分配——未分配利润"科目，借记"本年利润"科目，贷记"利润分配——未分配利润"科目；如为净亏损作相反的会计分录。结转后本科目应无余额。

六、利润分配的核算

企业当期实现的利润，加上年初未分配利润（或减去年初未弥补亏损）后的余额，为可供分配的利润。可供分配的利润，一般按下列顺序分配：

第一，提取法定盈余公积，是指企业根据有关法律规定，按照净利润的 10% 提取的盈余公积。法定盈余公积累计金额超过企业注册资本的 50% 以上时，可以不再提取。

第二，提取任意盈余公积，是指企业按照股东大会决议提取的任意盈余公积。

第三，应付现金股利或利润，是指企业按照利润分配方案分配给股东的现金股利，也包括非股份有限公司分配给投资者的利润。

第四，转作股本的股利，是指企业按照利润分配方案以分派股票股利的形式转作股本的股利，也包括非股份有限公司以利润转增的资本。

企业应当设置"利润分配"科目，核算利润的分配（或亏损的弥补）情况，以及历年积存的未分配利润（或未弥补的亏损）。该科目应当分别"提取法定盈余公积""提取任意盈余公积""应付现金股利或利润""转作股本的股利""盈余公积补亏"和"未分配利润"等进行明细核算。

1. 提取盈余公积

企业提取盈余公积时，借记"利润分配——提取法定盈余公积""利润分配——提取任意盈余公积"科目，贷记"盈余公积——法定盈余公积""盈余公积——任意盈余公积"科目。

2. 向投资者分配现金股利或利润

经股东大会或类似机构决议，分配给股东或投资者的现金股利或利润，借记"利润分配——应付现金股利或利润"科目，贷记"应付股利"科目。

3. 按照利润分配方案以分派股票股利

经股东大会或类似机构决议，分配给股东的股票股利，应在办理增资手续后，借记"利润分配——转作股本的股利"科目，贷记"股本"科目。

年度终了，应将"利润分配"科目所属的其他明细科目的余额，转入"未分配利润"明细科目。结转后，"未分配利润"明细科目的贷方余额，就是未分配利润的金额；如出现借方余额，则表示未弥补亏损的金额。"利润分配"科目所属的其他明细科目应无余额。

4. 弥补亏损的会计处理

企业在生产经营过程中既有可能发生盈利，也有可能出现亏损。企业在当年发生亏损的情况下，与实现利润的情况相同，应当将本年发生的亏损自"本年利润"科目，转入"利润分配——未分配利润"科目，借记"利润分配——未分配利润"科目，贷记"本年利润"科目，结转后"利润分配"科目的借方余额，即为未弥补亏损的数额。然后通过"利润分配"科目核算有关亏损的弥补情况。

按所得税法规定，企业某年度发生的亏损，在其后5年内可以用税前利润弥补，从其后的第6年开始，只能用税后利润弥补。如果税后利润还不够弥补亏损，则可以用发生亏损以前提取的盈余公积来弥补（因为从发生亏损的年度开始，在亏损完全弥补之前不应提取盈余公积）。

以当年实现的利润弥补以前年度结转的未弥补亏损，不需要进行专门的账务处理。企业应将当年实现的利润自"本年利润"科目，转入"利润分配——未分配利润"科目的贷方，其贷方发生额与"利润分配——未分配利润"的借方余额自然抵补。无论是以税前利润还是以税后利润弥补亏损，其会计处理方法均相同。但是，两者在计算交纳所得税时的处理是不同的。在以税前利润弥补亏损的情况下，其弥补的数额可以

第十二章 收入、费用和利润

抵减当期企业应纳税所得额,而以税后利润弥补的数额,则不能作为纳税所得扣除处理。

用盈余公积弥补亏损时,应借记"盈余公积"科目,贷记"利润分配——盈余公积补亏"科目。

【例12-26】NMG公司的股本为100000000元,每股面值1元。20×9年年初"利润分配——未分配利润"科目为贷方余额80000000元,20×9年实现净利润50000000元。

假定公司经批准的20×9年度利润分配方案:按照20×9年实现净利润的10%提取法定盈余公积,5%提取任意盈余公积,同时向股东按每股0.2元派发现金股利,按每10股送3股的比例派发股票股利。2010年3月15日,公司以银行存款支付了全部现金股利,新增股本也已经办理完股权登记和相关增资手续。NMG公司的会计处理如下:

(1) 20×9年度终了时,企业结转本年实现的净利润。

借:本年利润　　　　　　　　　　　　50000000
　　贷:利润分配——未分配利润　　　　　　　　　　50000000

(2) 提取法定盈余公积和任意盈余公积。

借:利润分配——提取法定盈余公积　　5000000
　　　　　　——提取任意盈余公积　　2500000
　　贷:盈余公积——法定盈余公积　　　　　　　　　5000000
　　　　　　　　——任意盈余公积　　　　　　　　　2500000

(3) 结转"利润分配"的明细科目。

借:利润分配——未分配利润　　　　　7500000
　　贷:利润分配——提取法定盈余公积　　　　　　　5000000
　　　　　　　　——提取任意盈余公积　　　　　　　2500000

A公司20×9年底"利润分配——未分配利润"科目的余额:

80000000+50000000−7500000=122500000(元)

即贷方余额122500000元,反映企业的累计未分配利润为122500000元。

(4) 批准发放现金股利。

100000000×0.2=20000000(元)

借:利润分配——应付现金股利　　　　20000000
　　贷:应付股利　　　　　　　　　　　　　　　　　20000000

2010年3月15日,实际发放现金股利。

借:应付股利　　　　　　　　　　　　20000000
　　贷:银行存款　　　　　　　　　　　　　　　　　20000000

（5）2010年3月15日，发放股票股利。

100000000×1×30%=30000000（元）

借：利润分配——转作股本的股利　　　30000000

　　贷：股本　　　　　　　　　　　　　　　　　30000000

 复习思考题

1. 什么是收入？它有哪些特征？收入如何分类？
2. 什么是利润？利润由哪些内容构成？
3. 说明按照资产负债表债务法核算所得税的基本程序。
4. 什么是资产的计税基础？什么是负债的计税基础？
5. 什么是暂时性差异？它分为哪两类？
6. 所得税费用包括哪两部分？

第十三章 财务报表

 内容提要

本章是关于财务报表的介绍。本章的主要内容：一是财务报表的组成及编制要求。财务报表至少应当包括资产负债表、利润表、现金流量表、所有者权益变动表和附注。二是资产负债表的编制。企业应当分别按流动资产和非流动资产、流动负债和非流动负债列示资产项目和负债项目。三是利润表的编制。企业应当在利润表中分别列示营业收入、营业利润、利润总额、净利润、其他综合收益、每股收益等内容。四是现金流量表的编制。现金流量表应当采用直接法列示经营活动产生的现金流量，并在报表附注中采用间接法列示经营活动产生的现金流量。五是所有者权益变动表的编制。企业应当分别列示综合收益和所有者的资本交易导致的所有者权益的变动。六是附注。附注应当披露财务报表的编制基础，相关信息应当与资产负债表、利润表、现金流量表、所有者权益变动表等报表中列示的项目相互参照。

第一节 财务报表概述

财务报告，或称财务会计报告，是指企业对外提供的反映企业某一特定日期财务状况和某一会计期间经营成果、现金流量等会计信息的文件。财务报告包括财务报表和其他应当在财务报告中披露的相关信息和资料。

一、财务报告的目标

财务报告目标在整个财务会计系统和企业会计准则体系中具有十分重要的地位，是构建会计要素确认、计量和报告原则并制定各项准则的基本出发点。《企业会计准则——基本准则》中规定：企业应当编制财务会计报告（又称财务报告）。财务会计报告的目标是向财务会计报告使用者提供与企业财务状况、经营成果和现金流量等有关的会计信息，反映企业管理层受托责任履行情况，有助于财务会计报告使用者作出经济决策。

二、财务报表的组成

财务报表是对企业财务状况、经营成果和现金流量的结构性表述。财务报表至少应当包括下列组成部分：资产负债表、利润表、现金流量表、所有者权益（或股东权益，下同）变动表、附注。

资产负债表是指反映企业在某一特定日期财务状况的会计报表；利润表是指反映企业在一定会计期间经营成果的会计报表；现金流量表是指反映企业在一定会计期间现金和现金等价物流入和流出的会计报表；所有者权益变动表是指反映企业构成所有者权益的各组成部分当期增减变动情况的会计报表。会计报表附注是对在资产负债表、利润表、现金流量表和所有者权益变动表等报表中列示项目的文字描述或明细资料，以及对未能在这些报表中列示项目的说明等。

三、财务报表列报的基本要求

（一）依据各项会计准则确认和计量的结果编制财务报表

企业应当根据实际发生的交易和事项，遵循《企业会计准则——基本准则》和各项具体会计准则的规定进行确认和计量，并在此基础上编制财务报表。企业应当在附注中对这一情况作出声明，只有遵循了企业会计准则的所有规定时，财务报表才应当被称为"遵循了企业会计准则"。同时，企业不应以在附注中的披露代替对交易或事项的确认和计量，不恰当的确认和计量也不能通过充分披露相关会计政策而纠正。

此外，如果按照各项会计准则规定披露的信息不足以让报表使用者了解特定交易或事项对企业财务状况和经营成果的影响时，企业还应当披露其他的必要信息。

（二）列报基础

持续经营是会计的基本前提，也是会计确认、计量及编制财务报表的基础。在编制财务报表的过程中，企业管理层应当利用其所有的可获得信息来评价企业自报告期末起至少12个月的持续经营能力。评价时需要考虑的因素包括宏观政策风险、市场经营风险、企业目前或长期的盈利能力、偿债能力、财务弹性以及企业管理层改变经营政策的意向等。评价结果表明对持续经营能力产生重大怀疑的，企业应当在附注中披露导致对持续经营能力产生重大怀疑的因素以及企业拟采取的改善措施。

（三）权责发生制

除现金流量表按照收付实现制编制外，企业应当按照权责发生制编制其他财务报表。

(四) 列报的一致性

可比性是会计信息质量的一项重要质量要求，目的是使同一企业不同期间和同一期间不同企业的财务报表相互可比。为此，财务报表项目的列报应当在各个会计期间保持一致，不得随意变更。这一要求不仅只针对财务报表中的项目名称，还包括财务报表项目的分类、排列顺序等方面。

(五) 依据重要性原则单独或汇总列报项目

关于项目在财务报表中是单独列报还是合并列报，应当依据重要性原则来判断。总的原则是，如果某项目单个看不具有重要性，则可将其与其他项目汇总列报；如具有重要性，则应当单独列报。企业在进行重要性判断时，应当根据企业所处的具体环境，从项目的性质和金额两方面予以判断：一方面，应当考虑该项目的性质是否属于企业日常活动、是否显著影响企业的财务状况、经营成果和现金流量等因素；另一方面，判断项目金额大小的重要性，应当通过单项金额占资产总额、负债总额、所有者权益总额、营业收入总额、营业成本总额、净利润、综合收益总额等直接相关项目金额的比重或所属报表单列项目金额的比重加以确定。同时，企业对于各个项目重要性的判断标准一经确定，不得随意变更。

(六) 财务报表项目金额间的相互抵销

财务报表项目应当以总额列报，资产和负债、收入和费用、直接计入当期利润的利得和损失项目的金额不能相互抵销，即不得以净额列报，但企业会计准则另有规定的除外。比如，企业欠客户的应付款不得与其他客户欠本企业的应收款相抵销，如果相互抵销就掩盖了交易的实质。

(七) 比较信息的列报

企业在列报当期财务报表时，至少应当提供所有列报项目上一个可比会计期间的比较数据，以及与理解当期财务报表相关的说明，目的是向报表使用者提供对比数据，提高信息在会计期间的可比性，以反映企业财务状况、经营成果和现金流量的发展趋势，提高报表使用者的判断与决策能力。列报比较信息的这一要求适用于财务报表的所有组成部分，即既适用于四张报表，也适用于附注。

(八) 财务报表表首的列报要求

财务报表一般分为表首和正表两部分，其中，在表首部分企业应当概括地说明下列基本信息：①编报企业的名称。②对资产负债表而言，应当披露资产负债表日；而对利润表、现金流量表、所有者权益变动表而言，应当披露报表涵盖的会计期间。③货币名称和单位，按照我国企业会计准则的规定，企业应当以人民币作为记账本位币列报，并标明金额单位，如人民币元、人民币万元等。④财务报表是合并财务报表的，应当予以标明。

(九) 报告期间

企业至少应当编制年度财务报表。根据《中华人民共和国会计法》的规定，会计年度自公历1月1日起至12月31日止。因此，在编制年度财务报表时，可能存在年度财务报表涵盖的期间短于一年的，比如企业在年度中间（如5月1日）开始设立等，在这种情况下，企业应当披露年度财务报表的实际涵盖期间及其短于一年的原因，并应当说明由此引起财务报表项目与数据不具可比性这一事实。

第二节 资产负债表

一、资产负债表及其作用

资产负债表是指反映企业在某一特定日期财务状况的会计报表。它反映企业在某一特定日期所拥有或控制的经济资源、所承担的现时义务和所有者对净资产的要求权。资产负债表属于静态报表，是特定日期反映企业财务状况的报表。通过资产负债表，可以提供某一日期资产的总额及其结构，表明企业拥有或控制的资源及其分布情况，使用者可以一目了然地从资产负债表上了解企业在某一特定日期所拥有的资产总量及其结构；可以提供某一日期的负债总额及其结构，表明企业未来需要用多少资产或劳务清偿债务以及清偿时间；可以反映所有者拥有的权益，据以判断资本保值、增值的情况以及对负债的保障程度。此外，资产负债表还可以提供进行财务分析的基本资料，如将流动资产与流动负债进行比较，计算出流动比率等，可以表明企业的变现能力、偿债能力和资金周转能力，从而有助于报表使用者做出经济决策。

二、资产负债表的内容和结构

(一) 资产负债表的内容

资产负债表主要反映以下三个方面的内容：

1. 资产

资产负债表中的资产反映由过去的交易、事项形成并由企业在某一特定日期所拥有或控制的、预期会给企业带来经济利益的资源。资产应当按照流动资产和非流动资产两大类别在资产负债表中列示，在流动资产和非流动资产类别下进一步按性质分项列示。

流动资产是指预计在一个正常营业周期中变现、出售或耗用，或者主要为交易目的而持有，或者预计在资产负债表日起一年内（含一年）变现的资产，或者自资产负债表日起一年内交换其他资产或清偿负债时不受限制的现金或现金等价物。

正常营业周期通常是指企业从购买用于加工的资产起至实现现金或现金等价物的期间。正常营业周期通常短于一年，但是，也存在正常营业周期长于一年的情况，如房地产开发企业开发用于出售的房地产开发产品，造船企业制造用于出售的大型船只等，从购买原材料进入生产，到制造出产品出售并收回现金或现金等价物的过程，往往超过一年，在这种情况下，与生产循环相关的产成品、应收账款、原材料尽管是超过一年才变现、出售或耗用，仍应作为流动资产列示。正常营业周期不能确定的，应当以一年（12个月）作为正常营业周期。

资产负债表中列示的流动资产项目通常包括货币资金、交易性金融资产、应收票据、应收账款、预付款项、应收利息、应收股利、其他应收款、存货和一年内到期的非流动资产等。

非流动资产是指流动资产以外的资产。资产负债表中列示的非流动资产项目通常包括长期股权投资、固定资产、在建工程、工程物资、固定资产清理、无形资产、开发支出、长期待摊费用以及其他非流动资产等。

2. 负债

资产负债表中的负债反映在某一特定日期企业所承担的、预期会导致经济利益流出企业的现时义务。负债应当按照流动负债和非流动负债在资产负债表中进行列示，在流动负债和非流动负债类别下再进一步按性质分项列示。

流动负债是指预计在一个正常营业周期中清偿，或者主要为交易目的而持有，或者自资产负债表日起一年内（含一年）到期应予以清偿，或者企业无权自主地将清偿推迟至资产负债表日后一年以上的负债。资产负债表中列示的流动负债项目通常包括短期借款、应付票据、应付账款、预收款项、应付职工薪酬、应交税费、应付利息、应付股利、其他应付款、一年内到期的非流动负债等。

非流动负债是指流动负债以外的负债。非流动负债项目通常包括长期借款、应付债券和其他非流动负债等。

对于在资产负债表日起一年内到期的负债，企业预计能够自主地将清偿义务展期至资产负债表日后一年以上的，应当归类为非流动负债；不能自主地将清偿义务展期的，即使在资产负债表日后、财务报告批准报出日前签订了重新安排清偿计划协议，该项负债仍应归类为流动负债。

企业在资产负债表日或之前违反了长期借款协议，导致贷款人可随时要求清偿的负债，应当归类为流动负债。贷款人在资产负债表日或之前同意提供在资产负债表日后一年以上的宽限期，企业能够在此期限内改正违约行为，且贷款人不能要求随时清偿，该项负债应当归类为非流动负债。

3. 所有者权益

资产负债表中的所有者权益是企业资产扣除负债后的剩余权益，反映企业在某一特定日期股东（投资者）拥有的净资产总额，它一般按照实收资本（或股本）、资本公积、盈余公积和未分配利润分项列示。

(二) 资产负债表的结构

资产负债表按其具体格式不同可分为账户式、报告式和财务状况式三种。我国企业的资产负债表采用账户式结构。账户式资产负债表分左右两方，左方为资产项目，大体按资产的流动性大小排列，流动性大的资产如"货币资金""交易性金融资产"等排在前面，流动性小的资产如"长期股权投资""固定资产"等排在后面。右方为负债及所有者权益项目，一般按要求清偿时间的先后顺序排列："短期借款""应付票据""应付账款"等需要在一年以内或者长于一年的一个正常营业周期内偿还的流动负债排在前面，"长期借款"等在一年以上才需偿还的非流动负债排在中间，在企业清算之前不需要偿还的所有者权益项目排在后面。账户式资产负债表中的资产各项目的合计等于负债和所有者权益各项目的合计，即资产负债表左方和右方平衡。因此，通过账户式资产负债表，可以反映资产、负债、所有者权益之间的内在关系，即"资产=负债+所有者权益"。

三、资产负债表的填列

企业应以日常会计核算记录的数据为基础进行归类、整理和汇总，加工成报表项目，形成资产负债表。

(一) 资产负债表项目的填列方法

1. "年初余额"的填列方法

"年初余额"栏内各项目数字，应根据上年末资产负债表"期末余额"栏内所列数字填列。如果本年度资产负债表规定的各个项目的名称和内容与上年度不一致，应对上年年末资产负债表各项目的名称和数字按本年度的规定进行调整，按调整后的数字填入本表"年初余额"栏内。

2. "期末余额"的填列方法

"期末余额"是指某一资产负债表日的数字，即月末、季末、半年末或年末的数字。资产负债表各项目"期末余额"的数据来源，可以通过以下几种方式取得：

(1) 直接根据总账科目的余额填列。例如，交易性金融资产、固定资产清理、长期待摊费用、递延所得税资产、短期借款、交易性金融负债、应付票据、应付职工薪酬、应交税费、应付利息、应付股利、其他应付款、递延所得税负债、实收资本、资本公积、库存股、盈余公积等项目,应当根据相关总账科目的余额直接填列。

(2)根据几个总账科目的余额计算填列。例如,"货币资金"项目,应当根据"库存现金""银行存款""其他货币资金"等科目期末余额合计填列。

(3)根据有关明细科目的余额计算填列。例如,"应收账款"项目,应根据"应收账款"科目所属明细科目与"预收账款"科目所属明细科目的期末借方余额合计填列;"预付款项"项目,应根据"预付账款"科目所属明细科目与"应付账款"科目所属明细科目的期末借方余额合计填列;"应付账款"项目,应根据"应付账款"科目所属明细科目与"预付账款"科目所属明细科目的期末贷方余额合计填列;"预收款项"项目,应根据"预收账款"科目所属明细科目与"应收账款"科目所属明细科目的期末贷方余额合计填列。

【例13-1】NMG公司期末结账后有关科目余额如表13-1所示。

表13-1　　　　　　　　　　科目余额表　　　　　　　　　单位:万元

总账科目名称	借方余额	贷方余额	明细科目名称	借方余额	贷方余额
应收账款	4		甲公司	10	
			乙公司		6
预收账款		3	丙公司		15
			丁公司	12	

根据上述资料,该企业在资产负债表中相关项目的期末金额:

"应收账款"项目的金额为 10+12=22(万元)

"预收款项"项目的金额为 6+15=21(万元)

(4)根据有关科目余额减去其备抵科目余额后的净额填列。例如,"固定资产"项目应根据"固定资产"科目期末余额,减去"累计折旧""固定资产减值准备"等科目期末余额后的金额填列;"无形资产"项目应减去"累计摊销""无形资产减值准备"等科目期末余额后的金额填列等。

(5)综合运用上述填列方法分析填列。例如,"存货"项目应根据"原材料""库存商品""委托加工物资""周转材料""材料采购""在途物资""发出商品""材料成本差异"等总账科目期末余额的分析汇总数,再减去"存货跌价准备"科目余额后的净额填列。

(二)资产负债表项目的填列说明

资产负债表中资产、负债和所有者权益主要项目的填列说明如下:

1. 资产项目的填列说明

(1)"货币资金"项目,反映企业库存现金、银行结算户存款、外埠存款、银行汇票存款、银行本票存款、信用卡存款、信用证保证金存款等的合计数。本项目应根据

"库存现金""银行存款""其他货币资金"科目期末余额的合计数填列。

（2）"交易性金融资产"项目，反映企业持有的以公允价值计量且其变动计入当期损益的为交易目的所持有的债券投资、股票投资、基金投资、权证投资等金融资产。本项目应当根据"交易性金融资产"科目的期末余额填列。

（3）"应收票据"项目，反映企业因销售商品、提供劳务等而收到的商业汇票，包括银行承兑汇票和商业承兑汇票。本项目应根据"应收票据"科目的期末余额填列。已向银行贴现和已背书转让的应收票据不包括在本项目内。

（4）"应收账款"项目，反映企业因销售商品、提供劳务等经营活动应收取的款项。本项目应根据"应收账款"和"预收账款"科目所属各明细科目的期末借方余额合计减去"坏账准备"科目中有关应收账款计提的坏账准备期末余额后的金额填列。如"应收账款"科目所属明细科目期末有贷方余额的，应在"预收款项"项目内填列。

（5）"预付款项"项目，反映企业按照购货合同规定预付给供应单位的款项等。本项目应根据"预付账款"和"应付账款"科目所属各明细科目的期末借方余额合计数，减去"坏账准备"科目中有关预付款项计提的坏账准备期末余额后的金额填列。如"预付账款"科目所属各明细科目期末有贷方余额的，应在资产负债表"应付账款"项目内填列。

（6）"应收利息"项目，反映企业应收取的债券投资等的利息。本项目应根据"应收利息"科目的期末余额，减去"坏账准备"科目中有关应收利息计提的坏账准备期末余额后的净额填列。

（7）"应收股利"项目，反映企业应收取的现金股利和应收取其他单位分配的利润。本项目应根据"应收股利"科目的期末余额，减去"坏账准备"科目中有关应收股利计提的坏账准备期末余额后的净额填列。

（8）"其他应收款"项目，反映企业除应收票据、应收账款、预付账款、应收股利、应收利息等经营活动以外的其他各种应收、暂付的款项。本项目应根据"其他应收款"科目的期末余额，减去"坏账准备"科目中有关其他应收款计提的坏账准备期末余额后的净额填列。

（9）"存货"项目，反映企业期末在库、在途和在加工中的各种存货的可变现净值。本项目应根据"材料采购""原材料""低值易耗品""库存商品""周转材料""委托加工物资""委托代销商品""生产成本"等科目的期末余额合计，减去"受托代销商品款""存货跌价准备"科目期末余额后的净额填列。材料采用计划成本核算，以及库存商品采用计划成本核算或售价核算的企业，还应按加或减材料成本差异、商品进销差价后的净额填列。

（10）"一年内到期的非流动资产"项目，反映企业将于一年内到期的非流动资产项目金额。本项目应根据有关科目的期末余额填列。

（11）"长期股权投资"项目，反映企业持有的对子公司、联营企业和合营企业的长期股权投资。本项目应根据"长期股权投资"科目的期末余额，减去"长期股权投资减值准备"科目的期末余额后的净额填列。

（12）"固定资产"项目，反映企业各种固定资产原价减去累计折旧和减值准备后的净额。本项目应根据"固定资产"科目的期末余额，减去"累计折旧"和"固定资产减值准备"科目期末余额后的净额填列。

（13）"在建工程"项目，反映企业期末各项未完工程的实际支出，包括交付安装的设备价值、未完建筑安装工程已经耗用的材料、工资和费用支出等的可收回金额。本项目应根据"在建工程"科目的期末余额，减去"在建工程减值准备"科目期末余额后的净额填列。

（14）"工程物资"项目，反映企业尚未使用的各项工程物资的实际成本。本项目应根据"工程物资"科目的期末余额填列。

（15）"固定资产清理"项目，反映企业因出售、毁损、报废等原因转入清理但尚未清理完毕的固定资产的净值，以及固定资产清理过程中所发生的清理费用和变价收入等各项金额的差额。本项目应根据"固定资产清理"科目的期末借方余额填列，如"固定资产清理"科目期末为贷方余额以"-"号填列。

（16）"无形资产"项目，反映企业持有的无形资产，包括专利权、非专利技术、商标权、著作权、土地使用权等。本项目应根据"无形资产"的期末余额，减去"累计摊销"和"无形资产减值准备"科目期末余额后的净额填列。

（17）"开发支出"项目，反映企业开发无形资产过程中能够资本化形成无形资产成本的支出部分。本项目应当根据"研发支出"科目中所属的"资本化支出"明细科目期末余额填列。

（18）"长期待摊费用"项目，反映企业已经发生但应由本期和以后各期负担的分摊期限在一年以上的各项费用。长期待摊费用中在一年内（含一年）摊销的部分，在资产负债表"一年内到期的非流动资产"项目填列。本项目应根据"长期待摊费用"科目的期末余额减去将于一年内（含一年）摊销的数额后的金额填列。

（19）"其他非流动资产"项目，反映企业除长期股权投资、固定资产、在建工程、工程物资、无形资产等以外的其他非流动资产。本项目应根据有关科目的期末余额填列。

2. 负债项目的填列说明

（1）"短期借款"项目，反映企业向银行或其他金融机构等借入的期限在一年以下（含一年）的各种借款。本项目应根据"短期借款"科目的期末余额填列。

(2)"应付票据"项目,反映企业购买材料、商品和接受劳务供应等而开出、承兑的商业汇票,包括银行承兑汇票和商业承兑汇票。本项目应根据"应付票据"科目的期末余额填列。

(3)"应付账款"项目,反映企业因购买材料、商品和接受劳务供应等经营活动应支付的款项。本项目应根据"应付账款"和"预付账款"科目所属各明细科目的期末贷方余额合计数填列;如"应付账款"科目所属明细科目期末有借方余额的,应在资产负债表"预付款项"项目内填列。

(4)"预收款项"项目,反映企业按照销售合同等规定预收购买单位的款项。本项目应根据"预收账款"和"应收账款"科目所属各明细科目的期末贷方余额合计数填列。如"预收账款"科目所属各明细科目期末有借方余额,应在资产负债表"应收账款"项目内填列。

(5)"应付职工薪酬"项目,反映企业根据有关规定应付给职工的工资、职工福利、社会保险费、住房公积金、工会经费、职工教育经费、非货币性福利、辞退福利等各种薪酬。外商投资企业按规定从净利润中提取的职工奖励及福利基金,也在本项目列示。

(6)"应交税费"项目,反映企业按照税法规定计算应交纳的各种税费,包括增值税、消费税、所得税、资源税、土地增值税、城市维护建设税、房产税、土地使用税、车船使用税、教育费附加、矿产资源补偿费等。企业代扣代缴的个人所得税,也通过本项目列示。企业所交纳的税金不需要预计应交数的,如印花税、耕地占用税等,不在本项目列示。本项目应根据"应交税费"科目的期末贷方余额填列;如"应交税费"科目期末为借方余额,应以"-"号填列。

(7)"应付利息"项目,反映企业按照规定应当支付的利息,包括分期付息到期还本的长期借款应支付的利息、企业发行的企业债券应支付的利息等。本项目应当根据"应付利息"科目的期末余额填列。

(8)"应付股利"项目,反映企业分配的现金股利或利润。企业分配的股票股利,不通过本项目列示。本项目应根据"应付股利"科目的期末余额填列。

(9)"其他应付款"项目,反映企业除应付票据、应付账款、预收款项、应付职工薪酬、应付股利、应付利息、应交税费等经营活动以外的其他各项应付款项、暂收款项。本项目应根据"其他应付款"科目的期末余额填列。

(10)"一年内到期的非流动负债"项目,反映企业非流动负债中将于资产负债表日后一年内到期部分的金额,如将于一年内偿还的长期借款。本项目应根据有关科目的期末余额填列。

(11)"长期借款"项目,反映企业向银行或其他金融机构借入的期限在一年以上

(不含一年)的各项借款。本项目应根据"长期借款"科目的期末余额填列。

(12)"应付债券"项目,反映企业为筹集长期资金而发行的债券本金和利息。本项目应根据"应付债券"科目的期末余额填列。

(13)"其他非流动负债"项目,反映企业除长期借款、应付债券等项目以外的其他非流动负债。本项目应根据有关科目的期末余额填列。其他非流动负债项目应根据有关科目期末余额减去将于一年内(含一年)到期偿还数后的余额填列。非流动负债各项目中将于一年内(含一年)到期的非流动负债,应在"一年内到期的非流动负债"项目内单独反映。

3. 所有者权益项目的填列说明

(1)"实收资本(或股本)"项目,反映企业各投资者实际投入的资本(或股本)总额。本项目应根据"实收资本"(或"股本")科目的期末余额填列。

(2)"资本公积"项目,反映企业资本公积的期末余额。本项目应根据"资本公积"科目的期末余额填列。

(3)"其他综合收益"项目,反映企业其他综合收益的期末余额。本项目应根据"其他综合收益"科目的期末余额填列。

(4)"盈余公积"项目,反映企业盈余公积的期末余额。本项目应根据"盈余公积"科目的期末余额填列。

(5)"未分配利润"项目,反映企业尚未分配的利润。本项目应根据"本年利润"科目和"利润分配"科目的余额计算填列。未弥补的亏损在本项目内以"-"号填列。

四、资产负债表编制举例

【例13-2】NMG股份有限公司20×1年12月31日的资产负债表(年初余额略)及20×2年12月31日的科目余额表分别见表13-2和表13-3。假设NMG股份有限公司20×2年度除计提固定资产减值准备导致固定资产账面价值与其计税基础存在可抵扣暂时性差异外,其他资产和负债项目的账面价值均等于其计税基础。假定NMG公司未来很可能获得足够的应纳税所得额用来抵扣可抵扣暂时性差异,适用的所得税税率为25%。根据已知资料,编制NMG股份有限公司20×2年12月31日的资产负债表,见表13-4。

根据资产负债表的填列方法,表13-4的有关项目计算如下:

货币资金=2000+786135+7300=795435(元)

应收账款=600000-1800=598200(元)

存货 = 275000 + 45000 + 38050 + 2122400 + 4250[①] = 2484700（元）

固定资产 = 2401000 − 170000 − 30000 = 2201000（元）

无形资产 = 600000 − 60000 = 540000（元）

其他项目根据科目余额表的有关数值直接填列。

表 13-2　　　　　　　　　　资产负债表　　　　会企 01 表

编制单位：NMG 股份有限公司　　20×1 年 12 月 31 日　　　　　　　　单位：元

资产	期末余额	年初余额	负债和股东权益	期末余额	年初余额
流动资产：			流动负债：		
货币资金	1406300		短期借款	300000	
交易性金融资产	15000		交易性金融负债	0	
应收票据	246000		应付票据	200000	
应收账款	299100		应付账款	953800	
预付款项	100000		预收款项	0	
应收利息	0		应付职工薪酬	110000	
应收股利	0		应交税费	36600	
其他应收款	5000		应付利息	1000	
存货	2580000		应付股利	0	
一年内到期的非流动资产	0		其他应付款	50000	
其他流动资产	100000		一年内到期的非流动负债	1000000	
流动资产合计	4751400		其他流动负债	0	
非流动资产：			流动负债合计	2651400	
可供出售金融资产	0		非流动负债：		
持有至到期投资	0		长期借款	600000	
长期应收款	0		应付债券	0	
长期股权投资	250000		长期应付款	0	
投资性房地产	0		专项应付款	0	
固定资产	1100000		预计负债	0	
在建工程	1500000		递延所得税负债	0	
工程物资	0		其他非流动负债	0	
固定资产清理	0		非流动负债合计	600000	
生产性生物资产	0		负债合计	3251400	

---

①"材料成本差异"科目用来核算企业材料实际成本与计划成本之间的差异，月末借方余额，表示库存各种材料的实际成本大于计划成本的差异（超支差），贷方余额表示实际成本小于计划成本的差异（节约差）。本题"材料成本差异"科目为借方余额，表示实际成本大于计划成本，故计算存货项目的金额时应加上"材料成本差异"账户的借方余额。

第十三章 财务报表

续表

资产	期末余额	年初余额	负债和股东权益	期末余额	年初余额
油气资产	0		股东权益：		
无形资产	600000		股本	5000000	
开发支出	0		资本公积	0	
商誉	0		减：库存股	0	
长期待摊费用	0		其他综合收益	0	
递延所得税资产	0		盈余公积	100000	
其他非流动资产	200000		未分配利润	50000	
非流动资产合计	3650000		股东权益合计	5150000	
资产总计	8401400		负债和股东权益总计	8401400	

表 13-3　　　　　　　　　　　　科目余额表

20×2年12月31日　　　　　　　　　　　单位：元

科目名称	借方余额	科目名称	贷方余额
库存现金	2000	短期借款	50000
银行存款	786135	应付票据	100000
其他货币资金	7300	应付账款	953800
交易性金融资产	0	其他应付款	50000
应收票据	66000	应付职工薪酬	180000
应收账款	600000	应交税费	226731
坏账准备	-1800	应付利息	0
预付账款	100000	应付股利	32215.85
其他应收款	5000	一年内到期的非流动负债	0
材料采购	275000	长期借款	1160000
原材料	45000	股本	5000000
周转材料	38050	盈余公积	124770.40
库存商品	2122400	利润分配（未分配利润）	190717.75
材料成本差异	4250		
其他流动资产	90000		
长期股权投资	250000		
固定资产	2401000		
累计折旧	-170000		
固定资产减值准备	-30000		
工程物资	150000		
在建工程	**578000**		
无形资产	**600000**		
累计摊销	**-60000**		
递延所得税资产	9900		
其他非流动资产	200000		
合计	8068235	合计	8068235

表 13-4　　　　　　　　　　　　　　　资产负债表　　　　　会企 01 表

编制单位：NMG 股份有限公司　　　20×2 年 12 月 31 日　　　　　　　　　单位：元

资产	期末余额	年初余额	负债和所有者权益（或股东权益）	期末余额	年初余额
流动资产：			流动负债：		
货币资金	795435	1406300	短期借款	50000	300000
交易性金融资产	0	15000	交易性金融负债	0	0
应收票据	66000	246000	应付票据	100000	200000
应收账款	598200	299100	应付账款	953800	953800
预付款项	100000	100000	预收款项	0	0
应收利息	0	0	应付职工薪酬	180000	110000
应收股利	0	0	应交税费	226731	36600
其他应收款	5000	5000	应付利息	0	1000
存货	2484700	2580000	应付股利	32215.85	0
一年内到期的非流动资产	0	0	其他应付款	50000	50000
其他流动资产	90000	100000	一年内到期的非流动负债	0	1000000
流动资产合计	4139335	4751400	其他流动负债	0	0
非流动资产：			流动负债合计	1592746.85	2651400
可供出售金融资产	0	0	非流动负债：		
持有至到期投资	0	0	长期借款	1160000	600000
长期应收款	0	0	应付债券	0	0
长期股权投资	250000	250000	长期应付款	0	0
投资性房地产	0	0	专项应付款	0	0
固定资产	2201000	1100000	预计负债	0	0
在建工程	578000	1500000	递延所得税负债	0	0
工程物资	150000		其他非流动负债	0	0
固定资产清理	0	0	非流动负债合计	1160000	600000
生产性生物资产	0	0	负债合计	2752746.85	3251400
油气资产	0	0	所有者权益（或股东权益）：		
无形资产	540000	600000	实收资本（或股本）	5000000	5000000
开发支出	0	0	资本公积	0	0
商誉	0	0	减：库存股	0	0
长期待摊费用	0	0	其他综合收益	0	0
递延所得税资产	9900	0	盈余公积	124770.40	100000
其他非流动资产	200000	200000	未分配利润	190717.75	50000
非流动资产合计	3928900	3650000	所有者权益（或股东权益）合计	5315488.15	5150000
资产总计	8068235	8401400	负债和所有者权益（或股东权益）总计	8068235	8401400

第三节 利润表

一、利润表及其作用

利润表是反映企业在一定会计期间的经营成果的会计报表,是一张动态报表。利润表的列报必须充分反映企业经营业绩的主要来源和构成,有助于使用者判断净利润的质量及其风险,有助于使用者预测净利润的持续性,从而做出正确的决策。通过利润表,可以反映企业一定会计期间的收入实现情况,如实现的营业收入有多少、实现的投资收益有多少、实现的营业外收入有多少等;可以反映一定会计期间的费用耗费情况,如耗费的营业成本有多少、营业税费有多少、销售费用、管理费用、财务费用各有多少、营业外支出有多少等;可以反映企业生产经营活动的成果,即净利润的实现情况,据以判断资本保值、增值情况。将利润表中的信息与资产负债表中的信息相结合,还可以提供进行财务分析的基本资料,如将赊销收入净额与应收账款平均余额进行比较,计算出应收账款周转率;将销货成本与存货平均余额进行比较,计算出存货周转率;将净利润与资产总额进行比较,计算出资产收益率等,可以表现企业资金周转情况以及企业的盈利能力和水平,便于报表使用者判断企业的未来发展趋势,做出经济决策。

二、利润表的内容和结构

利润表主要反映以下几方面的内容:①营业收入,由主营业务收入和其他业务收入组成。②营业利润,营业收入减去营业成本(主营业务成本、其他业务成本)、税金及附加、销售费用、管理费用、财务费用、资产减值损失,加上公允价值变动收益、投资收益,即为营业利润。③利润总额,营业利润加上营业外收入,减去营业外支出,即为利润总额。④净利润,利润总额减去所得税费用,即为净利润。⑤其他综合收益,具体分为"以后会计期间不能重分类进损益的其他综合收益项目",和"以后会计期间在满足规定条件时将重分类进损益的其他综合收益项目"两类,并以扣除相关所得税影响后的净额列报。⑥综合收益总额,净利润加上其他综合收益税后净额,即为综合收益总额。⑦每股收益,包括基本每股收益和稀释每股收益两项指标。

常见的利润表结构主要有单步式和多步式两种。单步式利润表是将企业汇总的本期各项收入的合计数与各项成本、费用的合计数相抵后,一次计算求得本期最终损益的表式。多步式利润表通过对当期的收入、费用、支出项目按性质加以归类，按利润形成的主要环节列示一些中间性利润指标，分步计算当期净损益的表式。在我国，企业利润表采用的基本上是多步式结构（见表13-6）。

三、利润表的填列

（一）利润表的填列方法

1. 上期金额栏的填列方法

利润表"上期金额"栏内各项数字，应根据上年利润表"本期金额"栏内所列数字填列。如果上年该期利润表规定的各项目名称和内容同本期不相一致，应对上年该期利润表各项目的名称和数字按本期规定进行调整，填入利润表"上期金额"栏内。

2. 本期金额栏的填列方法

利润表"本期金额栏"反映各项目的本期实际发生数，一般根据损益类科目的发生额分析填列。具体数据来源，可以通过以下几种方式取得：

（1）根据有关总分类账户的本期发生额分析填列。例如，营业收入、营业成本、税金及附加、销售费用、管理费用、财务费用、资产减值损失、公允价值变动收益、投资收益、营业外收入、营业外支出、所得税费用等项目。

（2）根据利润表项目的数字计算后填列。例如，营业利润、利润总额、净利润、综合收益总额项目。

（3）根据总账科目及其所属明细科目的本期发生额分析填列。例如，其他综合收益的税后净额项目。

（4）根据企业相关资料分析计算填列。例如，每股收益项目。

（二）利润表项目的填列说明

1. "营业收入"项目

反映企业经营主要业务和其他业务所确认的收入总额。本项目应根据"主营业务收入"和"其他业务收入"科目的发生额分析填列。

2. "营业成本"项目

反映企业经营主要业务和其他业务所发生的成本总额。本项目应根据"主营业务成本"和"其他业务成本"科目的发生额分析填列。

3. "税金及附加"项目

反映企业经营业务应负担的消费税、城市建设维护税、资源税、土地增值税和教育费附加等。本项目应根据"税金及附加"科目的发生额分析填列。

4. "销售费用"项目

反映企业在销售商品过程中发生的包装费、广告费等费用和为销售本企业商品而专设的销售机构的职工薪酬、业务费等经营费用。本项目应根据"销售费用"科目的发生额分析填列。

5."管理费用"项目

反映企业为组织和管理生产经营发生的管理费用。本项目应根据"管理费用"的发生额分析填列。

6."财务费用"项目

反映企业筹集生产经营所需资金等而发生的筹资费用。本项目应根据"财务费用"科目的发生额分析填列。

7."资产减值损失"项目

反映企业各项资产发生的减值损失。本项目应根据"资产减值损失"科目的发生额分析填列。

8."公允价值变动收益"项目

反映企业应当计入当期损益的资产或负债公允价值变动收益。本项目应根据"公允价值变动损益"科目的发生额分析填列，如为净损失，本项目以"-"号填列。

9."投资收益"项目

反映企业以各种方式对外投资所取得的收益。本项目应根据"投资收益"科目的发生额分析填列。如为投资损失，本项目以"-"号填列。

10."营业利润"项目

反映企业实现的营业利润。本项目应根据利润表项目的数字计算后填列。如为亏损，本项目以"-"号填列。

11."营业外收入"项目

反映企业发生的与经营业务无直接关系的各项收入。本项目应根据"营业外收入"科目的发生额分析填列。

12."营业外支出"项目

反映企业发生的与经营业务无直接关系的各项支出。本项目应根据"营业外支出"科目的发生额分析填列。

13."利润总额"项目

反映企业实现的利润。本项目应根据利润表项目的数字计算后填列，如为亏损，本项目以"-"填列。

14."所得税费用"项目

反映企业应从当期利润总额中扣除的所得税费用。本项目应根据"所得税费用"科目的发生额分析填列。

15. "净利润"项目

反映企业实现的净利润。本项目应根据利润表项目的数字计算后填列。如为亏损，本项目以"-"号填列。

16. "其他综合收益的税后净额"项目

反映除净利润之外的所有综合收益。本项目应根据"其他综合收益"科目及其所属明细科目的本期发生额分析填列。其他综合收益，具体分为"以后会计期间不能重分类进损益的其他综合收益项目"和"以后会计期间在满足规定条件时将重分类进损益的其他综合收益项目"两类，并以扣除相关所得税影响后的净额列报。"综合收益总额"项目，根据净利润加上其他综合收益税后净额计算得出。

17. 每股收益又称每股税后利润、每股盈余，指税后利润与股本总数的比率，包括"基本每股收益"和"稀释每股收益"两项指标

"基本每股收益"在计算时仅考虑当期实际发行在外的普通股股份，按照归属于普通股股东的当期净利润除以当期实际发行在外普通股的加权平均数予以确定，我国没有优先股，所以这里计算时不需要考虑优先股的影响。"稀释每股收益"是企业在存在稀释性潜在普通股的情况下，应当根据其影响分别调整归属于普通股股东的当期净利润（调整分子）以及发行在外普通股的加权均数（调整分母），并据以计算稀释每股收益。

四、利润表编制举例

【例 13-3】NMG 股份有限公司 20×2 年度有关损益类科目本年累计发生净额见表 13-5，根据该资料，编制 NMG 股份有限公司 20×2 年度利润表，见表 13-6。

表 13-5　　　　　　损益类科目 20×2 年度累计发生净额　　　　　　单位：元

科目名称	借方发生额	贷方发生额
主营业务收入		1250000
主营业务成本	750000	
税金及附加	2000	
销售费用	20000	
管理费用	157100	
财务费用	41500	
资产减值损失	30900	
投资收益		31500
营业外收入		50000
营业外支出	19700	
所得税费用	112596	

表 13-6　　　　　　　　　　　利润表　　　　　　会企 02 表

编制单位：NMG 股份有限公司　　　　20×2 年　　　　　　　　　　单位：元

项目	本期金额	上期金额
一、营业收入	1250000	
减：营业成本	750000	
税金及附加	2000	
销售费用	20000	
管理费用	157100	
财务费用	41500	
资产减值损失	30900	
加：公允价值变动收益（损失以"-"号填列）	0	
投资收益（损失以"-"号填列）	31500	
其中：对联营企业和合营企业的投资收益	0	
二、营业利润（亏损以"-"号填列）	280000	
加：营业外收入	50000	
减：营业外支出	19700	
其中：非流动资产处置损失	（略）	
三、利润总额（亏损总额以"-"号填列）	310300	
减：所得税费用	112596	
四、净利润（净亏损以"-"号填列）	197704	
五、其他综合收益的税后净额		
六、综合收益总额	197704	
七、每股收益		
（一）基本每股收益	（略）	
（二）稀释每股收益	（略）	

第四节　现金流量表

一、现金流量表及其作用

现金流量表，是指反映企业在一定会计期间现金和现金等价物流入和流出的报表，是一种动态报表。从编制原则上看，现金流量表按照收付实现制原则编制，将权责发生制下的盈利信息调整为收付实现制下的现金流量信息，便于信息使用者了解企业净利润的质量。从内容上看,现金流量表被划分为经营活动、投资活动和筹资活动三个部分,每类活动又分为各具体项目,这些项目从不同角度反映企业业务活动的现金流入与流出,弥补了资产负债表和利润表提供信息的不足。通过现金流量表,报表使用者能够了解现金流量的影响因素,评价企业的支付能力、偿债能力和周转能力,预测企业未来现金流量,为其决策提供有力依据。

二、现金流量表中现金的概念

现金流量表中的现金是一种广义的现金,有时也称为准现金,它包括现金和现金等价物。现金是指企业库存现金以及可以随时用于支付的存款。现金等价物,是指企业持有的期限短、流动性强、易于转换为已知金额现金、价值变动风险很小的投资。期限短,一般是指从购买日起三个月内到期。现金等价物通常包括三个月内到期的债券投资等。权益性投资变现的金额通常不确定,因而不属于现金等价物。企业应当根据具体情况,确定现金等价物的范围,一经确定不得随意变更。

三、现金流量表的内容和结构

根据企业业务活动的性质和现金流量的来源,现金流量表在结构上将企业一定期间产生的现金流量分为三大类:经营活动产生的现金流量、投资活动产生的现金流量和筹资活动产生的现金流量。现金流量表的具体格式见表13-7。

(一)经营活动产生的现金流量

经营活动是指企业投资活动和筹资活动以外的所有交易和事项。经营活动产生的现金流量包括销售商品或提供劳务、购买商品或接受劳务、收到的税费返还、支付职工薪酬、支付各项税费、支付广告费用等。通过经营活动产生的现金流量,可以说明企业的经营活动对现金流入和流出的影响程度,判断企业在不动用对外筹得资金的情况下,是否足以维持生产经营、偿还债务、支付股利、对外投资等。

(二)投资活动产生的现金流量

投资活动是指企业长期资产的购建和不包括在现金等价物范围的投资及其处置活动。投资活动产生的现金流量包括收回投资收到的现金、取得投资收益收到的现金、处置固定资产、无形资产和其他长期资产收回的现金净额、处置子公司及其他营业单位收到的现金净额、收到其他与投资活动有关的现金、购建固定资产、无形资产和其他长期资产支付的现金、投资支付的现金、取得子公司及其他营业单位支付的现金净额、支付其他与投资活动有关的现金等。投资活动的现金流量可以反映企业通过投资获取现金流量的能力,以及投资活动现金流量对企业总体现金流量的影响。

(三) 筹资活动产生的现金流量

筹资活动是指导致企业资本及债务规模和构成发生变化的活动。筹资活动产生的现金流量包括吸收投资收到的现金、取得借款收到的现金、收到其他与筹资活动有关的现金、偿还债务支付的现金、分配股利、分配利润或偿付利息支付的现金及支付其他与筹资活动有关的现金。筹资活动的现金流量可以反映企业通过筹资获取现金流量的能力，以及筹资活动现金流量对企业总体现金流量的影响。

在现金流量表中，现金和现金等价物被视为一个整体，企业现金形式的转换不会产生现金的流入和流出。例如，企业从银行提取现金是企业现金存放形式的转换，并未流出企业，不构成现金流量。同样，现金和现金等价物之间的转换也不属于现金流量，例如，企业用现金购买三个月到期的国库券。

四、现金流量表的填列

(一) 经营活动产生的现金流量

由于现金流量表中的"经营活动产生的现金流量"要按收付实现制确认的损益来反映，而企业在日常会计核算中对于损益的确认采用的是权责发生制，因此，企业利润表的本期净利润或净亏损并不正好等于现金流量表中的"经营活动产生的现金流量"。在编制现金流量表时，若根据利润表所提供的资料计算经营活动产生的现金流量，就必须将按权责发生制确认的净利润（净亏损）转换为收付实现制确认的损益，由此可按直接法和间接法两种方法转换。

所谓直接法，是指通过现金收入和现金支出的主要类别列示经营活动产生的现金流量。即，以本期营业收入为起算点，调整与经营活动有关的流动资产与流动负债的增减变动，列示销售收入及其他收入的收现数、销售成本与其他费用的付现数，以现金收支表达各项经营活动的现金流量。具体来说，采用直接法编制现金流量表时，应以利润表中各主要收支项目为基础，并对实际的现金收入和现金支出进行调整，结出现金流入量与现金流出量及其净流量。

所谓间接法，是以本期净利润（或净亏损）为起算点，调整不涉及现金的收入与费用和营业外收支以及与经营活动有关的流动资产和流动负债的增减变动。

采用直接法和间接法编制的现金流量表其结果相同，但由于方法上的不同，导致了报表上所反映的信息内容不同。直接法最突出的优点是比较直观地反映了经营活动产生的现金总流入量和现金总流出量，因此，它比间接法更符合编制现金流量表的目的，提供企业一定会计期间内现金和现金等价物流入与流出的信息。直接法的另一个优点是它的调整比较简单，易于理解，因此，比较受报表使用者欢迎，但直接法却无法说明企业报告期的税后净利与同期现金增减数之间差额的原因。

采用间接法，则符合企业主要是按照权责发生制来反映经营活动的现实，并能揭示企业的净收益与经营活动提供现金之间的差额，但却不利于预测企业未来的现金流量，从而降低了现金流量的作用。

鉴于上述原因，我国企业会计准则规定，企业应当采用直接法列示经营活动产生的现金流量，在附注中按照间接法披露将净利润调节为经营活动现金流量的信息。

采用直接法列示经营活动产生的现金流量时，企业有关现金流量的信息可从会计记录中直接获得，也可以在利润表营业收入、营业成本等数据的基础上，通过调整当期存货及经营性应收和应付项目的变动，以及固定资产折旧、无形资产摊销、计提资产减值准备等项目后获得。具体来说，经营活动产生的现金流量各项目的内容及列报方法如下：

1. "销售商品、提供劳务收到的现金"项目

本项目反映企业销售商品、提供劳务实际收到的现金（包括应向购买者收取的增值税销项税额），包括本期销售商品、提供劳务收到的现金，以及前期销售和前期提供劳务本期收到的现金以及本期预收的账款，减去本期销售本期退回的商品和前期销售本期退回的商品支付的现金。企业销售材料收到的现金，也在本项目反映。

企业因对外销售商品或提供劳务而取得的收入，即营业收入，在日常的会计核算中是按权责发生制原则进行处理的，而在编制现金流量表时，为了确定营业收入的收现数，就需要对按权责发生制原则确认的营业收入进行调整，将其调整为按收付实现制原则确认的现金收入。其中有两个方面的因素需要调整，即赊销和预收账款销售。

在企业销售产品或提供劳务采用赊销方式的情况下，对于发生的应收账款或应收票据，在营业收入不变的情况下，应收账款或应收票据增加，则使现金收入减少；反之，应收账款或应收票据减少，则使现金收入增加。由此可见，对于销售收入的收现数，可根据应收账款或应收票据的增减变化来确定，即一定时期内的营业收入收现数应该等于营业收入净额加上应收账款的收现数和应收票据的到期价值减去应收账款和应收票据的发生数。

在企业销售产品或提供劳务采用预收款销售方式的情况下，对于发生的预收账款，在发生时，尽管企业的营业收入并没有增加，但是，企业的现金增加了，所以应在销售收入净额的基础上加回来；企业按合同规定交货时，冲减预收账款，同时确认营业收入，但现金并没有增加，所以应在营业收入净额基础上减回去。

由于销售商品、提供劳务收现数包括增值税（销项税额）收现，因此，该项目在填列时，还应将"应交税费——应交增值税（销项税额）"加回销售收入。这样，"销售商品、提供劳务收到的现金"的公式最终可写成：

$$\begin{aligned}\text{销售商品、提供}\\ \text{劳务收到的现金}\end{aligned} = \begin{aligned}\text{营业}\\ \text{收入}\end{aligned} + \begin{aligned}\text{应收账款}\\ \text{(票据)减少数}\end{aligned} - \begin{aligned}\text{应收账款}\\ \text{(票据)增加数}\end{aligned} + \begin{aligned}\text{预收账}\\ \text{款增加数}\end{aligned} - \begin{aligned}\text{预收账}\\ \text{款减少数}\end{aligned} +$$

应交税费
（销项税额）

上式中，"营业收入"项目的金额可从利润表中查得；有关项目的增减数额可从比较资产负债表中查得。该项目也可根据"库存现金""银行存款""应收账款""应收票据""预收账款""主营业务收入""其他业务收入"等科目的记录分析填列。

2．"收到的税费返还"项目

本项目反映企业收到返还的各种税费，包括收到返还的增值税、消费税、关税、所得税、教育费附加等。本项目可以根据"库存现金""银行存款""其他应收款"等科目的记录分析填列。

3．"收到的其他与经营活动有关的现金"项目

本项目反映企业除了上述各项目外，收到的其他与经营活动有关的现金流入，如罚款收入、流动资产损失中由个人赔偿的现金收入、经营租赁的租金等。其他现金流入价值较大的，应单列项目反映。该项目可以根据"库存现金""银行存款""营业外收入"等科目的记录分析填列。

4．"购买商品、接受劳务支付的现金"项目

本项目反映企业购买商品、接受劳务实际支付的现金（包括增值税进项税额），包括本期购入材料和商品、接受劳务支付的现金以及本期支付前期购入商品、接受劳务的未付款项和本期预付款项。本期发生的购货退回收到的现金应从本项目内减去。

企业在日常生产经营活动中为购买原材料、周转材料、商品等货物而支付的现金，是企业经营活动现金流出量的主要组成部分。企业购入货物时，在会计核算上，一方面增加存货；另一方面减少现金或者增加应付账款等。为了确定企业购买货物所支付的现金，应当首先确定企业本期购买货物的金额。对于大多数企业来说，当期购入存货的金额可根据销货成本和存货余额进行推算：

存货期末余额＝存货期初余额＋本期购入存货金额－本期销货成本

本期购入存货金额＝本期销货成本＋存货期末余额－存货期初余额

上述公式也可以写作：

本期购入存货金额＝本期销货成本＋存货增加数－存货减少数

在企业当期购入存货金额的基础上，通过调整，确定当期购买货物所支付的现金。应当指出的是，企业当期购入货物的金额并不等于企业本期内为购买货物而支付的现金。这是因为，企业当期内为购买货物而支付的现金，既包括当期购买货物当期支付的现金，也包括前期购买货物于当期支付的现金，还包括当期为购买货物而预付的现

金等。反过来说，企业当期购买货物当期支付的现金也不等于企业当期购买货物的金额。因为企业当期购买的货物，并不一定全部在本期内付款，有的要在下期付款，有的在前期已经预付。这样，在会计核算时，就产生了应付账款、应付票据和预付账款的核算。

此外，由于企业购买商品、接受劳务支付的现金还包括在支付货款时同时支付的增值税进项税额，因此，企业在填列该项目时，还应该将"应交税费——应交增值税（进行税额）"加回销货成本。这样"购买商品、接受劳务支付的现金"的公式最终可写成：

$$\begin{matrix}\text{购买商品、接受}\\ \text{劳务所支付现金}\end{matrix} = \begin{matrix}\text{销货}\\ \text{成本}\end{matrix} + \begin{matrix}\text{存货}\\ \text{减少数}\end{matrix} - \begin{matrix}\text{应付账款}\\ \text{（票据）减少数}\end{matrix} + \begin{matrix}\text{应付账款}\\ \text{（票据）增加数}\end{matrix} + \begin{matrix}\text{预付款}\\ \text{增加数}\end{matrix} - \begin{matrix}\text{预付款}\\ \text{减少数}\end{matrix} + \begin{matrix}\text{应交税费}\\ \text{（进项税税）}\end{matrix}$$

上式中，"销货成本"项目的金额可从利润表中查得；有关项目的增减数额可从比较资产负债表中查得。该项目也可以根据"库存现金""银行存款""应付账款""应付票据""主营业务成本"等科目的记录分析填列。

需要强调指出的是，对于工业企业来说，在填列该项目时，应当注意以下几个问题：

（1）对于列入工业企业产品的生产成本、制造费用的折旧费，由于其不涉及现金支出但影响销货成本，如固定资产的折旧费用等项目，因此在填列该项目时，应当从销货成本中减去。

（2）对于列入生产成本、制造费用的职工薪酬，由于现金流量表中单设项目加以反映，因此，在填列该项目时，也应当从销货成本中减去。

5."支付给职工以及为职工支付的现金"项目

本项目反映企业本期实际支付给职工的工资、奖金、各种津贴和补贴等以及为职工支付的其他费用。企业代扣代缴的职工个人所得税，也在本项目反映。本项目不包括支付给离退休人员的各项费用及支付给在建工程人员的工资及其他费用。企业支付给离退休人员的各项费用，在"支付的其他与经营活动有关的现金"项目反映；支付给在建工程人员的工资及其他费用，在"购建固定资产、无形资产和其他长期资产所支付的现金"项目反映。该项目可以根据"应付职工薪酬""库存现金""银行存款"等科目的记录分析填列。

6."支付的各项税费"项目

本项目反映企业本期发生并支付的、本期支付以前各期发生的以及本期预交的税费，包括所得税、增值税、消费税、印花税、房产税、土地增值税、车船使用税、教育费附加、矿产资源补偿费等，但不包括计入固定资产价值、实际支付的耕地占用税，也不包括本期退回增值税、所得税。本期退回增值税、所得税在"收到的税费返还"项目反映。该项目可以根据"应交税费""库存现金""银行存款"等科目的记录分析填列。

7."支付的其他与经营活动有关的现金"项目

本项目反映企业除上述各项目外，支付的其他与经营活动有关的现金流出，如罚款支出、支付的差旅费、业务招待费现金支出、支付的保险费等，其他现金流出如价值较大的，应单列项目反映。该项目可以根据"库存现金""银行存款""管理费用""营业外支出"等科目的记录分析填列。

（二）投资活动产生的现金流量

1."收回投资所收到的现金"项目

本项目反映企业出售、转让或到期收回除现金等价物以外的权益工具、债务工具和合营中的权益等投资收到的现金。收回债务工具实现的投资收益、处置子公司及其他营业单位收到的现金净额不包括在本项目内。该项目可以根据"可供出售金融资产""持有至到期投资""长期股权投资""库存现金""银行存款"等科目的记录分析填列。

2."取得投资收益所收到的现金"项目

本项目反映企业除现金等价物以外的对其他企业的权益工具、债务工具和合营中的权益投资分回的现金股利和利息等，不包括股票股利。该项目可以根据"库存现金""银行存款""投资收益"等科目的记录分析填列。

3."处置固定资产、无形资产和其他长期资产所收回的现金净额"项目

本项目反映企业出售和报废固定资产、无形资产及其他长期资产所取得的现金（包括因资产毁损而收到的保险赔偿收入），减去为处置这些资产而支付的有关费用后的净额，但如果收回的现金净额为负数，则应在"支付的其他与投资活动有关的现金"项目中反映。该项目可以根据"固定资产清理""库存现金""银行存款"等科目的记录分析填列。

4."处置子公司及其他营业单位收到的现金净额"项目

本项目反映企业处置子公司及其他营业单位所取得的现金，减去相关处置费用以及子公司及其他经营单位持有的现金和现金等价物后的净额。该项目可以根据"长期股权投资""库存现金""银行存款"等科目的记录分析填列。

5."收到的其他与投资活动有关的现金"项目

本项目反映企业除了上述各项目以外，收到的其他与投资活动有关的现金流入。比如企业收回购买股票和债券时支付的已宣告但尚未领取的现金股利或已到付息期但尚未领取的债券利息。若其他现金流入价值较大的，应单列项目反映。该项目可以根

据"应收股利""应收利息""银行存款""库存现金"等科目的记录分析填列。

6. "购建固定资产、无形资产和其他长期资产所支付的现金"项目

本项目反映企业本期购买和建造固定资产、取得无形资产和其他长期资产所支付的现金以及用现金支付的应由在建工程和无形资产负担的职工薪酬，不包括为购建固定资产而发生的借款利息资本化部分，以及融资租入固定资产所支付的租赁费。企业支付的借款利息和融资租入固定资产所支付的租赁费，在筹资活动产生的现金流量中反映。该项目可以根据"固定资产""在建工程""无形资产""库存现金""银行存款"等科目的记录分析填列。

7. "投资所支付的现金"项目

本项目反映企业取得的除现金等价物以外的权益工具、债务工具和合营中的权益投资所支付的现金以及支付的佣金、手续费等交易费用，但取得子公司及其他营业单位支付的现金净额除外。该项目可以根据"可供出售金融资产""持有至到期投资""长期股权投资""库存现金""银行存款"等科目的记录分析填列。

8. "取得子公司及其他营业单位支付的现金净额"项目

本项目反映企业购买子公司及其他营业单位购买出价中以现金支付的部分，减去子公司及其他营业单位持有的现金和现金等价物后的净额。该项目可以根据"长期股权投资""库存现金""银行存款"等科目的记录分析填列。

9. "支付的其他与投资活动有关的现金"项目

本项目反映企业除了上述各项目以外，支付的其他与投资活动有关的现金流出。比如企业购买股票时实际支付的价款中包含已宣告但尚未领取的现金股利，购买债券时支付的价款中包含的已到付息期但尚未领取的债券利息等。若某项其他现金流出价值较大，应单列项目反映。该项目可以根据"应收股利""应收利息""银行存款""库存现金"等科目的记录分析填列。

(三) 筹资活动产生的现金流量

1. "吸收投资所收到的现金"项目

本项目反映企业以发行股票、债券等方式筹集资金实际收到的款项，减去直接支付的佣金、手续费、宣传费、咨询费、印刷费等发行费用后的净额。该项目可以根据"实收资本（或股本）""库存现金""银行存款"等科目的记录分析填列。

2. "取得借款收到的现金"项目

本项目反映企业举借各种短期借款、长期借款而收到的现金。本项目可以根据"短期借款""长期借款""库存现金""银行存款"等科目的记录分析填列。

3. "收到的其他与筹资活动有关的现金"项目

本项目反映企业除上述各项目外所收到的其他与筹资活动有关的现金流入，如接

受现金捐赠等。其他现金流入如金额较大的，应单列项目反映。本项目可以根据"库存现金""银行存款""营业外收入"等科目的记录分析填列。

4."偿还债务所支付的现金"项目

本项目反映企业偿还债务本金所支付的现金，包括偿还金融企业的借款本金、偿还债券本金等。企业支付的借款利息和债券利息，在"分配股利、利润或偿付利息所支付的现金"项目中反映，不包括在本项目内。本项目可以根据"短期借款""长期借款""应付债券""库存现金""银行存款"等科目的记录分析填列。

5."分配股利、利润或偿付利息所支付的现金"项目

本项目反映企业实际支付的现金股利、支付给其他投资单位的利润或以现金支付的借款利息、债券利息等。本项目可以根据"应付股利""应付利息""财务费用""库存现金""银行存款"等科目的记录分析填列。

6."支付的其他与筹资活动有关的现金"项目

本项目反映企业除了上述各项目外，支付的其他与筹资活动有关的现金流出，如捐赠现金支出、融资租入固定资产支付的租赁费等。其他现金流出如金额较大的，应单列项目反映。本项目可以根据"营业外支出""长期应付款""库存现金""银行存款"等科目的记录分析填列。

（四）汇率变动对现金及现金等价物的影响

本项目反映企业外币现金流量及境外子公司的现金流量折算为人民币时，所采用的现金流量发生日的即期汇率或按照系统合理的方法确定的、与现金流量发生日即期汇率近似的汇率折算的人民币金额与"现金及现金等价物净增加额"中外币现金净增加额按期末汇率折算的人民币金额之间的差额。

（五）现金流量表补充资料

除现金流量表反映的信息外，企业还应在附注中披露将净利润调节为经营活动现金流量、不涉及现金收支的重大投资和筹资活动、现金及现金等价物净变动情况等信息。

1. 将净利润调节为经营活动现金流量

如前所述，在我国，现金流量表补充资料应采用间接法反映经营活动产生的现金流量情况，以对现金流量表中采用直接法反映的经营活动现金流量进行核对和补充说明。

采用间接法列报经营活动产生的现金流量时，需要对四大类项目进行调整：①实际没有支付现金的费用；②实际没有收到现金的收益；③不属于经营活动的损益；④经营性应收应付项目的增减变动。

（1）资产减值准备。该项目反映企业本期实际计提的各项资产减值准备，包括坏账

准备、存货跌价准备、长期股权投资减值准备、持有至到期投资减值准备、投资性房地产减值准备、固定资产减值准备、在建工程减值准备等。本项目可以根据"资产减值损失"科目的记录分析填列。

(2) 固定资产折旧、油气资产折耗、生产性生物资产折旧。该项目反映企业本期累计计提的固定资产折旧、油气资产折耗、生产性生物资产折旧。本项目可以根据"累计折旧""累计折耗"等科目的贷方发生额分析填列。

(3) 无形资产摊销。该项目反映企业本期累计摊入成本费用的无形资产的价值。本项目可以根据"累计摊销"科目的贷方发生额分析填列。

(4) 长期待摊费用摊销。该项目反映企业本期累计摊入成本费用的长期待摊费用。本项目可以根据"长期待摊费用"科目的贷方发生额分析填列。

(5) 处置固定资产、无形资产和其他长期资产的损失。该项目反映企业本期处置固定资产、无形资产和其他长期资产发生的净损失（或净收益）。如为净收益以"-"号列示。本项目可以根据"营业外支出""营业外收入"等科目所属有关明细科目的记录分析填列。

(6) 固定资产报废损失。该项目反映企业本期发生的固定资产盘亏净损失。本项目可以根据"营业外支出"和"营业外收入"科目所属有关明细科目的记录分析填列。

(7) 公允价值变动损失。该项目反映企业持有的交易性金融资产、交易性金融负债、采用公允价值模式计算的投资性房地产等公允价值变动形成的净损失。如为净收益以"-"号列示。本项目可以根据"公允价值变动损益"科目所属有关明细科目的记录分析填列。

(8) 财务费用。该项目反映企业本期实际发生的属于投资活动或筹资活动的财务费用。属于投资活动、筹资活动的部分，在计算净利润时已经扣除，但这部分发生的现金流出不属于经营活动现金流量的范畴，所以在将净利润调节为经营活动现金流量时，需要予以加回。本项目可以根据"财务费用"科目的本期借方发生额分析填列。如为收益，以"-"号列示。

(9) 投资损失。该项目反映企业对外投资实际发生的投资损失减去收益后的净损失。本项目可以根据利润表"投资收益"项目的数字填列；如为投资收益，以"-"号列示。

(10) 递延所得税资产减少。该项目反映企业资产负债表"递延所得税资产"项目期初余额与期末余额的差额。本项目可以根据"递延所得税资产"科目发生额分析填列。

(11) 递延所得税负债增加。该项目反映企业资产负债表"递延所得税负债"项目期初余额与期末余额的差额。本项目可以根据"递延所得税负债"科目发生额分析填列。

(12) 存货的减少。该项目反映企业资产负债表"存货"项目期初余额与期末余额的差额。期末数大于期初数的差额,以"-"号列示。

(13) 经营性应收项目的减少。该项目反映企业本期经营性应收项目(包括应收票据、应收账款、预付账款、长期应收款和其他应收款等经营性应收项目中与经营活动有关的部分及应收的增值税销项税额等)的期初余额与期末余额的差额。期末数大于期初数的差额,以"-"号列示。

(14) 经营性应付项目的增加。该项目反映企业本期经营性应付项目(包括应付票据、应付账款、预收账款、应付职工薪酬、应交税费和其他应付款等经营性应付项目中与经营活动有关的部分及应付的增值税进项税额等)的期初余额与期末余额的差额。期末数小于期初数的差额,以"-"号列示。

2. 不涉及现金收支的重大投资和筹资活动

该项目反映企业一定会计期间内影响资产和负债但不形成该期现金收支的所有重大投资和筹资活动的信息。这些投资和筹资活动是企业的重大理财活动,对以后各期的现金流量会产生重大影响,因此应单列项目在补充资料中反映。目前,我国企业现金流量表补充资料中列示的不涉及现金收支的重大投资和筹资活动项目主要有以下几项:

(1) "债务转为资本"项目,反映企业本期转为资本的债务金额。

(2) "一年内到期的可转换公司债券"项目,反映企业一年内到期的可转换公司债券的本息。

(3) "融资租入固定资产"项目,反映企业本期融资租入固定资产的最低租赁付款额扣除应分期计入利息费用的未确认融资费用后的净额。

3. 现金及现金等价物净变动情况

该项目反映企业一定会计期间现金及现金等价物的期末余额减去期初余额后的净增加额(或净减少额),是对现金流量表中"现金及现金等价物净增加额"项目的补充说明。该项目的金额应与现金流量表"现金及现金等价物净增加额"项目的金额核对相符。

五、现金流量表编制举例

在具体编制现金流量表时,企业可根据业务量的大小及复杂程度,采用工作底稿法、T形账户法、分析填列法编制或直接根据有关科目记录分析填列。

下面仅以分析填列法为例,说明现金流量表的编制方法。

分析填列法是直接根据资产负债表、利润表和有关会计科目明细账的记录,分析计算出现金流量表各项目的金额,并据以编制现金流量表的一种方法。

【例13-4】沿用【例13-2】、【例13-3】的有关资料,并假定NMG股份有限公司其

他相关资料如下:

1. 20×2 年度利润表有关项目的明细资料如下:

(1) 管理费用的组成:职工薪酬17100元,无形资产摊销60000元,折旧费30000元,支付其他费用50000元。

(2) 财务费用的组成:计提借款利息21500元,支付应收票据贴现利息20000元。

(3) 资产减值损失的组成:计提坏账准备900元,计提固定资产减值准备30000元。上年年末坏账准备余额为1800元。

(4) 投资收益的组成:收到股息收入30000元,与本金一起收回的交易性股票投资收益500元,自公允价值变动损益结转投资收益1000元。

(5) 营业外收入的组成:处置固定资产净收益50000元(其所处置固定资产原价为400000元,累计折旧为150000元,收到处置收入300000元)。假定不考虑与固定资产处置有关的税费。

(6) 营业外支出的组成:报废固定资产净损失19700元(其所报废固定资产原价为200000元,累计折旧180000元,支付清理费用500元,收到残值收入800元)。

(7) 所得税费用的组成:当期所得税费用为122496元,递延所得税收益9900元。

除上述项目外,利润表中的销售费用至期末均已支付。

2. 资产负债表有关项目的明细资料如下:

(1) 本期收回交易性股票本金15000元,公允价值变动1000元,同时实现投资收益500元。

(2) 存货中生产成本、制造费用的组成:职工薪酬324900元,折旧费80000元。

(3) 应交税费的组成:本期增值税进项税额42466元,增值税销项税额212500元,已交增值税100000元;应交所得税期末余额为20097元,应交所得税期初余额为0。应交税费期末数中应由在建工程负担的部分为100000元。

(4) 应付职工薪酬的期初数无应付在建工程人员的部分,本期支付在建工程人员职工薪酬为200000元。在应付职工薪酬的期末数中应付在建工程人员的部分为28000元。

(5) 本期应付利息均为短期借款利息,其中本期计提利息为11500元,支付利息为12500元。

(6) 本期用现金购买固定资产为101000元,购买工程物资为150000元。

(7) 本期用银行存款偿还短期借款为250000元,偿还一年内到期的长期借款为1000000元;借入长期借款为400000元。

根据以上资料,采用分析填列的方法,编制NMG股份有限公司20×2年度的现金流量表。

1. NMG股份有限公司20×2年度现金流量表各项目金额分析确定如下：

（1）销售商品、提供劳务收到的现金=主营业务收入+应交税费（应交增值税——销项税额）+（应收账款年初余额-应收账款期末余额）+（应收票据年初余额-应收票据期末余额）+（预收账款期末余额-预收账款年初余额）-当期计提的坏账准备-票据贴现的利息=1250000+212500+（299100-598200）+（246000-66000）-900-20000=1322500（元）

（2）购买商品、接受劳务支付的现金=主营业务成本+应交税费（应交增值税——进项税额）+（应付账款年初余额-应付账款期末余额）+（应付票据年初余额-应付票据期末余额）+（预付账款期末余额-预付账款年初余额）-（存货年初余额-存货期末余额）-当期列入生产成本、制造费用的职工薪酬-当期列入生产成本、制造费用的折旧费和固定资产修理费=750000+42466+（953800-953800）+（200000-100000）+（100000-100000）-（2580000-2484700）-324900-80000=392266（元）

（3）支付给职工以及为职工支付的现金=生产成本、制造费用、管理费用中职工薪酬+（应付职工薪酬年初余额-应付职工薪酬期末余额）-［应付职工薪酬（在建工程）年初余额-应付职工薪酬（在建工程）期末余额］=324900+17100+（110000-180000）-（0-28000）=300000（元）

（4）支付的各项税费=税金及附加+当期所得税费用+应交税费（增值税——已交税金）-（应交所得税期末余额-应交所得税年初余额）=2000+122496+100000-（20097-0）=204399（元）

（5）支付的其他与经营活动有关的现金=销售费用+其他管理费用=20000+50000=70000（元）

（6）收回投资收到的现金=交易性金融资产贷方发生额+与交易性金融资产一起收回的投资收益=16000+500=16500（元）

（7）取得投资收益收到的现金=收到的股息收入=30000（元）

（8）处置固定资产收回的现金净额=300000+（800-500）=300300（元）

（9）购建固定资产支付的现金=支付给在建工程人员的薪酬+用现金购买的固定资产及工程物资=200000+101000+150000=451000（元）

（10）取得借款收到的现金=400000（元）

（11）偿还债务支付的现金=250000+1000000=1250000（元）

（12）偿还利息支付的现金=12500（元）

2. 将净利润调节为经营活动现金流量各项目计算分析如下：

（1）资产减值准备=900+30000=30900（元）

（2）固定资产折旧=30000+80000=110000（元）

(3) 无形资产摊销 = 60000（元）

(4) 处置固定资产、无形资产和其他长期资产的损失（减：收益）= –50000（元）

(5) 固定资产报废损失 = 19700（元）

(6) 财务费用 = 41500 – 20000 = 21500（元）

(7) 投资损失（减：收益）= –31500（元）

(8) 递延所得税资产减少 = 0 – 9900 = –9900（元）

(9) 存货的减少 = 2580000 – 2484700 = 95300（元）

(10) 经营性应收项目的减少 =（246000 – 66000）+（299100 + 900 – 598200 – 1800）= –120000（元）

(11) 经营性应付项目的增加 =（100000 – 200000）+（953800 – 953800）+［(180000 – 28000) – 110000］+［(226731 – 100000) – 36600］= 32131（元）

3. 根据上述数据，编制现金流量表（见表 13-7）及其补充资料（见表 13-8）。

表 13-7　　　　　　　　　　现金流量表　　　　　会企 03 表
编制单位：NMG 股份有限公司　　　20×2 年　　　　　　　　　　　单位：元

项目	本期金额	上期金额
一、经营活动产生的现金流量：		略
销售商品、提供劳务收到的现金	1322500	
收到的税费返还	0	
收到其他与经营活动有关的现金	0	
经营活动现金流入小计	1322500	
购买商品、接受劳务支付的现金	392266	
支付给职工以及为职工支付的现金	300000	
支付的各项税费	204399	
支付其他与经营活动有关的现金	70000	
经营活动现金流出小计	966665	
经营活动产生的现金流量净额	355835	
二、投资活动产生的现金流量：		
收回投资收到的现金	16500	
取得投资收益收到的现金	30000	
处置固定资产、无形资产和其他长期资产收回的现金净额	300300	
处置子公司及其他营业单位收到的现金净额	0	
收到其他与投资活动有关的现金	0	
投资活动现金流入小计	346800	
购建固定资产、无形资产和其他长期资产支付的现金	451000	

第十三章 财务报表

续表

项目	本期金额	上期金额
投资支付的现金	0	
取得子公司及其他营业单位支付的现金净额	0	
支付其他与投资活动有关的现金	0	
投资活动现金流出小计	451000	
投资活动产生的现金流量净额	-104200	
三、筹资活动产生的现金流量：		
吸收投资收到的现金	0	
取得借款收到的现金	400000	
收到其他与筹资活动有关的现金	0	
筹资活动现金流入小计	400000	
偿还债务支付的现金	1250000	
分配股利、利润或偿付利息支付的现金	12500	
支付其他与筹资活动有关的现金	0	
筹资活动现金流出小计	1262250	
筹资活动产生的现金流量净额	-862500	
四、汇率变动对现金及现金等价物的影响	0	
五、现金及现金等价物净增加额	-610865	
加：期初现金及现金等价物余额	1406300	
六、期末现金及现金等价物余额	795435	

表13-8　　　　　　　　　　　　现金流量表补充资料

补充资料	本期金额	上期金额
1.净利润调节为经营活动现金流量		略
净利润	197704	
加：资产减值准备	30900	
固定资产折旧、油气资产折耗、生产性生物资产折旧	110000	
无形资产摊销	60000	
长期待摊费用摊销	0	
处置固定资产、无形资产和其他长期资产的损失（收益以"-"号填列）	-50000	
固定资产报废损失（收益以"-"号填列）	19700	
公允价值变动损失（收益以"-"号填列）	0	
财务费用（收益以"-"号填列）	21500	
投资损失（收益以"-"号填列）	-31500	
递延所得税资产减少（增加以"-"号填列）	-9900	

续表

补充资料	本期金额	上期金额
递延所得税负债增加（减少以"-"号填列）	0	
存货的减少（增加以"-"号填列）	95300	
经营性应收项目的减少（增加以"-"号填列）	-120000	
经营性应付项目的增加（减少以"-"号填列）	32131	
其他	0	
经营活动产生的现金流量净额	355835	
2. 不涉及现金收支的重大投资和筹资活动		
债务转为资本	0	
一年内到期的可转换公司债券	0	
融资租入固定资产	0	
3. 现金及现金等价物净变动情况		
现金的期末余额	795435	
减：现金的期初余额	1406300	
加：现金等价物的期末余额	0	
减：现金等价物的期初余额	0	
现金及现金等价物净增加额	-610865	

第五节 所有者权益变动表

一、所有者权益变动表及其作用

所有者权益变动表是指反映构成所有者权益各组成部分当期增减变动情况的报表。所有者权益变动表应当全面反映一定时期所有者权益变动的情况，不仅包括所有者权益总量的增减变动，还包括所有者权益增减变动的重要结构性信息，让报表使用者准确理解所有者权益增减变动的根源。

二、所有者权益变动表的内容和结构

在所有者权益变动表中，综合收益和与所有者（或股东）的资本交易导致的所有者权益的变动，应当分别列示。企业至少应当单独列示反映下列信息的项目：①综合收益总额；②会计政策变更和差错更正的累积影响金额；③所有者投入资本和向所有者分配利润等；④提取的盈余公积；⑤所有者权益各组成部分的期初余额和期末余额及其调节情况。

为了清楚地表明构成所有者权益的各组成部分当期的增减变动情况，所有者权益变动表应当以矩阵的形式列示：一方面，列示导致所有者权益变动的交易或事项，改变了以往仅仅按照所有者权益的各组成部分反映所有者权益变动情况，而是从所有者权益变动的来源对一定时期所有者权益变动情况进行全面反映；另一方面，按照所有者权益各组成部分（包括实收资本、资本溢价、其他综合收益、盈余公积、未分配利润和库存股等）及其总额列示交易或事项对所有者权益的影响。此外，企业还需要提供比较所有者权益变动表，所有者权益变动表还就各项目再分为"本年金额"和"上年金额"两栏分别填列。所有者权益变动表的具体格式见表13-9。

三、所有者权益变动表的填列方法

（一）上年金额栏的填列方法

所有者权益变动表"上年金额"栏内各项数字，应根据上年度所有者权益变动表"本年金额"栏内所列数字填列。如果上年度所有者权益变动表规定的各个项目的名称和内容与本年度不相一致，应对上年度所有者权益变动表各项目的名称和数字按照本年度的规定进行调整，填入所有者权益变动表"上年金额"栏内。

（二）本年金额栏的填列方法

所有者权益变动表"本年金额"栏内各项数字一般应根据"实收资本（或股本）""资本公积""盈余公积""其他综合收益""利润分配""库存股"等科目及其明细科目的发生额分析填列。

四、所有者权益变动表编制举例

【例13-5】沿用【例13-2】、【例13-3】和【例13-4】的有关资料，另假定NMG股份有限公司的其他资料：提取盈余公积24770.40元，向投资者分配现金股利32215.85元。

根据上述资料，编制NMG股份有限公司20×2年的所有者权益变动表，见表13-9。

表13-9

编制单位：NMG股份有限公司

所有者权益变动表
20×2年

会企04表

单位：元

项目	本年金额							上年金额（略）
	实收资本（或股本）	资本公积	减：库存股	其他综合收益	盈余公积	未分配利润	所有者权益合计	
一、上年年末余额	5000000	0	0		100000	50000	5150000	
加：会计政策变更								
前期差错更正								
二、本年年初余额	5000000	0	0		100000	50000	5150000	
三、本年增减变动金额（减少以"-"号填列）				0		197704	197704	
（一）综合收益总额				0		197704	197704	
（二）所有者投入和减少资本								
1. 所有者投入资本								
2. 股份支付计入所有者权益的金额								
3. 其他								
（三）利润分配					24770.40	-24770.40	0	
1. 提取盈余公积								
2. 对所有者（或股东）的分配					-3215.85	-3215.85		
3. 其他								
（四）所有者权益内部结转								
1. 资本公积转增资本（或股本）								
2. 盈余公积转增资本（或股本）								
3. 盈余公积弥补亏损								
4. 其他								
四、本年年末余额	5000000	0	0	0	124770.40	190717.75	5315488.15	

第六节 附 注

附注是财务报表的重要组成部分，是对在资产负债表、利润表、现金流量表和所有者权益变动表等报表中列示项目的文字描述或明细资料，以及对未能在这些报表中列示项目的说明等。附注应当披露财务报表的编制基础，相关信息应当与资产负债表、利润表、现金流量表和所有者权益变动表等报表中列示的项目相互参照。

企业应当按照规定披露附注信息，主要包括下列内容：

（一）企业的基本情况

企业基本情况包括企业注册地、组织形式和总部地址；企业的业务性质和主要经营活动；母公司以及集团最终母公司的名称；财务报告的批准报出者和财务报告批准报出日。

（二）财务报表的编制基础

（三）遵循企业会计准则的声明

企业应当声明编制的财务报表符合企业会计准则的要求，真实、完整地反映了企业的财务状况、经营成果和现金流量等有关信息。

（四）重要会计政策和会计估计

会计政策，是指企业在会计确认、计量和报告中所采用的原则、基础和会计处理方法。会计估计，是指企业对结果不确定的交易或者事项以最近可利用的信息为基础所做的判断。

企业应当披露采用的重要会计政策和会计估计，不重要的会计政策和会计估计可以不披露。在披露重要会计政策和会计估计时，应当披露重要会计政策的确定依据和财务报表项目的计量基础以及会计估计中所采用的关键假设和不确定因素。重要会计政策的说明，包括财务报表项目的计量基础和会计政策的确定依据等。重要会计估计的说明，包括下一会计期间内很可能导致资产、负债账面价值重大调整的会计估计的确定依据等。

（五）会计政策和会计估计变更以及差错更正的说明

企业应当按照《企业会计准则第28号——会计政策、会计估计变更和差错更正》及其应用指南的规定，披露会计政策和会计估计变更以及差错更正的有关情况。

（六）报表重要项目的说明

企业对报表重要项目的说明，应当按照资产负债表、利润表、现金流量表、所有者权益变动表及其项目列示的顺序，采用文字和数字描述相结合的方式进行披露。报表重要项目的明细金额合计，应当与报表项目金额相衔接。

（七）其他需说明的重要事项

主要包括或有和承诺事项、资产负债表日后非调整事项、关联方关系及其交易等需要说明的事项。

此外，企业应当在附注中披露在资产负债表日后、财务报告批准报出日前提议或宣布发放的股利总额和每股股利金额（或向投资者分配的利润总额）。

复习思考题

1. 编制财务报表应当遵循哪些基本要求？
2. 编制资产负债表时，资产、负债项目的流动性应当如何区分？
3. 资产负债表资产方哪些项目是按照净值填列的？
4. 如何采用分析填列法编制现金流量表？
5. 从财务报表的性质方面比较现金流量表与资产负债表和利润表的相同点及不同点。
6. 计算填列"经营活动的现金流量净额"有哪几种方法，它们之间有何不同？

第十四章 财务报表分析

 内容提要

财务报表分析是以企业财务报告及其他相关资料为主要依据,对企业的财务状况和经营成果进行评价和剖析。财务分析的基本方法包括趋势分析法、比率分析法和因素分析法。常用的财务指标包括偿债能力指标、营运能力指标、获得能力指标和发展能力指标。企业财务状况的综合指标分析主要有杜邦体系分析法和财务比率综合评分法。

第一节 财务报表分析概述

一、财务报表分析的意义和内容

(一) 财务分析的意义

财务分析以企业财务报告及其他相关资料为主要依据,对企业的财务状况和经营成果进行评价和剖析,反映企业在运营过程中的利弊得失和发展趋势,从而为改进企业财务管理工作和优化经济决策提供重要的财务信息。

财务分析,是评价财务状况、衡量经营业绩的重要依据;是挖掘潜力、改进工作、实现理财目标的重要手段;是合理实施投资决策的重要步骤。

(二) 财务分析的内容

财务分析信息的需求者主要包括企业所有者、企业债权人、企业经营决策者和政府等。不同主体出于不同的利益考虑,对财务分析信息有着各自不同的要求。

企业所有者作为投资人,关心其资本的保值和增值状况,因此较重视企业获利能力指标。

企业债权人因不能参与企业剩余收益分享，首先关注的是其投资的安全性，因此更重视企业偿债能力指标。

企业经营决策者必须对企业经营理财的各个方面，包括营运能力、偿债能力、获利能力及发展能力的全部信息予以详尽的了解和掌握。

政府兼具多重身份，既是宏观经济管理者，又是国有企业的所有者和重要的市场参与者，因此政府对企业财务分析的关注点因所具身份不同而异。

总的来看，财务分析的基本内容包括偿债能力分析、营运能力分析、获利能力分析和发展能力分析，四者是相辅相成的关系。

二、财务报表分析的基本步骤

财务报表分析的内容非常广泛，不同的人出于不同的目的，使用不同的财务分析方法。财务分析不是一种有固定程序的工作，不存在唯一的通用分析程序，而是一个研究和探索过程。分析的具体步骤和程序，是根据具体分析目的由分析人员个别设计的。

财务报表分析的基本步骤如下：第一，明确分析的目的，制订分析工作计划；第二，收集有关的信息资料；第三，根据分析目的，运用科学的分析方法，深入比较、研究、分析所收集的资料；第四，解释结果，提供对决策有用的信息。

三、财务报表分析的基本方法

开展财务分析，需要运用一定的方法。财务分析的方法主要包括趋势分析法、比率分析法和因素分析法。

（一）趋势分析法

趋势分析法，又称水平分析法，是通过对比两期或连续数期财务报告中的相同指标，确定其增减变动的方向、数额和幅度，来说明企业财务状况或经营成果的变动趋势的一种方法。采用这种方法，可以分析引起变化的主要原因、变动的性质，并预测企业未来的发展前景。趋势分析法的具体运用主要有三种方式：一是重要财务指标的比较；二是会计报表的比较；三是会计报表项目构成的比较。

1. 重要财务指标比较

重要财务指标比较是指将不同时期财务报告中的相同指标或比率进行比较，直接观察其增减变动情况及变动幅度，考察其发展趋势，预测其发展前景。对不同时期财务指标的比较，可以有以下两种方法：

（1）定基动态比率。定基动态比率是以某一时期的数额为固定的基期数额而计算出来的动态比率。其计算公式：

$$定基动态比率 = \frac{分析期数额}{固定基期数额} \times 100\%$$

（2）环比动态比率。环比动态比率是以每一分析期的前期数额为基期数额而计算出来的动态比率。其计算公式为：

$$环比动态比率 = \frac{分析期数额}{前期数额} \times 100\%$$

2. 会计报表的比较

会计报表的比较是指将连续数期的会计报表的金额并列起来，比较其相同指标的增减变动金额和幅度，据以判断企业财务状况和经营成果发展变化的一种方法。会计报表的比较，具体包括资产负债表比较、利润表比较和现金流量表比较等。比较时，既要计算出表中有关项目的增减变动绝对额，又要计算出其增减变动的百分比。

3. 会计报表项目构成的比较

会计报表项目构成的比较是在会计报表比较的基础上发展而来的，是以会计报表中的某个总体指标作为100%，再计算出其各组成项目占该总体指标的百分比，从而比较各个项目百分比的增减变动，以此来判断有关财务活动的变化趋势。这种方法比前两种方法更能准确地分析企业财务活动的发展趋势，既可用于同一企业不同时期的财务状况的纵向比较，又可用于不同企业之间的横向比较。

但在采用趋势分析法时，必须注意以下问题：第一，用于进行对比的各个时期的指标的计算口径必须一致；第二，应剔除偶发性项目的影响，使作为分析的数据能反映正常的经营状况；第三，应运用例外原则，对某项有显著变动的指标做重点分析，研究其产生的原因，以便采取对策，趋利避害。

（二）比率分析法

比率分析法是通过计算各种比率指标来确定经济活动变动程度的方法。比率是相对数，采用这种方法时，能够把某些条件下的不可比指标变成为可比较指标，以便进行分析。比率指标的类型主要有构成比率、效率比率和相关比率三类。

1. 构成比率

构成比率又称结构比率，是某项财务指标的各组成部分数值占总体数值的百分比，反映部分与总体的关系。其计算公式：

$$构成比率 = \frac{某个组成部分数值}{总体数值} \times 100\%$$

比如，企业资产中流动资产、固定资产和无形资产占资产总额的百分比等。利用构成比率，可以考察总体中某个部分的形成和安排是否合理，以便协调各项财务活动。

2. 效率比率

效率比率是某项财务活动中所费与所得的比率，反映投入与产出的关系。利用效率指标可以进行得失的比较，考察经营成果，评价经济效益。一般而言，涉及利润的有关比率指标基本上均为效率比率，如营业利润率、成本费用利润率等。

3. 相关比率

相关比率是以某个项目和与其有关但又不同的项目加以对比所得的比率，反映有关经济活动的相互关系。利用相关比率指标，可以考察企业有联系的相关业务安排的是否合理，以保障运营活动顺畅进行。比如，将流动资产与流动负债加以对比，计算出流动比率，据以判断企业的短期偿债能力。

比率分析法的优点是计算简便，计算结果也比较容易判断，而且可以使某些指标在不同规模的企业之间进行比较。但是采用这一方法应该注意以下几个问题：第一，对比项目的相关性。比率指标的分子分母必须具有相关性，把不相关的项目进行对比是没有意义的。第二，对比口径的一致性。计算比率的分子分母必须在计算时间、范围等方面保持口径一致。第三，衡量标准的科学性。运用比率分析时，需要选用一定的标准与之对比，以便对企业的财务状况作出评价。通常而言，科学合理的对比标准有预定目标、历史标准、行业标准和公认标准。

（三）因素分析法

因素分析法是依据分析指标与其影响因素的关系，从数量上确定各因素对分析指标影响方向和影响程度的一种方法。采用这种方法的出发点在于，当有若干因素对分析指标发生影响作用时，假定其他各个因素都无变化，顺序确定每一个因素单独变化所产生的影响。

因素分析法具体有两种：连环替代法和差额分析法。

1. 连环替代法

连环替代法是将分析指标分解为各个可以计量的因素，并根据各个因素之间的依存关系，顺次用各因素的比较值（通常即实际值）替代基准值（通常即标准值或计划值），据以测定各因素对分析指标的影响。

2. 差额分析法

差额分析法是连环替代法的一种简化形式，是利用各个因素的比较值与基准值之间的差额，来计算各因素对分析指标的影响。

第二节 财务报表分析中常用的财务指标

总结和评价企业财务状况与经营成果的分析指标包括偿债能力指标、营运能力指标、获利能力指标和发展能力指标。

一、反映偿债能力的指标

偿债能力是指企业偿还到期债务（包括本息）的能力。偿债能力指标包括短期偿债能力指标和长期偿债能力指标。

（一）短期偿债能力指标

短期偿债能力是指企业流动资产对流动负债及时足额偿还的保证程度，是衡量企业当前财务能力，特别是流动资产变现能力的重要标志。

企业短期偿债能力的衡量指标主要有流动比率、速动比率和现金比率三项。

1. 流动比率

流动比率是流动资产与流动负债的比值，它表明每一元流动负债有多少流动资产作为偿还保证，反映企业可在短期内变现为现金的流动资产偿还到期流动负债的能力。其计算公式：

$$流动比率 = \frac{流动资产}{流动负债} \times 100\%$$

一般情况下，流动比率越高，反映企业短期偿债能力越强，债权人的权益越有保证。国际上通常认为流动比率的下限为100%，而流动比率等于200%时较为适当，它表明企业的财务状况稳定可靠，除了满足日常生产经营的流动资金需要外，还有足够的财力偿付到期短期债务。如果比例过低，则表示企业可能捉襟见肘，难以如期偿还债务。但是，流动比率也不可以过高，过高则表明企业流动资产占用较多，会影响资金的使用效率和企业的筹资成本，进而影响获利能力。究竟应保持多高水平的流动比率，主要视企业对待风险与收益的态度予以确定。

如果流动比率比上年发生较大变动，或与行业平均值出现重大偏离，就应对构成流动比率的流动资产和流动负债各项目逐一进行分析，寻找形成差异的原因。为了考察流动资产的变现能力，有时还需要分析其周转率。

流动比率有某些局限性，在使用时应注意：

（1）虽然流动比率越高，企业偿还短期债务的流动资产保证程度越强，但这并不等于说企业已有足够的现金或存款用来偿债。原因在于流动资产的质量如何影响企业真实的偿债能力。比如，流动比率高，也可能是存货积压、应收账款增加且收款期延长以及待处理财产损失增加所致。

（2）从短期债权人的角度来看，自然希望流动比率越高越好。但从企业经营角度来看，过高的流动比率通常意味着企业闲置现金的持有量过多，必然造成企业机会成本的增加和获利能力的降低。

(3) 流动比率是否合理，不同企业以及同一企业不同时期的评价标准是不同的。不存在统一的、标准的流动比率数值。不同行业的流动比率，通常有明显的差别。营业周期越短的行业，合理的流动比率越低。

(4) 在利用流动比率分析时应剔除一些虚假因素的影响。

2. 速动比率

速动资产与流动负债的比值，称为速动比率。所谓速动资产是指流动资产减去变现能力较差且不稳定的存货、预付账款、一年内到期的非流动资产和其他流动资产等之后的余额。由于剔除了存货等变现能力较弱且不稳定的资产，因此，速动比率较之流动比率能够更加准确可靠地评价企业的短期偿债能力。其计算公式：

$$速动比率 = \frac{速动资产}{速动负债} \times 100\%$$

其中，

速动资产 = 货币资金 + 交易性金融资产 + 应收账款 + 应收票据
       = 流动资产 - 存货 - 预付账款 - 一年内到期的非流动资产 - 其他流动资产

一般情况下，速动比率越高，表明企业偿还流动负债的能力越强，如果速动比率过低，则表明企业面临很大的偿债风险。国际上通常认为该指标等于100%时较为适当。但是，该指标也不是越高越好，因为速动比率高，尽管短期偿债能力较强，但现金、应收账款占用过多，会增加企业的机会成本，影响企业的获利能力。

在分析时需要注意，尽管速动比率较流动比率更能反映出流动负债偿还的安全性和稳定性，但并不能认为速动比率较低的企业的流动负债到期绝对不能偿还。如果存货流转顺畅，变现能力较强，即使速动比率较低，只要流动比率高，企业仍然有望偿还到期的债务本息。

3. 现金比率

在速动资产中，流动性最强、可直接用于偿债的资产称为现金资产。现金资产包括货币资金和现金等价物等。它们与其他速动资产有区别，其本身就是可以直接偿债的资产，而非速动资产需要等待不确定的时间，才能转换为不确定数额的现金。

现金资产与流动负债的比值称为现金比率，其计算公式如下：

$$现金比率 = \frac{(货币资金 + 现金等价物)}{流动负债} \times 100\%$$

一般来说，现金比率越高，说明资产的流动性越强，短期偿债能力越强，但同时表明企业持有大量不能产生收益的现金，可能会使企业获利能力降低；现金比率越低，说明资产的流动性越差，短期偿债能力越弱。

需要说明的是，现金等价物通常包括三个月内到期的债券投资等。权益性投资变现的金额通常不确定,因而不属于现金等价物。也就是说并非所有的交易性金融资产都属于现金等价物的范围,因此,在运用现金比率进行分析时,应当根据具体情况确定现金等价物的范围,一经确定不得随意变更。

(二) 长期偿债能力指标

长期偿债能力是指企业偿还长期负债的能力。企业长期偿债能力的衡量指标主要有资产负债率、产权比率、权益乘数和已获利息倍数等几项。

1. 资产负债率

资产负债率是负债总额占资产总额的百分比。它表明企业资产总额中,债权人提供资金所占的比重以及企业对债权人权益的保障程度。其计算公式如下:

$$资产负债率 = \frac{负债总额}{资产总额} \times 100\%$$

一般情况下,资产负债率越小,表明企业长期偿债能力越强。但是,也并非说是该指标对谁来说都是越小越好。从债权人角度来看,该指标越小越好,这样企业偿债越有保障。从所有者角度来看,如果该指标较大,说明利用较少的自有资本投资形成了较多的生产经营资产,不仅扩大了生产经营规模,而且在经营状况良好的情况下,还可以利用财务杠杆的原理,得到较多的投资利润,如果该指标过小则表明企业对财务杠杆利用不够。但资产负债率过大,则表明企业的债务负担重,企业资金实力不强,不仅对债权人不利,而且企业有濒临倒闭的危险。因此,运用资产负债率指标进行分析时注意各利益主体因不同的利益驱动而从不同的角度评价资产负债率。此外,企业资产负债率多少为最佳并没有一个公认的标准,在分析和评价时,通常要结合国情、同行业的平均水平或先进水平、本企业的前期水平及其预算水平来进行分析。

2. 产权比率与权益乘数

产权比率也叫所有者权益负债率,是指负债总额与所有者权益总额之间的比例关系。它反映企业所有者权益对债权人权益的保障程度,是企业财务结构稳健与否的重要标志。其计算公式如下:

$$产权比率 = \frac{负债总额}{所有者权益总额} \times 100\%$$

一般情况下,产权比率越低,表明企业的长期偿债能力越强,债权人权益的保障程度越高,承担的风险越小,但企业不能充分发挥负债的财务杠杆效应。所以,企业在评价产权比率适度与否时,应从提高获利能力与增强偿债能力两个方面综合进行,在保障偿债安全的前提下,应尽可能提高产权比率。换言之,该指标既不能过高,也不能过低,运用时要注意权衡。

权益乘数是总资产与所有者权益之间的比例关系,其计算公式如下:

$$权益乘数 = \frac{资产总额}{所有者权益总额} \times 100\% = \frac{资产总额}{资产总额 - 负债总额} \times 100\%$$
$$= \frac{1}{1 - 资产负债率}$$

权益乘数表明所有者每投入 1 元钱可以控制的资产金额。权益乘数越大，说明总资产中所有者投入越少，负债所占比重越大。

产权比率和权益乘数实际上是资产负债率的另外两种表现形式，只不过表达得更为直接、明显。资产负债率侧重于分析债务偿付安全性的物质保障程度；产权比率更侧重于揭示企业财务结构的稳健程度，以及所有者权益对偿债风险的承受能力；权益乘数更侧重于衡量企业的财务风险。

3. 已获利息倍数

已获利息倍数也叫利息保障倍数，是指企业一定时期息税前利润总额与利息费用的比率，反映了获利能力对债务偿付的保证程度。息税前利润总额指利润总额与利息支出的合计数，利息支出指实际支出的借款利息、债券利息等。其计算公式如下：

$$已获利息倍数 = \frac{息税前利润}{利息支出}$$

其中，息税前利润 = 利润总额 + 利息支出 = 净利润 + 所得费用 + 利息支出

已获利息倍数不仅反映了企业获利能力的大小，而且反映了获利能力对偿还到期债务的保证程度，它既是企业举债经营的前提依据，也是衡量企业长期偿债能力大小的重要标准。一般情况下，已获利息倍数越高，表明企业长期偿债能力越强。国际上通常认为，该指标为 3 时较为适当。从长期来看，若要维持正常偿债能力，已获利息倍数至少应当大于 1，如果利息保障倍数过小，企业将面临亏损以及偿债的安全性与稳定性下降的风险。究竟企业已获利息倍数应该是多少，才算偿付能力强，这要根据往

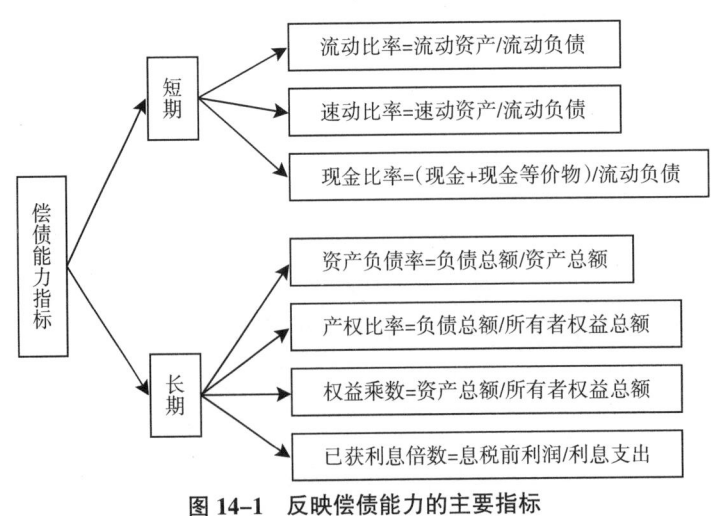

图 14-1 反映偿债能力的主要指标

年经营结合行业特点来判断。

二、反映营运能力的指标

营运能力分析主要通过计算企业资产周转的情况来衡量企业资产经营管理效率。因为资产的周转和企业的变现能力是紧密相连的，进而影响企业的偿债能力和获利能力。反映营运能力的指标主要有应收账款周转率、存货周转率、流动资产周转率、总资产周转率等。

（一）应收账款周转率

应收账款周转率是企业一定时期内的营业收入与应收账款的比率。其计算公式如下：

$$应收账款周转率(周转次数) = \frac{营业收入}{应收账款平均余额}$$

$$应收账款周转期(周转天数) = \frac{360}{周转次数} = \frac{360 \times 应收账款平均余额}{营业收入}$$

其中，$应收账款平均余额 = \frac{(期初应收账款 + 期末应收账款)}{2}$

利用上述公式计算应收账款周转率时，需要注意以下几个问题：

其一，公式中的应收账款包括会计核算中"应收账款"和"应收票据"等全部赊销账款在内。

其二，应收账款是特定时点的存量，容易受季节性和偶然性等因素影响，余额的波动性较大，可以使用多个时点的平均数来减少这些因素的影响。

其三，从理论上说应收账款是由赊销引起的，其对应的流量是赊销额，而非全部的营业收入，因此计算时应使用赊销额取代营业收入。但是，外部分析人无法取得赊销的数据，只好直接使用营业收入计算。

一般来说，应收账款周转率越高，说明企业应收账款变现速度越快，短期偿债能力越强，相应的坏账损失也越小。但应收账款周转率过高可能是企业采用了较高的现金折扣，这会使企业的实际成本增加；或者是企业使用了苛刻的信用条件，这会影响企业以后销售量的扩大。

（二）存货周转率

存货周转率是企业一定时期内营业成本与存货平均余额的比率。其计算公式如下：

$$存货周转率(周转次数) = \frac{营业成本}{存货平均余额}$$

$$存货周转期(周转天数) = \frac{360}{周转次数} = \frac{360 \times 存货平均余额}{营业成本}$$

其中，存货平均余额 = $\dfrac{(期初存货 + 期末存货)}{2}$

在一般情况下，存货周转率越高越好，存货周转率越高，表明其变现的速度越快，资产占用水平越低。因此，通过存货周转分析，有利于找出存货管理存在的问题，尽可能降低资金占用水平。但是在某些特殊情况下，存货周转率高也不一定是好事，如企业可能缺乏资金，无法保持足够的存货而经常缺货，这会影响到企业的正常生产经营；也可能是企业采购批量太小，次数过于频繁，这会使企业丧失可能获得的批量折扣，增加了采购成本。

（三）流动资产周转率

流动资产周转率是一定时期营业收入与流动资产平均余额的比率。其计算公式如下：

$$流动资产周转率(周转次数) = \dfrac{营业收入}{流动资产平均余额}$$

$$流动资产周转期(周转天数) = \dfrac{360}{周转次数} = \dfrac{360 \times 流动资产平均余额}{营业收入}$$

其中，流动资产平均余额 = $\dfrac{(期初流动资产 + 期末流动资产)}{2}$

在一定时期内，流动资产周转次数越多，表明以相同的流动资产完成的周转额越多，流动资产利用效果越好。从流动资产周转天数来看，周转一次所需要的天数越少，表明流动资产在经历生产和销售各阶段所占用的时间越短。生产经营任何一个环节上的改善，都会反映到周转天数的缩短上来。

（四）总资产周转率

总资产周转率是一定时期营业收入与总资产平均余额的比率，该指标反映总资产的周转情况，揭示企业全部资产的利用效率。其计算公式如下：

$$总资产周转率(周转次数) = \dfrac{营业收入}{总资产平均余额}$$

$$总资产周转期(周转天数) = \dfrac{360}{总资产周转次数} = \dfrac{360 \times 总资产平均余额}{营业收入}$$

其中：总资产平均余额 = $\dfrac{(期初资产总额 + 期末资产总额)}{2}$

总资产周转率越高，说明企业全部资产的使用效率越高；反之，如果该指标较低，则说明企业利用全部资产进行经营的效率较差，最终会影响到企业的获利能力。

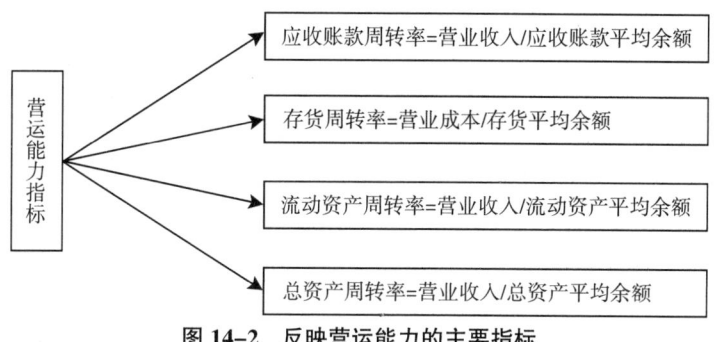

图 14-2 反映营运能力的主要指标

三、反映获利能力的指标

对增值的不断追求是企业资金运动的动力源泉和直接目的。获利能力就是企业资金增值的能力，它通常体现在企业收益数额的大小和水平的高低上。常用的评价获利能力的指标有营业利润率、成本费用利润率、总资产报酬率、净资产收益率、资本收益率五项指标。此外，上市公司经常使用的获利能力指标还有每股收益、每股股利和市盈率等。

（一）营业利润率

营业利润率是企业一定时期营业利润与营业收入的比率。其计算公式为：

$$营业利润率 = \frac{营业利润}{营业收入} \times 100\%$$

营业利润率越高，表明企业市场竞争能力越强，发展潜力越大，从而获利能力越强。

需要说明的是，从利润表来看，企业的利润包括营业利润、利润总额和净利润三种形式。而营业收入包括主营业务收入和其他业务收入，收入来源有商品销售收入、提供劳务收入和让渡资产使用权收入等。因此，在实务中也经常使用营业净利率和营业毛利率等指标来分析企业经营业务的获利水平。此外，通过考察营业利润占整个利润总额比重的升降，可以发现企业经营管理财务状况的稳定性、面临的危险或者可能出现的转机迹象。

$$营业净利率 = \frac{净利润}{营业收入} \times 100\%$$

$$营业毛利率 = \frac{（营业收入 - 营业成本）}{营业收入} \times 100\%$$

（二）成本费用利润率

成本费用利润率是指企业一定时期利润总额与成本费用总额的比率。其计算公式：

$$成本费用利润率 = \frac{利润总额}{成本费用总额} \times 100\%$$

其中，成本费用总额＝营业成本＋营业税金及附加＋销售费用＋管理费用＋财务费用

该指标越高，表明企业为取得利润而付出的代价越小，成本费用控制的越好，获利能力越强。

同利润一样，成本费用的计算口径也可以分为不同层次，比如主营业务成本、营业成本等。在评价成本费用的开支效果时，应当注意成本费用与利润之间在计算层次和口径上的对应关系。

(三) 总资产报酬率

总资产报酬率是企业一定时期内获得的报酬总额与总资产平均余额的比率。它是反映企业资产综合利用效果的比率，也是衡量企业利用债权人和所有者权益总额所取得盈利的重要指标。其计算公式：

$$总资产报酬率 = \frac{息税前利润总额}{总资产平均余额} \times 100\%$$

其中，息税前利润总额＝利润总额＋利息支出＝净利润＋所得税费用＋利息支出

总资产报酬率全面反映了企业全部资产的获利水平，企业所有者和债权人对该指标都非常关心。一般情况下，该指标越高，表明企业的资产利用效益越好，整个企业获利能力越强，经营管理水平越高。企业还可以将该指标与市场资本利率进行比较，如果前者较后者大，则说明企业可以充分利用财务杠杆，适当举债经营，以获得更多的收益。

(四) 净资产收益率

净资产收益率是企业一定时期净利润与平均净资产的比率。它是反映自有资金的投资收益水平的指标，是企业获利能力指标的核心。其计算公式：

$$净资产收益率 = \frac{净利润}{平均净资产} \times 100\%$$

其中，$平均净资产 = \frac{年初净资产 + 年末净资产}{2} = \frac{年初所有者权益 + 年末所有者权益}{2}$

净资产收益率是评价企业自有资本及其积累获取报酬水平的最具综合性和代表性的指标，反映企业资本运营的综合效益。该指标通用性强，适用范围广，不受行业局限，在国际上的企业综合评价指标中使用率非常高。通过对该指标的综合对比分析，可以看出企业获利能力在同行业中所处的地位以及与同类企业的差异水平。一般认为，净资产收益率越高，企业自有资本获取收益的能力越强，运营效益越好，对企业投资人、债权人的保证程度越高。

(五) 资本收益率

资本收益率是企业一定时期净利润与平均资本（即资本性投入及其资本溢价）的

比率,反映企业实际投资额获得的回报水平。其计算公式:

$$资本收益率 = \frac{净利润}{平均资本} \times 100\%$$

其中,

$$平均资本 = \frac{[实收资本(股本)年初数+资本公积年初数] + [实收资本(股本)年末数+资本公积年末数]}{2}$$

资本公积=资本公积中的资本溢价(股本溢价)

需要说明的是,企业所有者权益的来源包括所有者投入的资本、直接计入所有者权益的利得和损失、留存收益等。其中,所有者投入的资本,反映在实收资本(股本)和资本公积(资本溢价或股本溢价)中;直接计入所有者权益的利得和损失反映在资本公积(其他资本公积)中;留存收益则包括未分配利润和盈余公积。换句话说,并非资本公积中的所有金额都属于所有者投入的资本,只有其中的资本溢价(股本溢价)属于资本性投入。

(六)每股收益

每股收益,也称每股利润或每股盈余,反映企业普通股股东持有每一股份所能享有的企业利润或承担的企业亏损,是衡量上市公司获利能力时最常用的财务分析指标。每股收益越高,说明公司的获利越强。

每股收益的计算包括基本每股收益和稀释每股收益。

企业应当按照归属于普通股股东的当期净利润,除以当期发行在外普通股的加权平均数计算基本每股收益。其计算公式:

$$基本每股收益 = \frac{归属于普通股股东的当期净利润}{当期发行在外普通股的加权平均数}$$

其中,

当期发行在外普通股的加权平均数[①] = 期初发行在外普通股数 + $\frac{当期新发行普通股数 \times 已发行时间}{报告期时间} - \frac{当期回购普通股数 \times 已回购时间}{报告期时间}$

企业存在稀释性潜在普通股的,应当分别调整归属于普通股股东的当期净利润和发行在外普通股的加权平均数(即基本每股收益计算公式中的分子、分母),据以计算稀释每股收益。其中,稀释性潜在普通股是指假设当期转换为普通股会减少每股收益的潜在普通股,主要包括可转换公司债券、认股权证和股票期权等。

---

① 本公式中,已发行时间、报告期时间和已回购时间一般按天数计算,在不影响计算结果的前提下也可以按月份简化计算。

计算稀释每股收益时，对基本每股收益的分子的调整项目有：当期已确认为费用的稀释性潜在普通股的利息；稀释性潜在普通股转换时产生的收益或费用。

同时，将基本每股收益的分母调整为当期发行在外普通股的加权平均数与假定稀释性潜在普通股转换为已发行普通股而增加的普通股股数的加权平均数之和。

每股收益是分析上市公司获利能力的一个综合性较强的财务指标，可以分解为若干个相互联系的财务指标。因此，在对每股收益进行分析时，可以运用前面介绍的连环替代法来分析各个要素对该指标的影响。下面是一个简化的分解公式，只是为了说明财务指标之间的关系，并不是精确的计算公式：

$$基本每股收益 = \frac{净利润}{普通股平均股数}$$

$$= \frac{净利润}{平均股东权益} \times \frac{平均股东权益}{普通股平均股数}$$

$$= 股东权益收益率 \times 平均每股净资产$$

$$= \frac{净利润}{资产平均总额} \times \frac{资产平均总额}{平均股东权益} \times \frac{平均股东权益}{普通股平均股数}$$

$$= 总资产收益率 \times 权益乘数 \times 平均每股净资产$$

$$= \frac{净利润}{营业收入} \times \frac{营业收入}{资产平均总额} \times \frac{资产平均总额}{平均股东权益} \times \frac{平均股东权益}{普通股平均股数}$$

$$= 营业净利润 \times 总资产周转率 \times 权益乘数 \times 平均每股净资产$$

（七）每股股利

每股股利是指上市公司本年发放的普通股现金股利总额与年末普通股总数的比值。其计算公式：

$$每股股利 = \frac{普通股股利总额}{年末普通股总数}$$

每股股利是影响企业股票价格的重要指标，每股股利越多，说明给投资者的回报越多，企业股票价格越高；每股股利越少，说明给投资者的回报越少，企业股票价格越低。

（八）市盈率

市盈率是上市公司普通股每股市价相当于每股收益的倍数，反映投资者对上市公司每元净利润愿意支付的价格，可以用来估计股票的投资报酬和风险。其计算公式：

$$市盈率 = \frac{普通股每股市价}{普通股每股收益}$$

市盈率是反映上市公司获利能力的一个重要财务比率，投资者对这个比率十分重视。这一比率是投资者作为投资决策的重要参考因素之一。一般来说，市盈率高，说明投资者对该公司的发展前景看好,愿意出较高的价格购买该公司股票,所以一些成长性较好的高科技公司股票的市盈率通常要高一些。但是,也应注意,如果某一种股票的市盈率过高,则也意味着这种股票具有较高的投资风险。

四、反映发展能力的指标

发展能力是企业在生存的基础上,扩大规模、壮大实力的潜在能力。分析发展能力主要考察以下几项指标:营业收入增长率、资本保值增值率、资本积累率和总资产增值率等。

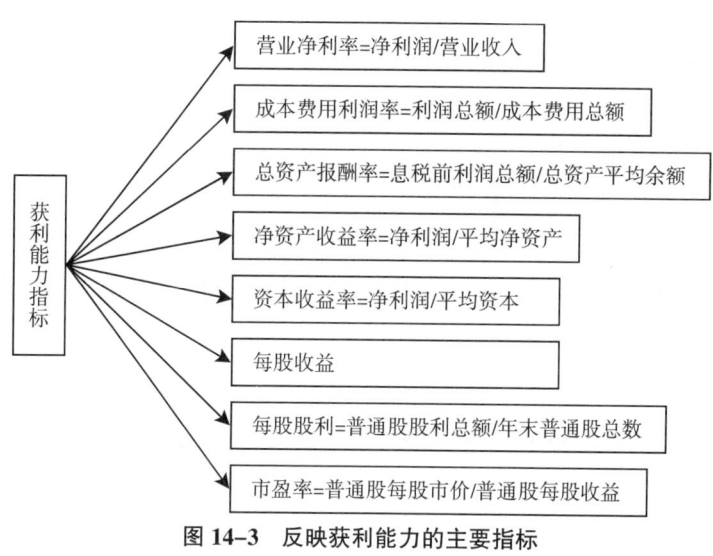

图14-3 反映获利能力的主要指标

(一)营业收入增长率

营业收入增长率,是企业本年营业收入增长额与上年营业收入总额的比率。该指标反映企业营业收入的增减变动情况,是评价企业成长状况和发展能力的重要指标。其计算公式:

$$营业收入增长率 = \frac{本年营业收入增长额}{上年营业收入总额} \times 100\%$$

其中,本年营业收入增长额=本年营业收入总额-上年营业收入总额

营业收入增值率是衡量企业经营状况和市场占有能力、预测企业经营业务拓展趋势的重要标志。不断增加的营业收入,是企业生存的基础和发展的条件。若该指标大于0,表示企业本年的营业务收入有所增加,指标值越高,表明增长速度越快,企业市场前景越好;若该指标小于0,则说明产品或服务不适销对路、质次价高,或是在售后服务等方面存在问题,市场份额萎缩。

（二）资本保值增值率

资本保值增值率是企业扣除客观因素后的本年末所有者权益总额与年初所有者权益总额的比率，反映企业当年资本在企业自身努力下的实际增减变动情况。其计算公式：

$$资本保值增值率 = \frac{扣除客观因素的年末所有者权益总额}{年初所有者权益总额} \times 100\%$$

一般认为，资本保值增值率越高，表明企业的资本保全状况越好，所有者权益增长越快，债权人的债务越有保障。该指标通常应当大于100%。

（三）资本积累率

资本积累率是企业本年所有者权益增长额与年初所有者权益的比率。它反映企业当年资本的积累能力，是评价企业发展潜力的重要指标。其计算公式：

$$资本积累率 = \frac{本年所有者权益增长额}{年初所有者权益} \times 100\%$$

其中，本年所有者权益增长额=所有者权益年末数-所有者权益年初数

资本积累率是企业当年所有者权益总的增值率，反映了企业所有者权益在当年的变动水平，体现了企业资本的积累情况，是企业发展强盛的标志，也是企业扩大再生产的源泉，展示了企业的发展潜力。该指标若大于0，则表明企业的资本积累越多，应付风险、持续发展的能力越大；该指标如为负值，表明企业资本受到侵蚀，所有者利益受到损害，应予充分重视。

（四）总资产增长率

总资产增长率是企业本年总资产增长额同年初资产总额的比率，它反映企业本期资产规模的增长情况。其计算公式：

$$总资产增长率 = \frac{本年总资产增长额}{年初资产总额} \times 100\%$$

其中，本年总资产增长额=资产总额年末数-资产总额年初数

总资产增长率是从企业资产总量扩张方面衡量企业的发展能力，表明企业规模增长水平对企业发展后劲的影响。该指标越高，表明企业一定时期内资产经营规模扩张的速度越快。但在实际分析时，应该考虑资产规模扩张的质和量的关系，以及企业的后续发展能力，避免资产盲目扩张。

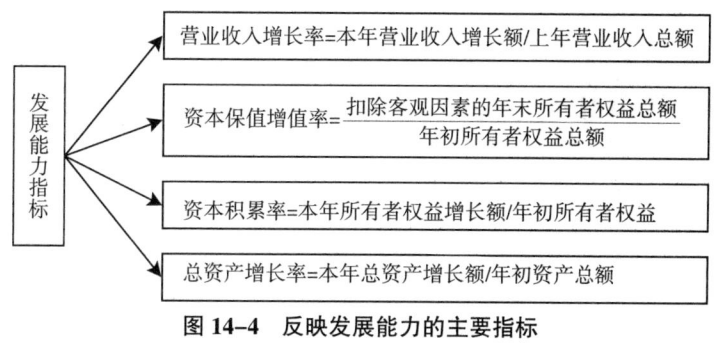

图 14-4 反映发展能力的主要指标

第三节 企业财务状况的综合指标分析

一、综合指标分析的含义及特点

财务分析的最终目的在于全方位地了解企业经营理财的情况，并借以对企业经济效益的优劣做出系统、合理的评价。单独分析任何一项财务指标，都难以全面评价企业的财务状况和经营成果，要想对企业的财务状况和经营成果有一个总的评价，就必须进行相互关联的分析，采用适当的标准进行综合性的评价。所谓综合指标分析就是将偿债能力、营运能力、获利能力和发展能力等诸方面的分析纳入一个有机的整体之中，全面地对企业经营状况、财务状况进行揭示与披露，从而对企业经济效益的优劣作出准确的评价与判断。综合指标分析的方法很多，其中应用比较广泛的有杜邦财务分析体系和财务比率综合评分法。

综合指标分析的特点，体现在其财务指标体系的要求上。一个健全有效的综合财务指标体系必须具备三个基本要素：

其一，指标要素齐全适当。这是指所设置的评价指标必须能涵盖企业的偿债能力、营运能力和获利能力等诸方面总体考核的要求。

其二，主辅指标功能匹配。这里要强调以下两个方面：在确立偿债能力、营运能力和获利能力诸方面评价的主要指标和辅助指标的同时，进一步明晰总体结构中各项指标的主辅地位；不同范畴的主要考核指标所反映的企业经营状况、财务状况的不同侧面和不同层次的信息有机统一，应当能够全面而翔实地揭示企业经营理财的实际情况。

其三，满足多方信息需要。这要求评价指标体系必须能够提供多层次、多角度的信息资料，既能满足企业内部管理当局实施决策的需要，同时又能够满足外部投资者

二、杜邦体系分析法

杜邦体系分析法（以下简称杜邦体系）是利用各财务指标间的内在关系，对企业综合经营理财及经济效益进行系统分析评价的方法。因其最初由美国杜邦公司创立并成功运用而得名。该体系以净资产收益率为核心，将其分解为若干财务指标，通过分析各分解指标的变动对净资产收益率的影响来揭示企业获利能力及其变动原因。

杜邦分析体系各主要指标之间存在如下关系：

净资产收益率 = 总资产净利率 × 权益乘数
　　　　　　 = 营业净利率 × 总资产周转率 × 权益乘数

其中，总资产周转率 = $\dfrac{\text{营业收入}}{\text{总资产平均余额}}$

权益乘数 = $\dfrac{\text{资产总额}}{\text{所有者权益总额}} = \dfrac{1}{1-\text{资产负债率}}$

在具体运用杜邦体系进行分析时，可以采用前文所述的因素分析法，首先确定营业净利率、总资产周转率和权益乘数的基准值，然后顺次代入这三个指标的实际值，分别计算分析这三个指标的变动对净资产收益率的影响方向和程度，还可以使因素分析法进一步分解各个指标并分析其变动的深层次原因，找出解决的方法。

上述指标之间存在下列依存关系：

其一，净资产收益率是一个综合性最强的财务指标，是杜邦分析体系的核心。其他各项指标都围绕这一核心，通过研究彼此之间的依存制约关系，来揭示企业的获利能力及其影响因素。提高净资产收益率可以增强投资者投入资金的获利能力，有助于所有者财富最大化的实现。该指标的高低取决于营业净利率、总资产周转率与权益乘数。

其二，营业净利率反映了企业净利润与营业收入之间的关系。提高营业净利润是提高企业盈利的关键，主要有两个途径：扩大营业收入和降低成本费用。

其三，总资产周转率揭示企业资产总额实现营业收入的综合能力。企业应当联系营业收入分析企业资产的使用是否合理，资产总额中流动资产和非流动资产的结构安排是否适当。此外，还必须对资产的内部结构以及影响资产周转率的各具体因素进行分析。

其四，权益乘数反映所有者权益与总资产的关系。权益乘数越大，说明企业负债程度越高，能给企业带来较大的财务杠杆利益，但同时也带来了较大的偿债风险。因此，企业既要合理使用全部资产，又要妥善安排资本结构。

通过杜邦分析体系自上而下的分析，不仅可以揭示出各项财务指标间的结构关系，查明各项主要指标变动的影响因素，而且为决策者优化经营理财状况、提高经营效益提供了思路。

杜邦分析体系的指标设计也具有一定的局限，它偏重于企业所有者的利益角度。从杜邦分析体系来看，在其他因素不变的情况下，资产负债率越高，净资产收益率就越高。这是因为较多的负债可以利用财务杠杆作用的结果，但是没有考虑财务风险的因素，负债越多，财务风险越大，企业的偿债压力也就越大。因此，还需要借助其他指标进行综合分析。

三、财务比率综合评分法

财务比率综合评分法也称为沃尔比重评分法，最早是在 20 世纪初由亚历山大·沃尔选择七项财务比率对企业的信用水平进行评分所使用的方法。这种方法是通过对选定的流动比率、产权比率、固定资产比率、存货周转率、应收账款周转率、固定资产周转率和自有资金周转率七项财务比率用线性关系结合起来，分别给定各自的分数比重，然后计算出综合得分，并据此评价企业的综合财务状况。

原始意义上的沃尔评分法存在两个缺陷：一是所选定的七项指标缺乏证明力；二是当某项指标严重异常时，会对总评分产生不合逻辑的重大影响。况且，现代社会与沃尔所处的时代相比，已经发生了很大的变化。沃尔最初提出的七项指标已难以完全适用于当前企业评价的需要。现在通常认为，在选择指标时，偿债能力、营运能力、获利能力和发展能力指标均应当选到，除此之外还应当适当选取一些非财务指标作为参考。

 复习思考题

1. 财务报表分析的意义是什么？
2. 在财务分析的过程中运用因素分析法应注意哪些问题？
3. 简述综合指标分析的含义及特点。
4. 在杜邦体系分析法中，各指标间存在哪些依存关系？

附录 会计科目表

顺序号	会计科目编号	会计科目名称
		一、资产类
1	1001	库存现金
2	1002	银行存款
3	1003	存放中央银行款项（银行专用）
4	1011	存放同业（银行专用）
5	1012	其他货币资金
6	1021	结算备付金（证券专用）
7	1031	存出保证金（金融共用）
8	1101	交易性金融资产
9	1111	买入返售金融资产
10	1121	应收票据
11	1122	应收账款
12	1123	预付账款
13	1131	应收股利
14	1132	应收利息
15	1201	应收代位追偿款（保险专用）
16	1211	应收分保账款（保险专用）
17	1212	应收分保合同准备金
18	1221	其他应收款
19	1231	坏账准备
20	1301	贴现资产（银行专用）
21	1302	拆出资金
22	1303	贷款（银行和保险共用）
23	1304	贷款损失准备（银行和保险共用）
24	1311	代理兑付证券（银行和证券共用）
25	1321	代理业务资产

续表

顺序号	会计科目编号	会计科目名称
26	1401	材料采购
27	1402	在途物资
28	1403	原材料
29	1404	材料成本差异
30	1405	库存商品
31	1406	发出商品
32	1407	商品进销差价
33	1408	委托加工物资
34	1411	周转材料
35	1421	消耗性生物资产
36	1431	贵金属
37	1441	抵债资产（金融共用）
38	1451	损余物资（保险专用）
39	1461	融资租赁资产（租赁专用）
40	1471	存货跌价准备
41	1501	持有至到期投资
42	1502	持有至到期投资减值准备
43	1503	可供出售金融资产
44	1511	长期股权投资
45	1512	长期股权投资减值准备
46	1521	投资性房地产
47	1531	长期应收款
48	1532	未实现融资收益
49	1541	存出资本保证金
50	1601	固定资产
51	1602	累计折旧
52	1603	固定资产减值准备
53	1604	在建工程
54	1605	工程物资
55	1606	固定资产清理
56	1611	未担保余值（租赁专用）
57	1621	生产性生物资产（农业专用）
58	1622	生产性生物资产累计折旧（农业专用）
59	1623	公益性生物资产（农业专用）

附录　会计科目表

续表

顺序号	会计科目编号	会计科目名称
60	1631	油气资产（石油天然气开采专用）
61	1632	累计折耗（石油天然气开采专用）
62	1701	无形资产
63	1702	累计摊销
64	1703	无形资产减值准备
65	1711	商誉
66	1801	长期待摊费用
67	1811	递延所得税资产
68	1821	独立账户资产（保险专用）
69	1901	待处理财产损溢
		二、负债类
70	2001	短期借款
71	2002	存入保证金（金融共用）
72	2003	拆入资金（金融共用）
73	2004	向中央银行借款（银行专用）
74	2011	吸收存款（银行专用）
75	2012	同业存放（银行专用）
76	2021	贴现负债（银行专用）
77	2101	交易性金融负债
78	2111	卖出回购金融资产款（金融共用）
79	2201	应付票据
80	2202	应付账款
81	2203	预收账款
82	2211	应付职工薪酬
83	2221	应交税费
84	2231	应付利息
85	2232	应付股利
86	2241	其他应付款
87	2251	应付保单红利（保险专用）
88	2261	应付分保账款（保险专用）
89	2311	代理买卖证券款（证券专用）
90	2312	代理承销证券款（证券和银行共用）
91	2313	代理兑付证券款（证券和银行共用）
92	2314	代理业务负债

续表

顺序号	会计科目编号	会计科目名称
93	2401	递延收益
94	2501	长期借款
95	2502	应付债券
96	2601	未到期责任准备金（保险专用）
97	2602	保险责任准备金（保险专用）
98	2611	保户储金（保险专用）
99	2621	独立账户负债（保险专用）
100	2701	长期应付款
101	2702	未确认融资费用
102	2711	专项应付款
103	2801	预计负债
104	2901	递延所得税负债
三、共同类		
105	3001	清算资金往来（银行专用）
106	3002	货币兑换（金融共用）
107	3101	衍生工具
108	3201	套期工具
109	3202	被套期项目
四、所有者权益类		
110	4001	实收资本
111	4002	资本公积
112	4005	其他综合收益
113	4101	盈余公积
114	4102	一般风险准备（金融共用）
115	4103	本年利润
116	4104	利润分配
117	4201	库存股
五、成本类		
118	5001	生产成本
119	5101	制造费用
120	5201	劳务成本
121	5301	研发支出
122	5401	工程施工（建造承包商专用）
123	5402	工程结算（建造承包商专用）
124	5403	机械作业（建造承包商专用）

附录 会计科目表

续表

顺序号	会计科目编号	会计科目名称
		六、损益类
125	6001	主营业务收入
126	6011	利息收入（金融共用）
127	6021	手续费及佣金收入（金融共用）
128	6031	保费收入（保险专用）
129	6041	租赁收入（租赁专用）
130	6051	其他业务收入
131	6061	汇兑损益（金融专用）
132	6101	公允价值变动损益
133	6111	投资收益
134	6201	摊回保险责任准备金（保险专用）
135	6202	摊回赔付支出（保险专用）
136	6203	摊回分保费用（保险专用）
137	6301	营业外收入
138	6401	主营业务成本
139	6402	其他业务支出
140	6403	税金及附加
141	6411	利息支出（金融共用）
142	6421	手续费及佣金支出（金融共用）
143	6501	提取未到期责任准备金（保险专用）
144	6502	提取保险责任准备金（保险专用）
145	6511	赔付支出（保险专用）
146	6521	保户红利支出（保险专用）
147	6531	退保金（保险专用）
148	6541	分出保费（保险专用）
149	6542	分保费用（保险专用）
150	6601	销售费用（更名）
151	6602	管理费用
152	6603	财务费用
153	6604	勘探费用
154	6701	资产减值损失
155	6711	营业外支出
156	6701	所得税费用
157	6901	以前年度损益调整

· 385 ·

参考文献

[1] 中华人民共和国财政部：《企业会计准则 2017》，立信会计出版社，2017 年。

[2] 中华人民共和国财政部：《企业会计准则——应用指南 2017》，立信会计出版社，2017 年。

[3] 企业会计准则编审委员会：《企业会计准则案例讲解》，立信会计出版社，2015 年。

[4] 中华人民共和国财政部：《会计基础工作规范》，经济科目出版社，1996 年。

[5] 吴水澎：《会计理论》，机械工业出版社，2007 年。

[6] 郭道杨：《会计史研究：历史、现实、未来》，中国财政经济出版社，2001 年。

[7] 王建新：《国际财务报告准则简介与中国会计准则的比较》，人民出版社，2008 年。

[8] 王开田：《会计规范理论结构》，中国财政经济出版社，2001 年。

[9] 魏喆妍、梁勇、张静伟：《基础会计》，经济科学出版社，2013 年。

[10] 周华：《会计学》，中国人民大学出版社，2015 年。

[11] 财政部会计资格评价中心：《初级会计实务》，中国财政经济出版社，2017 年。

[12] 徐经长、孙蔓莉、周华：《会计学》（第三版），中国人民大学出版社，2016 年。

[13] 戴德明、林纲、赵西卜：《财务会计学》，中国人民大学出版社，2016 年。

[14] 注册会计师全国统一考试辅导教材：《会计》，中国财政经济出版社，2016 年。

[15] 葛家澍、余绪缨：《会计学》（上、下），高等教育出版社，2008 年。

[16] 陈国辉、迟旭升：《基础会计》（第五版），东北财经大学出版社，2016 年。

[17] 赵建勇：《中级财务会计》，中国人民大学出版社，2015 年。

[18] 路国平、黄中生：《中级财务会计》，高等教育出版社，2015 年。

[19] 于玉林、李端生：《会计基础理论研究》，经济科学出版社，2005 年。

[20] 王君彩：《会计学》，高等教育出版社，2008 年。